国家社科基金项目《南北战争后美国南部地区三农问题研究》(17BJL022)

光明社科文库
GUANGMING DAILY PRESS:
A SOCIAL SCIENCE SERIES

·经济与管理书系·

南北战争后美国南部地区"三农"问题研究

张 准 | 著

光明日报出版社

图书在版编目（CIP）数据

南北战争后美国南部地区"三农"问题研究／张准著.--北京：光明日报出版社，2024.5
ISBN 978-7-5194-7964-0

Ⅰ.①南… Ⅱ.①张… Ⅲ.①农业政策—研究—美国 Ⅳ.①F371.20

中国国家版本馆 CIP 数据核字（2024）第 103279 号

南北战争后美国南部地区"三农"问题研究
NANBEI ZHANZHENG HOU MEIGUO NANBU DIQU "SANNONG" WENTI YANJIU

著　者：张　准	
责任编辑：杨　茹	责任校对：杨　娜　王秀青
封面设计：中联华文	责任印制：曹　净

出版发行：光明日报出版社
地　　址：北京市西城区永安路 106 号，100050
电　　话：010-63169890（咨询），010-63131930（邮购）
传　　真：010-63131930
网　　址：http://book.gmw.cn
E - mail：gmrbcbs@gmw.cn
法律顾问：北京市兰台律师事务所龚柳方律师
印　　刷：三河市华东印刷有限公司
装　　订：三河市华东印刷有限公司
本书如有破损、缺页、装订错误，请与本社联系调换，电话：010-63131930

开　本：170mm×240mm	
字　数：375 千字	印　张：21.5
版　次：2024 年 5 月第 1 版	印　次：2024 年 5 月第 1 次印刷
书　号：ISBN 978-7-5194-7964-0	
定　价：99.00 元	

版权所有　　翻印必究

摘 要

本书源自笔者主持的国家社科基金项目"南北战争后美国南部地区'三农'问题研究"（17BJL022）的研究报告，有删节。

南北战争对美国南部经济造成巨大破坏，迫使其农业生产方式重构。重建失败后，南部农业走上了错误的发展道路，以农业为主的南部长期面临着农业生产方式落后、农民贫困、农村社会发展滞后的"三农"问题。小农经济的租佃制、借贷制度下的债务束缚、单一的棉花经济的"三位一体"是南部"三农"问题的经济原因；民主党控制下的南部州政府的乱作为、保守派控制下的联邦最高法院的影响、联邦政府的不作为或消极作为是政治原因；而美国南方文化中的一些糟粕如不重视教育、信宗教不信科学、奴隶制文化残余等是文化原因。

19世纪末到1920年，美国农业进入"黄金时代"，重建后的南部社会发生一些积极变化，南部黑人持续迁徙，这些因素的共同作用使南部的"三农"问题有所缓和。1920至1933年间，南部"三农"问题再度恶化，大萧条期间极端严峻。罗斯福新政以美国历史上史无前例的广度和深度干预经济，触动了南部"三农"问题的经济基础和政治基础，从而成为其破局的契机。第二次世界大战期间，南部农业生产方式开始与美国其他地区趋同，向国家垄断下的资本主义大生产转变，到二战结束时南部"三农"问题得到初步解决。二战后，美国政府延续了对农业的支持政策，南部农业加速融入美国式资本主义大农业；政治上种族隔离制度的终结为20世纪70年代南部的崛起扫清了障碍。到20世纪60年代末，南部的"三农"问题总体上已解决。

内战后美国南部的"三农"问题与中国目前的"三农"问题之间，在外在层面上存在一些相似之处，而在内在层面上有着本质的区别。美国在解决南部"三农"问题的过程中牺牲了小农的利益，留下许多后遗症。中国"三农"问题的解决，不能照搬美国式资本主义大农业的道路，但在实际操作和政策思路的层面可以借鉴美国在解决南部"三农"问题过程中的一些经验和教训。

目 录
CONTENTS

第一章 绪论 1

 第一节 基本概念 2

  一、美国南部 2

  二、南北战争后美国南部的"三农"问题 5

 第二节 国内外研究综述 6

  一、内战后美国南部经济发展史专著 6

  二、研究简评 8

 第三节 本书的主要内容和框架结构 9

  一、主要内容 9

  二、框架结构 10

第二章 南北战争后美国南部"三农"问题概述 12

 第一节 战争破坏和失败的战后重建是美国南部"三农"问题的背景 12

  一、内战前的美国南部堪称富裕的农业地区 12

  二、南北战争对南部尤其是农业造成严重破坏 15

  三、重建失败导致南部走上错误的发展道路 19

 第二节 南北战争后美国南部"三农"问题的内涵 26

  一、农业生产方式落后——小农经济与手工劳动 27

  二、农民贫困——内战后南部农民长期处于贫困状态 31

1

三、农村社会发展滞后——内战后南部成为美国最落后的区域 …… 34
  第三节　内战后美国南部"三农"问题与种族问题之关系 …………… 37
   一、内战后美国南部"三农"问题与黑人问题密切相关 …………… 37
   二、内战后美国南部"三农"问题不是单纯的黑人问题 …………… 41

第三章　南北战争后美国南部"三农"问题的原因分析 ……………… 44
  第一节　"三位一体"是内战后美国南部"三农"问题的根本原因 … 44
   一、内战后小农经济的租佃制成为南部农业的主要生产方式 ……… 45
   二、内战后借贷制度使南部农民长期深陷债务束缚 ………………… 57
   三、内战后的南部长期受困于单一的棉花经济 ……………………… 68
   四、"三位一体"下，南部的"三农"问题极其顽固 ……………… 76
  第二节　美国政府政策对南部"三农"问题的影响 …………………… 80
   一、重建后南部民主党州政府的倒行逆施加剧了"三农"问题 …… 80
   二、联邦最高法院的一系列重要判决对南部"三农"问题的影响 … 83
   三、联邦政府政策的影响 ……………………………………………… 87
  第三节　美国南方文化中的糟粕是南部"三农"问题的文化因素 …… 94
   一、南北战争和战后重建强化了美国南方文化的地域特征 ………… 94
   二、美国南方文化中的糟粕加剧了南部的"三农"问题 …………… 100

第四章　美国南部"三农"问题的演变——重建后到大萧条 ……… 108
  第一节　19世纪末20世纪初美国南部"三农"问题的变化 ………… 108
   一、棉价回升，农民收入增加 ………………………………………… 108
   二、租佃农比例上升的同时黑人农民拥有土地增加 ………………… 110
   三、农业机械化开始起步 ……………………………………………… 112
   四、现代商业冲击着南部农业中的借贷制度 ………………………… 113
  第二节　重建后美国南部的工业化与社会进步 ………………………… 116
   一、公共教育尤其是黑人教育的发展 ………………………………… 116
   二、"新南部"与南部工业发展 ……………………………………… 120
   三、内战后南部城市化的发展 ………………………………………… 124

第三节　内战后到大萧条之前的美国黑人迁徙 …………………… 126
　　一、重建时期的黑人迁徙 ………………………………………… 127
　　二、重建后到一战前的黑人迁徙 ………………………………… 129
　　三、20世纪黑人大迁徙的第一次高潮 …………………………… 132
　　四、黑人大迁徙有助于解决南部的"三农"问题 ……………… 137

第四节　20世纪20年代后美国南部的"三农"问题再趋恶化 …… 142
　　一、持续的农业危机是大萧条的前奏 …………………………… 142
　　二、农业危机和大萧条沉重打击了南部农业发展进程 ………… 146
　　三、大萧条与苦难深重的南部农民 ……………………………… 148

第五章　新政与第二次世界大战——美国南部"三农"问题的破局 … 156

第一节　罗斯福新政是美国南部"三农"问题破局的契机 ……… 156
　　一、罗斯福新政中的农业政策 …………………………………… 157
　　二、罗斯福新政中的地区发展规划对南部"三农"问题的影响 … 165
　　三、罗斯福新政中的环境保护政策对南部"三农"问题的影响 … 169
　　四、罗斯福新政下南部"三农"问题开始破局 ………………… 173

第二节　第二次世界大战后美国南部"三农"问题初步解决 …… 190
　　一、第二次世界大战使美国农业再次进入"黄金时代" ……… 191
　　二、第二次世界大战对南部"三农"问题的影响 ……………… 202

第六章　二战后到20世纪60年代——美国南部"三农"问题的终结 … 211

第一节　二战后到20世纪60年代的美国农业 …………………… 211
　　一、经济繁荣中的农业危机 ……………………………………… 211
　　二、二战后到20世纪60年代的美国农业政策 ………………… 219
　　三、技术进步和农业生产方式转变 ……………………………… 226

第二节　有利于解决美国南部"三农"问题的政治因素 ………… 237
　　一、杜鲁门的"公平施政"及其影响 …………………………… 237
　　二、走中间道路的艾森豪威尔政府 ……………………………… 239
　　三、"新边疆"与"伟大社会" ………………………………… 242

  四、沃伦法院的贡献 ………………………………………… 252
 第三节 二战后到20世纪60年代的美国南部农业与南部社会 ……… 255
  一、走向现代化的南部农业 ………………………………… 255
  二、二战以来南部黑人持续迁徙 …………………………… 263
  三、二战后南部社会的进步 ………………………………… 271
  四、小结 …………………………………………………… 281

第七章 余波犹在——中美"三农"问题之比较与借鉴 … 282
 第一节 美国南部"三农"问题余波犹在 …………………… 282
  一、南部仍是美国相对落后的地区 ………………………… 282
  二、从农村到城市——贫困的转移 ………………………… 289
 第二节 美国南部"三农"问题与中国"三农"问题之比较 …… 302
  一、相似之处 ……………………………………………… 302
  二、不同之处 ……………………………………………… 308
 第三节 美国解决南部"三农"问题的过程中可资借鉴的经验教训 … 315
  一、解决"三农"问题要有坚定的战略决心和战略定力 …… 315
  二、保障农民权利是解决"三农"问题的客观要求 ………… 317
  三、坚持和完善农业补贴政策，防止农村返贫 …………… 319
  四、治贫先治愚，大力发展农村教育和农技推广 ………… 323
  五、防止经济"脱实向虚"，减少"工作的穷人" ………… 325

参考文献 …………………………………………………………… 328

第一章

绪 论

美国是世界上农业生产条件最优越的国家之一,维尔纳·桑巴特(Werner Sombart)指出,"密西西比平原是农业经济能够生机勃勃发展的理想地带,并且交通可以在此无限发展:这是一个面积380万平方公里的地区……其上没有任何阻挡交通的障碍""密西西比平原拥有5倍于南俄罗斯(原文如此,当包含现在的乌克兰大平原)和匈牙利黑土区的腐殖土"[①]。而作为移民国家的美国在建国后长期面临劳动力不足的问题,地多人少的基本国情促使美国成为资本主义大农业的典型。目前,现代化经营的家庭农场是美国农业的主要生产方式。2017年的美国农业普查结果显示:当年美国共有2042220个农场,总占地面积超过9亿英亩[②],即场均占地440英亩(约2671市亩);其中家庭农场和家庭经营的公司制农场共有1855281个,面积占农场总面积的74.2%。从产权关系来看,全产权和部分产权农场占总数的93.1%;租佃制农场只占农场总数的6.9%、土地面积的9.6%,从这两个比例也可以看出目前为数不多的租佃制农场多是商业化经营的大农场,而非过去的小租佃农。2017年,美国农场平均农产品销售市值和政府补贴之和达194625美元(获得政府补贴的农场只有643145个,场均13906美元)。在美国,农村人口总体上不属于低收入群体;较之于全国平均水平,农场家庭比较富足,从家庭年收入看,2012—2016年美国农户家庭年均收入比全国平均水平高57%;[③] 2015年只有3%的农场家庭的财富少于美国家庭财富的平均数,且农场家庭债务很少。[④]

[①] 桑巴特. 为什么美国没有社会主义 [M]. 赖海榕, 译. 北京: 社会科学文献出版社, 2003: 1-2.

[②] 是农场总面积而非耕地面积,相当于364万多平方千米。如果作为一个国家,其领陆面积将居世界第7位,小于排名第6位的澳大利亚而大于排名第7位的印度。

[③] 根据刘景景的数据计算,在此期间美国农户家庭年均收入为120921.2美元,全国平均水平为76922.6美元,参阅刘景景. 美国农业补贴政策演进与农民收入变化研究 [J]. 亚太经济, 2018 (6): 70-77, 147-148.

[④] 彭丹梅. 美国多样化的家庭农场 [J]. 世界农业, 2017 (8): 202-205.

因此，国内学界通常认为美国不存在所谓"三农"问题，至少不存在农民和农村问题。然而，从历史来看，在南北战争后接近一个世纪内，美国南部地区长期面临农业生产方式落后、农民贫困、农村社会发展滞后的""三农""问题，其影响甚至延续至今。这种在发达资本主义国家内部的某一特定地区长期存在的"三农"问题在世界范围内都是较为罕见的，值得研究。

第一节　基本概念

一、美国南部

(一) 本书对美国南部的界定

关于美国南部（Southern United States 或 American South①）的定义较多且不统一，约翰·希尔顿·里德（John Shelton Reed）在其名作《我的眼泪毁了我的目标：南方文化反思》（1994）中列出了 24 种对南部的界定。② 本书中的美国南部，专指南北战争中宣布脱离联邦并参加南部邦联（又译美利坚联盟国，the Confederate States of America）的 11 个州，即南卡罗来纳、密西西比、佛罗里达、亚拉巴马、佐治亚、路易斯安那、得克萨斯、弗吉尼亚、阿肯色、北卡罗来纳和田纳西州（按其在内战前退出联邦的时间为序）。内战后，美国社会习惯将上述 11 州称为南部（方），它们在历史和文化上的共通性时至今仍清晰可见。目前，反映美国舆情的盖洛普民意测验结果将肯塔基州和俄克拉何马州也归于南部，故本研究中的美国南部在地域范围上与文化意义上的或者目前美国社会约定俗成的南部略有不同。

此外，现在的俄克拉何马、新墨西哥、亚利桑那 3 个州在内战期间属于南部邦联控制范围，但在当时及内战后相当长时间内还是人烟稀少之地，分别要到 1907 年、1912 年和 1912 年才建州，本研究不予单独讨论。

---

① 英语中还有 Southern States，Southland，甚至 the South 等表述形式，而以 Southern United States 最正式，American South 最常见。

② REED J S. My Tears Spoiled My Aim: and other Reflections on Southern Culture [M]. Columbia: University of Missouri Press, 1994: 5-28.

（二）美国政府部门对美国南部的界定

即使在美国政府内部，对南部也有不同的界定。

1. 美国人口普查局的划分

除了本研究界定的南部11州外，美国人口普查局（United States Census Bureau，简称Census）将西弗吉尼亚州、马里兰州、特拉华州、肯塔基州和俄克拉何马州也归于南部，与东北部、中西部和西部并称为美国的四大地区。① 南部又包含3个分区：

（1）南大西洋诸州（South Atlantic States）：北卡罗来纳、弗吉尼亚、佛罗里达、马里兰、南卡罗来纳、特拉华、西弗吉尼亚和佐治亚8州，以及首都哥伦比亚特区。

（2）东南中部诸州（East South Central States）：肯塔基、密西西比、田纳西和亚拉巴马4州。

（3）西南中部诸州（West South Central States）：阿肯色、路易斯安那、俄克拉何马和得克萨斯4州。

美国商务部经济分析局（Bureau of Economic Analysis，U. S. Department of Commerce，缩写为BEA）将美国分为8个地区，② 南部大致对应其中的"东南部"（Southeast）和"西南部"（Southwest）两个地区。

（1）"东南部"（Southeast）：阿肯色、北卡罗来纳、弗吉尼亚、佛罗里达、肯塔基、路易斯安那、密西西比、南卡罗来纳、田纳西、西弗吉尼亚、亚拉巴马和佐治亚12州。

（2）"西南部"（Southwest）：得克萨斯、俄克拉何马、新墨西哥和亚利桑那4州。

BEA定义的"东南部"和"西南部"合起来，再去掉"东南部"内的肯塔基和西弗吉尼亚两个州，恰好是内战爆发时南部邦联的控制范围。

---

① 李杨. 美国"南方文艺复兴"：一个文学运动的阶级视角［M］. 北京：商务印书馆，2011：33.

② "新英格兰"（New England）、"中东部"（Mideast）、"大湖区"（Great Lakes）、"大平原"（Plains）、"东南部"（Southeast）、"西南部"（Southwest）、"落基山区"（Rocky Mountain）和"远西部"（Far West），参阅美国商务部经济分析局网站，https：//apps. bea. gov/regional/docs/msalist. cfm? mlist=2。

(三) 关于美国南部的其他相关概念

关于美国南部，其他非正式的相关概念甚多，聊举较为常见者：

1. 迪克西（Dixie）：有多种含义，可泛指美国南部各州及该地区的人民，最常指南北战争时期的南部邦联11州（本研究对南部的定义），常与指美国北部人的扬基（Yankee）意义相对。

2. 老南部（The Old South）：通常有两种含义，最初指美国建国13州中被视为南部的诸州，即北卡罗来纳、弗吉尼亚、马里兰、南卡罗来纳、特拉华和佐治亚6州；后来又指1860年以前，所有在法律上允许奴隶制存在的蓄奴州（Slave States），即上述6州再加上阿肯色、得克萨斯、佛罗里达、肯塔基、路易斯安那、密苏里、密西西比、田纳西和亚拉巴马9州。

3. 新南部（The New South）：泛指美国内战后尤其是1877年以后（即重建后）的南部各州，与本研究对南部的定义相近。同时也是南部历史上的一个宣传口号，南部的改革主义者以之来呼吁南部社会和观念的现代化，主张拒绝旧南部的经济和传统，积极融入美国现代化尤其是工业化进程，追求南部的经济复兴、（南北之间的）地区和解和白人统治下的（黑白）种族和谐。

4. 上南部（Upper South）：上是地理方位，即南部内的北部，通常指北卡罗来纳、弗吉尼亚、肯塔基、田纳西和西弗吉尼亚5州，有时也包括马里兰、密苏里和特拉华3州。

5. 深南部（Deep South）：有不同含义，通常包括南卡罗来纳、路易斯安那、密西西比、亚拉巴马和佐治亚5州。

6. 南方基地（Solid South，又称南方集团Southern bloc）：1877至1964年间在政治上由民主党牢牢掌控的地区，主要原因在于当地黑人的政治权利被剥夺，主要包括原南部邦联11州，以及俄克拉何马州和肯塔基州。

7. 阳光地带（Sun Belt）：20世纪70年代出现的概念，一般指美国大陆北纬37°线以南的地区，大致范围是：西起太平洋沿岸的加利福尼亚州，东到大西洋沿岸的北卡罗来纳州，北至密西西比河中游，南到墨西哥湾沿岸的一个区域。较之于美国北部，这一地区气候温和、日照充足，尤其是在冬季更加宜居；同时喻指20世纪70年代以来当地经济欣欣向荣、前途光明。①

---

① 与"阳光地带"对应的是"寒冷地带"（Frost Belt），两者的划分并无统一的标准或界限，杨森林整理了四种常见的观点，参阅杨森林. 美国的"寒冷地带""阳光地带"[J]. 世界知识，1986（5）：20.

二、南北战争后美国南部的"三农"问题

所谓"三农"问题，即农业、农村、农民问题。南北战争后的美国南部地区，长期面临着农业生产方式落后、农民贫困、农村社会发展滞后的问题，故统称为"三农"问题。

从时间范围看，上述问题的出现是在南北战争以后；而上述问题的消亡或解决则是一个渐进的过程，或者说是一个严重性和影响逐步淡化的过程，没有明确的时间节点或标志性事件，大致要到20世纪60年代末，但其某些影响甚至延续至今。

在空间范围上，所涉及的主要是南北战争中宣布脱离联邦并参加南部邦联的11个州。但如前所述，俄克拉何马州（目前在Census的定义中属于南部）、新墨西哥州和亚利桑那州（目前在Census的定义中属于西部）在内战时期属于南部邦联控制范围但人烟稀少，直到20世纪初才正式建州；以及美国南部和北部交界的所谓"边缘州"的一些地区；尤其是西弗吉尼亚州，内战前原是南部的弗吉尼亚州的一部分，内战爆发后因拒绝脱离联邦而从弗吉尼亚州分离出来并于1862年建州。这些地区在文化上与南部关系密切、意识形态相近，在经济上与南部一样在内战后长期以农业为主，因而在内战后也在一定程度上面临本书所研究的问题。但上述地区在内战后相当长时间内，人口少，经济总量小，因而其所面临的"三农"问题，在严重性和影响上都不能与本课题所界定的南部11州相提并论。

所谓农业生产方式落后，一方面是指在农业生产组织模式上，内战后的南部长期以分散的小农经济模式为主，且租佃制农场占有相当的比例；另一方面是在生产劳动方式上，长期以农民手工劳动为主，农业机械化进展缓慢。

所谓农民贫困，内战后的南部农业人口大致可分为四个群体——种植园主/地主、自耕农、租佃农（包括现金租佃农和分成租佃农）、农业工人；而占南部农业人口绝大多数的自耕农、租佃农和农业工人，在内战后到20世纪70年代的漫长时间里，总体上都处于贫困状态，是美国社会绝对和相对收入最低的群体之一。同时，从自耕农、现金租佃农、分成租佃农到农业工人，总体上贫困程度不断加深。

所谓农村社会发展滞后，首先是指南部农村在内战后长期处于民生艰困、基础设施匮乏、意识形态落后保守、社会进步缓慢的状态；另一方面，由于内战后的南部长期停留在农业社会，南部农村面临的上述问题，实际上也是整个南部面临的问题。只不过在南部内部的不同地区之间，以及城市和农村

之间，上述问题的严重程度有所不同。就整个南部而言，社会发展滞后的主要表现可归纳为工业化、城市化、现代化进程缓慢，严重滞后于美国其他地区。

综上所述，南北战争后美国南部的"三农"问题，可简单定义为：南北战争后到20世纪70年代，主要但不限于原南部邦联11州内，农业生产以小农经济和手工劳动为主，占农业人口绝大多数的自耕农、租佃农和农业工人总体上处于严重贫困状态，农村长期民生艰困、基础设施匮乏、意识形态落后、社会进步缓慢，进而导致整个美国南部地区工业化、城市化、现代化进程缓慢，社会发展严重滞后于美国其他地区。

第二节　国内外研究综述

一、内战后美国南部经济发展史专著

目前，关于内战后美国南部的历史尤其是经济史，国内尚无通史类的著作，国外学者的研究成果较多：

科默·范恩·伍德沃德（Comer Vann Woodward）的《新南部的起源1877—1913》（1951[1]）是南部历史研究中里程碑式的著作，全面细致地分析了1877至1913年间的美国南部政治、经济、社会等方面的情况。乔治·布朗·汀达尔（George Brown Tindall）的《新南方的出现：1913—1945》（1967）、努曼·V. 巴特利（Numan V. Barteley）的《新南部1945—1980：南部现代化的故事》（1995）与伍德沃德[2]的著作薪火相传，共同呈现了从1877年重建结束到20世纪80年代近百年年间南部的历史。汀达尔的著作反映了20世纪20年代以来南部走向城市化、工业化的同时农业面临的困境，以及罗斯福新政对南部社会的影响。巴特利的著作反映了二战后南部社会翻天覆地的变化，特别是完整地呈现了争取黑人公民权利和妇女权利的运动。

约翰·塞缪尔·埃泽尔（John Samuel Ezell）的《1865年以来的南部》（1963）、托马斯·D. 克拉克（Thomas D. Clark）和阿尔伯特·D. 科万

---

[1] 著作年代为笔者所能查到的初次出版年份，下同。
[2] 本文中出现之外国人名，初次用全名，重复出现时用姓；存在相同姓氏时则全部用全名表示。

（Albert D. Kirwan）的《阿波马托克以来的南方：一个世纪的地区变化》（1967）都是通史类的巨作，涉及内战后南部政治、经济、社会文化各方面的情况。伊杜斯·阿特维尔·纽比（Idus Atwell Newby）的《南部历史》（1978）、小威廉·J. 库珀（William J. Cooper Jr.）和托马斯·E. 特里尔（Thomas E. Terrill）的《美国南部史》（1990）、约翰·B. 博尔斯（John B. Boles）的《穿越时空的南部：一部美国地方史》（1994）都是叙述从殖民地时代开始的南部通史。其中纽比着重研究南部的种族和文化特性，对南部文化发展滞后的研究眼光独到；库珀和特里尔详细介绍了南部崛起后仍然存在的问题；博尔斯的研究非常全面，注重对南部内部地区差异的分析。

在经济史方面，以农业史研究而闻名的吉尔伯特·考特兰·菲特（Gilbert Courtland Fite）在《不再是棉田——1865—1980年的南部农业》（1984）中首次完整地呈现了内战后原南部邦联11州农业的发展历程，分析了其发展缓慢的原因，以及1933年以后南部农业的革命性的变化。詹姆斯·C. 柯布（James C. Cobb）的论文集《工业化与南部社会》（1984）对南部工业化有许多独到的研究。他和小迈克尔·V. 拉莫拉托（Michael V. Namorato Jr.）主编的论文集《新政与南部：论文集》（1984）涉及罗斯福新政对南部社会经济诸多方面的影响，强调新政是南部历史的转折点。加文·赖特（Garvin Wright）在《旧南部，新南部：内战以来南部的经济革命》（1986）中独辟蹊径地认为内战后南部经济落后的原因在于其劳动力市场是一个地区性的市场，严重孤立于全国性的劳动力市场之外。杰伊·R. 曼德尔（Jay R. Mandle）的《黑人贫困的根源：内战后南部种植园经济》（1978）认为内战后美国黑人贫困的根源在于其从内战到第二次世界大战一直集中在南部以及南部种植园经济的持续。

美国南部史尤其是经济史在国内不是研究热点，王崟兴的《制度变迁与美国南部的崛起》（2002）是国内少有的聚焦二战后南部社会经济发展的专著，不仅系统地阐释了南部崛起的特殊历程，也总结了南部崛起的历史经验。黄虚峰的《美国南方转型时期社会生活研究（1877—1920）》（2007）虽非经济史方面的专著，但几乎每一章都涉及大量的经济方面的内容，尤其是其中关于南方转型时期农村生活的章节以细腻的笔法反映了农村和农民的经济状况。吴浩的《乡村借贷：内战后美国南部农业现代化启动的制度"瓶颈"》（2016）是目前国内仅见的聚焦内战后南部农业问题的专著，对南部农业中特殊的借贷制度及其影响的研究全面又深刻。上述几部著作都对本研究有很大的帮助和启示。

国内外学者关于内战后美国南部农业、农民、农村问题的相关论文，以及通史、经济史相关著作中涉及南部"三农"问题者甚多，在本研究中尽可能地搜集利用，限于篇幅，在此不一一列举。

二、研究简评

内战后美国南部的"三农"问题首先是经济问题，但又不限于经济，涉及政治、文化、种族等多方面的因素；是美国局部地区的问题，但所涉及的地区面积和人口数量不亚于同时代的一个世界大国；又是历史问题，从产生到消亡，持续时间超过一个世纪。要完整反映其来龙去脉，在研究时必须具有历史和宏观的视角。

总体而言，由于南北战争和南部独有的文化特质，南部研究在美国堪称显学，大家辈出。但由于意识形态的不同，在美国没有"三农"问题的概念，美国学者对南部农业、农民和农村问题的研究成果非常丰富，但大多聚焦某一方面的具体问题，尤其注重通过详细的历史和微观资料进行定量分析。从伍德沃德开始，南部研究中通史类的经典著作佳品迭出，但少有从历史和宏观的角度研究南部农业遑论"三农"的变迁。

在中国，党和政府高度重视"三农"问题，党的十八大以来习近平总书记反复强调要把解决好"三农"问题作为全党工作重中之重，"三农"研究是中国的显学。鉴于往事，有资于治道，中国学者对国外"三农"问题的研究，最重要和最合乎逻辑的出发点就是总结其经验教训，以期对解决中国当前的"三农"问题有所借鉴。但美国南部在中国不是热门的研究对象，关于美国南部农业、农民和农村问题的研究成果则更为有限。部分学者聚焦其中某一方面的问题进行了比较深入的研究，尤其是他们突破了列宁关于农业资本主义发展道路的经典论断，敏锐地发现了南北战争后美国南部农业没有像全国其他地区一样走上列宁所定义的"美国式道路"而是走上了近似于"普鲁士道路"，这种一国内部不同地区之间农业发展方式在同一时期分道扬镳的现象无疑是值得深入研究的，也是本研究最初的灵感所在。国内外学者关于南北战争后美国南部地区经济落后、政治反动、社会发展迟滞、种族矛盾尖锐尤其是黑人的悲惨遭遇及其反抗运动等方面的研究都较为丰富，笔者认为这些问题都与内战后南部的"三农"问题有密切的关系，大量与南部"三农"问题有关的史料、数据和论断如吉光片羽，分散其中。但似乎无人将南部的"三农"问题作为一个整体而加以分析，因而笔者不揣浅陋，试图对国内外学者的相关成果进行梳理，力图呈现内战后美国南部"三农"问题从产生、发展到消亡的全貌，进而探求其中对解决当前中国的"三农"问题可资借鉴的经验教训，此亦本研究的价值之所在。

第三节 本书的主要内容和框架结构

一、主要内容

南北战争前，美国南部是建立在种植园奴隶制和棉花种植基础上的主要面向国际市场的繁荣的农业经济，农业生产方式罪恶但高效。内战对南部农业造成巨大破坏，尤其是黑人奴隶的解放使之失去了重要的劳动力，迫使南部农业生产方式重构。重建失败后，南部农业走上了错误的发展道路，以农业为主的南部长期面临着农业生产方式落后、农民贫困、农村社会发展滞后的问题，统称为"三农"问题。"三农"问题是南部社会的整体性问题，是不分种族的，但南部黑人农民受害最深。

关于内战后美国南部"三农"问题的原因，战争破坏和失败的战后重建是它的背景；小农经济的租佃制、借贷制度下的债务束缚、单一的棉花经济的"三位一体"是它的经济原因也是根本原因；民主党控制下的南部州政府的乱作为、保守派控制下的联邦最高法院的影响、联邦政府的不作为或消极作为是它的政治原因；而美国南方文化中的一些糟粕如不重视教育、信宗教不信科学、奴隶制文化残余等是它的文化原因。

19世纪后半期南部农民积极参与美国农民运动，但总体来看收效不大。19世纪末到1920年，美国农业进入"黄金时代"。重建后，南部社会也发生一些积极变化如"新南部"理念的提出、工业化与城市化的初步发展、黑人迁徙等，这一时期南部"三农"问题有所缓和。然而，美国农业在1920年以后陷入长期萧条或者慢性危机状态，南部"三农"问题再度恶化，而大萧条更使之极端严峻。罗斯福新政以美国历史上史无前例的广度和深度干预经济，不仅使美国的农业危机得以缓和，也触动了南部"三农"问题的经济基础和政治基础，从而成为其破局的契机。第二次世界大战解决了美国农业长期面临的产品和劳动力过剩的问题，使美国农业再次进入"黄金时代"。而南部农业在二战期间开始与美国其他地区的农业生产方式趋同，向国家垄断下的资本主义大生产转变，到二战结束时南部"三农"问题得到初步解决。二战后，美国政府延续了对农业的支持政策，南部农业加速融入美国式资本主义大农业。20世纪60年代黑人民权运动取得重大进展，终结了南部的种族隔离制度，使南部社会得以摆脱种族主义的重负，为南部成为美国的"阳光地带"和经济崛起创造了有利条件。到20世纪60年代末，美国南部的"三农"问题总体上已解决。

内战后美国南部的"三农"问题与中国目前的"三农"问题之间，在外在层面上存在一些相似之处，而在内在层面上有着本质的区别。同时两国解决"三农"问题的方式更有天壤之别，罗斯福新政以来美国农业政策的总体倾向是扶强抑弱，通过牺牲小农尤其是租佃农的利益推动南部农业回归美国式大农业，虽然解决了南部长期持续的"三农"问题，但一定程度上是把农民贫困问题转化为市民贫困问题，把农村贫困问题转化为城市贫困问题，因而造成了严重的后遗症，影响持续至今。中国"三农"问题的解决，不能照搬美国式资本主义大农业的道路，但在实际操作和政策思路的层面可以借鉴美国在解决南部"三农"问题过程中的一些经验教训。

二、框架结构

本书共分为7章，主体部分是从第2章到第6章，大致按照内战后美国南部"三农"问题的产生、发展和消亡的时间顺序展开。

第一章 绪论，主要是对美国南部和"三农"问题的概念进行界定。

第二章 南北战争后美国南部"三农"问题概述，首先指出战争破坏和失败的战后重建是南部"三农"问题的背景；然后从农业、农民、农村三方面分析南部"三农"问题的内涵；最后对南部"三农"问题与种族问题的关系进行了阐释。

第三章 南北战争后美国南部"三农"问题的原因分析，从经济、政治和文化三个方面对美国南部"三农"问题的原因进行了分析。第二章和第三章共同呈现了美国南部"三农"问题产生的过程。

第四章 美国南部"三农"问题的演变——重建后到大萧条，反映了1877—1933年南部"三农"问题的发展演变。首先分析了19世纪末20世纪初期美国南部"三农"问题的一些积极变化以及重建后南部的工业化与社会进步、内战后到大萧条之前的黑人迁徙对南部"三农"问题的影响；最后是1920—1933年，美国农业慢性危机和大萧条导致南部"三农"问题再趋恶化的情况。

第五章 新政与第二次世界大战——美国南部"三农"问题的破局，反映了1933—1945年即富兰克林·罗斯福时代南部"三农"问题开始得到解决的情况。首先是分析了罗斯福新政如何成为南部"三农"问题破局的契机,然后分析了第二次世界大战对南部"三农"问题的影响,得出结论到二战结束时南部"三农"问题已初步解决。

第六章 二战后到20世纪60年代——美国南部"三农"问题的终结,分析了1946—1969年南部"三农"问题最终解决的过程。首先分析了二战后到20世纪60年代美国农业的发展情况;然后分析了这一时期有利于解决南部"三农"问题的政治因素,包括联邦政府的政策和联邦最高法院的影响;最后通过分析这一时期南部农业与南部社会的变化,得出结论到20世纪60年代末美国南部的"三农"问题总体上已得到解决。

第七章 余波犹在——中美"三农"问题之比较与借鉴,首先分析了南部"三农"问题的残留影响或后遗症,包括南部仍是美国的相对落后地区,以及由于解决"三农"问题不彻底造成的贫困转移;其次是对内战后美国南部的"三农"问题与中国目前的"三农"问题进行了比较;最后总结了中国在解决"三农"问题的过程中可以借鉴美国解决南部"三农"问题的一些经验教训。

第二章

南北战争后美国南部"三农"问题概述

美国南部"三农"问题的一大特殊之处，在于它不是从美国建国之日起就面临的问题，而是在南北战争后才出现的。换言之，美国南部尤其是农业在内战后经历了一个巨大的倒退，并就此走上了一条独立于美国其他地区的特殊的发展道路。对美国南部"三农"问题的研究，首先要从其特殊的背景入手。

第一节 战争破坏和失败的战后重建是美国南部"三农"问题的背景

一、内战前的美国南部堪称富裕的农业地区

南北战争前的美国总体上仍是个农业国，1790年美国劳动力的90%是农民，到1860年农业劳动力还占劳动力总量的58%；同时美国的出口也以农产品为主，1860年还占出口总额的75%。①而内战前的美国南部更是典型的农业地区。事实上，直到第二次世界大战，南部一直以农业经济为主，与北部尤其是新英格兰地区②形成鲜明的对比。内战爆发前夕的1860年年底，后来的联邦著名将领威廉·特库赛·谢尔曼（William Tecumseh Sherman）将军在给一位南部熟人的信中写道："北方各州有能力开发蒸汽机、机动车和铁道机车，而你们连一尺布或者一双鞋都造不出来……你们注定失败。"言论可能不无夸大，但从实际情况看，当时北部拥有美国几乎所有钢铁、军火和绝大部

---

① 王思明. 从美国农业的历史发展看持续农业的兴起 [J]. 农业考古，1995（1）：16-27.
② 位于美国本土东北部，北接加拿大，东濒大西洋，包括6个州，由北至南分别为：缅因州、佛蒙特州、新罕布什尔州、马萨诸塞州、罗得岛州和康涅狄格州。

分纺织、皮革等工业,仅纽约州的工业产值就4倍于南部11个分离州。从人均制造业增加值看,1860年除佛罗里达州外的10个南部州为7.52美元,只略高于全国平均水平(27.42美元)的1/4,而中西部为15.76美元,东北部高达50.66美元。①

另一方面,马克思指出,内战前南部农业的主要生产方式是"一开始就是为了商业投机,为了世界市场而生产……接种在奴隶制上面的"种植园制,南部奴隶主是"用黑人奴隶经营事业的资本家"。斯坦利·L. 恩格尔曼(Stanley L. Engerman)和罗伯特·E. 高尔曼(Robert E. Gallman)也认为"种植园本身具有许多现代工业企业的特征,被称为'牧场中的工厂',这一点似乎是能够达成一致意见的"②。这一制度结合了资本主义和奴隶制最坏的东西——过度劳动和强迫劳动,极度残酷野蛮,但经济上的确有利可图,在内战前的美国乃至世界市场上具有竞争力。杰里米·阿塔克(Jeremy Atack)和彼得·帕赛尔(Peter Passell)估计奴隶主对奴隶的剥削率在50%~65%,远远高于同时期美国制造业中资本家对工人的剥削率;③ 罗杰·L. 兰塞姆(Roger L. Ransom)和理查德·萨奇(Richard Sutch)对奴隶所受剥削率的估计为54%。④ 如此之高的剥削率为奴隶主尤其是大种植园主带来丰厚的利润,加文·赖特(Garvin Wright)指出,"奴隶主是目前为止这个国家最富有的阶层。奴隶主平均比北方人富有五倍,比南方未蓄奴的农场主平均富有十倍以上"⑤。如果把奴隶的价值计算在内,1860年南部白人人均财产高达3978美元,几近北部(2040美元)的两倍;南部的自由民占全国自由民总数的30%,而在全国最富有者中南部占了60%;南部人均收入(103美元)虽然显著低于北部(141美元)和全国平均水平(128美元),但如果把占人口近1/3的黑人奴隶排除在外,则南部自由民人均收入高于北部。参阅表2-1:

---

① WRIGHT G. Old South, New South: Revolution in the Southern Economy since the Civil War [M]. Baton Rouge: Louisiana State University Press, 1996: 27.
② 恩格尔曼,高尔曼. 剑桥美国经济史:漫长的19世纪 [M]. 王钰,李淑清,译. 北京:中国人民大学出版社, 2008: 251.
③ 阿塔克,帕赛尔. 新美国经济史:从殖民地时期到1940年:下册 [M]. 罗涛,等译. 北京:中国社会科学出版社, 2000: 336.
④ RANSOM R L, SUTCH R. One Kind of Freedom: The Economic Consequence of Emancipation [M]. New York: Cambridge University Press, 2001: 212.
⑤ WRIGHT G. The Political Economy of the Cotton South: Households, Markets, and Wealth in the Nineteenth Century [M]. NewYork: W. W. Norton & Company, 1978: 35.

表 2-1　南北战争前的人均收入情况（单位：美元，按 1860 年价格）①

	总人口人均收入		自由民人均收入	
	1840 年	1860 年	1840 年	1860 年
全国平均	96	128	109	144
北部	109	141	/	/
东北部	129	181	/	/
中北部	65	89	/	/
南部	74	103	105	150
南大西洋*	66	84	96	124
东南中部*	69	89	92	124
西南中部*	151	184	238	274

*参阅本文第一章第一节"美国政府部门对美国南部的界定"

按白人人均财富计算，1860 年美国最富裕的 8 个州中有 7 个在南部。② 詹姆斯·柯比·马丁（James Kirby Martin）指出："在 1860 年，南部比除了英国以外的欧洲任何国家都富裕"③。1993 年诺贝尔经济学奖得主罗伯特·威廉·福格尔（Robert William Fogel）和恩格尔曼的观点与之相同，参阅表 2-2：

表 2-2　1860 年世界各国和地区人均收入水平（单位：美元，以美国南部为例）④

澳大利亚	美国北部	大不列颠	瑞士	加拿大	荷兰	比利时	法国	爱尔兰
144	140	126	100	96	93	92	82	71

---

① 沃尔顿，罗考夫. 美国经济史［M］. 王钰，译. 北京：中国人民大学出版社，2011：288.

② 依次是南卡罗来纳州、密西西比州、路易斯安那州、佐治亚州、康涅狄格州、亚拉巴马州、佛罗里达州和得克萨斯州，其中仅有康涅狄格州在北部，排名第五。参阅巴普蒂斯特. 被掩盖的原罪：奴隶制与美国资本主义的崛起［M］. 陈志杰，译. 杭州：浙江人民出版社，2019：419.

③ 马丁，罗伯茨，明茨，等. 美国史：上册［M］. 范道丰，柏克，曹大鹏，等译. 北京：商务印书馆，2012：477.

④ 福格尔，恩格尔曼. 苦难的时代：美国奴隶制经济学［M］. 颜色，译. 北京：机械工业出版社，2016：184.

续表

澳大利亚	美国北部	大不列颠	瑞士	加拿大	荷兰	比利时	法国	爱尔兰
丹麦	德国	挪威	意大利	奥地利	瑞典	日本	墨西哥	印度
70	67	54	49	41	41	14	10	9

简言之，内战前的美国南部，尽管"奴隶制将南部经济的发展引上一条与北部大相径庭的道路，它限制了工业经济的生长，遏制移民进入该地区，阻碍了技术的进步"①，甚至大大延缓了城市化进程；但其农业生产方式本身却是富有效率的，南部农业绝非弱势产业，种植园主更不是弱势群体。最典型者，莫过于位于密西西比河三角洲中心的华盛顿县，1840年当地的奴隶数量是白人居民的10倍以上，1850年该县平均每个白人家庭拥有80多名奴隶，最多的一家有1036名，斯文·贝克特（Sven Beckert）指当地的种植园"是高度资本化的产业，事实上也是北美最大的产业之一，所需要的投资几乎超出所有北方工业家的能力"②。某种意义上，正是因为南部这种罪恶而高效的农业生产方式在内战前与北部自由资本主义经济模式的竞争中并不逊色，南部统治阶级才有脱离联邦的勇气和决心，而北部最终也唯有通过战争来解决经济发展道路之争，正如马克思对南北战争的评价："当前南部与北部之间的斗争不是别的，而是两种社会制度即奴隶制度与自由劳动制度之间的斗争。这个斗争之所以爆发，是因为这两种制度再也不能在北美大陆上一起和平相处。"③

二、南北战争对南部尤其是农业造成严重破坏

如果仅从经济角度看，南北战争对美国南北双方的影响可谓天壤之别，用哈罗德·安德伍德·福克纳（Harold Underwood Faulkner）的话来说，"战争对于北部的影响乃是加速了早年经济的发展。在南部，整个的经济生活都

---

① 方纳. 给我自由！一部美国的历史：上卷 [M]. 王希，译. 北京：商务印书馆，2010：502.
② 贝克特. 棉花帝国：一部资本主义全球史 [M]. 徐轶杰，杨燕，译. 北京：民主与建设出版社，2019：10.
③ 中共中央马克思恩格斯列宁斯大林著作编译局. 马克思恩格斯全集：第15卷 [M]. 北京：人民出版社，1963：365.

已经垮台。"① 詹姆斯·M. 麦克弗森（James M. McPherson）认为，南北战争是美国历史上最大的灾难，"这场战争给美国带来的灾难和破坏，比以往全部战争加起来还要大。"它造成超过60万人死亡、50万人受伤，远远超过美国军队在第二次世界大战中的伤亡人数。历时4年的残酷内战基本是在南部的土地上进行的，所以南部的财产损失远远大于北部。特别是到战争的最后阶段，北方军队深入南部腹地，所到之处造成严重破坏。据统计，内战摧毁了南部资产总值的2/3、牲畜的2/5和一半以上的农业机械，被破坏的铁路和工业无从计算，南部20~40岁之间的白人男性有1/4丧生。一言以蔽之，"1865年的南部呈现出一派残垣断壁、荒无人烟的凄惨景象。"② 艾伦·格林斯潘（Alan Greenspan）的一个数据集中反映了内战后南部经济之凋敝、人民之困苦和财政之窘迫——1866年密西西比州20%的财政收入用于为伤残军人安装义肢。③ 直到1870年，南部的财产，即使除去奴隶所代表的部分外，还比战前少30%。

以奴隶制棉花种植园为主体的南部农业在战争中受创尤深。首先，王金虎认为较之于非奴隶主家庭，内战中南部奴隶主家庭确实"以更加积极的姿态投入了南部邦联的战争"④，其家中的青壮年男性在战争中伤亡惨重。其次，内战期间，南部邦联政府的开支主要靠印钞来解决，导致严重通货膨胀。邦联国会还授权政府和军队以不断贬值的邦联纸币强制"购买"农场的产品乃至牲畜以充军用，埃里克·方纳指出："农场主对这种'强行充公'的做法尤其痛恨。"⑤ 更有甚者，到1863年3月，由于邦联财政已极度困难，邦联国会通过《强制征用管理法》，公然规定为了供应军队需要，除了"维持家庭生活和农业与加工生产所必需的物资"外，政府和军队都可以征用个人财产。又通过实物税法，规定征收1/10的农产品，"并且授权给所有的陆军军官在某些范围内去攫取这项财产"。上述近于公开掠夺的政策"在战争的最后两年中为南部提供了主要的经济力量"，同时令南部农场主损失惨重。战争中，南北双方的军队都乐于把大种植园作为搜刮劫掠的对象，种植园规模越大，越

---

① 福克纳. 美国经济史：上卷 [M]. 王锟, 译. 北京：商务印书馆，1989：442.
② 麦克弗森. 火的考验：美国南北战争及重建南部：下册 [M]. 刘世龙, 李杏贵, 任小波, 等译. 北京：商务印书馆，1994：204-225.
③ 格林斯潘, 伍尔德里奇. 繁荣与衰退 [M]. 束宇, 译. 北京：中信出版集团，2019：60.
④ 王金虎. 南部奴隶主与美国内战 [M]. 北京：人民出版社，2006：108.
⑤ 方纳. 给我自由！一部美国的历史：上卷 [M]. 王希, 译. 北京：商务印书馆，2010：679.

容易引起过往军队的注意，往往受创愈深，而它们正是战前南部农业的主力。

严重的破坏导致南部许多种植园在战后一蹶不振，迟迟不能恢复。从农业产值看，南部农业产值从1860年的6.39亿美元降到1870年的4.77亿美元，降幅接近1/4；1860年南部农业产值大约是北部的75%，到1870年还不到北部的40%。由于农场建筑和设施遭到破坏，内战后南部20%的耕地无法耕种。① 即使是尚能耕作的土地，其市场价格也大幅下跌，兰塞姆和萨奇指出，1866年南部土地的平均售价只相当于内战前评估价格的16%~25%。② 除了农场建筑、农业机械和农产品的大量损毁外，奴隶解放对于在南部农业中占据主导地位的奴隶制种植园生产方式是最为致命的一击。根据兰塞姆和萨奇的估计，战前一个典型的拥有60名奴隶的棉花种植园投资于奴隶的费用至少占全部投资的50%，有人甚至认为更高，③ 而随着奴隶解放，这笔巨额"资本"顿时化为乌有。阿塔克和帕赛尔估计1860年全部奴隶的总市场价值达27亿美元，接近当时美国GDP的2/3，而南部在内战中的实物资本损失约14.87亿美元。④ 另据格林斯潘的统计，奴隶的价值在1861年南部邦联全部应税资产中占到46.3%，参阅表2-3：

表2-3　1861年南部邦联各州应税资产及奴隶价值（单位：千邦联美元）⑤

	评估应税资产总额	评估奴隶价值	奴隶价值占比（%）
阿肯色州	138442	65438	47.3
北卡罗来纳州	343125	197026	57.4
得克萨斯州	282077	110974	39.3
弗吉尼亚州	794830	297476	37.4
佛罗里达州	67752	38285	56.5
路易斯安那州	480597	187312	39.0

---

① 孟海泉. 内战后美国南部植棉业中的借贷制度［J］. 世界历史，1999（1）：13-22.
② RANSOM R L, SUTCH R. One Kind of Freedom: The Economic Consequence of Emancipation［M］. New York: Cambridge University Press, 2001: 81.
③ RANSOM R L, SUTCH R. The Impact of the Civil War and of Emancipation on Southern Agriculture［J］. Explorations in Economic History, 1975, 12（1）：1-28.
④ 阿塔克，帕赛尔. 新美国经济史：从殖民地时期到1940年：下册［M］. 罗涛，等译. 北京：中国社会科学出版社，2000：360-362.
⑤ 格林斯潘，伍尔德里奇. 繁荣与衰退［M］. 束宇，译. 北京：中信出版集团，2019：55.

续表

	评估应税资产总额	评估奴隶价值	奴隶价值占比（%）
密西西比州	471677	287765	61.0
南卡罗来纳州	440034	244311	55.5
田纳西州	485339	172267	35.5
亚拉巴马州	484966	261284	53.9
佐治亚州	633322	280477	44.3
南部合计	4622161	2142615	46.4

总之，南部奴隶主在内战中最大的直接"损失"来自奴隶解放，而由此造成的种植园奴隶制生产方式无以为继的间接损失还不算在内。

从生产的角度看，内战后南部农业经济的衰退幅度令人吃惊。1870年的经济普查显示，较之于上一次经济普查（1860年），南部的农场数量增加了近一半，而农场价值却下降了42%、耕地面积减少13%、劳动力储备减少21%，主要农作物中除燕麦产量有所增加外，其余均大幅减少，参阅表2-4：

表2-4 1860—1870年南部主要农业数据的变化率①

项目		1870年数值与1860年数值之比（%）
农场数量		148
农场价值		58
耕地面积		87
劳动力储备		79
主要农作物产量：	棉花	56
	小麦	77
	玉米	66
	水稻	39
	马铃薯	84

---

① 格林斯潘，伍尔德里奇. 繁荣与衰退［M］. 束宇，译. 北京：中信出版集团，2019：61.

续表

项目		1870年数值与1860年数值之比（%）
主要农作物产量：	燕麦	111
	烟草	36

不仅如此，除了战争破坏和奴隶解放造成的损失外，很多南部种植园主还因为购买和持有在战后沦为废纸的南部邦联债券（1868年通过的美国宪法第14修正案明文禁止偿还这种债券）和纸币而耗尽了积蓄。文学名著《飘》（Gone with the Wind）中的女主角斯嘉丽·奥哈拉（Scarlett Ohara）一家本是佐治亚州的大种植园主，内战前生活奢侈挥霍无度，内战后一贫如洗濒临破产。虽是文学描写，类似情形在当时的南部却司空见惯。比如南部邦联最重要的将领之一、官至上将的布拉克斯顿·布拉格（Braxton Bragg）战后回到自己"曾经富饶繁荣的"亚拉巴马老家后，发现"除了我的债务之外，所有的一切都被毁掉了"，他和在富裕环境中长大的妻子不得不暂时栖身于过去的奴隶木屋。无独有偶，曾在哈佛和耶鲁讲学的奴隶制哲学家乔治·菲茨休（George Fitzhugh）战后也住在一间简陋的棚屋里，和他从前的奴隶们生活在一起。弃笔从戎的南部诗人、音乐家西德尼·拉尼尔（Sidney Lanier）返乡后哀叹："整个生活在很大程度上只差奄奄待毙了。"而几百万被解放的黑人奴隶更是没有最基本的生产、生活资料。更糟糕的是，由于内战前的南部法律明文规定教奴隶识字是犯罪行为，他们几乎全是文盲。总而言之，内战后的南部，大多数种植园主只剩下土地，被解放的黑人更是彻底的无产者，如乔纳森·休斯（Jonathan Hughes）和路易斯·P. 凯恩（Louis P. Cain）所言："对南方白人来说，和平生活以毁灭、贫穷和失败开始。对黑人来说，和平生活以一无所有开始。他们自由了，但没有财产、技能，也没有受到教育。"①

三、重建失败导致南部走上错误的发展道路

（一）总统重建与国会重建

内战后到1877年被称为南部重建时期。学界通常以1867年3月2日美国国会第一个《重建法令》出台将重建分为总统重建和国会重建两个阶段。总

---

① 休斯，凯恩. 美国经济史：第7版 [M]. 邱晓燕，邢露，等译. 北京：北京大学出版社，2011：285.

统重建主要是由安德鲁·约翰逊（Andrew Johnson）总统主导，由于其重建政策对南部叛乱分子过于宽松，而对黑人的公民权特别是选举权和被选举权问题态度消极，因而受到（当时）代表北部工商业资产阶级利益的共和党多数派的强烈反对。① 总统重建历时不到两年，除了在法律和名义上废除了南部叛乱诸州的奴隶制外，成效不大。

而当除田纳西州外的南部诸州拒绝批准宪法第 14 条修正案后，共和党控制的国会于 1867 年 3 月推翻总统的否决，通过《1867 年军事重建法案》，否定了总统的重建方案，将除田纳西州外的原南部邦联 10 个州划分为 5 个军事区并实行军事管制，要求上述诸州组成制宪会议制定保障黑人选举权的宪法，建立新的民选政府并批准宪法第 14 条修正案后再申请加入联邦。此举实际上是对南部叛乱分子实行军事专政并试图保障南部黑人的参政权。在此背景下，由于排斥了众多叛乱分子，而当时南部广大黑人基本全是共和党的支持者，由黑人、被称为"毛毡提包客"（Carpetbagger）② 的北部白人和被称为"屠崽子"（Scalawag，又译"无赖汉"）③ 的部分南部本地白人共同组成的南部共和党一度控制了上述 10 个州的政权。随着佐治亚州在 1870 年重返联邦，上述 10 个州都按国会重建法案的要求完成了回归联邦的程序。南部共和党州政府在政治、经济、教育文化等方面都取得了一定的成绩，同时也面临诸多非议，尤其是关于腐败的批评。④ 但由于以"三 K 党"为代表的白人种族主义者无所不用其极的暴力破坏和反攻倒算，同时大部分南部白人始终站在民主党这边，南部共和党政府维持的时间不长。弗吉尼亚州在 1869 年就落入民主党之手，到 1877 年南部最后一个共和党州政府倒台，事实上标志着重建结

---

① 张准. 美国南部重建时期共和党政府腐败问题简析 [J]. 山东青年政治学院学报，2020，36（5）：9-14.

② 重建时期美国南部白人对前往南部活动的北方人的蔑称。因当时北方人去南方大多只提一只毛毡提包，故名。亦泛指共和党激进派成员，重返南部务农经商的老兵，帮助自由黑人的社会活动家，继续留在南部各级政府机关和自由民局的北方人以及寻求优厚投资利益的实业家、投机家、冒险家等。参阅张准. 美国内战后南方重建时期的"毛毡提包客"评析 [J]. 山西大同大学学报（社会科学版），2019，33（5）：36-41.

③ 原意指干瘦或生病的牲畜，内战后含政治含义，成了废物、流氓、无赖的同义词，是重建时期保守的南方人对支持联邦重建方案的南方人的贬称，或指与被解放的黑人奴隶及毛毡提包客合作、共同支持共和党政策的南方白人。参阅杨生茂，张友伦. 美国历史百科辞典 [M]. 上海：上海辞书出版社，2003：429.

④ 重建时期的南部共和党政府确实存在严重的腐败现象，但未必比当时的联邦政府或北方州政府更严重。参阅张准. 美国南部重建时期共和党政府腐败问题简析 [J]. 山东青年政治学院学报，2020，36（5）：9-14.

束。故从 1867 年 3 月到 1877 年这段时期被称为国会重建期或激进重建期。

(二) 重建失败的原因简析

如前所述，此处的重建失败主要是指 1867 至 1877 年间的国会重建失败。究其原因，目前主流观点大多归结于两点：一是南部白人的激烈反抗且其力量明显超过重建政府及其支持者；二是联邦政府和北方民众逐渐放弃了对重建的支持。笔者认为这两个方面的因素都是客观存在的。然而，经济基础决定上层建筑，由资产阶级政党领导的重建未能解决南部黑人最迫切期望的土地问题，为南部各州的重建政府制造一个稳定的执政基本盘。几百万被解放的黑人一无所有，最终大多数被迫成为租佃农乃至雇农，再次在经济乃至人身上依附于白人种植园主，是重建失败的重要经济因素。詹姆斯·S. 艾伦 (James S. Allen) 也认为，"要改变南部政治权力的经济基础也是不可能的，只要田庄 (种植园) 继续在经济结构中占有支配地位"[1]。就连稍早于林肯政府解放黑奴而废除本国农奴制的俄国沙皇亚历山大二世 (Alexander II) 也为自己在解放农奴的同时给他们以土地而在美国人面前炫耀式地表示质疑："你们美国人怎能如此盲目行事，让黑人奴隶两手空空去拯救自己。"

从意识形态的角度，杨馗认为："以种族平等为特色的重建方案超越了当时白人所能接受和认可的范围，也与当时全球范围内的种族主义和殖民主义浪潮格格不入。"[2] 李剑鸣认为："从社会心理的层面来说，主人心态在南部白人当中深入骨髓，他们的社会地位、价值伦理、生活习俗，都是以奴隶制为支撑的。"所以，"当奴隶制被废除以后，南部社会和文化从根基上受到动摇，于心不甘的南部白人便用种族主义来维持内战前白人的优越地位，继续将黑人排斥在政治社会之外，以保持心理的平衡。"[3] 与此同时，在当时的美国，对黑人的歧视是不分南北的。早在 19 世纪 30 年代，托克维尔 (Tocqueville, A.) 就指出："在美国的某些黑人已不再是奴隶的地方，他们是否和白人更亲近了呢？凡是在美国生活过的人都能看到，情况恰恰相反。我认为，种族偏见在那些已经废除奴隶制的州要比在那些尚未废除奴隶制的州更为强

---

[1] 艾伦. 美国改造时期：争取民主的斗争 [M]. 宁京, 译. 北京：生活·读书·新知三联书店, 1957: 180.

[2] 杨馗. 试论美国内战后国会重建失败的必然性 [J]. 中南大学学报 (社会科学版), 2012, 18 (4): 138-143.

[3] 李剑鸣. 民主的考验和考验中的民主 [J]. 读书, 1999 (2): 27-33.

烈。"他还断言："法律只能废除奴役制度，唯有上帝才能够抹去奴役的痕迹。"① 简言之，就是法律可以废除黑人奴隶制，但是不能改变美国人尤其是南部白人对黑人的心态。托克维尔的判断是符合实际的，就连被视为黑人奴隶"解放者"的林肯对黑人的歧视也是根深蒂固——"在很多方面黑人与我都不是同等的人——在肤色上肯定不是，在精神或智力的天赋方面或许也不是。"② 共和党在重建时期与南部黑人达成同盟关系，更多是出于与（在当时）代表南部种植园主势力的民主党进行政治斗争、争夺国家权力的目的，因而其对黑人政治权利的支持是有限和不坚定的，而对黑人经济、文化等方面的权利则持更加消极和冷漠的态度。当两党有可能达成政治交易或妥协时，南部黑人的权益往往就会成为牺牲品，最典型者莫过于1876年的"海斯—蒂尔登妥协"。

杰克·里森·波尔（Jack Richon Pole）认为，曾为英国殖民地的历史使得美国人深信"当中央政府被授权介入地方政治生活的时候，自由就会受到威胁；自由与地方自治紧密地结合在一起"。而问题恰恰在于"地方自治并不一定会保障地方人民的权利"③，美国联邦制的政治体制、根深蒂固的州权观念和反对军队干预政治的理念都使得重建时期共和党控制下的联邦政府对南部共和党州政府的支持力度不足，有时有心无力，有时既无心又无力。比如在1875年的密西西比州选举前，每当共和党聚会时，武装白人就寻衅制造事端，最后导致开枪，仅1874年12月的维克斯堡骚乱中就至少有35名黑人和2名白人被打死。该州共和党州长阿尔伯特·埃姆斯（Albert Ames）请求联邦政府出兵控制骚乱，司法部长却拒绝说："全体公民对南部每年秋天发生的这些骚乱已经习以为常。大多数人对政府出面进行的任何干涉行为都要加以谴责。……利用您本州的力量去维护和平吧。"在民主党人的枪口下进行的选举，结果当然是民主党大获全胜，密西西比州的重建从此终结。1876年，几乎一模一样的过程又在南卡罗来纳州发生。约翰·霍普·富兰克林（John Hope Franklin）认为，"就像1861年到1865年的斗争是一场内战一样，1865年到1877年的斗争（即重建）确实也是一场内战，具有同样的深仇大恨，只

---

① 托克维尔. 托克维尔文集 [M]. 雅瑟，译. 北京：人民日报出版社，2013：351-352.
② 叶英. 权力之眼的一瞥：析《弗兰克·莱斯利新闻画报》对美国内战后南方黑人教育的图片报道 [J]. 四川大学学报（哲学社会科学版），2011（1）：77-84.
③ 波尔. 美国平等的历程 [M]. 张聚国，译. 北京：商务印书馆，2007：222.

是流血较少而已"①。而从"海斯—蒂尔登妥协"后的历史进程看，离开联邦政府的支持特别是军事支持，共和党在南部难以立足，重建政府难以维持，说明由黑人、"毛毡提包客"和"孱崽子"组成的南部共和党及其支持者的力量还远远不足以与以南部民主党为核心的白人种族主义者相抗衡，重建的失败难以避免。

（三）对重建的评价

1. 重建的主要成果在教育方面

在恢复被战争破坏的基础设施方面，重建是成功的，到1870年南部运输体系已达到战前最大运量。赖特指出，"与内战前的情况相反，南部充分分享了1865至1875年间的全国铁路建设高潮"②。早在1866年之前，几乎每个南部州都制订了新的铁路建设计划，有的甚至已开始施工。同时，美国学者对于重建政府在公立教育尤其是黑人教育方面的成就，相对而言争议较少（批评者通常着眼于教育经费的使用效率和贪污腐败，而非教育事业的发展），诸多学者不约而同地认为这是重建政府的最大成绩。

内战结束之初，自由民局③是资助黑人教育的主要机构，它在1865至1870年间为此大约花费了350万美元。而"毛毡提包客"是南部黑人教育的先驱者，北部的教会和慈善机构早在内战期间就开始在南部被解放的地区为黑人开办学校。根据罗纳德·E. 布查特（Ronald E. Butchart）的统计，内战结束的第二年即1866年，南部就有黑人学校975所，教师1405名；到19世纪60年代末，增加到2039所学校和2560名教师。④ 学生人数方面，滕大春指出，1866年有黑人学生90778人；1867年111442名；到重建结束的1877

---

① 富兰克林. 美国黑人史［M］. 张冰姿，何因，段志诚，等译. 北京：商务印书馆，1988：286.

② WRIGHT G. Old South, New South: Revolution in the Southern Economy since the Civil War ［M］. Baton Rouge: Louisiana State University Press, 1996: 39.

③ 全称为"难民、自由民及被弃土地局"（Bureau of Refugees, Freed-men and Abandoned Lands），1865年由美国国会设立，任务是"监督和处理一切被遗弃的土地，并且管理与来自叛乱诸州或军事行动所包含的领土内的任何地区的难民和被解放者有关的一切问题"，隶属于陆军部。1868年以后职能逐渐被压缩，1872年6月正式终止运行，它在南方重建尤其是教育和卫生健康等方面发挥了重要作用。参阅王淑霞. 美国南方重建时期自由民局的政策及作用［J］. 河南师范大学学报（哲学社会科学版），2001（6）：68-71.

④ BUTCHAR R E. Northern Schools, Southern Blacks, and Reconstruction: Freedmen's Education, 1862-1875 ［M］. Westport: Greenwood Press, 1980: 4.

年，在"过去南方蓄奴16州"（南部11州和南北边界的肯塔基、马里兰、密苏里、特拉华4个州，以及内战中拒绝脱离联邦、从弗吉尼亚州分裂出来的西弗吉尼亚州）和首都哥伦比亚特区，在公立学校肄业的有色学生累计达571506名。① 此外，自由民局创立和资助的黑人学校中，有的逐步向高等教育领域进军，发展成为专门招收黑人的"传统黑人高校"（Historically Black Colleges and Universities，缩写HBCUs），包括霍华德大学、汉普顿学院、圣奥古斯丁学院、亚特兰大大学、菲斯克大学、斯托勒学院和比德尔纪念学院（后来的约翰逊·史密斯大学）等。从19世纪60年代末开始，这些学校的许多黑人毕业生走上教师岗位，成为南部黑人教育的主力军。到1870年，南部黑人教师的数量超过了北部来的白人教师。②

南部黑人教育事业的发展也离不开黑人自身的努力。被解放的黑人无比珍惜受教育的机会，1865—1870年，他们在近乎一无所有的情况下，节衣缩食，支付了大约70万美元的学费给自由民局办的学校，还通过教会向教育事业捐款50万美元，③ 二者之和已超过同期自由民局为南部黑人教育拨款的1/3。尽管南部学校通常实行种族隔离且黑人学校软硬件条件都远差于白人学校（白人学校也远远低于全国平均水平），黑人儿童入学率在大多数城市中一直不亚于白人。内战前，南部黑人几乎全是文盲（仅极少数自由黑人有文化），而到1870年黑人文盲率已降到黑人人口总数的79.9%，到1880年进一步降到70%。④

此外，南部的白人儿童同样是重建时期公立教育的受益者，根据韦恩·J.厄本（Wayne J. Urban）和小杰宁斯·L. 瓦格纳（Jennings L. Wagoner Jr.）的统计，到1870年，自由民局在南部诸州建设了4329所各类学校，有教师9500多名（1869年数据），学生24.7万多名，⑤ 显然黑人学校只占其中一部分。埃里克·方纳指出："内战之前的南部，教奴隶识字是一种犯罪活动，南部政府对贫穷白人的孩子接受教育的事情几乎不闻不问，而到了19世纪70

---

① 滕大春. 美国教育史 [M]. 北京：人民教育出版社，2001：616.
② 谢国荣，徐跃龙. 南方黑人自由民教师与美国重建 [J]. 历史教学问题，2021（2）：103-110，164.
③ 叶英. 权力之眼的一瞥：析《弗兰克·莱斯利新闻画报》对美国内战后南方黑人教育的图片报道 [J]. 四川大学学报（哲学社会科学版），2011（1）：77-84.
④ 刘祚昌. 美国内战史 [M]. 北京：人民出版社，1978：568.
⑤ 厄本，瓦格纳. 美国教育：一部历史档案 [M]. 周晟，谢爱磊，译. 北京：中国人民大学出版社，2009：196.

年代，南部的白人和黑人儿童都能够进入公立学校就学。"①

2. 重建总体上是失败的

在政治、经济、文化等方面的重建是不成功的：

在政治上，虽然废除了奴隶制，但代表种植园主利益的民主党重新控制南部各州政权后，黑人的政治权利被逐步剥夺，到1900年已经到了基本完全禁止黑人从政的地步；同时又在社会生活中逐步建立起"从摇篮到公墓"的种族隔离制度，将黑人降为二等公民。

在经济上，内战和重建没有改变南部的经济基础。首先是没有进行哪怕是最起码的土地改革，根据兰塞姆和萨奇对亚拉巴马州的达拉斯县的统计，1870年该县土地所有者中排名前10%的人拥有全部不动产的57%，这一比例仅仅比内战前的1860年下降了3.4个百分点。②旧种植园主大多转型为地主，而大部分被解放的黑人则成为佃农，继续以种植棉花为生，整个南部经济同样建立在棉花种植的基础上，愈加依赖、受制于北部资本尤其是金融资本，总体上发展缓慢、贫困落后。从人均商品产量看，1860年南部和美国其他地区分别是78美元、75美元，南部还略微领先；而1870年分别是48美元、82美元，1880年分别是62美元、106美元，南部经济向农业社会的倒退可见一斑。而从工农业产值来看，这一时期的南北差距更扩大到让人很难相信这是同一个国家的地步，参阅表2-5：

表2-5　1860—1880年南北部工农业产值（单位：百万美元，1879年价格）③

年份	北部			南部		
	总值	农业	制造业和矿业	总值	农业	制造业和矿业
1860	1674	853	821	710	639	71
1870	2337	1246	1091	534	477	57
1880	3876	1861	2015	838	738	100

---

① 方纳. 给我自由！一部美国的历史：上卷[M]. 王希，译. 北京：商务印书馆，2010：731.

② RANSOM R L, SUTCH R. One Kind of Freedom: The Economic Consequence of Emancipation [M]. New York: Cambridge University Press, 2001: 79.

③ 郭尚鑫. 19世纪末美国南部经济发展略论[J]. 江西师范大学学报（哲学社会科学版），1999（4）：28-33.

25

如表2-5可见，1860年、1870年和1880年，南部工农业总产值分别相当于北部的42.4%、22.8%和21.6%，农业产值分别为北部的74.9%、38.3%和39.7%，而制造业和矿业产值仅相当于北部的8.6%、5.2%和5%。

而在意识形态方面，内战和重建非但没有改造，甚至进一步强化了南方文化中的一些负面因素如种族歧视、暴力文化、宗教狂热等。所以，不仅"1900年的南方人看待世界跟他们的父辈在1830年看待世界没有什么两样"，甚至有人认为内战和重建"减缓甚至终止了南方向往来自外部的新思想（北方的文化和北方的心态，亦即现代思潮和现代心态）发展的这一过程。"[①]

总之，由于内战后联邦政府对南部重建缺乏总体规划和统筹协调，决心和投入都严重不足；而南部内部的新兴力量又不足以战胜保守势力，旧南部的经济、文化基础未被根本改造，重建的失败不可避免。南部就此走上错误的发展道路，工业化、现代化、城市化进程缓慢艰难，而"对整个国家来说，一个伟大的机会在战后的南方被错过了。直到进入20世纪之前，这个地区最著名的特点就是浪费人力和自然资源，贫穷落后，充斥着野蛮的种族主义"[②]。1915年，列宁在《关于农业中资本主义发展规律的新材料》中评价："闭塞不通，粗野落后，死气沉沉，一座为'解放了的'黑人设置的监狱——这就是美国南部的写照。"南部社会为此付出惨重代价，身为弱势产业的农业和弱势群体的农民受害尤其深重，这是内战后美国南部地区"三农"问题的背景。

第二节　南北战争后美国南部"三农"问题的内涵

2000年，时任湖北省监利县棋盘乡党委书记李昌平上书朱镕基总理，直陈："农民真苦，农村真穷，农业真危险"，对"三农"问题的拳拳之心和焦虑之情溢于言表，短时间内激起全社会对"三农"问题的高度共鸣与关注。南北战争后美国南部的"三农"问题，外在形式上与李昌平当年的描述不无相似之处，而程度更严重、持续时间更长久，可以简单概括为"农民真苦，农村真穷，农业真落后"。

[①] 张禹九. 南北战争后的美国南方文化［J］. 美国研究, 1992 (2): 152-160, 6.
[②] 休斯, 凯恩. 美国经济史: 第7版［M］. 邸晓燕, 邢露, 等译. 北京: 北京大学出版社, 2011: 293.

<<< 第二章 南北战争后美国南部"三农"问题概述

一、农业生产方式落后——小农经济与手工劳动

内战期间,南北双方都大力扩军,如北方到1863年年底兵力已达91.8万人。一方面大量青壮年参军入伍,另一方面粮食需求激增、农时不能耽搁,改良农机具的重要性骤然凸显。这一时期的北方,麦考密克收割机、阿特金斯自卸收割机、马什联合收割机、皮特脱粒机等得到广泛使用和不断改进,这些农业机械使大量的劳动力得以从田地走向战场。1862年《宅地法》颁布后,耕地面积迅速增长,各种新式农机具的发明更是层出不穷,而来自欧洲的移民也带来了大量先进的农业生产技术和工具。内战期间,联邦政府控制下的北部和中西部地区,小麦产量屡创新高,不仅满足国内需求,还向欧洲出口了多达3.3亿美元的粮食(超过1860年美国出口总额);畜牧业中猪肉和羊毛的产量也有大幅增长。①

内战后,除南部外的美国农业继续保持高速增长。根据格林斯潘的数据,19世纪美国农业人均实际产值大约年均增长0.5%,而在1860年之后的20年间的年均增长率为0.91%。到19世纪八九十年代,除南部外的各地农场广泛使用各种新型的播种机、脱粒机、收割机等,1885年上述农业机械产量达25万台。到1892年北部和中西部农业已基本实现以畜力(主要是马力)为动力的半机械化,此后不到10年又基本完成了机械化过程。19世纪八九十年代因此被称为美国的(第一次)"农业革命时期",标志着美国农业社会化大生产阶段的开始。② 据美国农业部统计,1870—1910年,美国总体农业劳动生产率提高了32%。1880—1910年也是美国耕地面积增长最快的30年,从7590万公顷增至1.4亿公顷以上,③ 几乎增加了一倍。

(一)从种植园大生产到小农经济

在全国其他地区农业革命如火如荼、农业机械化突飞猛进之时,南部农业却是一方面用小农经济的租佃制(包括现金租佃制和谷物分成制)取代种植园制大生产,另一方面长期滞留在手工劳动阶段。尽管内战前南部的植棉业也是以手工劳动为主,但马克思所谓"接种在奴隶制上"的种植园制度总体上仍属

---

① 刘鹏."棉花王国"与"小麦王国"的斗争[J].洛阳师范学院学报,2015,34(4):84-87.
② 张准,徐臻,胡民.镀金时代美国农业发展研究[J].生产力研究,2010(5):44-46.
③ GRIGG D. The Agriculture Systems of the World:An Evolutionary Approach [M]. London:Cambridge University Press,1974:261.

于商业化的资本主义大生产，罪恶却不失高效。内战后，种植园主纷纷把土地分成20~50英亩的小块，出租给黑人或贫穷白人，小农经济的租佃制成为南部农业的主要生产方式。"随着这一变化，集体劳动及其曾产生的效率消失了。由于种植园被分解为小的经营单位，规模经济也消失了。结果是，战后南部经济丧失了战前经济的主要特征，这些特征被福格尔和恩格尔曼认为是战前经济成功的源泉。"[1] 1860—1870年，南部耕地面积在100英亩以上的农场数量减少了17%，而耕地面积少于50英亩的小农场的数量却增加一倍以上。南部农业的小农经济化趋势愈演愈烈，根据1880年的统计，内战后南部农场数量增长惊人，而平均面积则少了一半还多。此后直到1930年，除得克萨斯州外，南部10个州的农场平均面积持续下降，从1880年的149英亩降至1930年的70英亩；而植棉业占统治地位的深南部（亚拉巴马、佐治亚、路易斯安那和南卡罗来纳4个州）更是从159英亩降到67英亩；作为对比，1880—1930年中西部农场的平均面积从122英亩增至181英亩。参阅表2-6：

表2-6 1880—1930南部各州农场平均面积（单位：英亩）[2]

	1880年	1890年	1900年	1910年	1920年	1930年
阿肯色	128	119	93	81	75	66
北卡罗来纳	142	128	101	88	74	65
得克萨斯	209	225	257	269	262	252
弗吉尼亚	167	150	119	106	100	98
佛罗里达	141	107	107	105	112	85
路易斯安那	171	138	95	87	74	58
南卡罗来纳	143	115	90	77	65	66
密西西比	156	122	83	66	67	55
田纳西	125	116	91	82	77	73

---

[1] 格林斯潘, 伍尔德里奇. 繁荣与衰退[M]. 束宇, 译. 北京：中信出版集团, 2019: 60-61.

[2] WRIGHT G. Old South, New South: Revolution in the Southern Economy since the Civil War[M]. Baton Rouge: Louisiana State University Press, 1996: 54.

续表

	1880年	1890年	1900年	1910年	1920年	1930年
亚拉巴马	139	126	93	79	76	68
南部11州平均	157	143	141	115	110	104
除得克萨斯外的10个南部州平均	149	128	98	84	77	70
深南部5州平均	159	130	96	80	73	67
中西部各州平均	122	133	145	158	172	181

兰塞姆和萨奇统计了1860至1870年间前述植棉业占统治地位的深南部4个州（经常也称为"棉花州""植棉州"）农场变动的情况，见表2-7。

表2-7　1860至1870年深南部4州农场构成情况①

按农场面积分类（英亩）	各类农场占农场数量之比（%）		各类农场占地面积占农场总面积之比（%）	
	1860年	1870年	1860年	1870年
3~49	36.9	60.9	7.4	20.2
50~99	24.2	19.8	12.9	19.6
100~499	32.0	17.2	47.6	49.1
500以上	6.9	2.1	33.0	11.0

可以看到，1860—1870年，4个棉花州中面积小于50英亩的小农场（家庭农场）数量占比从36.9%激增至60.9%，而面积在100英亩以上的大农场数量占比从38.9%下降到19.3%；从各类型农场土地占比看，面积在500英亩以上的最大农场土地占比从33%骤降至11%，而其他各类农场土地占比都有增加；从绝对数量来看，农场总数从18.76万个增至28.49万个，面积在100英亩以下的小农场数量增加而面积在100英亩以上的大农场数量减少，而面积小于50英亩的小农场从6.92万个激增至17.36万个，占农场总数的60%

---

① RANSOM R L, SUTCH R. One Kind of Freedom：The Economic Consequence of Emancipation [M]. New York：Cambridge University Press, 2001：71.

以上，充分反映了内战后南部棉花种植从奴隶制大生产向租佃制小生产的转变。

(二) 内战后的南部农业生产方式极端落后

美国官方根据农业生产力发展状况，以南北战争、第一次世界大战和第二次世界大战为节点，将美国农业的发展历史分为四个阶段，并根据各个阶段农业生产的特点，依次称之为人力时代、畜力时代、机械力时代和科学力时代。其中从南北战争到一战之间的"畜力时代"，更多是指以畜力（主要是马）为动力的半机械化的农业生产。1850 年，美国农场机械和器具的总价值为 1.52 亿美元，到 1900 年约为 7.5 亿美元，增长近 4 倍。

与此同时，南部农业却长期滞留在人力时代，农业机械化踟蹰不前。如前所述，内战前南部农业生产方式就很落后。内战中，南部损失了大量牲畜和农业机械，而被解放的黑人又一无所有，以致内战后的南部农业生产方式比战前还要落后。1880 年的第 10 次人口调查结果显示当时阿肯色州的分成农平均每 15~20 英亩仅有 "2 把镰刀、一只篮、一匹马或一头驴"，不仅农民不知耕犁和棉花播种机为何物，"实际上种植园主本身也极少拥有这些生产工具"。[①] 而阿肯色州之外的南部其他七个主要产棉州，根本就没有关于农民拥有农具数量的统计，遑论农业机械，足见其农业生产工具可能比阿肯色州更为匮乏（阿肯色州邻近北部，战前战后都属于南部相对发达的地区）。此时距内战结束已有 15 年之久，而南部农业生产方式之落后可见一斑。"南部在内战以后的长时期里农业生产工具数量极少，而农业机械更是十分缺乏"，"直到 1920 年，南部的农具和机械并不比内战结束初期有明显的增长"。[②] 吉尔伯特·考特兰·菲特 (Gilbert Courtland Fite) 甚至认为："20 世纪 30 年代南部大部分地区的农业与 19 世纪 70 年代时差异不大……在全国其他地区实现了农业机械化和推广了各种节约劳动力的设备之后很久，南部农业仍然还在使用着大量的人力劳动。"[③] 这种说法并非一家之言，1934 年对亚拉巴马州梅肯县（一个典型的植棉县份）612 个黑人农户的调查显示其中 299 户没有任何

---

① U. S. Department of Commerce, Bureau of the Census. Tenth Census (1880): Vol. 5 [M]. Washington, D. C.: Government Printing Office, 1884: 641.

② 孟海泉. 内战后美国南部的农业机械化与农业体制变革 [J]. 美国研究, 2007 (4): 106-115.

③ FITE G C. Southern Agriculture since the Civil War: An Overview [J]. Agricultural History, 1979, 53 (1): 3-21.

农具——"连锄和犁都没有,他们采用的耕种方法还是和奴隶制度的时候一样。"①

20世纪20年代初期,当拖拉机已在西部被广泛应用时,农业机械化才在南部的部分地区初露端倪。如前所述,1860—1930年,南部的农场数量越来越多而平均面积越来越小,是农业机械化姗姗来迟的重要原因之一。

二、农民贫困——内战后南部农民长期处于贫困状态

从农民收入看,内战后南部成为美国最贫困的地区,而南部农民更沦为美国最贫困的群体。1860—1880年,南部人均收入呈绝对下降之势,在全国其他地区经济高速发展的同时,南部经济衰退程度之深、持续之久令人吃惊,这种诡异现象恐怕只有在当时美国自由放任的资本主义经济下才会发生。1880年后,南部人均收入开始增长,但增长速度仍明显低于全国平均水平;到1890年南部人均收入才恢复到内战前的水平,而其占全国人均收入的比例已从内战前的3/4下降到1/2。参阅表2-8、表2-9、表2-10:

表2-8 1840—1920年美国各地区人均收入比较(单位:美元,以全国水平为100美元)②

	1840年	1860年	1880年	1900年	1920年
东北部	135	139	141	137	132
中西部	68	68	98	103	100
南部	76	72	51	51	62
西部	—	—	190	163	122

表2-9 1840—1920年个人收入在美国各地区之间的分配

	1840年	1860年	1880年	1900年	1920年
东北部	58%	50%	44%	41%	32%

---

① JOHNSON C S. Shadow of the Plantation [M]. Chicago: The University of Chicago Press, 1934: 119.
② 表2-8、表2-9和表2-10的数据均出自恩格尔曼,高尔曼. 剑桥美国经济史:第二卷:漫长的19世纪[M]. 王钰,李淑清,译. 北京:中国人民大学出版社,2008:37-38.

续表

	1840 年	1860 年	1880 年	1900 年	1920 年
中西部	13%	20%	34%	36%	32%
南部	29%	26%	15%	15%	21%
西部	—	4%	7%	8%	15%

表2-10　1840—1920年美国人口的地区分布

	1840 年	1860 年	1880 年	1900 年	1920 年
东北部	43%	36%	31%	30%	30%
中西部	20%	29%	35%	35%	32%
南部	37%	33%	31%	30%	29%
西部		2%	4%	5%	9%

阿塔克和帕赛尔的数据与之相近，内战前南部人均收入高于中西部，到1880年已跌到中西部的一半，到1950年也仅仅相当于中西部的70%。[1]在财富存量方面，内战后的南部与全国平均水平的差距更为悬殊。1880年，南部人均财产为376美元，不及全国平均水平（870美元）的一半；南部各州都比全国平均数低300美元以上，比南部以外各州平均数低550美元以上。1900年，南部人均财产增至509美元，仍不及全国平均水平（1165美元）的一半。

相比之下，南部农民尤其是内战结束后除了"自由"外一无所有的黑人农民的处境更是水深火热。战后初期，贫困导致被解放的黑人大批死于冻饿和瘟疫。托马斯·索威尔（Thomas Sowell）指出，南部黑人"在获得解放后的第一个10年里……其死亡率比他们当奴隶时还高"[2]。由于得不到赖以生存的土地，又缺乏文化和一技之长，被解放的黑人最终大多成为分成制租佃农而勉强安顿下来，但收入微薄难堪温饱。从产出来看，1859年南部棉花种

---

[1] 阿塔克, 帕赛尔. 新美国经济史：从殖民地时期到1940年：下册[M]. 罗涛, 等译. 北京：中国社会科学出版社, 2000：378.

[2] 索威尔. 美国种族简史[M]. 沈宗美, 译. 北京：中信出版社, 2015：222.

植园中黑人奴隶人均产出为147.93美元,而1879年黑人分成制佃农人均产出仅74.03美元,降幅高达50%。其生活更是悲惨:奴隶制时期,奴隶的年均生活费约20美元;而20世纪初南部分成制雇农家庭年人均生活费仅10~12美元,换言之,其生活水平甚至比百年前的奴隶还要低得多。他们的住房条件也十分恶劣,"在得克萨斯州产棉区,将近77%的黑人家庭住房非常拥挤,更甚者一家13口住在一个单间和一个灶间里。"① 白人小农的处境同样艰难,他们不仅在内战中遭受巨大损失,还深受战后重建时期的重税之苦,很多人因此丧失了自己的土地而沦为佃农。菲特指出,1857—1879年,南部7个棉花种植州的白人人均农业收入从124.79美元降到80.57美元,降幅达35%。Census的记录也显示19世纪后期南部有些农民家庭"连面包也没有",生活在"赤贫状态之中","比当农奴时的生活还惨"。②

1897年之后的15年左右,即大致从美西战争到一战前,是和平年代里美国农业最繁荣的时期,堪称美国农业的"黄金时代"。到1910年,美国农业总产值达90亿美元,比1899年几乎又翻了一番,农村生活委员会报告说:"美国农民从未享受过今天这样的富裕生活。"③ 而此时的南部,"普通百姓的生活一如既往的乏味和艰难",以佐治亚州为例,"人民极端贫困,2/3的人口劳作于乡村。绝大多数是佃农,1900年年收入仅260美元";而同年中西部的伊利诺伊州非农业工人的年均收入已达1512美元。

埃米尔·路德维希(Emil Ludwig)描述大萧条时期的美国农民:"美国农民的人口,约占全国1/4,易言之,即有3000万人民敝衣恶食,无力付债息,更无购买的力量。"④ 而此时南部的情况尤其惨烈,"棉花地带"的分成制佃农"特别是黑人佃农,在此冬深之际,无衣无食,而且一无所有……时刻有死去的危险,而且许多人处于垂死状态。"⑤ 南部农民的贫困状态一直到20世纪40年代后才得以逐步改善。直到现在,南部尤其是"棉花地带"仍是美国最贫困的地区,南部农民尤其是黑人农民仍是美国最贫困的群体之一。2017年美国的贫困率为13.7%,而最贫困的两个州是南部的密西西比州和路

---

① 韩毅,等. 美国经济史(17~19世纪)[M]. 北京:社会科学文献出版社,2011:351.
② FITE G C. Southern Agriculture since the Civil War: An Overview [J]. Agricultural History, 1979, 53 (1): 3-21.
③ 菲特,里斯. 美国经济史 [M]. 司徒淳,方秉铸,译. 沈阳:辽宁人民出版社,1981:531.
④ 卢特威. 罗斯福传 [M]. 黄嘉历,译. 上海:上海西风社,1941:155.
⑤ 刘绪贻,李存训. 美国通史:第5卷:富兰克林·D. 罗斯福时代1929—1945 [M]. 北京:人民出版社,2002:26.

易斯安那州，贫困率分别为 20.8%和 20.6%。

三、农村社会发展滞后——内战后南部成为美国最落后的区域

约翰·莫顿·布鲁姆（John Morton Blum）等人指出："贫穷是南部经济的一个特征。与贫穷密切相关的就是教育、图书馆、公共卫生和生活水平等方面也无不落后。"① 詹姆斯·瑞德·艾尔文（James Reid Irwin）的研究成果指出，内战后的一个世纪里，"南部几乎在社会经济福利的任何一个方面都落后于美国其他地区"②。而曼德尔发现在南部内部，"那些受奴隶制影响最少的州和种植棉花较少的州，在战后获得最好的增长和发展。"③ 换言之，内战后的南部，越依赖棉花种植的地方，农民越贫困、发展越滞后，说明内战后南部社会发展滞后主要应归咎于以种植棉花为主的单一经济模式。

总的来看，1866—1910 年，南部的棉花种植规模与棉花产量分别增长了 3.1 倍与 6.5 倍，为此付出的代价首先是农业生产多样化和粮食自给。而这不仅加剧了南部尤其是农民的贫困，甚至还影响到公共健康与人均寿命。到 1880 年，这一得天独厚的农业地区粮食已不能自给，下层民众普遍营养不良、健康恶化，慢性疾病发病率居高不下。黑人的处境尤其恶劣，"虽然二者的状况都不如北方人"，但"南方黑人与白人相比，死亡率更高，健康状况更差"。"据可靠估计，（南部）黑人的死亡率在 1880 年要远远高于 1860 年的水平，而且直到 20 世纪初才重新回到 1860 年的水平。"此外，由于棉花种植高劳动密集而低技术含量的特征，长期维持单一的棉花经济与南部不重视教育的传统形成因果循环，对南部的教育尤其是公共教育发展和科技进步也造成了不良影响。1880 年，南部 20%的白人和超过 70%的黑人是文盲。直到 1960 年，南部年龄在 25 岁以上的人口中，仍有 39%的黑人和 11%的白人无力接受最基本的 5 年教育。④

南部 11 个州面积近 200 万平方千米，人口超过 900 万（内战初期），在如此巨大的经济区域内长期维持这种极度单一的经济模式，显然是极不合理、

---

① 布鲁姆，摩根，罗斯，等. 美国的历程：上册 [M]. 杨国标，张儒林，译. 北京：商务印书馆，1988：668.
② IRWIN J R. Explaining the Decline in Southern per Capita Output After Emancipation [J]. Explorations in Economic History, 1994, 31 (3): 336-356.
③ MANDLE J R. The Plantation States as a Sub-Region of the Post-Bellum South [J]. The Journal of Economic History, 1974, 34 (3): 732-738.
④ 王崇兴. 战后美国南部崛起过程中的农村贫困问题探析 [J]. 农业经济，2007 (2): 29-31.

效率低下的，在世界历史上都是极其罕见的，是内战后南部尤其是农村经济社会发展长期停滞落后、人民尤其是农民生活困苦的根本原因。在19世纪后期美国其他地区工业化、城市化齐头并进日新月异的同时，南部经济却仍然以农业（棉花种植业）为主，绝大多数人民依旧以务农（种植棉花）为生。工业化的姗姗来迟又导致城市化进程严重滞后。南部城市化进程本就落后于全国平均水平，内战爆发时的南部城市人口比例仅相当于全国在1820年时的水平，而战争破坏和战后的经济凋敝使得南部城市化进程更为艰难。直到1900年，南部城市人口比例为15.2%，不仅不到全国平均水平的一半，甚至不及1860年的全国平均水平。[1] 换言之，较之全国，南部城市化进程滞后40年以上。内战后的南部被长期锁定在小农经济社会，还反映在人均农地面积的变化上，直到1930年，除得克萨斯州外的南部各州，农村人均农地面积都呈明显的下降趋势，参阅表2-11：

表2-11 1880—1930南部各州农村人口人均农地面积（单位：英亩）[2]

	1880年	1890年	1900年	1910年	1920年	1930年
阿肯色	16	14	14	13	12	11
北卡罗来纳	17	15	13	12	10	8
得克萨斯	25	27	50	38	36	36
弗吉尼亚	15	14	13	12	11	10
佛罗里达	14	12	11	10	10	7
路易斯安那	12	11	11	9	9	7
南卡罗来纳	15	13	12	11	9	8
密西西比	15	14	13	12	12	10
田纳西	15	13	12	12	11	11

---

[1] 张准. 美国内战后南部地区城市化与"三农"问题之关系初探[J]. 湖南财政经济学院学报，2013，29（1）：31-36.

[2] 1890至1900年间得克萨斯州人均农地面积的急剧增长源自该州西部牧牛业的兴起。参阅 WRIGHT G. Old South, New South: Revolution in the Southern Economy since the Civil War [M]. Baton Rouge: Louisiana State University Press, 1996: 52-53.

续表

	1880年	1890年	1900年	1910年	1920年	1930年
亚拉巴马	16	15	13	12	11	9
南部11州平均	17	16	19	16	16	13
除得克萨斯外的10个南部州平均	14	14	13	12	11	9
深南部5州平均	16	14	13	11	11	9
中西部各州平均	16	17	20	21	23	23

可见，除了得克萨斯州外的南部各州，1880至1930年间农村人口人均农地面积从14英亩下降到9英亩，而中西部各州则从16英亩增至23英亩，可见南部由于工业化和城市化的滞后，人口被锁定在农业和农村。

南部社会整体的贫困、落后和保守还导致人力资源不断流失。除了贫困的生活和残酷的压迫驱使黑人不断向全国其他地区尤其是北部迁徙外，受到现代文明熏陶者往往难以忍受南部的社会氛围。据估计，1900至1930年间约有350万技术型人员离开南部（包括肯塔基州）；在东南部地区土生土长的技术型人员的移出量几近其他白人移民的3倍。[1] 另一方面，对于内战后到一战前源源而来的外国移民，南部几乎没有任何吸引力。到1910年，南部只有约2%的人口出生在本地区之外。[2] 这种单方面的人力资源流失尤其是南部本就缺乏的技术型人才的流失，是阻碍南部经济发展和社会进步的重要原因。

二战前，莱昂纳德·里斯曼（Leonard Reissman）这样描述南部："这是一个不正常的地区，是一个被包围在世界上最发达国家疆域内的落后地区。"[3] 直到20世纪五六十年代，当美国国力如日中天、步入所谓丰裕社会之时，南部农村的贫困落后仍普遍且严重。1963年，美国农村家庭年收入低于3000美元的县中，有3/4在南部。以佐治亚州的道森县为例，该县位于南部阿巴拉契亚山区，1960年全县25岁以上的居民中有63%未能完成8年教

---

[1] NEWBY I A. The South: A History [M]. New York: Holt, Rinehart and Winton, 1978: 416-417.
[2] 王崇兴. 制度变迁与美国南部的崛起 [M]. 杭州: 浙江人民出版社, 2002: 33.
[3] 胡锦山. 20世纪美国南部农业经济与黑人大迁徙 [J]. 厦门大学学报（哲学社会科学版），1996（4）：74-79.

育，高中毕业的只有15%；贫困导致人口流失严重，该县1960年的人口甚至低于1859年；直到1965年，全县竟没有一位医生、牙医和律师，仅有的工业是一家低薪的衬衫厂。① 约翰·肯尼斯·加尔布雷斯（John Kenneth Galbraith）用南部农村地区来阐释"隔离式贫困"（或译"贫困岛屿"，Insular Poverty），称之为美国的耻辱。

总而言之，正如伍德沃德所指出的："土地垄断、不在地主的土地所有制，土壤挖掘影响耕作和单一作物种植制等等弊端，曾经把这些归咎于农奴制，但南北战争后，因上述南方种种习惯使这些弊端不但没有消失，反而更加严重。"② 直到20世纪30年代，富兰克林·D. 罗斯福（Franklin Delano Roosevelt）总统仍称南部是国家的"首要经济问题"。

第三节　内战后美国南部"三农"问题与种族问题之关系

一、内战后美国南部"三农"问题与黑人问题密切相关

（一）内战后美国南部"三农"问题的产生与南部黑人问题的关系

内战后美国南部"三农"问题的产生，与被解放的黑人的土地问题或者说是美国政府和社会对这一苦难深重的族群的安置问题息息相关。内战前的美国南部，除了极少数自由黑人外，只有黑人奴隶而无黑人农民。内战后，几百万被解放的黑人除了名义上的"自由"外一无所有，同时由于南部奴隶主长期禁止奴隶识字，除了少数过去从事非农业劳动的黑人奴隶可能掌握某些非农业生产技能外，绝大多数南部黑人的主要生产技能就是世代相传的务农尤其是种棉花。联邦政府对这一庞大而不幸的群体，在1865至1872年间曾通过自由民局给予最基本的救济，在医疗、教育等方面为之做了一些实事，但总的来看没有系统、可行的安置计划和措施。

内战后，绝大多数南部黑人最终成为种植园主的佃农、谷物分成农或者

---

① 王崇兴. 战后美国南部崛起过程中的农村贫困问题探析［J］. 农业经济，2007（2）：29-31.

② WOODWARD C V. The Origins of the New South, 1877—1913 ［M］. Baton Rouge：Louisiana State University Press, 1971：182.

农业工人，在物质生活上甚至还不如内战前的奴隶，堪称内战后的美国社会中最悲惨的群体。换言之，如果内战后的美国能以更公平合理或者更人性化的方式安置被解放的黑人，这一具有美国特色的"三农"问题可能就不会出现，至少其严重程度和持续时间可能会大大减少。兰塞姆和萨奇认为，正是种族主义的"黑人应该安分守己"的思想，"让19世纪后期的美国经济在资本主义的动态模子里保留了一个落后农业的巨大孤岛。"直到20世纪50年代，威廉·Z. 福斯特（William Zebulon Foster）还提出："南部所需要的基本土地改革和彻底实施的土地革命，其办法就是摧毁陈腐的种植园制度（这一制度从重建时期以来没有多大变动），将土地免费分给贫穷黑人、白人佃农和农业工人。"① 资中筠也指出，《飘》中描述的黑人奴隶解放以后生活反而更加悲惨的情况，"尽管是出自作者同情奴隶主的立场，却是符合客观事实的"，因为"他们获得名义上的'自由'的同时，实际上失去了原有的一点点生活保障。他们被抛到号称'机会均等'的劳动力市场中，实际上却远没有享受均等的机会。"所以，直到20世纪初，"美国黑人的境遇并不比蓄奴制下好多少。"②

（二）南部黑人是内战后美国南部"三农"问题的首要受害者

内战后相当长时间内，美国黑人大部分生活在南部，而南部黑人又主要以务农为生；更重要的是，正如列宁所指出的："在美国，典型的白人农场主是自己拥有土地的自耕农，而典型的黑人农场主则是佃农。""在1910年，自由的、民主共和的美国有150万分成制佃农，其中黑人占100万以上。"他们大部分集中在南部，是南部"三农"问题最首要、最严重的受害者。根据赖特的数据，1890年南部的男性农业劳动力中，黑人占57.1%，从密西西比州的75.9%到得克萨斯州的31.9%，11个南部州中有7个州都在50%以上。③富兰克林指出，1880年，"75%以上的美国黑人仍然在前南部邦联各州里主要从事农业劳动"④。而绝大部分黑人农民都没有自己的土地，根据兰塞姆和萨

---

① 福斯特. 美国历史中的黑人 [M]. 余家煌，译. 北京：生活·读书·新知三联书店，1961：592.
② 资中筠. 20世纪的美国（修订版）[M]. 北京：商务印书馆，2018：229.
③ WRIGHT G. Old South, New South: Revolution in the Southern Economy since the Civil War [M]. Baton Rouge: Louisiana State University Press, 1996: 95.
④ 富兰克林. 美国黑人史 [M]. 张冰姿，何田，段志诚，等译. 北京：商务印书馆，1988：337.

奇的数据,在1880年的南部"棉花地带",超过一半的农业人口是黑人,但他们仅拥有不到10%的土地;1874—1880年在佐治亚州,黑人拥有的应税土地从该州应税土地总面积的1%微升至1.6%。① 1900年,南部60%的耕地是黑人在耕种,但只有9.2%的黑人拥有土地,90%的黑人是租佃农或农业工人。② 直到一战以前,能够成为农场主的黑人一直很少。张立新指出,1910年南部黑人拥有的农场仅占24%,而75.5%的黑人农场是租佃制的;以亚拉巴马州为例,1870年拥有农场的黑人仅1152人,占该州黑人人口的1.3%,到1910年增至17047人,占该州黑人人口的15%。③ 换言之,内战后的南部,绝大部分黑人只能靠当佃农、谷物分成农或者农业工人为生。这些没有土地的黑人农民在南部"三农"问题中受害时间最久、程度最深。

"而且,丢开经济问题不谈,单说种族歧视已使黑人购买土地几乎不可能;敢于把土地卖给黑人的白人不仅面临社会公众的反对,而且还可能遭受种族主义者狂热行为的伤害。"④ 在南部,黑人能得到的土地也往往是最贫瘠和偏僻的。根据詹姆斯·S. 艾伦的数据,直到1945年,在南部黑人占人口多数的所谓"黑人地带",黑人农民中还有77.5%是没有土地的佃农和分成制雇农,其中受剥削程度最深、境遇最悲惨的分成制雇农就占了45.2%(作为对比,当地的白人农民中佃农和分成制雇农占36.7%)。此外,即使是南部黑人农民中凤毛麟角的相对富裕者,也难逃无处不在的种族歧视和压迫。1916年,南卡罗来纳州的一位富裕黑人农民安东尼·克劳福德(Anthony Crawford)因为白人所谓的"无礼行为"(拒绝白人给他的棉籽定价太低)而被围攻并惨遭杀害。⑤

总之,从1877年重建失败到20世纪五六十年代民权运动前,广大南部黑人尤其是农村中的黑人长期在政治上无权、经济上赤贫、社会生活中受尽歧视,甚至连人身安全都受到无法无天的私刑威胁,无疑处于南部社会的最

---

① RANSOM R L, SUTCH R. One Kind of Freedom: The Economic Consequence of Emancipation [M]. New York: Cambridge University Press, 2001: 83-84.
② BACOTE C A. Some Aspects of Negro Life in Georgia, 1880—1908 [J]. The Journal of Negro History, 1958, 43 (3): 186-213.
③ 张立新. 文化的扭曲:美国文学与文化中的黑人形象研究(1877—1914年)[M]. 北京:中国社会科学出版社, 2007: 158-174.
④ 沙伊贝,瓦特,福克纳. 近百年美国经济史 [M]. 彭松建,熊必俊,周维,译. 北京:中国社会科学出版社, 1983: 73.
⑤ 富兰克林. 美国黑人史 [M]. 张冰姿,何田,段志诚,等译. 北京:商务印书馆, 1988: 388.

底层。因而南部的"三农"问题确实带有明显的种族色彩，容易被简单化、缩小化为黑人问题甚至黑人农民问题。

(三) 南部的种族矛盾加剧了解决"三农"问题的难度

内战后的南部社会长期面临尖锐的种族矛盾，加剧了解决当地"三农"问题的难度。重建的失败充分证明了列宁的判断："美国资产阶级在'解放'黑人之后，就竭力在'自由的'、民主共和的资本主义基础上恢复一切可能恢复的东西，做一切可能做到和不可能做到的事情，来最无耻最卑鄙地压迫黑人。"而在意识形态上，早在19世纪30年代，托克维尔就预言："如果让我对未来做一个绝对性的预测，那么我会说：站在事物发展的一般规律的角度来说，南方在废除蓄奴制以后，白人会更加反感黑人。"不幸而言中，张立新指出，"白人一方面像内战前一样把黑人看作是一个低劣的种族而对他们不屑一顾，另一方面他们对黑人的完全解放又感到无所适从"①。在这种矛盾心理下，内战后南部白人对黑人的种族歧视和偏见进一步强化，引发了针对黑人的大规模种族暴力；相应地，也必然激起黑人的反抗，使南部社会永无宁日。托克维尔当年预言："黑人和白人迟早要在南方各州爆发一场冲突"，而实际情况可能比他预言的更加严重，南部虽然没有爆发第二次内战，但局部的种族冲突却是无止无休，直到现在也不鲜见。伍德沃德认为，重建后，"黑人与白人的相互仇恨比以往任何时候都要强烈。而黑人与白人两个种族比起1865年来更有距离感、更加敌对"②。富兰克林也指出，20世纪初期的南部"几乎天天都发生种族间的冲突，两个种族的人民都生活在紧张的气氛中。这使人们只顾得上为生存而斗争，至于探索进步的方向就没有劲头了"③。

从事实来看，在南部乃至全美国，种族歧视和种族隔离越严重的地方，往往也越贫困落后。戴维·斯泰格沃德（David Steigerwald）指出，密西西比州的利福勒县是"强硬的种族歧视的核心"，1962年该县人口中64%是黑人，但其中只有9%登记参加选举（这在密西西比州还不是最糟糕的地方，该州至少还有两个县完全没有黑人登记参选），而当地的黑人孩子平均只能完成4.3

---

① 张立新. 十九世纪末二十世纪初美国文学与文化中的种族主义现象刍议[J]. 山东外语教学, 2006 (4): 94-97.
② WOODWARD C V. The Strange Career of Jim Crow [M]. New York: Oxford University Press, 1966: 96.
③ 富兰克林. 美国黑人史[M]. 张冰姿, 何田, 段志诚, 等译. 北京: 商务印书馆, 1988: 322.

年的学业，中等收入家庭年收入仅 595 美元①（1963 年美国农村的贫困线是家庭年收入低于 3000 美元），当地的贫困落后状况可见一斑。

二、内战后美国南部"三农"问题不是单纯的黑人问题

尽管南部黑人尤其是黑人农民是内战后美国南部"三农"问题的最大受害者，但受困于此的绝不仅仅是黑人。内战后，南部的白人小农不仅数量众多，而且与黑人农民一样受制于导致"三农"问题的"三位一体"——小农经济的租佃制、借贷制度和单一的棉花经济，其政治经济状况总体上虽然好于黑人农民，但同样深陷于债务和贫困。

虽然内战前的南部种植园主、内战后的大地主基本是白人，但白人小农在南部农民中不仅占有相当数量，而且与内战后的黑人农民一样处境艰辛。内战前夕的 1860 年，南部诸州共有奴隶主家庭 38.4 万户，无奴隶的自由人家庭 151.6 万户，②即使将奴隶主家庭的每个成员都包括在内，拥有奴隶者也不到南部白人总数的 1/4。如前所述，内战黑人奴隶约占南部人口的 1/3，则没有奴隶的白人约占南部人口的一半，他们大多务农维生，"典型的南方白人不是大庄园主也不是大奴隶主，而是小农场的自耕农"。但由于小农经济的生产方式显然无法与奴隶制种植园竞争，南部的白人自耕农大多居住在农业生产条件较差的丘陵、山区，总体上过着自给自足的生活。"虽然偶尔也有穷农户跻身于庄园主阶层的例子"，但"大多数自耕农都明白从根本上改变命运的希望是渺茫的"。③

多数美国学者认为，内战前占南部白人人口绝大多数的普通农民，除了阿巴拉契亚高地和亚拉巴马州北部等地的山区居民外，都是支持脱离联邦并在内战中坚决站在南部邦联一边的。而具有讽刺意味的是，埃里克·方纳指出：恰恰是内战"永久地改变了南部白人自耕农的独立生活方式"。这种改变不是更好，而是更坏——战争对占南部白人人口绝大多数的自耕农造成巨大的财产和人力资源损失。首先，内战中南部白人青壮年中大多数应征入伍并

---

① 斯泰格沃德. 六十年代与现代美国的终结［M］. 周朗，新港，译. 北京：商务印书馆，2002：79.

② 上述数据中含少量自由黑人家庭和极少量拥有奴隶的自由黑人家庭，1860 年南部的自由黑人约 26 万. 参阅张友伦，陆镜生，李春，等. 美国的独立和初步繁荣 1775—1860［M］. 北京：人民出版社，2002：335.

③ 布林克利. 美国史：第 13 版·第 1 册［M］. 陈志杰，等译. 北京：北京大学出版社，2019：447-451.

遭遇严重伤亡，而邦联法律却规定有20名及以上奴隶者可免于兵役，同时又允许应征入伍者雇佣他人代替自己服役，到1863年顶替服役的市价已高达600美元（金币），当时在南部流行一句话——"（内战是）一场富人的战争，但却是一场穷人打的仗。"埃里克·方纳也指出："（南北）双方军队的构成如实地展现出南北社会成员构成的剖面：北部军队主要是由农场主家庭的儿子、小店子、手工匠人和城市工人组成，南部军队的士兵主要部分由不拥有奴隶的小农场主组成，军官队伍则主要由奴隶主们所控制。"其次，战争期间邦联政府和军队以不断贬值并在战后沦为废纸的邦联纸币强制征购、征收农民的产品和牲畜，比如一位佐治亚州的小农场主抱怨南部军队"对我们的态度比起（联邦将领）谢尔曼对我们的态度更加糟糕""我原来有一头肥猪、一头骡子和一匹马，全都给他们抢走了。"① 直到1870年，在以白人小农为主的佐治亚州内地，农场和农具的价值比1860年下降了45%、牲畜的价值减少1/3。由于天灾和战争对农业基础设施的破坏，战后南部农业连年歉收，尤其是1866—1867年的严重干旱对白人小农聚居的南部内地和山区的农业生产影响很大，当地的玉米种植面积较1860年近乎减半。1870年佐治亚州内地的人均粮食产量仅有1860年的一半。② 此外，内战后南部各州纷纷大幅提高土地税，这些因素的共同作用导致内战前白人小农自给自足的生产生活方式难以为继，他们也需要寻求资金借贷，而正如贝克特所指出的："这些信贷对于从战争的影响中恢复至关重要，但是一旦陷入信贷体系，农民就被迫种植更多的棉花，这是因为商人只肯接受容易卖掉的作物为抵押。"③

内战后南部农业的一大变化是白人自耕农不断失去其土地和生产自主权，与黑人农民一样深陷于租佃制和单一的棉花经济的束缚。如在内战前以白人自耕农为主的佐治亚州的山麓地带，自耕农在白人中的比例从内战前的90%降到1880年的70%，而棉花产量却翻了一倍。1860年，白人小农生产的棉花占南部棉花产量的10%，到19世纪70年代中期已升至40%，足见其受制于借贷资本的程度已大大加深。相应地，许多原来拥有土地的人此刻也沦落到分成租佃农民依赖他人的困境，只能租种他人的土地。高春常指出，从1870

---

① 方纳. 给我自由！一部美国的历史：上卷 [M]. 王希，译. 北京：商务印书馆，2010：650-680.

② 吴浩. 乡村借贷：内战后美国南部农业现代化启动的制度"瓶颈" [M]. 北京：人民出版社，2016：192.

③ 贝克特. 棉花帝国：一部资本主义全球史 [M]. 徐轶杰，杨燕，译. 北京：民主与建设出版社，2019：251.

年开始,南部的白人佃农在数量上已经超过黑人。① 1889 年,阿肯色州和路易斯安那州分别有 75% 和 70% 的白人小农无力偿还债务。② 总之,内战后南部的"三农"问题是不分种族的,它是南部社会整体性和长期性的问题,白人小农与黑人农民一样是它的受害者。

当然,由于内战后绝大多数南部白人农民不像被解放的黑人那样一无所有(尤其是他们大多拥有土地),同时他们在政治和社会生活中也不会像黑人那样受尽歧视和限制,因而其经济境况总体上比黑人农民好一些,但仍然远远低于美国社会的平均水平。而南部在内战中的失败和战后生活的艰辛还使他们更加仇视北方人和黑人,许多人加入了以三 K 党为代表的白人恐怖组织。一位联邦官员报告说:"贫穷的白人……对黑人恨意深重",他们经常在夜间袭击黑人学校的教师、共和党的支持者以及那些拒绝"像以前那样对白人卑躬屈膝"的"无礼"的黑人,③《飘》中对此也有生动的描述。内战后到 20 世纪 60 年代民权运动的整整一个世纪里,尖锐的种族矛盾一直是南部社会关注的焦点。加之以南部民主党为代表的上层白人惯于操控舆论、指鹿为马,越是经济困难、阶级矛盾尖锐的时候,往往越是通过激化种族矛盾(其典型伎俩就是对黑人的私刑迫害甚至挑起大规模的种族骚乱)来转移南部中下层白人的视线,"三农"问题被种族问题所掩盖也就不足为奇。

---

① 高春常. 文化的断裂:美国黑人问题与南方重建[M]. 北京:中国社会科学出版社,2000:316.
② SCHWARTZ M. Radical Protest and Social Structure: The Southern Farmers' Alliance and Cotton Tenancy, 1880—1890 [M]. Chicago: University of Chicago Press, 1988: 77-78.
③ 纳什,杰弗里. 美国人民:创建一个国家和一种社会:第 7 版[M]. 张茗,译. 北京:清华大学出版社,2015:348.

第三章

南北战争后美国南部"三农"问题的原因分析

南北战争后，美国南部长期深陷于农业生产方式落后、农民贫困、农村社会发展滞后的""三农""问题。它不仅是经济问题，更是政治问题、社会问题和文化问题，是南部社会跨种族、全方位、综合性的问题。如此复杂顽固的社会现象，其原因必然是多方面的。个人认为，战争破坏和失败的战后重建是内战后美国南部地区"三农"问题的背景，小农经济的租佃制、借贷制度下的债务束缚、单一的棉花经济三要素的"三位一体"是内战后美国南部"三农"问题的经济原因，也是根本原因，民主党控制下的南部州政府的乱作为和保守派控制的联邦最高法院影响下的联邦政府的不作为是政治原因，而美国南方文化中的一些糟粕如不重视教育、信宗教不信科学、奴隶制文化残余等是文化原因。

第一节 "三位一体"是内战后美国南部"三农"问题的根本原因

如前所述，内战前的南部农业虽然建立在罪恶的黑人奴隶制的基础之上，但也是面向世界市场的资本主义大生产，既富有效率又有利可图，当时的南部农业绝非弱势产业。黑人奴隶固然身处美国社会的最底层，种植园主却是高高在上奢侈无度。如果把黑人奴隶排除在外，南部农民总体上也不属于弱势群体。而内战后的南部，以小农经济的租佃制为基础，债务束缚、单一的棉花经济两大特征彼此依存、相互强化，"三位一体"的共同作用形成了一种顽固低效、受制于棉花市场波动、缺乏技术创新的需求和动力的农业经济模式，不仅使南部农业沦为弱势产业，更使广大南部农民沦为弱势群体，最终导致严重依赖农业特别是棉花种植业的南部沦为美国的落后地区，就此形成了具有美国特色的"三农"问题。

一、内战后小农经济的租佃制成为南部农业的主要生产方式

长期以来,农业一直被认为是美国社会中最基本、最高尚的行业,家庭农场被视为美国文化和社会价值得以保存和传承的载体,成为美国社会的一个"神话"和梦想。① 托马斯·杰斐逊(Thomas Jefferson)指出:"一个人由于在自己的土地上或其他生产手段上劳动,才能够是独立的和自由的。"② 作为自耕农经济的对立面,带有剥削性质的租佃制则长期受到美国社会的强烈批评。1880年,美国农业统计中首次纳入租佃农场概念,当时美国有超过102万个租佃农场,占农场总数的1/4强;到1900年,租佃农场增至202万多个,已超过总数的35%,但总体上仍是少数。③ 令人遗憾的是,杰斐逊的理念没有被落实到被解放的黑人身上,内战后取代奴隶制种植园制而成为南部农业主要生产方式的不是独立的自耕农,而是小农经济的租佃制。尽管自耕农经济在当时也难称先进,但后者无疑带来更为严重的负面后果。

(一) 内战期间及战后初期的雇佣工资制

早在1864年,当财政部负责管理南部已被解放的地区的黑人(当时称之为"新自由民")时,即计划要求原种植园奴隶主将其中12岁以上的劳动力一律作为工资劳动者予以雇佣,并公布了最低工资标准:15岁以上的男工每月7美元,15岁以上的女工每月5美元,12~15岁的童工按上述标准减半。内战后,专责南部黑人事务的自由民局开始大力推行雇佣工资制,基本内容是组织种植园主与自由民签订为期1年的合同,种植园主为自由民提供住房、口粮与工资,自由民保证在合同期内为种植园主工作。在自由民局的协调推动下,到1865年年底南部大部分种植园都采用了雇佣工资制。④

然而,雇佣工资制推行了不到1年就遭遇到严重困难,如罗伯特·希格斯(Robert Higgs)所言,"支付工资被证明是让雇主和雇员都不满意的做

---

① 付成双,赵陆. 美国的农业现代化与家庭农场梦想的破灭 [J]. 历史教学(下半月刊),2001 (12): 3-15.
② 刘祚昌. 杰斐逊的农业理想国 [J]. 美国研究,1989 (3): 120-140.
③ U. S. Department of Commerce. Bureau of the Census, Historical Statistics of the United States: Colonial Times to 1970 [M]. Washington, D. C.: Government Printing Office, 1975: 465.
④ RANSOM R L, SUTCH R. One Kind of Freedom: The Economic Consequence of Emancipation [M]. New York: Cambridge University Press, 2001: 61.

法"①。其原因是多方面的：

第一，如前所述，种植园主在内战中遭受沉重打击，客观上大部分种植园主根本无力按时支付工资，用1867年一位自由民局官员的话来说，"合同在使自由民干活和使劳力可靠稳定方面是成功的，但它没有保证使自由民得到应得的报酬或补偿"②。

第二，雇佣工资制下，种植园主大多继续采用内战前的集体劳动与监工监督的生产方式，试图继续依靠监工甚至体罚来督促黑人努力工作，引起黑人的极大反感和抵触。而在固定报酬的集体劳动方式下，刚刚摆脱奴隶身份的黑人消极怠工、破坏工具等行为实难避免。

第三，黑人获得解放后劳动时间大大减少——据阿塔克和帕赛尔估计，黑人儿童（10~15岁）和妇女每年的工作时间减半而成年男性的年工作时间下降了1/5，总的来看人均年工作时间从2306~3047小时降到1448~2187小时，③ 取平均值计算，人均年工作时间减少约32%。埃里克·方纳、兰塞姆和萨奇的数据与之相近。

第四，战后初期的南部，相当部分的黑人获得解放后的第一件事就是寻找被罪恶的奴隶贸易拆散的亲人，他们为此不惜长途跋涉，导致黑人农业工人的流动性很高。

第五，在南部推行雇佣工资制还面临一个细节却致命的问题——雇佣工人的劳动强度不足以在有限的时间内完成棉花采摘工作。采摘是棉花生产中劳动强度最大的环节，同时又必须在非常有限的时间内完成。在当时的技术水平下，除了奴隶制下的监工、皮鞭乃至死亡的威胁，如果农民对他所采摘的棉花毫无所有权，很难指望其不辞辛劳甚至拼上性命去完成采摘工作。

（二）解决南部黑人土地问题的尝试及失败

内战后，对几百万没有财产、没有文化、世代以来除了务农尤其是种植棉花以外并无其他生存技能的南部黑人来说，最大、最急迫的诉求莫过于土

---

① HIGGS R. Competition and Coercion: Blacks in the American Economy, 1865—1914 [M]. New York: Cambridge University Press, 1977: 45.
② 麦克弗森. 火的考验：美国南北战争及重建南部：下册 [M]. 刘世龙，李杏贵，任小波，等译. 北京：商务印书馆，1994：248.
③ 作为对比，当时北部的农场主年均工作时间超过3000小时。参阅阿塔克，帕赛尔. 新美国经济史：从殖民地时期到1940年：下册 [M]. 罗涛，等译. 北京：中国社会科学出版社，2000：381.

地。一位被解放的奴隶一语道破:"把我们应该有的土地给我们。我们自己会照顾自己。但是没有土地,老主人就能随便雇用我们,随便饿我们。"① 共和党中的激进派如国会议员本杰明·韦德(Benjamin Wade)、撒迪厄斯·史蒂文斯(Thaddeus Stevens)、查尔斯·萨姆纳(Charles Sumner)等也在不同程度上支持南部黑人对土地的诉求,其主要目的在于通过没收并分配反对联邦的南部大种植园主们的土地来铲除其政治经济力量、改变南部的社会结构,如史蒂文斯所言:"南部社会的整个结构……必须进行改变。没有这种改变,这个政府如同过去一样,将永远也不会成为一个真正的共和国。"②

兰塞姆和萨奇认为内战后南部黑人获得土地面临三大障碍:奴隶时代没有任何财产或积蓄;内战后南部金融市场的混乱使之得不到信贷支持;大多数南部白人公开反对黑人以任何方式获得土地所有权。③ 实事求是地说,国会、自由民局和南部重建政府都曾经有过解决黑人土地问题的想法和行动,但都未能解决上述三大问题,总体上收效甚微。1866年7月,国会通过的《自由民局法案》中规定拨出南方未被占的公共土地出租给黑人及贫穷白人,单位面积不超过40英亩,租金每英亩不超过10美分,一定时期后承租人可以廉价购买之。④ 这一法案使自由民得以低价购买南卡罗来纳州和佐治亚州沿海岛屿上的政府土地,但实际效果却是聊胜于无——最终因此而拥有了土地的自由民"多达两千户"。1868—1869年,南卡罗来纳州制宪大会通过法案建立土地委员会,该委员会用政府资金购买土地,然后分成25~100英亩的小块,以低价卖给无地的黑人和白人。为此,州政府还拨款70万美元贷给黑人,最终该州有9300名黑人和贫穷白人买到了土地。⑤

此外,在共和党激进派国会议员约翰·H. 赖斯(John H. Rice)、史蒂文斯等人的大力推动下,1866年美国国会通过了《南部宅地法》并经总统签署生效,规定:在南部的亚拉巴马、密西西比、路易斯安那、佛罗里达和阿肯

---

① 马丁,罗伯茨,明茨,等. 美国史:上册[M]. 范道丰,柏克,曹大鹏,等译. 北京:商务印书馆,2012:640.
② 方纳. 给我自由!一部美国的历史:上卷[M]. 王希,译. 北京:商务印书馆,2010:716.
③ RANSOM R L, SUTCH R. One Kind of Freedom: The Economic Consequence of Emancipation [M]. New York: Cambridge University Press, 2001: 81.
④ 王淑霞. 美国南方重建时期自由民局的政策及作用[J]. 河南师范大学学报(哲学社会科学版),2001(6):68-71.
⑤ 张准. 美国内战后南方重建时期的"毛毡提包客"评析[J]. 山西大同大学学报(社会科学版),2019,35(5):36-41.

色5个州拨出4400万英亩公地,在其上居住并耕种满5年者可得到80英亩的土地。为了给南部黑人提供相对有利的申请条件,法案还规定支持过南部邦联者不得在1867年1月之前提出申请。根据吴浩的研究,到1876年《南部宅地法》被废止,这十年间上述5州只有67603名登记在册的宅地申请者(其中相当部分是白人),而最终获得土地产权证书的只有21598人(其中有多少黑人,尚无准确数据)。麦克弗森认为仅有1000名黑人因《南部宅地法》而获得土地。旨在解决南部黑人土地问题的《南部宅地法》如此惨淡收场,吴浩认为主要原因在于从申请宅地到连续耕种满5年获得土地产权证书,申请者需要支付一笔数百美元的费用,这笔钱即农业生产的初始资本;① 而获得解放的南部黑人大多一无所有,在没有相应的信贷支持的情况下,这对他们完全是不可承受之重。前述《自由民局法案》效果不佳的原因很可能与此类似;反之,南卡罗来纳州的重建政府给黑人提供了一定的信贷支持,政策效果就相对好一些。

总之,从内战后到19世纪末,能够通过自己的努力获得土地的黑人为数甚少。根据雷·斯坦纳德·贝克(Ray Stannard Baker)的数据,1890年大约有120738名黑人拥有自己的土地,到1900年上升至192993人,拥有土地的黑人大多在南部,而当时南部黑人人口已达700万,② 可见拥有土地的黑人比例之少。

应该指出的是,即使不采取最激进的共和党人如史蒂文斯等人没收南部叛乱分子土地并分配给黑人的主张,内战后的联邦政府也完全有条件解决南部黑人土地问题。塞缪尔·埃利奥特·莫里森(Samuel Eliot Morison)等人指出:"联邦政府在南部仍握有足够多的公共土地,足以分配给每一户黑人四十英亩农田,而棉花税约有六千八百万美元,大可用来提供骡子!一个仅对一条铁路就能赠与四千万英亩土地的国会,肯定地原是可以有所作为,以履行其对自由民的责任。"③ 吴浩指出内战后联邦政府在南部的亚拉巴马、密西西比、路易斯安那、佛罗里达和阿肯色5个州持有公地总面积为46399154英亩,按40英亩每户的标准足以分配给近116万个家庭;前文所述内战前南部黑奴共390万人,仅用联邦政府在上述南部5州的公地便足以给被解放的黑

---

① 吴浩. 失去的机会:1866年美国"南部宅地法"与黑人获取土地的失败[J]. 史学月刊,2015(2):75-85.
② 张立新. 论重建后工业化对美国黑人社会的影响[J]. 史学月刊,2003(3):109-115.
③ 莫里森,康马杰. 美利坚合众国的成长:上卷[M]. 洛伊希滕堡,南开大学历史系美国史研究室,译. 天津:天津人民出版社,1980:955-956.

人每户40英亩土地，从而解决其基本的温饱问题。① 作为对比，在1850至1871年间，联邦政府将大约1.31亿英亩公共土地（主要在西部）无偿赠予铁路公司，加上一些州政府的赠与，对铁路公司的赠地总计约2亿英亩之多！② 即使按南部黑人吁求的每人40英亩的标准也足以分配给500万人，超过当时南部黑人总人口数。

公共土地可以赠送给铁路公司而不能分配给一无所有、嗷嗷待哺的南部黑人，现代人看来固然荒谬，而在当时的美国却是一种必然。因为前者是国家对铁路建设的"合理"的资助和鼓励，而后者却是对某一社会群体"不合理"的特殊照顾。许多北方人认为"自由民应该用劳动和汗水购买土地，而不该乞求政府对他们特别照顾"。北部的媒体还担心，如果在南部采取分配土地之类的措施，"不久之后在它的败坏性的影响下，北方的多数人将会以'土地均分主义''平均主义'及其他迷人的名义夺取邻人的财产了。"霍尔德·比尔（Howard Beele）指出："他们（应主要指共和党及其代表的北部工商业资产阶级）是有财产的人们，他们不愿意为了黑人或贫穷白人而危害神圣的财产权利，正如他们不愿意北方工人阶级瓜分他们自己的工厂或农场的所有权一样。"③ 美国社会这种根深蒂固的对政府干预经济尤其是产权问题过于警惕的自由放任思想，不仅使得几百万被解放的南部黑人除了（名义上的）自由外一无所有，成为导致内战后南部地区"三农"问题的重要原因，还将在后来的岁月里不断地排斥政府干预，是这一具有美国特色的"三农"问题长期持续的原因之一。

（三）从奴隶制种植园到租佃制种植园

如前所述，到1865年年底南部的雇佣工资制已难以为继。同时南部黑人对政府分配土地的期盼也逐渐破灭，"在争取土地的斗争失败后，大多数黑人则希望较为独立地佃耕一块土地，甚至一些人还期望借此'挣到足够的钱购买一个小农场'"。种植园主开始以分成租佃制代替雇佣工资制。"亚拉巴马、田纳西、佐治亚等州的一些种植园主大约在1866年就开始与黑人订约，允许黑人'分种一块土地'，并为他们提供生产资料、住房和用于日常生活方面的

---

① 吴浩. 失去的机会：1866年美国"南部宅地法"与黑人获取土地的失败 [J]. 史学月刊，2015 (2)：75-85.
② 张准. 论美国铁路建设得失及其对我国的启示 [J]. 生产力研究，2008 (3)：97-99.
③ 刘祚昌. 美国南方黑人的土地问题：美国黑人解放斗争的历史关键 [J]. 史学月刊，1965 (4)：8-13.

贷款，而以收成的一半或更多一些作为代价。"这一制度在一定程度上满足黑人一家一户独立生产生活的愿望的同时也极大地提高了劳动积极性，对种植园主也更加有利，因而得以迅速推广。"在1868和1869年，许多种植园主逐渐地把种植园分成小块，租给每一个单独的家庭。"① 1868至1869年间的一项调查显示，南部种植园主80%的土地都实行了分成租佃制。② 1870年南部有69.1万个农场，1880年已达到125.3万个，几近翻了一番。"但是这个数字需要略加说明——实际上并不是由于独立的农场经营者的数目有了增长。而是因为把分成制农民和租佃制农民也都算成独立经营者的关系。"③ 这样，小农经济的租佃制就取代了内战前的奴隶制种植园制，成为南部农业经济的主要生产方式，此时的种植园可称为租佃制种植园。

按照美国政府在1910年的种植园调查统计中的定义，租佃制种植园是"一块面积颇大的整片土地，在一个人或一个行号（即商家）的全盘监督或管理之下，全部或部分地至少分成五小块，租给佃农耕种"。这一定义印证了1915年列宁在《关于农业中资本主义发展规律的新材料》中的论断，即内战后的美国南部"那里许多过去由奴隶劳动耕作的大种植园，在很多情况下都已分为许多小的地块，出租给佃农……在很多情况下，这些种植园直到现在实质上还是作为农业单位经营着，因为佃农受到一定程度的监督，和北部农场里的雇用工人受到监督多少有点相像。"绝大多数前种植园主依旧是自己种植园的主宰，与内战前的主要区别在于经营管理方式——租佃制下的分权管理取代了奴隶制下的集中统一管理。

具体而言，种植园主（严格来说，此时已转型为地主，本章统一仍以种植园主称之）通常会将土地分为三部分：一部分分割给分成农（这部分土地往往占有最大的比例），一部分出租给现金租佃农，最后一部分留给自己，雇用农业工人或者强迫分成农来耕种。1910年的种植园调查统计涉及南部11个州的325个县（主要位于棉花地带），调查显示种植园主保留的土地占种植园土地总面积的45.7%之多，每个种植园主平均保留的土地面积达330.9英亩，而租佃农户均土地面积仅38.5英亩。但种植园主保留土地中仅有26.2%是已

---

① 霍震，杨慧萍. 美国内战后至二十世纪初期的南部种植园制度 [J]. 世界历史, 1982 (4): 30-37.

② SANSING D G. What was Freedom's Price [M]. Jackson: University of Mississippi Press, 1978: 55.

③ 法爱特，宋濂. 南北战争以来美国南方农业发展简史 [J]. 世界农业, 1980 (7): 53-58.

开垦的熟地，詹姆斯·S. 艾伦认为其余的大部分土地"有些类似封建经济时代的封建主采邑中的邸宅区，在那里面他的农奴必须贡献劳动力"，此处的"农奴"可对应种植园里的佃农尤其是分成农；作为一种回报或福利，他们"可以从森林里采伐燃料，有时还容许打猎和捕鱼"。

1. 谷物分成制

与典型的资本主义农业租佃制不同的是，分成农大多没有基本的生产乃至生活资料，需由种植园主提供或赊销，待收获后再用收成交租还债，此谓谷物分成制。谷物分成制下的分成农大多是黑人，而且往往就是该种植园过去的奴隶及其后裔。尽管内战后的南部种植园主们乐于接受甚至竭力劝诱贫苦白人来当分成农，但应者寥寥，当时的南部媒体直言"我们简直不敢肯定白种人的劳动目前是否合于种植园的条件……要说服和雇佣相当数目的白种人来代替一个劣等的种族（指黑人），那是办不到的"①。内战后初期，南部390万黑人中有85.6%是分成农。

具体而言，分成农又可细分为分成制雇农（Sharecropper）和分成制佃农（Share Tenant）两类，两者都需要种植园主提供土地、住房、燃料和部分肥料，② 主要区别在于分成制佃农需自备农具、牲畜、种子，而分成制雇农的农具、牲畜（及其饲料）、种子均由种植园主提供。相应地，分成制雇农通常需将收获作物的一半交给种植园主作为地租，而分成制佃农通常向种植园主缴纳1/4的棉花和1/3的谷物。在不同时间和不同地区的分成制合同中，具体的作物分成比例存在较大差异，是合同中的重要变量。唐纳德·G. 尼曼（Donald G. Nieman）指出，在谷物分成制下，土地的肥力与分成农所得的作物分成比例通常呈反方向变动——分成农往往会提出较低的分成比例来竞争较为肥沃的土地，而种植园主通常也乐于对较贫瘠的土地给出更优惠的分成比例。③ 显然这符合市场经济的基本原则，在一定程度上反映出谷物分成制的资本主义性质。

此外，分成制雇农和分成制佃农在作物选择、生产决策和产品销售方面

---

① 詹姆斯·艾伦. 美国黑人问题与南部农业经济 [M]. 张友松, 译. 北京: 中华书局, 1954: 49.

② 具体而言，种植园主通常为分成制雇农提供一半的肥料，而为分成制佃农提供1/4~1/3的肥料。在内战后的南部棉花生产中，肥料尤其是化肥的支出占有相当大的比例，马修·B. 哈蒙德估计棉花总产值的12%~33%都是耗费在化肥的购买方面。参阅吴浩. 内战后美国南部种植园经济的变化与性质问题 [J]. 古今农业, 2014 (1): 26-38.

③ NIEMAN D G. From Slavery to Sharecropping: White Land and Black Labor in Rural South, 1865—1900 [M]. New York: Garland, 1994: 207.

的权利也有巨大差异：分成制佃农在上述方面享有较大自主权，并对交租之后的收获物有所有权与处置权；而分成制雇农的生产活动则受到种植园主的严格监督与控制——在作物选择方面，他们没有任何自主权（甚至连为自己种些口粮都不被允许），不能决定作物种植的地点、时间和方式；他们对自己的劳动成果也没有所有权与处置权，收获物往往被种植园主全部取走。①哈罗德·伍德曼（Harold D. Woodman）也指出，"视分成农为雇员而非佃户的法律，将其种植的全部作物的所有权和控制权交给了地主，直到地主做出分配为止，这使得使用刑法和民法来控制分成农成为可能。因为作物在被分配之前是属于地主的，所以如果分成农移走或出售其中任何部分，他可能会被判盗窃罪；而购买（这些）作物的人将被视为收受赃物。在这种情况下，（在分配前）地主有权使用武力阻止分成农拿走作物的任何部分，即使它本应是分成农应得的份额"②。托马斯·D. 克拉克（Thomas D. Clark）也认为："佃主拥有特权决定谷物的种类、耕种方法、出售的方式及地点。甚至佃农的饮食、子女受教育的类型、程度、谷物分成的多少、宗教信仰也由佃主决定。佃主控制法庭，能有效地阻止任何组织起来保护其（佃农）微弱权利的尝试"③。甚至有人指出，分成制雇农"不仅耕种出租给他的土地，而且还须每周为地主劳动一定的天数"。④

  由此可见，分成制雇农的地位已近似于封建社会的农奴。名义上，种植园主应该按照约定的分成比例，计算收获物价值，扣除租金和自己借贷给雇农的生产、生活物资后，将剩余的作物分给分成制雇农。而事实上，由于种植园主往往高价折算借贷给雇农的物资而低价折算收获，甚至利用黑人农民缺乏文化而做假账，"在分成制下面，经营费用是那么大，以致在年终时被解放者所生产出来的大部分要送给雇主，有时生产量还不够缴纳给雇主"。哈利·海伍德（Harry Heywood）估计分成制雇农"有45%的年份他们的收成刚

---

① 吴浩. 内战后美国南部种植园经济的变化与性质问题［J］. 古今农业，2014（1）：26-38.
② WOODMAN H D. Post-Civil War Southern Agriculture and the Law［J］. Agricultural History，1979，53（1）：319-337.
③ 原文如此，结合上下文，此处的"佃农"应指分成制雇农。参阅CLARK T D. The South Since Reconstruction［M］. Indianapolis：Bobbs-Merrill Company，1973：112.
④ 霍震，杨慧萍. 美国内战后至二十世纪初期的南部种植园制度［J］. 世界历史，1982（4）：30-37.

够抵债,有30%的年份赔钱,只有25%的年份,除各项开销外,还有一点剩余。"① 霍顿斯·鲍德梅克(Hortense Powdermaker)则认为只有1/4到1/3的佃农能够拿到相对公平的分成,而即使如此也不意味着他们能挣到钱。②

综合国内外学者对谷物分成制性质的分析,可以认为内战后美国南部的谷物分成制是在当时的特殊情况下(几百万被解放的黑人既一无所有又缺乏农业以外的其他谋生技能,甚至无力承担长途迁徙的费用)形成的、带有浓厚的种植园奴隶制残余(分成雇农的生产经营自主权、对收获物的所有权和处置权乃至人身自由受到一定程度的限制)和种族歧视色彩(主要针对黑人)、以一家一户的小农经济形式运营的一种特殊而落后的农业生产关系,但总体上仍属于资本主义性质,是奴隶制种植园经济向现代资本主义农业经济过渡的中间阶段,相对接近于列宁所谓的农业资本主义发展的"普鲁士道路"。

同时,尽管谷物分成制极其落后甚至反动,但较之于内战前的种植园奴隶制,对南部黑人来说仍不失为一种进步。除了从奴隶到分成农的身份转变外,从经济角度看,他们的劳动时间大幅缩短而绝对收入和相对收入都有所提高,马丁指出,黑人在南部农业收益中的份额从奴隶制下的22%上升到重建结束时的56%。较之于奴隶制时期,南部黑人多少积累了一点财产,同时与白人之间的收入差距也在缩小(尽管这在很大程度上源自于内战后南部白人收入的下降)。根据希格斯的估计,1880年南部黑人人均财产仅8美元,此后30年间增长了约3.3倍(同期南部白人人均财产增长1.4倍);从内战结束到1900年,南部黑人人均收入翻了一倍多,而休斯和凯恩认为他的上述估计值处于中等水平。③ 另据兰塞姆和萨奇的估计,1857—1879年,棉花种植州的黑人人均收入从奴隶制时期占白人人均收入的23%增长到19世纪70年代的52%。④ 肯尼斯·Ng(Kenneth Ng)和南希·维茨(Nancy Virts)估计1859年大种植园里的奴隶年均收入(奴隶主提供的衣食住宿和少许福利等)折合27.66美元(1879年价格),而1879年南部分成制租佃农(包括分成制

---

① 哈利·海伍德. 黑人的解放[M]. 戎逸伦,冯世熹,刘寿康,等译. 北京:世界知识出版社,1954:49.

② 威尔克森. 他乡暖阳:美国大迁徙史[M]. 周旭,译. 北京:文化发展出版社,2019:55.

③ 休斯,凯恩. 美国经济史:第7版[M]. 邸晓燕,邢露,等译. 北京:北京大学出版社,2011:285.

④ RANSOM R L, SUTCH R. Growth and Welfare in the American South of the Nineteenth Century [J]. Explorations in Economic History, 1979, 16(2):207-236.

雇农和分成制佃农）年均收入为40.24美元；如果加上较之于奴隶制时期增加的闲暇时间价值33.9美元，则其年均收入共计74.14美元，20年间的年均增长率为4.93%（如不计闲暇时间价值，则年均增长率仅1.87%）。[1] 总体上看，南部黑人也更倾向于谷物分成制而非内战后初期的雇佣工资制，因为谷物分成制下种植园主对劳动力的控制和监督较少，分成农可以自主安排劳动时间，同时至少在理论上有比固定工资更高的收入潜力。此外，在分成制下，种植园主也要承担一部分作物歉收和价格下跌的风险。

2. 现金租佃制

现金租佃农多为贫穷的南部白人，尤其是破产的自耕农。种植园主为之提供土地（有时也包括住处），他们自备农具、牲畜、种子、化肥和口粮，并向种植园主提供一笔约定金额的现金或者实物作为土地的租金。现金租佃农与分成农相比，完全享有作物的所有权与支配权，以及独立的经营管理权。据统计，1900年和1910年南部分别有36.1%和39.2%的白人农场为租佃农场。[2]

总的来看，种植园主对分成制雇农、分成制佃农和现金租佃农的控制力度和剥削程度都呈递减之势。1913年美国农业部对密西西比河三角洲地区的租佃制度的调查显示，按投资额计算，种植园主从分成制雇农处得到的利润率为13.6%，从分成制佃农处得到的利润率为11.8%，而从现金租佃农那里只能得到6%~7%的利润。所以，"凡是地主们能够亲自监管他们的农场企业的地方，他们总是希望尽可能地继续实行分益（成）雇农制"[3]。

3. 雇佣工资制

到19世纪后期，美国农业整体已经资本主义化，雇佣劳动在农业中广泛使用。而在南部，雇佣工资制仅在局部地区是主要的农业生产方式，如路易斯安那州与北卡罗来纳州的甘蔗与稻米种植园。埃里克·方纳指出，甘蔗种植园普遍实行雇佣工资制的原因是外来资本的进入使得高价值的蒸汽动力制糖设备成为甘蔗种植园的必备品，分成制下的小生产方式难以立足。赖特也指出，不同于家庭农场可以高效率生产的棉花和烟草，甘蔗和稻米需要实行

---

[1] NG K, VIRTS N. The Value of Freedom [J]. The Journal of Economic History, 1989, 49 (4)：958-965.

[2] 吴浩."美国式"道路还是"普鲁士道路"：内战后美国南部农业发展道路的历史考察 [J]. 史学理论研究, 2010 (4)：122-129.

[3] 艾伦. 美国黑人问题与南部农业经济 [M]. 张友松, 译. 北京：中华书局, 1954：30.

大规模生产,因为控制水资源和农产品加工需要大量资金。① 此外,其他州的棉花种植园中通常也有少量农业雇佣工人,包括签订年度雇佣合同的工人和收获季节的短工与零工。许多小农(从自耕农到分成农)及其家属也需要不时向大农场主出卖劳动力以补贴家用。1915年,列宁指出,"毫无疑问,在美国也像在世界上其他一切资本主义国家一样,一部分处境最坏的农场主不得不出卖自己的劳动力。可惜美国的统计根本没有提供这方面的材料",他估计20世纪初全美国10%的农户需要出卖劳动力,② 考虑到南部农民长期处于严重贫困状态,完全可以推断这一比例在南部会更高。

需要指出的是,虽然雇佣工资制是农业资本主义的发展趋势,但这绝不意味着农民愿意成为农业工人。获得解放之时,绝大多数南部黑人的憧憬和诉求就是拥有一块自己的土地成为小农场主。在谷物分成制下,虽然处境艰难,分成农也没有放弃获得土地的梦想(虽然成功者为数不多),他们中大多数人年复一年地忍受种植园主的种种压榨盘剥,不到山穷水尽不会主动去当农业工人(种植园主也往往以收回土地来恐吓分成农)。这说明在重建后的南部,农业工人的处境通常不会好于分成制雇农。詹姆斯·R. 欧文(James R. Irwin)和安东尼·帕特里克·奥布莱恩(Anthony Patrick O'Brien)研究了密西西比河三角洲不同类型的黑人农业劳动者的收入情况,1879—1910年,农业工人的收入一直是最低的,如表3-1所示。

表3-1 1879年、1910年密西西比河三角洲地区黑人农业劳动者年均收入(单位:美元)③

	1879年	1910年
农业工人	52	75
谷物分成农	59	115
现金租佃农	90	149

---

① WRIGHT G. Old South, New South: Revolution in the Southern Economy since the Civil War [M]. Baton Rouge: Louisiana State University Press, 1996: 84.
② 这一估计值是较为审慎的,如根据德国1907年的统计,"30%以上的农业业主,就其主要职业来说是雇佣工人"。参阅中共中央马克思恩格斯列宁斯大林著作编译局. 列宁全集:第27卷 [M]. 北京:人民出版社,2017: 166.
③ IRWIN J R, O'BRIEN A P. Economic Progress in the Postbellum South? African-American Incomes in the Mississippi Delta, 1880—1910 [J]. Explorations in Economic History, 2001, 38 (1): 166-180.

续表

	1879年	1910年
自耕农	160	272

"农业阶梯"（Agriculture Ladder）理论认为典型的农业劳动者是从农业工人开始，先成为租佃农（现金租佃农高于谷物分成农），然后逐步积累资金购置土地而成为自耕农。而表3-1可以清晰地看到农业劳动者的收入也随着农业工人→谷物分成农→现金租佃农→自耕农这一"农业阶梯"而递增，所以农民总是希望沿着这一阶梯不断攀升而不是倒退。甚至时至今日，南部的农业雇佣工人仍是美国社会最贫困的群体之一。

4. 南部农业的发展趋势是雇佣工资制

内战后的南部农业体制非常复杂，既有奴隶制的残留，又有半封建的生产关系的存在，同时又处在资本主义的大环境之中，"所以在任何一个种植园中，我们都可以看到工资劳动和分益（成）雇农制、分益（成）佃农制、钱租制（即现金租佃制）同时并存。此外我们还可以看到小规模的自给自足的经济、资本主义租地农业经营者、资本主义地主、种植园大地主相互为邻"①。但总的来看，小农经济的租佃制特别是谷物分成制长期在南部农业中占据主导地位，对南部的"三农"问题影响最深、责任最大。伍德沃德认为："由于它（谷物分成制）不分种族和阶级，它实际上比奴隶制传播得更为广泛；而且单就经济后果来分析，它所造成的新祸害可能比旧的祸害对南部的伤害更为持久。"②詹姆斯·S. 艾伦也认为，"种植园制度妨碍了独立农户的自由发展，多样化和合理化的农业的自由发展"，并将重建后的南部农业定性为"半封建农村经济"。③

另一方面，南部农业的大趋势仍是向资本主义的雇佣工资制发展。伍德曼认为，内战后的南部，"租佃制、谷物分成制和作物留置权的法律将前奴隶和白人自耕农塑造成一个受地主和商人支配的农村工人阶级。""1870—1900年是前奴隶和白人自耕农转变为农业工人阶级、前奴隶主转变为资产阶级的

---

① 艾伦. 美国黑人问题与南部农业经济 [M]. 张友松，译. 北京：中华书局，1954：55.
② WOODWARD C V. The Origins of the New South, 1877-1913 [M]. Baton Rouge：Louisiana State University Press，1971：180.
③ 艾伦. 美国改造时期：争取民主的斗争 [M]. 宁京，译. 北京：生活·读书·新知三联书店，1957：180.

时期",南部农业中农业工人绝对和相对数量的上升是"真正革命性的变化"。① 参阅表3-2：

表3-2 1880—1910年美国南部农业劳动者的结构（%）②

	1880年	1890年	1900年	1910年
自耕农	27.6	23.0	21.4	17.3
现金租佃农	17.5	14.6	13.5	11.8
分成农	33.0	29.5	25.0	24.4
农业工人	21.9	32.9	40.1	46.5

上表中的数据显然与"农业阶梯"理论背道而驰，所以孟海泉认为内战后南部恰恰是自耕农沦为现金租佃农，现金租佃农沦为分成农，而三者从长远来看最终都沦为农业工人，故而提出内战后的南部农业中存在"反阶梯"的发展趋势，与伍德曼的观点有相似之处。

二、内战后借贷制度使南部农民长期深陷债务束缚

（一）南部金融业发展长期滞后

严格说来，南部农业遭遇债务束缚的情况在内战前就已较为严重。南部的银行业发展一直较为滞后且始终处于种植园经济的边缘，其运作完全围绕如何为奴隶主购置土地和为奴隶提供贷款，同时在资金来源上严重依赖于北部金融资本。内战爆发前，南部种植园奴隶主欠北部银行的债务有2.11亿美元之多，超过1860年美国棉花出口总额。金融业的整体滞后使得南部的财富大量外流，麦克弗森估计内战前（南部财富）"外流的数目每年在一亿至一亿五千万美元之间"③。不少中外学者认为内战前的南部在经济上对北部和英国处于殖民地的地位。而当内战以南部的失败而结束时，"几乎所有的南部银行

---

① WOODMAN H D. Sequel to Slavery: The New History Views the Postbellum South [J]. The Journal of Southern History, 1977, 43 (4): 523-554.
② 孟海泉. 内战以后美国南部的"农业阶梯"问题 [J]. 世界历史, 2003 (1): 16-22.
③ 麦克弗森. 火的考验：美国南北战争及重建南部：上册 [M]. 陈文娟，卢艳丽，郑扩梅，等译. 北京：商务印书馆, 1993: 36.

都倒闭了。他们中大多数都只剩下用他们的黄金换来的毫无价值的邦联证券。"①

内战和战后重建时期，借南部诸州退出联邦之机，美国国会通过了一系列在内战前绝无可能被通过的有利于北部工商业资产阶级而不利于南部种植园主的法律。如1864年通过的代表北部银行家利益的《国民银行法》，其核心内容几乎都是不利于南部金融业发展的：第一，国民银行最低资本额的规定，对银行业本就落后、内战中又遭受严重损失的南部特别不利；第二，禁止国民银行接受不动产作为对5年期以上的贷款的抵押物的条款，对南部这样的农业地区的银行进入国民银行系统构成巨大障碍；第三，为了加速各类银行进入国民银行系统，法律规定在1866年7月1日以后对所有州银行发行的钞票征10%的税，这不仅导致内战后经济凋敝的南部难以在国民银行系统之外发展本地银行业，也加重了南部的通货短缺。受其影响，内战后南部银行业长期处于极其落后的状态，1870年美国有国民银行1600家左右，在南部的不到100家。尤其是在以棉花种植为主的路易斯安那、密西西比、南卡罗来纳、亚拉巴马和佐治亚5个所谓棉花州，1868年总共只有14家国民银行。1880年，美国2061家国民银行中，南部只有126家，而上述5个棉花州只有42家。② 同年，南部人口占全国的35%，而银行存款只占8.5%（到1937年这一比例更是只有6%）；此外，南部的银行存款余额总是在收获季之后的秋冬季节达到峰值而在农业信贷需求最大的春夏季节降到谷底。到1895年，南部的银行系统仍很不完善，当时美国全国平均每1.6万人就有一家银行，而南部平均每5.8万人才有一家银行。在佐治亚州的全部137个县中竟有123个县没有任何银行设施。③ 即使有银行营业，内战后的南部农业还面临另一个致命问题——拿什么作抵押品？巴普蒂斯特指出，内战前，奴隶是美国最大的担保资产，几百万奴隶的市场价值不仅占到美国总财富的接近1/5，而且"还是其中流动性最大的一部分"④。以路易斯安那州为例，当时该州88%的贷款

---

① MARKHAM J W. A Financial History of the United States, Volume I [M]. Armonk: M. E. Sharpe, Inc., 2002: 240.
② 原文为"全国性银行"，联系上下文可判断即国民银行。参阅休斯，凯恩. 美国经济史：第7版 [M]. 邸晓燕，邢露，等译. 北京：北京大学出版社，2011：290, 398.
③ BLOOM J M. Class, Race, and the Civil Rights Movement, Second Edition [M]. Bloomington: Indiana University Press, 2019: 29.
④ 巴普蒂斯特. 被掩盖的原罪：奴隶制与美国资本主义的崛起 [M]. 陈志杰，译. 杭州：浙江人民出版社，2019：293-294.

都是以奴隶为（全部或部分）抵押的①。而内战后的南部，遑论自耕农或租佃农，就是损失惨重的种植园主也拿不出什么合适的资产作为银行贷款尤其是短期季节性贷款的抵押品——不仅因为土地价格在战后一落千丈，更重要的是"谨慎的 19 世纪银行家不认为不动产是可接受的贷款抵押品，事实上这样的贷款是被国民银行系统所禁止的"②。

除了银行业外，南部在其他金融领域的发展同样严重滞后。如在西北部和大平原地区，主要以土地为抵押对象的抵押公司引进了大量来自东北部的资金，1891 年的一份报告统计全美有 167 个抵押公司，其中南部只有 6 个（南部土地对资本缺乏吸引力可见一斑）。保险业亦然，1890 年美国第 11 次人口普查显示：1880—1890 年，南部只有 6 家 A 级人寿保险公司（其原因在于南部既贫困，黑人又占很大比例，"生命在南部仿佛是廉价的，因此似乎无需保险"）。③

总而言之，南北战争后，南部对北部金融资本的依赖程度有增无减，"纽约的金融家们仍在影响南部农业经济的重大决策方面起着左右局势的作用"。

（二）内战后美国南部农业中的借贷制度

内战后南部金融资本的短缺到了什么程度呢？战争结束 11 年之后的 1876 年，东北部罗得岛州人均国民银行钞票流通量为 77 美元，而南部的阿肯色州仅为 13 美分；东北部马萨诸塞州小镇新贝德福德流通的国民银行钞票多于任何一个南部州。④ 格雷琴·里特（Gretchen Ritter）指出，19 世纪 70 年代，"在南方州的许多地区，货币以任何高价都几乎不可得，以任何资产作抵押也不可得，即使获得了，平均的利率水平也大约在 24%"⑤。如此落后、贫瘠的金融环境，孕育了南部农业中独特且落后的金融制度。

1. 乡村商人与借贷制度

由于本来就不发达的制造业在内战中遭遇重创，战争一结束，南部就表

---

① WHITE R. The Republic for Which It Stands: The United States During Reconstruction and the Gilded Age, 1865—1896 [M]. New York: Oxford University Press, 2017: 220.
② WRIGHT G. Old South, New South: Revolution in the Southern Economy since the Civil War [M]. Baton Rouge: Louisiana State University Press, 1996: 89.
③ 孟海泉. 内战以后美国南部植棉业中的借贷制度 [J]. 世界历史, 1999 (1): 12-21.
④ 休斯, 凯恩. 美国经济史: 第 7 版 [M]. 邸晓燕, 邢露, 等译. 北京: 北京大学出版社, 2011: 401.
⑤ 刁伟涛, 贾根良. 金本位制还是信用本位制: 美国 19 世纪下半叶的货币战争及其对中国的启示 [J]. 社会科学战线, 2013 (10): 35-46.

现出对北部商品的渴求，吸引了大量的北部商人。内战后的南部农村，乡村商人阶层的崛起"是一个突出的社会现象"，他们来自"种植园主、士兵、自耕农、犹太商人，以及批发商、制造商和铁路公司的派驻代表等"。他们在南部农村开设商店，但"商店的主要功能并不是出售货物，而是向棉花农场主放贷"。① 他们中大多数要么是北方人，要么是北部资本的代表。

另一方面，内战后金融资本严重供不应求，导致南部农业尤其是棉花种植业中一种特殊的借贷制度迅速兴起。棉花的生产基本是一个贯穿全年的过程，棉花生产者通常在年底才能拿到现金，而在此之前所有的生产生活费用，从种植园主到分成农都"总是需要某种形式的短期信贷"②。在内战前，南部的种植园主就需要季节性的信贷来度过漫长的棉花种植和生长季节，如果想要扩大生产、增加奴隶和农业机械，那更需要长期信贷。赖特指出，奴隶制的废除摧毁了战前南部经济的信用基础——奴隶的高流动性和高度发达的奴隶市场使之成为非常受欢迎的贷款抵押品，即使在长距离的情况下。③ 著名的废奴小说《汤姆叔叔的小屋》中黑奴汤姆的主人付不出到期票据而被迫用汤姆和一个奴隶儿童抵债，汤姆因此被从靠近北部的肯塔基州卖到千里之外的路易斯安那州就是典型的例子。内战后，过去南部种植园主和港口城市的代理商之间长距离的信用关系迅速消亡。为了帮助棉花种植者获得信贷、恢复棉花生产，几乎所有棉花州的立法机构在内战后立即通过了所谓"留置权法"，允许种植者抵押他们正在种植或未种植的作物，并在收获时将这些作物的优先声索权给予为之提供生产生活物资的机构或个人。④

此外，较之于内战前南部的农业信贷需求主要来自为数不多的种植园主，战后数以百万计的分成农家庭都需要小额的信贷支持。单笔小额、数量庞大、地理分散，贷款人（分成农）多是文盲且没有合适的抵押品，这样的信贷业务，交易成本之高昂可想而知，内战后南部为数不多且集中在少数中心城市

---

① 美国政府的调查统计中将所有形式上独立经营的农业生产者都称为"农场主"，所以南部从种植园主、自耕农、现金租佃农到分成农都属于"农场主"之列；主要生产棉花的农民统称为"棉花农场主"，现金租佃农和分成农常被称为"租佃农场主"，下同。参阅孟海泉. 内战以后美国南部植棉业中的借贷制度 [J]. 世界历史, 1999（1）: 12-21.

② RANSOM R L, SUTCH R. One Kind of Freedom: The Economic Consequence of Emancipation [M]. New York: Cambridge University Press, 2001: 121.

③ WRIGHT G. Old South, New South: Revolution in the Southern Economy since the Civil War [M]. Baton Rouge: Louisiana State University Press, 1996: 87.

④ HAMMOND M B. The Cotton Industry. An Essay in American Economic History: Part I. The Cotton Culture and the Cotton Trade [M]. New York: Macmillan Co., 1897: 142.

<<< 第三章 南北战争后美国南部"三农"问题的原因分析

的银行对之可谓既无心又无力。所以,"战后银行数目的增长掩盖了银行总资产剧烈下降这一事实。再没有比小农场主,特别是前奴隶更感到由此而来的银行信贷的缺乏了。贫穷的小农场主既没有时间也没有技术走两天的路到县城为下一秋季的作物商谈 100 美元的贷款。这些银行家也未听说过佃农有能力对贷款风险做出合理公正的评价。所以地方商人成了替代的银行家,他们把食物、衣服和农业投入赊销给农场主,农场主则以其作物收成做担保。"即乡村商人向金融资本借款,再以赊销生产、生活资料的形式转贷给南部农民,最后以收购农民种植的棉花的形式收回贷款和利息,杰瑞·W. 马克汉姆（Jerry W. Markham）称为"店主信贷"（Storekeeper's credit）。① 这种业务单笔规模很小但关系相当稳定,以南卡罗来纳州为例,1882 年的一项调查显示,该州平均每 25 个小农场就有一家商店,而通常情况下一个 50 英亩的农场每年的商品总需求很少会超过 100 美元。② 对绝大多数南部农民来说,他们唯一可以作为贷款抵押的就是自己未来的收成,作为代价,他们不仅要把自己的全部收成交售给对之提供借贷的商人,而且通常情况下也只能从他那里购买自己所需的全部商品,所以黄虚峰将内战后南部乡村商店的特点归纳为"靠男性消费者为生（去购物的往往是一家之主的男性）,以农作物借贷制为杠杆的商品综合经营"③。

2. 作物留置权法与借贷制度

兰塞姆和萨奇提供了一份内战后南部农业中典型的建立在作物留置权基础上的小额借贷合同：为期 8 个月（1876 年 2 月 29 日至 1876 年 11 月 1 日）,借款人给予贷款人"当年（某某位置的）土地上种植的所有作物的留置权"；贷款人向借款人提供"总金额不超过 150 美元的供应品（生产生活物资）""使之得以在 1876 年种植和收获农作物"；借款人同时得以自己的"牲畜、手推车和厨房家具等个人财产为抵押"获得现金借贷。鉴于合同中未提及以土地所有权为抵押,可推断借款人是一位租佃农。④ 同时可以看出,借贷双方在地理上接近、人际上熟悉,贷款人对借款农民的生产生活状况了如指掌。此

---

① MARKHAM J W. A Financial History of the United States, Volume I [M]. Armonk: M. E. Sharpe, Inc., 2002: 282.
② RANSOM R L, SUTCH R. Debt Peonage in the Cotton South after the Civil War [J]. Journal of Economic History, 1972, 32 (3): 641-669.
③ 黄虚峰. 从乡村商店到百货商店：1877 年至 20 世纪 20 年代美国南方乡村的经济生活 [J]. 史学月刊, 2006 (6): 109-113.
④ RANSOM R L, SUTCH R. One Kind of Freedom: The Economic Consequence of Emancipation [M]. New York: Cambridge University Press, 2001: 124.

外，为确保贷款安全，贷款人还会对借款农民的生产劳动甚至生活消费进行监督。1875年，一位来到南部的旅游者发现，"乡村商人犹如债务人的监工，他们有义务监督获得信贷的白人与黑人种植者，确保其劳动产出能够偿还信贷"①。

借贷制度下，南部农民受到乡村商人的残酷盘剥，甚至经常出现农民还本付息后无力交租的情况，严重影响了种植园主的利益。因此，从19世纪60年代后期开始，随着经济实力的恢复，越来越多的种植园主也开始从事借贷业务，与乡村商人展开激烈竞争。19世纪70年代，随着代表种植园主利益的民主党重新掌控南部，各州议会相继通过了有利于种植园主的作物留置权法，其主要内容是租佃农（包括分成农与现金租佃农）在作物收获后必须首先支付地主（即种植园主）的租金和借贷，"并使地主的租金留置权和预付款优于所有其他留置权和抵押贷款"，从而赋予种植园主对租佃农作物收成的第一留置权。这一法律"增加了地主在黑人地带中的权力并限制了商人的权力。其他禁止或规范销售未加工棉花以及禁止在日落后销售棉花和其他作物的法律具有相同的效果"；相应地，也就使乡村商人面临巨大风险，迫使其从19世纪70年代后期开始迅速退出种植园地区即"棉花地带"，种植园主得以接管和控制当地的借贷业务。

乔纳森·M. 维纳（Jonathan M. Wiener）对亚拉巴马州的研究发现乡村商人转而向白人小农聚居的内地和山区寻找市场，"他们在这里可以继续保有作物留置权而不必担心债务人的庄稼落到种植园主手里"②。伍德曼认为，除了亚拉巴马州，在其他南部州的山区，白人农民也需要信贷，而这些地区棉花和烟草生产的扩张也吸引了更多的商人，使得白人农民聚居区的借贷业务也迅速发展起来。"在主要由白人自耕农居住的山区，供应商人系统的发展既是这些地区商业机会增加的结果，也是黑人地带机会减少的结果。"③ 乡村商人还大量兼并破产小农的土地，然后再以分成制或现金租佃制的形式出租，建立类似于种植园的大地产并竭力像种植园主控制黑人分成农那样去控制自己的佃农（南部的白人分成农相对较少，同时白人佃农不像黑人农民那样受到

---

① 王明南，余张飞. 历史记录下美国内战后的南方农业——留置权制度的产生及影响[J]. 四川文理学院学报，2022, 32（4）：116-121.

② WIENER J M. Planter-Merchant Conflict in Reconstruction Alabama [J]. Past & Present, 1975, 68（1）：73-94.

③ WOODMAN H D. Post-Civil War Southern Agriculture and the Law [J]. Agricultural History, 1979, 53（1）：319-337.

制度性的种族歧视和政治权利剥夺,乡村商人和种植园主对白人佃农的控制力度相对要低一些)。19世纪80年代后,南部最终形成了种植园主和乡村商人分别控制"棉花地带"、内地与山区借贷业务的地域格局。①

3. 乡村商人与种植园主相互渗透合流

如前所述,乡村商人是内战结束后在南部快速崛起的一个阶层,起初他们和种植园主还是泾渭分明的。但是,大约从1877年重建结束时起,两者很快相互渗透合流,即乡村商人地主化和种植园主商人化。由于种植园主在内战中和内战后连遭重创——战争破坏、奴隶解放、重建时期的重税等,而乡村商人较之种植园主更接近北部金融资本且更具商业头脑;总的来看,虽然重建结束后南部各州民主党政府竭力维护种植园主利益,但内战后南部的大趋势是乡村商人的势力日益强盛而旧种植园主日趋没落。乡村商人凭其经济实力和经营头脑在南部大量兼并土地,成为"商人—地主"(Merchant-landlord)。仅以1860—1870年亚拉巴马州黑人聚居带的五个县为例,商人占有土地的比率从3.5%上升到12%。② 而种植园主在挣扎图存的同时也积极参与经营借贷业务乃至从事资本主义工商业,成为"种植园主—商人"(Planter-merchant)。《飘》的女主角斯嘉丽内战前是养尊处优的种植园大小姐,内战后不顾南部风俗(上流社会的妇女通常不抛头露面更不事生产),从下田劳作到买下并亲自经营一家锯木厂,甚至利用罪恶的囚犯出租制度来发财,最终经过几年的努力,靠锯木厂的利润才重建了自家的种植园,是内战后南部种植园主商人化的文学典范。

在乡村商人与种植园主的盘剥下,到19世纪90年代,南部近3/4的种植园租佃农和90%的白人小农依靠借贷勉强维生。1901年佐治亚州农业部,部长在接受国会调查时承认:"这种制度(借贷制度)在我们的地区是普遍的。不仅在黑人租佃农当中,而且在白人当中都是普遍的。"③ 这种畸形落后的金融制度在南部一直持续到20世纪30年代罗斯福新政时期,是美国南部"三农"困局的最主要原因之一。

---

① 吴浩. 试论内战后美国南部棉花生产扩张问题 [J]. 古今农业, 2013 (3): 32-43.
② WIENER J M. Social Origins of the New South, Alabama, 1860-1885 [M]. Baton Rouge: Louisiana State University Press, 1978: 112.
③ 吴浩. 试论内战后美国南部棉花生产扩张问题 [J]. 古今农业, 2013 (3): 32-43.

(三) 借贷制度对南部农民的残酷盘剥

1. 无孔不入的多重盘剥

借贷制度下，乡村商人和种植园主在向农民销售商品时都实行价格双轨制，即现金交易价格（Cash Price）和赊购/借贷价格（Credit Price）。由于黑人租佃农和白人小农大多缺乏现金，他们通常只能在生产季节以赊购的方式购买（借贷）所需的生产、生活资料，然后在收获后根据借贷价格用农作物（主要是棉花）向种植园主/乡村商人折算偿还。兰塞姆和萨奇的数据显示，1874年6月亚拉巴马州的一家商店的现金销售额为21.35美元，而赊销总额为1191.46美元；1875—1876年，佐治亚州农业部报告称两年中能够免于赊购商品的农场分别只有20%和28%。① 黄虚峰的研究在时间上要晚一些，但情况大同小异：1901年在密西西比州德索特县的一家商店，赊账的顾客比用现金购物者多6倍；沃伦县的一家商店，1898年只有1/10的顾客使用现金；罗地县的一家商店除了11月、12月和1月的年底现金支付旺季，1890年在63个顾客中只有8人以现金支付。② 而借贷价格通常远远高于现金交易价格，伍德沃德指出："双价之差从来不低于30%，且频频冲向70%。"③ 杰奎琳·P. 布尔（Jacqueline P. Bull）对北卡罗来纳州的抽样调查发现，11种主要商品的借贷价格与现金价格之差从26.7%到89.6%，借贷价格平均要高出现金价格55.3%。食物的差价最高，有时甚至达到100%，1871年密西西比州一个乡村商人出售粗玉米粉、熏肉（南部农民最主要的两种食物）、蜜糖的现金价格分别为0.75美元/蒲式耳、0.13美元/磅、0.5美元/加仑，而借贷价格分别高达1.5美元/蒲式耳、0.25美元/磅、1美元/加仑，④ 基本就是在现金价格上翻了一番。

除了赚取价格双轨制下的高额差价外，更有甚者，某些无良商人还做假账来欺骗债务人，而南部黑人多是文盲，很难搞清楚自己的账目；他们也"很难去选择最便宜的价格，因为在汽车时代以前，乡村中平均每70平方英

---

① RANSOM R L, SUTCH R. One Kind of Freedom：The Economic Consequence of Emancipation [M]. New York：Cambridge University Press，2001：123.
② 黄虚峰. 美国南方转型时期社会生活研究（1877—1920）[M]. 上海：上海人民出版社，2007：170.
③ WOODWARD C V. The Origins of the New South, 1877—1913 [M]. Baton Rouge：Louisiana State University Press，1971：180.
④ 吴浩. 试论内战后美国南部棉花生产扩张问题 [J]. 古今农业，2013（3）：32-43.

里才有一家商店。"一位密西西比州的妇女回忆19世纪70年代，距离她家最近的商店有23英里（约37公里），"父亲一年去镇上两到三次。"① 此外，作为借贷的条件之一，"由某商人发放贷款的棉花农场主所生产的棉花，理所当然地由该商人收购"，其在收购农民的棉花时又往往强制压价。

由于上述的种种盘剥，借贷制度下的实际贷款利率大大高于当时的银行利率，"北方银行家首先按年利百分之八点五的利息向南方种植场主及商人提供贷款，而种植场主和商人按照更高得多的利息（通常是百分之二十五）再把从北方银行借到的款项贷给分成农"。孟海泉的研究结果与此相似，"棉花农场主实际每年支付25%的利率……它相当于植棉利润率。棉花农场主的植棉利润差不多全部以利息形式为商人所得。"② 债主的重重盘剥下，1889年阿肯色州和路易斯安那州分别有75%和70%的白人小农无力偿还债务。1892年佐治亚州对207个县的调查显示，将近60%的棉花生产者处于负债状态，另有30%处于濒临负债状态。马克汉姆评价借贷制度"常常导致棉花种植者成为店主的奴隶。"③

需要补充的是，乡村商人也是小本经营的借贷者，其资金的最终来源往往是北部金融资本；他们通常也是以赊购方式从制造商或批发商处进货，而批发商上面很可能还有其他环节。如黄虚峰认为："南方乡村商人在最终通向北方的商业链条上只不过是末尾一环。在北方对南方的殖民经济里，他们也是受剥削者，为了规避风险，就将高利息转嫁到赊账购买的农民身上。"④ 沃尔顿和罗考夫也认为借贷制度下的"高利息率是店主的信贷高成本、店主面对的高风险和店主占有的地方垄断势力不断发展的结果"，同时"战后南方农村银行体系的缓慢恢复也直接影响店主做生意的成本以及维护他们的垄断地位的成本"⑤。

而在种植园主控制借贷业务的"棉花地带"，借贷制度对农民尤其是黑人分成农的盘剥更为残酷。根据马修·B. 哈蒙德的估计，19世纪90年代中期，

---

① TED OWNBY. American Dreams in Mississippi：Consumers, Poverty and Culture 1830—1998 [M]. Chapel Hill：University of North Carolina Press, 1999：12-13.

② 孟海泉. 内战后美国南部植棉业中的借贷制度 [J]. 世界历史, 1999（1）：12-22.

③ MARKHAM J W. A Financial History of the United States, Volume I [M]. Armonk：M. E. Sharpe, Inc., 2002：282.

④ 黄虚峰. 美国南方转型时期社会生活研究（1877—1920）[M]. 上海：上海人民出版社, 2007：170-171.

⑤ 沃尔顿，罗考夫. 美国经济史：第10版 [M]. 王钰，钟红英，何富彩，等译. 北京：中国人民大学出版社, 2011：315.

位于"棉花地带"核心区的亚拉巴马州有90%的农民不能偿清债务。① 直到1930年，南部3/4以上的黑人都是佃农，仍处于终年劳作却基本没有现金收入的状态。鲍德梅克的统计结果也显示，在20世纪30年代，只有不到1/5的黑人佃农在年终结算时能获得30~150美元的盈余（相当于日平均工资9~48美分），而其余80%的人要么得不到任何东西，要么发现自己还欠着种植园主的债。对此，佃农们连说理的地方都没有，因为"一个种植园主如何对待自己的（黑人）佃农并不会引起公众的关注。相反，和他用什么牌子的牙膏一样，这被看作是他的私事"②。与乡村商人相似，内战后严重缺乏资金的种植园主同样受制于北部资本。

2. 借贷制度下农民人身自由的丧失

地租、高利贷、双轨价格、强制性压价收购的多重剥削使得南部农民（无论租佃农还是自耕农）往往全家辛苦劳作，一年到头却发现自己还欠着种植园主或者商人的债务。1880年《美国棉花生产报告》指出：在南部，"小租佃农场主，主要是黑人，遇到竭尽全力都无法偿还的债务情况是普遍的经历。"而在内战后的南部，农民一旦负债，往往就意味着丧失生产、生活自主权乃至人身自由。

重建失败后，维护种植园主利益的民主党在南部长期执政，南部各州政府相继颁布了许多限制农民尤其是黑人农民人身自由（尤其是迁徙自由）、维护种植园主利益的法律。伍德曼指出，内战后的南部由种植园主—商人阶级主导，他们对其劳动力的控制程度远远超过全国其他地方的雇主所能达到的程度。比如密西西比州、亚拉巴马州和佐治亚州的法律就规定当农民无法按约定向种植园主缴纳租金和偿还债务时，他们需要（或者可以）继续留在该种植园，通过劳动来偿还债务，拖欠的债务可以增加到下一年种植园主再次提供借贷而产生的新的债务之上。③ 这实际上是一种劳役偿债制。为了避免农民通过迁徙来逃避劳役偿债，南部的法律又规定如果拖欠债务的农民与别的种植园主另订租佃合同，新的雇主就需要为他偿还债务；或者将收获作物的

---

① HAMMOND M B. The Cotton Industry. An Essay in American Economic History：Part I. The Cotton Culture and the Cotton Trade [M]. New York：Macmillan Co., 1897：155.

② 威尔克森. 他乡暖阳：美国大迁徙史 [M]. 周旭，译. 北京：文化发展出版社，2019：171.

③ WOODMAN H D. Post-Civil War Southern Agriculture and the Law [J]. Agricultural History, 1979, 53 (1)：319-337.

第一留置权转让给原雇主。① 从而使负债农民事实上失去迁徙自由权,只能被束缚在种植园主的土地上以劳役的形式偿债,人身自由名存实亡。"那些仍欠债务但试图离开的黑人被当作罪犯对待,遭到严厉惩处,而那些引诱劳工另谋他就的人则遇到暴力。"② 有人估计,1907年南部"棉花地带"1/3的大种植园里都有劳役偿债的苦工(Peons)。

主要向乡村商人借贷的白人小农,在政治权利和社会地位上优于黑人农民,但在经济上也不比种植园主控制下的黑人农民好多少。1887年,北卡罗来纳州的一位农场主感叹:"借贷制度在本县以致命的方式运行,一旦被其所诱惑,就会造成可悲的灾难。啊!除非死亡或者被卖掉,谁也逃不脱它的魔力束缚。"③ 这种描述符合当时南部的实际情况,正如伍德曼所指出的,租佃制下,法律赋予佃农更多控制他的工作安排和作物组合的权利,"但如果像通常那样,他不得不向地主或商人寻求信贷,这些合法权利就毫无意义。""商人—地主利用借贷制度和留置权法以及他们对地方官员的控制来控制(佃农的)住房、消费模式和学校教育。"④ 可见,白人小农只要无法偿还商人的债务,也会丧失了生产经营自主权、对收获物的所有权和处置权甚至人身自由权。1892年,佐治亚州的农民阿姆斯特朗(Armstrong)无法忍受债务压迫,抛妻弃子逃到亚拉巴马州,商人债主将其告上法庭,被抓回来的阿姆斯特朗愤然陈词:"我只是厌倦了替别人干活,我年复一年地劳作受苦,到头来那些从来不曾碰过一下犁的人却占有了我所有的劳动成果……"⑤ 到1900年,南部已有36%的白人小农沦为佃农甚至分成农(尽管这一比例仍低于黑人)。⑥

一言以蔽之,"无论黑人农民和白人农民是否已获得了自己的土地,或者依然是租佃农或分成农,他们都发现自己受到了信(借)贷制度的剥削压榨。

---

① 吴浩. 内战后美国南部种植园经济的变化与性质问题[J]. 古今农业, 2014(1): 26-38.
② DANIEL P. The Metamorphosis of Slavery, 1865—1900 [J]. The Journal of American History, 1979, 66(1): 88-99.
③ RANSOM R L, SUTCH R. One Kind of Freedom: The Economic Consequence of Emancipation [M]. New York: Cambridge University Press, 2001: 163.
④ WOODMAN H D. Post-Civil War Southern Agriculture and the Law [J]. Agricultural History, 1979, 53(1): 319-337.
⑤ 黄虚峰. 美国南方转型时期社会生活研究(1877—1920)[M]. 上海: 上海人民出版社, 2007: 137.
⑥ 高春常. 文化的断裂: 美国黑人问题与南方重建[M]. 北京: 中国社会科学出版社, 2000: 316.

这个制度使他们当中许多人变穷,并且延缓了南部农业的发展。"①

三、内战后的南部长期受困于单一的棉花经济

内战后的南部农业乃至整个南部经济高度依赖于世界市场对棉花的需求,棉花价格波动对这种单一的棉花经济影响甚大。而19世纪后期世界棉花生产总体供过于求、棉花价格持续下降,南部农业和南部经济的处境可想而知。

(一)内战后南部棉花生产规模持续扩张

内战期间,由于战争破坏和对粮食的需求激增,南部棉花种植面积和产量大幅下降。1859年美国棉花产量为450.8万包(其中绝大部分产自南部叛乱11州),到1864年竟降至22.9万包,降幅接近95%,这直接导致世界市场棉花价格暴涨,1866年的棉价高达每磅43美分,是1860年的4倍多。此后棉价虽然迅速下降,但在接近10年内都还高于内战前的水平,从而在内战后百废待兴,尤其缺乏现金的南部激起一场旷日持久的植棉热潮,赖特称之为"流行性植棉发烧症"(Epidemic Cotton Fever)。② 到1870年,美国棉花产量基本恢复到内战前的水平,而其中绝大部分来自南部。此后,南部棉花生产继续扩张,1879年南部棉花种植面积基本恢复到内战前的最高水平(1860年,1200万~1300万英亩),1895年增长到2300万英亩,1900年为2407.1万英亩,1910年接近3000万英亩,1920年达到3196.3万英亩,1929年进一步增至3912.9万英亩。内战后南部棉花生产规模扩张的趋势一直持续到1930年。③ 相应地,美国棉花产量从1870年的435.2万包一路膨胀到1930年的1393.2万包(最高纪录是1926年的1797.8万包)。南部在美国棉花种植中占据绝对多数,1929年其种植面积占全国的90.5%。④

1877年,美国棉花恢复了内战前在英国市场的份额;1880年,美国棉花出口量超过了1860年的历史记录;1891年,美国棉花占据了英国市场的

---

① 麦克弗森. 火的考验:美国南北战争及重建南部:下册[M]. 刘世龙,李杏贵,任小波,等译. 北京:商务印书馆,1994:343.
② 孟海泉. 内战后美国南部植棉业中的借贷制度[J]. 世界历史,1999(1):12-21.
③ 吴浩. 试析1865—1900年美国南部棉花生产的"反常供给"[J]. 史学理论研究,2009(2):118-128,161.
④ 中国科学院经济研究所世界经济研究室. 主要资本主义国家经济统计集(1848—1960)[M]. 北京:世界知识出版社,1962:32-33.

<<< 第三章　南北战争后美国南部"三农"问题的原因分析

81%、法国市场的66%和德国市场的61%。① 南部恢复了世界第一原棉生产者的地位，却完全没有享受到内战前棉花带来的繁荣。根据黄虚峰的研究，1866—1895年，世界棉花生产供过于求，"平均年增长1.3%的需求与平均年增长5%的种植量造成棉价的不断下跌"②。吴浩的数据更为详细：1865—1900年的棉花价格总体呈现不断下降之势；1865—1870年，100磅棉花的平均价格是39.34美元；1870—1880年陡降至9.31美元；1881—1890年为8.87美元；1891—1900年仅7美元。而根据米勒·汉德利·卡恩（Miller Handley Karne）的计算，南部的农业劳动者种植棉花能够获利的最低价格是每磅10美分。换言之，1880至1900年间南部种植棉花的农业劳动者是亏本的（具体而言，吴浩认为植棉亏本的主要是小农；同时期的种植园主能以相对便宜的批发价格从北部和西部采购生产生活必需品并以高价借贷给农民，仍然能在棉价不断下降的情况下获利，有的种植园主植棉获利的最低价格可低到4~5美分/磅）。故此，这一时期南部棉花种植面积的大规模增长是一种发生在棉花价格不断下降并长期处于低水平情况下的"反常供给"现象。③

内战后南部的棉花生产规模持续扩张，不仅是种植园主利用谷物分成制和借贷制度强迫黑人农民种植棉花的结果，大批白人小农也在借贷制度的影响下日益转向单一的棉花生产。内战前，南部的白人小农大多居住在农业生产条件较差的丘陵、山区，主要靠种植粮食和饲养少量牲畜过着自给自足的生活。内战前夕，南部从事棉花生产的白人农场主在数量上只相当于从事棉花生产的黑人人数的1/8。④ 如前所述，内战期间和内战后南部白人小农遭遇严重困难，自给自足的生产生活方式无以为继（见本书第二章第三节），乡村商人和借贷制度乘虚而入，在以白人小农为主的南部内地和山区迅速扩张，使得白人小农与黑人农民一样深陷借贷制度的泥潭，被迫种植更多的棉花并以未来的收成为抵押。1860年，白人小农生产的棉花占南部棉花产量的10%，

---

① 贝克特. 棉花帝国：一部资本主义全球史[M]. 徐轶杰，杨燕，译. 北京：民主与建设出版社，2019：252.
② 黄虚峰. 美国南方转型时期社会生活研究（1877—1920）[M]. 上海：上海人民出版社，2007：226.
③ 吴浩. 试析1865—1900年美国南部棉花生产的"反常供给"[J]. 史学理论研究，2009（2）：118-128.
④ SHANNON F A. The Farmer's Last Frontier, Agriculture, 1860—1897[M]. Armonk: M. E. Sharpe, 1989: 98.

到19世纪70年代中期已升至40%。① 1883年白人农民生产了南部44%的棉花，1885年这一比例超过50%；到1910年，白人农民耕种了南部48%的棉田并产出了67%的棉花。②

（二）单一的棉花经济造成严重负面后果

在南部这样一个广大的区域内，长期维持这种单一、畸形的棉花经济，对经济社会造成了严重的负面后果。

1. 粮食不能自给，影响到民众的健康和寿命

作为一个在全世界都堪称得天独厚的农业地区，南部理应盛产粮肉、远离饥饿。内战前的情况也的确如此，几乎所有的美国经济史学家都指出，南部的黑人奴隶虽然饱受剥削压迫，但基本不会受到饥饿的威胁。而作为内战后南部棉花种植过度的、不正常的扩张的直接代价，南部人均粮食和牲畜产量都大幅下降。以南卡罗来纳州为例，1860—1880年，谷物产量从1500万蒲式耳降到1170万蒲式耳，作为饲料的干草产量从8.7万吨降到0.27万吨，而棉花产量却从35.3万包增至52.2万包。③ 此种情形在内战后的南部具有普遍性，据赖特统计，1860至1880年年间南部各州人均粮食和肉猪产量都呈下降趋势，参阅表3-3。

表3-3　1860—1880年南部各州农业人口人均粮食和生猪产量④

	谷物产量（蒲式耳）		肉猪产量（头）	
	1860年	1880年	1860年	1880年
阿肯色	41.3	31.4	2.71	2.03
北卡罗来纳	31.1	20.8	1.95	1.08
得克萨斯	28.6	20.1	2.37	1.35

---

① 方纳. 给我自由！一部美国的历史：上卷[M]. 王希，译. 北京：商务印书馆，2010：711.
② 由此可见白人农民在生产技术和工具方面较之黑人农民具有优势。参阅吴浩. 试论内战后美国南部棉花生产扩张问题[J]. 古今农业，2013（3）：32-43.
③ WOODWARD C V. The Origins of the New South, 1877—1913 [M]. Baton Rouge: Louisiana State University Press, 1971: 182.
④ WRIGHT G. Old South, New South: Revolution in the Southern Economy since the Civil War [M]. Baton Rouge: Louisiana State University Press, 1996: 35.

续表

	谷物产量（蒲式耳）		肉猪产量（头）	
	1860 年	1880 年	1860 年	1880 年
弗吉尼亚	26.2	22.0	1.10	0.72
佛罗里达	21.0	13.1	2.02	1.18
路易斯安那	32.2	14.1	1.21	0.90
密西西比	37.7	19.5	1.99	1.05
南卡罗来纳	23.0	12.8	1.47	0.68
田纳西	49.0	44.0	2.21	1.51
亚拉巴马	36.3	21.3	1.91	1.05
佐治亚	31.3	16.6	2.07	1.05
深南部 5 州	29.0	17.3	1.80	0.97
南部 11 州	33.1	23.4	1.92	1.14

从表 3-3 可见，1860—1880 年，南部农业人口人均粮食产量下降了近 30%，人均肉猪产量下降了近 40%；而对棉花依赖程度更高的深南部 5 州，农业人口人均粮食产量下降了近 40%，人均肉猪产量下降了近 50%。从 1880 年开始，南部这样一个农业生产条件如此优越的地区，总体上竟然不能粮食自给。保留下来的簿记显示，1884 年佐治亚州的一位农民在当地的商店花了 50 多美元购买面粉、粗粮、肉、糖浆、豌豆和玉米等食物，而 25 年前这些东西他完全可以自给自足。根据苏珊·波尔多·贝特尤（Susan Bordeaux Bettelyoun）和约瑟芬·瓦格纳（Josephine Waggoner）的研究，为了满足最基本的生活需求，1890 年的南部农民家庭每人每年至少要消费 10 蒲式耳的玉米，而当时南部近 70% 的农场的粮食产量都无法满足此最低标准。[①] 没有足够的玉米作为饲料就无法养猪。1891 年，有南部媒体哀叹："以往每年 12 月是杀猪最多的月份，而现在普通南方农民已经无猪可杀了。" 1890 年的南部人均养猪量

[①] BETTELYOUN S B, WAGGONER J. With My Own Eyes: A Lakota Woman Tells Her People's History [M]. Lincoln: University of Nebraska Press, 1998: 159.

仅相当于1850年的1/3。①

与此同时，内战后南部农民购买粮食的零售价格尤其是赊购价格却比美国市场平均价格高得多。以他们最主要的食物——玉米和熏猪肉为例，1870年美国的玉米价格是52美分/蒲式耳；而在密西西比州的一家商店里，玉米的现金零售价格是75美分/蒲式耳，赊购价格高达150美分/蒲式耳。1881—1889年美国的玉米价格下降到40美分/蒲式耳，而佐治亚州玉米的平均现金零售价格和赊购价格却分别高达79.78美分/蒲式耳和102.89美分/蒲式耳。②1879—1880年美国的熏猪肉价格是7美分/磅，而在佐治亚州熏猪肉的现金零售价格和赊购价格则分别高达9美分/磅和10.8美分/磅。

根据吴浩的估计，内战后南部人均每年通常需要11~15蒲式耳玉米，而作为南部重要生产工具的骡子，一头每年大约要消耗75蒲式耳玉米；成年男性每年人均需要消费180磅熏肉，成年女性每年人均需要消费144磅熏肉。③如前所述，南部农民特别是黑人农民通常只能向种植园主或乡村商人赊购食物，假定取中间值，一个成年人年均消耗13蒲式耳玉米和160磅熏肉，按前文中佐治亚州的赊购价格计算，则其每年花在这两种主要食物上的支出已达30.66美元。据兰塞姆和萨奇的估计，1879年南部分成农年收入仅41.39美元；麦克弗森的数据与之相差不大，1879年7个棉花种植州的黑人人均农业收入为42.22美元，全体居民人均农业收入60.13美元。④那么仅包含这两种食物在内的个人恩格尔系数已高达74%，既可见南部分成农贫困状态之触目惊心，又反映出这种以牺牲粮食和肉类自给来扩大棉花种植的生产模式在经济上的不合理性。由于食物结构过于单一，数量和质量都不符合健康要求，内战后南部下层民众普遍营养不良、健康恶化，慢性疾病发病率很高。福斯特指出："疟疾和癞病（即糙皮病）对于分成制农户正像家常便饭一样"。⑤南部黑人的健康状况更差，其在1880年的死亡率竟远远高于1860年的水平。

---

① 黄虚峰. 美国南方转型时期社会生活研究（1877—1920）[M]. 上海：上海人民出版社，2007：139.
② RANSOM R L, SUTCH R. One Kind of Freedom: The Economic Consequence of Emancipation [M]. New York: Cambridge University Press, 2001: 129.
③ 吴浩. 试析1865—1900年美国南部棉花生产的"反常供给"[J]. 史学理论研究, 2009(2): 118-128, 161.
④ 麦克弗森. 火的考验：美国南北战争及重建南部：下册 [M]. 刘世龙，李杏贵，任小波，等译. 北京：商务印书馆，1994：339.
⑤ 福斯特. 美国历史中的黑人 [M]. 余家煌，译. 北京：生活·读书·新知三联书店，1961：540-541.

2. 加剧南部教育落后，妨碍技术进步

如前所述，到1892年北部和中西部农业已实现半机械化，机械代替人力带来极大的效率提高和成本下降，而例外恰恰发生在南部的两种主要农产品——棉花和烟草。参阅表3-4：

表3-4 农业半机械化的效率和效益①

作物	劳动时间				劳动成本（美元）	
	年份	人力	年份	机器	人力	机器
小麦	1830	6小时5分	1896	3小时19分	3.5542	0.6605
玉米	1855	38小时45分	1894	15小时78分	3.6250	1.5130
燕麦	1830	66小时15分	1893	7小时58分	3.7292	1.0732
干草（散装）	1850	21小时5分	1895	3小时56.5分	1.7501	0.4230
干草（包装）	1860	35小时30分	1896	11小时34分	3.0606	1.2894
土豆	1866	108小时55分	1895	38小时	10.8916	3.8000
甘蔗	1855	351小时21分	1895	19小时33分	31.9409	11.3189
稻米	1870	62小时5分	1895	17小时25分	5.6440	1.0071
棉花	1841	167小时48分	1895	78小时42分	7.8773	7.8700
烟草	1853	311小时23分	1895	252小时54.6分	23.3538	25.1160

可见，较之于其他农作物，在棉花和烟草生产中，半机械化生产方式不仅劳动时间的下降幅度相对较小，关键是它不能带来劳动成本的下降（烟草如果采用机械化生产方式，劳动成本甚至会上升）。因此，在19世纪末，即使是有财力的南部农业生产者也缺乏购置农业机械的经济动力，而习惯于维持传统的手工劳动方式。巴普蒂斯特用数据证明在手工劳动方式下，棉花的生产效率难以提高，直到20世纪30年代还远远低于奴隶制的年代。② 实际上，直到第二次世界大战后真正高效实用的摘棉机得到应用前，棉花生产一

---

① 何顺果.美国历史十五讲：第二版［M］.北京：北京大学出版社，2015：132.
② 巴普蒂斯特.被掩盖的原罪：奴隶制与美国资本主义的崛起［M］.陈志杰，译.杭州：浙江人民出版社，2019：491.

直是一种高度劳动密集而缺乏技术含量的工作，在南部存在几百万缺乏文化技术、除了务农外无路可走、唯独对种棉花有几代人的丰富经验的黑人劳动力的背景下，南部农业自然缺乏技术创新的需求和动力。

换言之，这种极度单一、缺乏技术含量甚至不太需要技术进步的农业生产模式，又是内战后南部教育事业落后、科技进步缓慢、社会发展停滞的重要原因。内战前的南部就有不重视教育的传统，不仅法律明文规定教奴隶识字是犯罪，政府对贫穷白人儿童的教育问题也几乎不闻不问。这种情况在重建时期一度得到改善；而在重建失败后，公共教育再次被视为"北方佬的东西而遭到南方白人的抵制"。[1] 缺乏文化无疑是南部农民（无论黑人还是白人）既难以开展多种经营更难以谋求其他职业的重要原因之一。而南部社会和政府在公共教育问题上如此麻木不仁，除了思想观念的落后，也很可能是有意在实行愚民政策，正如1900年一位阿肯色州的种植园主指出："我的经验是，年轻人一旦学会了读、写、算，他就想进城；很少能找到一个会读、写、算的人在田里劳动。"[2] 此外，借贷制度下乡村商人和种植园主往往利用黑人农民缺乏文化而做假账来盘剥。伊萨贝尔·威尔克森（Isabel Wilkerson）记载：20世纪20年代中期，佛罗里达州一位黑人少年发现种植园主账簿中的错误后，种植园主立刻对少年的母亲怒吼："我早就告诉过你，不要送孩子去学校！现在他学会了怎么计算，就指控我的妻子撒谎，因为是我的妻子计算了这些账目。"这位黑人少年不仅当场被暴打一顿，还吓得连夜逃命，"15到20个人骑着马或者坐着马车找了他整整一个晚上"[3]。

3. 加剧了南部经济的"殖民地化"，是南部尤其是南部农民贫困的主要原因

南部经济在内战前已表现出明显的对北部和英国的依附性，尤其是对金融方面的依附性。内战后，这种依附性由于战争破坏和战后重建的资金需求而有增无减。随着南部在单一的棉花经济道路上越走越远，南部经济的殖民地化日益严重，加剧了南部社会的贫困状态，埃里克·方纳称重建后的南部是"一种穷困潦倒的殖民地式经济"。直到1942年，B. B. 肯德里克（B. B.

---

[1] 张准. 美国内战后南方重建时期的"毛毡提包客"评析［J］. 山西大同大学学报（社会科学版），2019（5）：36-41.

[2] WRIGHT G. Old South, New South: Revolution in the Southern Economy since the Civil War [M]. Baton Rouge: Louisiana State University Press, 1996: 79.

[3] 威尔克森. 他乡暖阳：美国大迁徙史［M］. 周旭，译. 北京：文化发展出版社，2019：56.

<<< 第三章 南北战争后美国南部"三农"问题的原因分析

Kendrick)还认为:"如果南部是这个国家第一位的经济问题这一判断正确无误,对此的根本性的历史解释就是这个地区三个多世纪来一直处于殖民地地位这一事实。殖民地通常生产原材料并以不利条件向帝国主义强权交换制成品。"[1]

如前所述,借贷制度下棉花农场主的植棉利润差不多全部以利息形式为商人所得,而内战后在南部快速崛起的乡村商人阶层中,很多人就是来自北部的"毛毡提包客";即使其中的南部本地人,资金也基本是来自北部。换言之,内战后的南部植棉业乃至整个南部经济,资本的最终来源都是北部。伍德沃德估计,1870年后南部一半以上的种植园主或者是北部人,或者是由北部资本支撑的。他认为南部商人"只是那条没有终点的链条中的一个扣环。通过那链条,南部这个进贡地区的农业井里的财富被源源不断地抽取"。[2] 换言之,内战后的南部由于缺乏资金,作为支柱产业的植棉业被北部资本控制,贫困的南部反而在不断地向北部"输血","本来可再投入于南部企业或帮助刺激当地经济的利润被输灌到北部去了"。[3] 这种情况在1876年以后随着棉价下跌、小棉花生产者亏本经营而对南部经济尤其是小农造成更大的伤害,而借贷制度则使之难以摆脱这种伤害。据沃尔顿和罗考夫的数据显示,1870年,南部黑人农民收获物的85%是棉花,而白人农民为60%~70%;"白人佃农的棉花产出几乎是白人土地所有者的两倍,黑人佃农的产出则几乎是白人土地所有者产出的四倍。"[4] 简言之,内战后南部的棉花种植是不折不扣的"越穷越种,越种越穷"。

用阿塔克和帕赛尔的话来说,"南北战争后几十年里南部经济的不景气几乎是不可避免的:自由的黑人不可能再像奴隶一样工作"。即战前罪恶而高效的奴隶制种植园大生产方式被小农经济的租佃制所取代,而"南部经济体制的真正失败在于它的缺乏灵活性。土地和劳动力仍固定在主要经济作物的生产上"[5]。此处之"主要经济作物",无疑就是棉花。布鲁姆等人也认为,内

---

[1] KENDRICK B B. The Colonial Status of the South [J]. The Journal of Southern History, 1942, 8 (1): 3-22.
[2] WOODWARD C V. The Origins of the New South, 1877—1913 [M]. Baton Rouge: Louisiana State University Press, 1971: 179-184.
[3] 孟海泉. 内战后美国南部植棉业中的借贷制度 [J]. 世界历史, 1999 (1): 12-21.
[4] 沃尔顿, 罗考夫. 美国经济史:第10版 [M]. 王钰, 钟红英, 何富彩, 等译. 北京: 中国人民大学出版社, 2011: 310.
[5] 阿塔克, 帕赛尔. 新美国经济史:从殖民地时期到1940年:下册 [M]. 罗涛, 等译. 北京: 中国社会科学出版社, 2000: 397.

战后的南部,"留置权制度强制推行了单一作物制",而"单一作物制不仅使农民人穷财尽,希望渺茫,而且毫无刺激生产之动力可言"①。丁则民认为单一的棉花经济导致南部"整个经济结构缺乏弹性与活力,致使南部经济仍远远落在全国后面"②。

四、"三位一体"下,南部的"三农"问题极其顽固

内战后美国南部的"三农"问题如此严重又旷日持久,主要原因在于:在小农经济的租佃制的基础没有改变的情况下,债务束缚与单一的棉花经济彼此依存、相互强化,三要素构成一个整体。这个"三位一体"使得美国南部的"三农"问题极其顽固。

(一)小农经济的租佃制是南部"三农"问题的基础

1. 南部"三农"问题长期持续的根本原因在于小农经济"衰而不亡"

小农经济的租佃制(包括分成制和现金租佃制)既不利于规模经济的实现和农业机械化的推广,又使分散且在资金上依赖于北部资本的南部小农在国际棉花市场博弈中处于完全的价格接受者的地位。小农经济在现代市场经济中的脆弱性毋庸赘述。可以断言,即使内战后的南部满足了被解放的黑人对土地的诉求,制造出一个数量庞大的自耕农阶层;但在美国资本主义的大环境下,这一阶层也将快速分化、重组,最终少数人在竞争中胜利并发展为资本主义大农场,而绝大多数自耕农破产降为租佃农并最终沦为农业雇佣工人或者退出农业。这不就是内战后的美国中西部地区正在发生的场景吗?也就是列宁所谓的农业资本主义发展的"美国式道路"。所谓"美国式道路"就是(除南部外的)美国农业走向资本主义的方式,是美国从1862年《宅地法》通过到19世纪末这段时间内独特而短暂的历史现象,而绝非一成不变的农业生产模式。当宅地小农转变为资本主义农场主,资本主义大农场在农业经济中占主导地位以后,"美国式"道路就完成了历史使命。

不破不立,从1862年到19世纪末期,在美国中西部地区,以宅地农场主为主要模式的小农经济"其兴也勃焉,其亡也忽焉";而其衰落的过程恰恰就是资本主义大农场在中西部兴起并占据主导地位的过程,也是美国农业资

---

① 布鲁姆,摩根,罗斯,等. 美国的历程:上册[M]. 杨国标,张儒林,译. 北京:商务印书馆,1988:663.
② 丁则民. 美国通史:第3卷:美国内战与镀金时代 1861-19世纪末[M]. 北京:人民出版社,2002:68.

本主义快速发展的过程。而内战后南部农业的根本问题恰恰在于滞留在小农经济阶段的时间太久——占有大片土地的种植园主和乡村商人通过借贷制度下的高利率、价格双轨制、强制压价收购、劳役偿债制等经济和非经济的剥削手段无孔不入地盘剥租佃农尤其是分成农，得以在1880—1900年棉花价格最低迷的时期也能保持盈利，没有走资本主义大农场之路的动机。此外，如前所述，由于种植园主和乡村商人在资金上受制于北部和英国资本，也不能排除南部农业这种极不合理的生产模式是外部资本操纵的结果。从时代背景来看，已完成工业革命的英国仍保持着对南部棉花的源源需求，而内战以后的美国（除南部以外）和法德等欧洲国家工业革命方兴未艾，时代"要求更多更便宜的棉花"。孟海泉认为内战后美国南部农业发展变化的根本动力是大西洋圈资本主义经济的发展，① 换言之不合理的南部农业生产模式实为资本主义国际分工的刻意安排和必然结果。而从几百万南部小农的角度看，工业不发达的南部缺乏其他就业机会，自身缺乏文化、没有技术，借贷制度下的债务束缚，重建失败后南部各州民主党政府通过的诸多为虎作伥的法律……上述各种因素的共同作用下，他们早已负债累累却难以退出农业领域，只能年复一年地在无利可图甚至亏本的植棉业中挣扎求存。内战后的南部，小农经营经常亏损而难以退出、小农生活长期困苦而难以迁徙、小农经济久已衰落而难以终结，这就是列宁所谓的"普鲁士"式道路下"使农民遭受几十年最痛苦的剥夺和盘剥"。当今的日韩两国，小规模经营的现代农业都是靠政府的高额补贴和政策支持在苦苦维系；内战后美国南部的小农经济从形式到技术都极端落后，不仅得不到政府的支持还要遭受外部金融资本的盘剥，其命运可想而知。可以说，只要小农经济的租佃制仍在南部农业中占据主导地位，"三农"问题就是一种必然现象。

2. 谷物分成制与单一棉花经济的共同作用导致土壤退化

首先，在谷物分成制下分成农和种植园主都没有意愿去改良土壤或保持地力。如休斯和凯恩指出的："既然佃户随时都可能被赶走，他们没有动力进行改进。地主也不太可能进行改进，因为那样就是把资本投资到很可能完全不在意长期利益的佃户手中。"② 事实证明了上述论断，美国农业部的一项特别调查显示，调查涉及的5.5万个租佃农场中，有36%的农场存在土壤日渐

---

① 孟海泉. 内战后美国南部的"农业阶梯"问题 [J]. 世界历史, 2003 (1): 16-22.
② 休斯, 凯恩. 美国经济史: 第7版 [M]. 邱晓燕, 邢露, 等译. 北京: 北京大学出版社, 2011: 289.

贫瘠的现象；而在南部的50个县里，租佃农场中有56%存在上述情况。"一个地主的佃农人数越多，土壤的肥力减退得厉害"，而所有被调查到的南部"有五个以上的佃农的地主"——即前文所定义之租佃制种植园都报告了土壤肥力减退的情况。

更为不幸的是，棉花恰恰是特别消耗地力的一种作物，而南部农业又长期采用粗放的生产方式，哈罗德·安德伍德·福克纳称之为"屠宰土地"。尤其是"在种植园生产中采用的粗耕而非深耕的掠夺式经营，这种耕作法极易消耗地力而又不易恢复"。早在内战前的1858年，一位农业媒体编辑估计南部枯竭的棉地已达40%，① 幸而当时南部农场中还有大量闲置土地。而在内战后，借贷制度迫使租佃农乃至整个南部农业在单一的棉花经济道路上越走越远，因而土壤退化的现象也日益严重。

(二) 债务束缚与单一的棉花经济彼此依存、相互强化

1876年以后，随着棉价低落到令南部小农亏本成为常态，单一的棉花经济已成为南部农业、南部经济乃至整个南部社会发展中的最大障碍。棉花价格越低，靠借贷度日、生产的租佃农和分成农就越难偿还债务，未偿还的本息计入下一年度的债务本金，农民就必须种更多的棉花来还债，导致棉价进一步下跌。债务束缚了南部小农，也绑架了南部农业，造成两个恶性循环：对南部农业，"棉价下跌—种植更多棉花—棉价进一步下跌"；对负债的南部小农，"借贷—植棉—不够还贷—再借贷"。1887年，北卡罗来纳州劳工统计局的一份调查报告深刻揭示了"借贷—植棉—债务"的恶性循环：

"按照时间价格（即借贷制度下的赊购价格）提供借贷的地主和商人不会让租佃农们种植大量的谷物——他们（种植园主和乡村商人）要的是棉花。由于租佃农们不得不按照地主和商人所说的去做，不得不按照时间价格购买商品，因此，最终的结果是，他们常常不能偿清债务，即使他们能够这样做，也会所剩无几。"②

简言之，单一的棉花经济使得南部农民在债务的泥潭中越陷越深。要打破上述两个恶性循环，最直接的期盼是棉花价格大幅上升。而棉花作为一种低技术含量的农产品，在1866—1930年南部棉花种植面积持续扩大、产量持

---

① 何顺果. 美国"棉花王国"史：南部社会经济结构探索[M]. 北京：中国社会科学出版社，1995：237-238.
② 吴浩. "美国式"道路还是"普鲁士道路"：内战后美国南部农业发展道路的历史考察[J]. 史学理论研究，2010 (4)：122-129, 160.

续增加的情况下，价格大幅上升谈何容易，何况还面临着激烈的国际竞争。如贝克特所言："到19世纪的后三分之一（即美国内战后到19世纪末），埃及、巴西和印度的棉花已经成为世界市场上的重要的新生力量。"① 1883年，这三个国家生产的棉花占欧洲大陆市场的份额已达31%，是1860年的两倍多。直到1914年第一次世界大战爆发以前，国际棉价总体呈下降趋势，且在1880至1900年间都低于10美分/磅的南部小农植棉成本。

  走出上述恶性循环的另一常见思路是走农业多样化之路。"从大学里的农学家到最底层的分成农，每一个人都明白，只有种植多种作物才能打破这一恶性循环。"然而，南部农民一是缺乏文化和农业生产技术，二是在债务束缚下无能为力。比如一位北卡罗来纳州的种植园主感慨身边无人懂得小麦或苜蓿的种植方法，北卡罗来纳州与北部相邻，可以说是相对"开化"的南部州，更偏南的"棉花地带"诸州的情况可想而知。又如1887年，该州一位新闻记者写道："我们应当少种些（棉花和烟草），多种些粮食和青草（牲畜饲料）。但是，我们怎样去做呢。那个以50%的利率供应我们口粮的人不允许我们这样做，他只允许我们种植经济作物。"②"供应我们口粮的人"即借贷制度下的乡村商人或向农民提供借贷的种植园主，"只允许我们种植经济作物（棉花）"是指农民向商人或种植园主借贷时必须以未来的作物收获为抵押品，而放贷者通常只接受棉花作为抵押。根据兰塞姆和萨奇的观点，一方面，"商人坚持债务人种植棉花才能取得债务，也许这样才能使债务人难以摆脱其债务，即种植棉花减少了农场的食物自主性，从而确保农场主下一年仍需返回赊购粮食。"另一方面，"棉花存在一个发展成熟的国内和国际市场，这减少了棉花的交易成本，而诸如玉米等并不存在这一市场。"他们的研究发现，越是贫穷的南部农民，越会因为债务束缚而"把更高比例的土地用于种植棉花"。1900年，一位种植园主在接受国会调查时指出："如果你想经营一个农场……拿你的棉花作物作为抵押，就不会有什么困难，但是我很少知道以谷物作为担保获得借贷的。"另一位种植园主也向国会报告："借贷是在生产棉花的基础上获得的。"③

---

① 贝克特. 棉花帝国：一部资本主义全球史 [M]. 徐轶杰，杨燕，译. 北京：民主与建设出版社，2019：254.
② RANSOM R L, SUTCH R. One Kind of Freedom: The Economic Consequence of Emancipation [M]. New York: Cambridge University Press, 2001：161.
③ 吴浩. 试析1865—1900年美国南部棉花生产的"反常供给" [J]. 史学理论研究，2009 (2)：118-128，161.

总而言之，借贷制度下的债务束缚了南部农业和农民，使之在单一的棉花经济道路上越走越远；而对于南部小农，在这条不归路上走得越远，就越难以摆脱债务。直到1950年，南部以种植棉花为主的200多万户农民中，还有71%是受压迫程度最深的分成农。除非国际棉花市场供求发生重大变化，或者有强大的外力介入，南部农业走不出"棉价下跌—种植更多棉花—棉价进一步下跌"的恶性循环，南部小农也逃不出"借贷—植棉—不够还贷—再借贷"的宿命轮回。而从内战后直到罗斯福新政前近70年的漫长时间里，从美国（联邦和州）政府政策到社会（无论南北）意识形态等外生因素，总体来看都是在推波助澜而不是帮助解决南部的"三农"问题。

第二节　美国政府政策对南部"三农"问题的影响

从内战结束到罗斯福新政前半个多世纪的时间里，南部民主党州政府的倒行逆施是南部"三农"问题的重要原因；美国联邦最高法院则在一系列重要判决中为之大开绿灯甚至保驾护航；而美国联邦政府虽然采取或者试图采取过一些干预措施，但态度较为消极摇摆、力度不足，又受到多方面的牵制阻挠，或议而不决，或决而不行，或行而不果。总的来看，这一时期的美国政府政策在客观上加剧了南部的"三农"问题。

一、重建后南部民主党州政府的倒行逆施加剧了"三农"问题

1877年，最后一个南部共和党州政府倒台，作为南部本地白人精英联盟的南部民主党①把持南部诸州政权直到20世纪60年代。德怀特·L. 杜蒙德（Dwight L. Dumond）指出，"由内战产生的仇恨心理使（南部白）人们盲目地顺从一个政党（即南部民主党），这种盲从在一些家族中竟能世代相沿而不变。政党很赞赏人们的盲从就委派这些人担任一些公职"②，由此形成一个极其顽固而强大的利益集团。南部民主党延续了内战前南部传统的家长制政治

---

① 美国政党制度下，南部民主党人在内战后到1948年历史性地从民主党分裂出来之前，在成员构成、利益诉求、政策主张等方面都与北部民主党人即民主党主流派存在重大差别，故不能简单地以民主党称之，有学者称之为民主党内的"南方保守派"。参阅谭君久. 试论美国民主党向资产阶级改良主义政党的演变 [J]. 世界历史, 1984 (6): 51-60.

② 杜蒙德. 现代美国（1896—1946年）[M]. 宋岳亭, 译. 北京：商务印书馆, 1984: 19.

统治，在白人至上的旗号下，以种族歧视和种族压迫为导向，通过剥夺黑人乃至贫困白人的选举权、制造种族隔离来维持其在南部的长期一党威权统治。黑帮式的南部民主党寡头政治严密地控制了从选举到政府运作的南部政治生活的每一个环节，使西方民主制度下应有的竞争和监督机制荡然无存，其黑暗与反动的程度在资本主义的历史上可能只有纳粹德国的法西斯统治才能相提并论。政治反作用于经济并影响到社会生活的方方面面，在这种长期持续的反动政党一党独大的政治格局下，南部在政治上死气沉沉、反动保守，经济上无所作为、发展缓慢，意识形态上怀旧自恋、迷信宗教，不仅使南部黑人沦为二等公民，把南部变成黑人的地狱，也令包括绝大多数中下层白人在内的南部人民长期深陷于贫困、愚昧和种族仇恨之中，给南部社会带来深重的灾难。南部民主党州政府的倒行逆施，是南部"三农"问题的重要原因。

(一) 颁布了诸多不利于南部小农的法律

南部民主党州政府最臭名昭著的反动法律主要是针对黑人。重建失败后，南部各州普遍恢复了一度被废止的黑人法典，以法律的形式限制黑人的迁徙和自由流动，比如：

(1) 引诱法：禁止种植园主招募、使用已经与其他种植园主签订合同的劳动者。

(2) 移民—代理人法：以重税来限制、阻碍其他州在本州内招募黑人劳动力。

(3) 流浪法：没有职业的黑人将会受到巨额罚款，或被投入监狱从事苦力劳动；如密西西比州要求所有成年黑人必须在每年1月出示雇工证明，否则任何白人都有权以"流窜"的罪名将其逮捕。

(4) 合约实施法：凡佃农、雇工违反劳动合同或不能把合同履行得使雇主满意，均属犯罪行为。被证明有罪时处以罚金，如果付不出罚金则处以监禁；路易斯安那州甚至规定一切黑人与白人雇主之间的劳务纠纷均以雇主的意见来判断是非。

(5) 犯罪保证机制：允许雇主在支付罚金后可将被监禁者领回种植园，直到其劳动所得偿清罚金为止。

上述法律中，"合约实施法"和"犯罪保证机制"不是专门针对黑人，而"引诱法"和"合约实施法"将民事纠纷定性为刑事犯罪，施之以刑事处罚，明显违背美国宪法，但它们在南部一直持续到20世纪。总的来看，它们都为债主尤其是种植园主控制租佃农特别是分成农提供了法律依据，在一定程度上增大了南部小农退出农业领域和迁徙到其他地区的成本,是南部小农经济长期衰而不死的原因之一,换言之,即导致南部"三农"问题长期持续的原因之一。

此外,前文所述之南部各州普遍实施的"作物留置权法"使种植园主和乡村商人得以控制向其借贷的农民的作物选择乃至生产生活的各个方面,使之更难以摆脱债务束缚,加剧了单一的棉花经济。

(二)不重视甚至反对公共教育

内战前的南部近似于古代欧洲贵族社会,有精英教育而基本无公共教育——不仅法律明文规定教奴隶识字是犯罪,政府对贫穷白人儿童的教育问题也几乎不闻不问。国会重建时期,南部共和党政府的一大政绩就是在南部首次建立起同时对黑人和白人儿童开放的公立教育体制。而民主党重夺南部各州政权后,处处反共和党之道而行之,为落实其削减税收和公共开支的政策主张,大肆削减公共支出,首当其冲的就是教育支出。弗吉尼亚州州长公然在议会宣称:"公共义务教育没有必要。几百年来,这个世界没有它照样在富裕、文化和精致中发展。"[1] "路易斯安那州在教育上的投入极少,以致它成为联邦内唯一的、白人文盲比例在1880—1900年不降反升的州。"内战后建立起来的黑人学校的处境更加恶劣,种族歧视使得南部本来就严重不足的公共教育资金向白人学校倾斜,黑人学校的资金往往要靠外部慈善捐助来解决。而种族隔离制度又无谓地增加了公共教育的成本,即"维持一套适用于黑人和白人两种学校的教育体系所造成的额外开支"[2]。到1900年,全美国学龄儿童人均教育经费为21.14美元,而在前奴隶制各州,白人儿童人均教育经费仅4.92美元,黑人儿童更只有2.21美元。20世纪初有人考察了南部一所典型的农村黑人学校,发现该校"没有课桌……分布在3到4个年级里的学生其年龄从4岁到18岁不等……黑板实在太小了以致老师尽量不使用黑板……约7个孩子合用一本教材",而且"即使开课,每年也只开三个多月"[3]。经费微薄,设施简陋,缺乏合格师资,这样的学校,教学质量可想而知。

---

[1] EZELL J S. The South since 1865 [M]. New York: Macmillan Co., 1963: 246.
[2] 麦克弗森. 火的考验:美国南北战争及重建南部:下册 [M]. 刘世龙,李杏贵,任小波,等译. 北京:商务印书馆,1994:333.
[3] 黄虚峰. 通向新南方的教育之路:浅析内战后美国南方的教育现代化 [J]. 赣南师范学院学报,2004(2):37-41.

公共教育的极端落后使得19世纪内南部尤其是农村中文盲比例一直很高（尽管总体上呈下降趋势），缺乏文化不仅导致南部小农特别是黑人农民难以开展多种经营或谋求其他职业，甚至使之难以准确计算自己的账目、只能听任债主愚弄和盘剥。阿塔克和帕赛尔认为："奴隶解放后黑人悲惨命运的延续，部分地是由于经济剥削和日常生活中的种族歧视。但是，责任的大部分应归结于未能提供前奴隶财产或对社会流动性极为重要的教育和工作机会。"①

二、联邦最高法院的一系列重要判决对南部"三农"问题的影响

纵观美国历史，在其三权分立的政治结构中，联邦最高法院堪称保守势力的大本营。除了在1953至1969年间一度是开明派主导外，联邦最高法院一直处于保守派的控制之下。

王希认为，南北战争使南部赖以生存的政治和经济基础被彻底摧毁，因而"重建不再是一个按现存的宪政原则和程序简单地将退出联邦的各州重新接纳进联邦的问题，而是设计和建立一种新的宪政机制的问题"②。内战后，共和党控制的国会在1865至1870年间通过第13条、第14条、第15条宪法修正案，是对美国宪法和宪政体制的重大改革。埃里克·方纳认为它们"转换了宪法的功能，将其从一个基本上关于联邦—州之间的关系和财产权的文件转换成为一种工具，受迫害的少数民族成员可以借用它来要求具有实质意义的自由，并用它来反对各级政府侵犯公民权利的行为"③。这三条宪法修正案开创了一个新的美国宪政的进程，被历史学家称为美国"第二个联邦宪法"。然而，掌握了宪法解释权的联邦最高法院对此却未能充分理解，遑论配合，在一系列重要判决中从极其狭隘和保守的角度来解释上述宪法修正案，使之在长时间内形同虚设，完全没有达到立法初衷。

（一）联邦最高法院的牵制和阻挠是南部重建失败的重要原因

如前所述，内战后南部重建的失败是当地"三农"问题的背景。而重建时期，联邦最高法院的一系列涉及南部问题的判决，尤其是在涉及联邦与州

---

① 阿塔克，帕赛尔. 新美国经济史：从殖民地时期到1940年：下册 [M]. 罗涛，等译. 北京：中国社会科学出版社，2000：397.
② 王希. 原则与妥协：美国宪法的精神与实践 [M]. 北京：北京大学出版社，2000：268.
③ 方纳. 给我自由！一部美国的历史：上卷 [M]. 王希，译. 北京：商务印书馆，2010：723.

在保护公民权利的权限问题时，总体上看是狭隘、保守地解释宪法修正案，强调州权以牵制、妨碍甚至阻止联邦政府对南部问题的干预，是南部重建失败的重要原因之一。相应地，也是导致南部"三农"问题的原因之一。

这方面影响最大的判例有三：一是1873年做出判决的屠宰场案（Slaughter-House Cases）。此案原本是路易斯安那州的企业与州政府之间的诉讼，关键是联邦最高法院在判决中人为创造了所谓"二重公民"原则，将公民权利分为联邦公民权利和州公民权利，并认为原属于州管理的公民权利仍应归州政府所有；从而在事实上将公民权利的管理交回到各州手中，歪曲了联邦政府有权对州政府的行为和法律进行干预和纠正的宪法本意。① 对此，帕梅拉·布劳德温（Pamela Brandwein）评价："（上述判决）狭隘定义了国家公民权，严重地限制了第14条修正案的管辖范围"，标志着"司法权力从重建中撤退"。

二是1876年的合众国诉里斯案（United States v. Reese）。此案与黑人公民权有关，并且是联邦最高法院首次对第15条修正案做出解释。联邦最高法院在判决中认为，"第15条修正案没有授予选举权给任何人"，根据其对第15条修正案的解释，只有能证明剥夺选举权的行为确实是基于种族歧视时，国会才有权干预，否则干预就是违宪。由此，联邦最高法院还进一步将旨在打击南部白人种族主义武装组织、保护黑人选举权的《1870年第一强制法案》的第3条、第4条判为违宪。② 这一判决不仅为重建失败后南部各州通过各种途径剥夺黑人及部分贫穷白人的选举权大开方便之门，更直接导致联邦政府难以用武力干预南部白人种族主义武装组织无所不用其极地阻止黑人参与选举的暴行，从而使民主党得以恬不知耻地通过"选举"的形式从共和党手中夺取南部州政权。仅以1875年的密西西比州选举为例，该州的民主党人发起了臭名昭著的"密西西比计划"，旨在通过恐怖、胁迫和欺诈赢得选举，确保白人霸权。结果，在该州5个黑人占绝大多数的县里，共和党人得票数居然分别是12票、7票、4票、2票和0票。③

三是1876年做出判决的合众国诉克鲁克香克案（United States v. Cruiks-

---

① 隋永舜. 美国最高法院与种族隔离制度的演变［J］. 山东师范大学学报（人文社会科学版），2002（3）：99-102.

② 石庆环，黄兴华. 美国黑人获得基本公民权司法阻碍的历史渊源：以重建时期联邦最高法院的态度为观察视角［J］. 求是学刊，2018，45（1）：153-163.

③ 张准. 美国南北战争后南方文化变迁与南部""三农""问题之关系初探［J］. 江苏师范大学学报（哲学社会科学版），2020（4）：48-58，123.

hank)。联邦最高法院在判决中又将《1870年第一强制法案》中"对个体公民侵犯他人行为的惩罚"的条款判为违宪,并强调第14条宪法修正案针对的是"州侵犯公民权的行为"而非"个人的侵权行为"。这一判决不仅直接剥夺了联邦政府干涉南部白人种族主义武装组织暴行的法律依据,使联邦在南部诸州的驻军失去存在的意义(所以共和党在1877年"海斯-蒂尔登妥协"中顺水推舟地同意撤军);更是此后近百年间(到20世纪60年代民权运动以前)联邦政府袖手旁观南部白人暴徒对黑人滥施私刑的法理借口——因为这些暴行至少在名义上都是"个人的侵权行为",而非直接源自南部州政府。有学者认为,本案的判决表明"司法部门放弃了对美国黑人的保护,至少严重限制了第14条宪法修正案的适用范围"。埃里克·方纳指出,"克鲁克香克案的裁决使得对针对黑人的犯罪进行全国性起诉几乎不可能,并且为当地官员默许恐怖行为开了绿灯。"[1]

综上所述,1873至1876年间即国会重建后期,正当以南部共和党为首的"三驾马车"与以南部民主党为首的白人种族主义者殊死对决之际,保守派控制的联邦最高法院在一系列重要判决中从极其狭隘、保守的角度解释宪法条文,极大地限制和束缚了联邦政府对公民权利尤其是南部黑人公民权利的保护,对南部重建拖后腿、打冷枪,是重建失败的直接和重要原因之一。由于专业和资料的限制,难以对当时联邦最高法院诸大法官的政治倾向、动机和法律理念进行深入研究。但事实证明,在决定南部历史进程的关键时刻,联邦最高法院站在南部白人种族主义者一边,析律舞文,以诠释宪法之名行阉割宪法之事,为反动分子保驾护航,产生了极其恶劣和深远的影响。重建失败后的南部就此走上错误的道路,整个南部社会都为此付出沉重代价,长期持续的"三农"问题仅仅是其中之一。

(二)联邦最高法院对黑人民权的漠视态度加剧了南部的"三农"问题

如前所述,美国南部的"三农"问题在重建时期即已发端,重建结束后长期持续。由于"三农"问题更多属于经济和社会领域,涉及法律方面的争议不多,美国联邦最高法院对此很少直接介入,但并非完全没有责任,其对黑人民权的漠视态度加剧了南部黑人农民的无助和痛苦,对南部的"三农"问题有推波助澜的作用。相关判决较多,最重要者有:

---

[1] FONER E. Reconstruction:America's unfinished revolution,1863—1877 [M]. New York:Harper & Row,1988:40.

一是1883年的民权组案（Civil Rights Cases）。联邦最高法院在判决中将禁止在公共设施中实行种族隔离的1875年《民权法》判为违宪，理由是联邦政府无权干涉私有企业和商业以及个体公民的社会权利和社会行为。对此，唯一持反对意见的大法官约翰·马歇尔·哈伦（John Marshall Harlan）批评他的同僚们通过"狡猾而巧妙的文字游戏"否定了联邦政府适当履行其保护性职责的权力。不仅如此，关于联邦政府是否应对黑人进行保护的问题，判决书还令人吃惊地指出："当一个人刚从奴隶制下走出来，并因一些特别有利的立法而摆脱了那些奴隶制的限制之后，在向上进步的过程中（他）必须经历某种阶段，才能成为一个同等的公民。"① 这是赤裸裸地以法律的形式（在美国司法体系中，联邦最高法院判决书的效果等同甚至还要高于法律）宣布获得解放的黑人是二等公民，还处在"向上进步的过程"即从奴隶到"同等的公民"的过渡之中，是美国最高司法机构对种族歧视和种族隔离的公然背书。丹尼尔·贝尔（Daniel Bell）指出："这次法院诉讼为吉姆·克劳法或南方各州的种族隔离法开辟了道路。"②

二是影响深远的1896年普莱西诉弗格森案（Plessy v. Ferguson）。联邦最高法院在判决中明确宣布种族隔离政策不违反宪法第14条修正案，并提出了荒谬虚伪的"隔离但平等"（Separate but Equal）的种族关系法律范式。此后，原南部邦联11州以及地理和文化上属于南部的西弗吉尼亚州和俄克拉何马州都通过了种族隔离法，"它扩展到教堂和学校，居住和工作地点，甚至日常的吃喝……所有的公共交通形式运动休闲场所、医院、孤儿院、监狱、收容所，甚至市殡仪馆、太平间和墓地"③。直到1954年联邦最高法院在"布朗案"中自我纠错，本案判决尤其是所谓"隔离但平等"原则一直是南部州政府实行种族隔离制度的法律依据。

三是1898年的威廉斯诉密西西比州案（Williams v. Mississippi）中，面对表面上对各种族一视同仁但实际上主要针对黑人（因黑人总体文化水平低、文盲率高）的密西西比州法律（公民选举登记前需通过文化水平测试，大陪审团成员必须有读写能力等），联邦最高法院最终以"这些立法是给所有人施

---

① 隋永舜.美国最高法院与种族隔离制度的演变［J］.山东师范大学学报（人文社会科学版），2002（3）：99-102.
② 贝尔.资本主义文化矛盾［M］.严蓓雯，译，北京：人民出版社，2010：199.
③ 布莱斯特，列文森，巴尔金，等.宪法决策的过程：案例与材料：第四版·上册［M］.张千帆，范亚峰，孙雯，译.北京：中国政法大学出版社，2002：269.

加限制的"而予以支持,① 从而为南部各州以人头税、文化测试等形式剥夺黑人的选举权和陪审权等政治参与权大开方便之门。如前所述,南部各州的黑人在 1900 年以后基本无法参政。这不仅使南部各级政权完全处于白人种族主义黑帮式的南部民主党的寡头统治之下,更使南部民主党人得以长期包揽南部各州在美国国会的代表席位,成为国会中最顽固、最反动的势力。国会尤其是参议院中的南部民主党人不仅持之以恒地封杀一切试图对种族歧视、种族隔离和私刑迫害稍加限制的立法,在经济问题上也是最倾向于自由放任、反对国家干预的势力。此外,由于南部黑人参政权在事实上已被剥夺,重建时期为了黑人的选票而多少会倾听黑人诉求、顾及黑人利益的共和党在南部政治中失去影响力的同时,对南部黑人的悲惨境遇也就视若无睹了。这种情况一直持续到 20 世纪 50 年代黑人民权运动的兴起。

南部的种族隔离制度名曰"隔离但平等",实则"隔离且极不平等"。如前所述,这一制度不仅因为要提供两套种族分离的公共服务设施而人为增加了公共服务成本,而且提供给黑人的公共服务水平大大低于白人,比如公立黑人学校的人均经费、办学条件都大大低于公立白人学校(尽管后者也大大低于北部和全国的平均水平)。而教育落后、缺乏文化正是南部"三农"问题长期持续的原因之一。种族隔离、权利无保障也使得南部黑人的迁徙、求职面临巨大障碍,是前文中黑人农民长期植棉无利可图甚至亏损却苦苦坚持的重要原因;相应地,也是南部城市化进程和经济结构调整缓慢的重要原因。南部民主党长期把持南部政权、盘踞国会、影响联邦政府决策尤其是妨碍进步立法,又是重建后联邦政府长期对南部政治经济问题无所作为的重要原因。由此可见,联邦最高法院在黑人民权问题上的一系列不当判决为虎作伥,既给黑人尤其是南部黑人带来深重的灾难,也加剧了解决南部"三农"问题的难度。

三、联邦政府政策的影响

在美国联邦制的政治体制、两党制的政治格局和建国以来长期奉行的自由放任思想的共同作用下,直到罗斯福新政前,联邦政府很少关心地方经济发展、干预地方经济事务,遑论国家层面的扶贫开发规划与措施。相应地,直到罗斯福新政前,联邦政府对南部的"三农"问题,总的来看并不重视,

---

① 石庆环,黄兴华. 美国黑人获得基本公民权司法阻碍的历史渊源:以重建时期联邦最高法院的态度为观察视角 [J]. 求是学刊, 2018, 45 (1):153-163.

也就谈不上系统应对。故本节所论之联邦政府对南部"三农"问题的干预，虽然可能对解决或者缓和"三农"问题有所裨益，但都不是有针对性的战略部署，措施不多，成效不大。此外，内战后联邦政府的一些政策措施，虽然未必是恶意针对，但客观上不利于南部尤其是南部农业和农民，在一定程度上加剧了南部的"三农"问题。

(一) 重建时期联邦政府涉及南部"三农"问题的政策措施

重建时期，联邦政府基本受共和党控制，主张彻底清算南部叛乱的种植园奴隶主、按照北部模式改造南部政治经济制度的共和党激进派一度有较大的影响力，因而联邦政府对南部的经济、社会问题干预较多，其中涉及南部"三农"问题的主要有以下几点。

首先是前文所述之试图解决南部无地农民尤其是被解放黑人的土地问题的1866年《南部宅地法》。该法案若能充分落实，让几百万南部黑人成为独立小农，则南部农业完全可能像美国其他地区尤其是中西部农业那样走上"美国式道路"。南部的"三农"问题或许就不会出现，至少其普遍性和严重性会大大降低。但由于当时南部无地农民（无论种族）大多一贫如洗，无力承担申请和开垦公地的费用，政府又没有为之提供借贷支持，最终只有极少数人因之获得土地。

其次，1865—1872年联邦政府在南部设立自由民局，负责安置被解放的黑人。该机构不仅在建立南部黑人教育、医疗体系方面有较大的贡献，也曾有过帮助黑人获得土地的努力，但成果寥寥。如前所述，自由民局还曾在南部旧种植园主和被解放的黑人之间大力推行雇佣工资制，未果。如能成功，虽然雇佣工资制下农业工人的处境未必好于谷物分成制下的分成农，但必将使南部农业走上截然不同的发展道路。

又如在共和党激进派的推动下，国会在1866—1875年4次通过主要旨在保护南部黑人公民权利的《民权法》。如能切实实施，有助于遏制南部的种族歧视与种族隔离，改善南部黑人的处境、增强其社会流动性，使南部黑人尤其是黑人农民职业固化、阶层固化的现象得以松动，有助于缓和南部的"三农"问题。然而，联邦政府几乎没有采取什么具体行动来落实该法案；而在美国的联邦制下，该法案在南部不仅是一纸空文，更在重建失败后被保守派控制的联邦最高法院和民主党势力大增的国会破坏殆尽。如前所述，1875年《民权法》在1883年的民权组案中被联邦最高法院判为违宪，而国会则几次通过立法取消其中许多重要条款。

再次，在内战期间的1862年，国会通过《莫里尔法》，规定联邦政府按各州在国会中每一名参、众议员3万英亩的标准，拨给各州公共土地，以建立或资助农业学院或机械技术学院，由此建立的学院也称赠地学院。重建时期，重返联邦的南部各州除了利用法案赠地资助州立大学外，也建立了一些农业和机械学院以及单独招收黑人的学院。但由于南部州政府财政紧张，赠地收入僧多粥少，赠地学院普遍规模不大、条件较差、水平不高，如丹尼尔·J.布尔斯廷（Daniel J. Boorstin）所指出的，"早期的许多靠赠与土地建立起来的学校，不过是几个有经验的农民或技工与邻居家的小伙子们谈谈话而已"①。但从长期来看，赠地学院将在未来对南部的农业教育和黑人教育发挥重要作用。

简言之，重建时期联邦政府上述可能有助于缓和南部"三农"问题的政策措施，或者无果而终，或者收效不大。最关键的是，南部在内战中的损失程度不亚于两次世界大战之后的欧洲，而联邦政府重建计划的重点仅限于制度改造（实际上对南部政治经济制度的改造也只是形式上的），如休斯和凯恩所指出的："第二次世界大战后有一个重建欧洲的马歇尔计划，对南方却没有类似的计划。"② 内战后的美国作为一个蓬勃发展的新兴大国，联邦政府对南部这样一个面积占本土近1/4、人口占全国近1/3（按内战前数据计算）的巨大区域内长期的社会经济发展严重滞后、人民生活严重困苦听之任之，没有积极干预更缺乏全盘规划，虽有联邦制政治体制和当时美国社会流行的自由放任思想、社会达尔文主义思想等主客观因素的影响，从现代政治标准看，无疑负有不可推卸的道德和领导责任。

（二）内战后联邦政府不利于南部的政策措施

哈罗德·安德伍德·福克纳认为，南北战争对美国历史有重大的影响，其中"最主要的是，对联邦政府的控制权就从南部的农奴制度（原文如此，奴隶制度更准确）的利益集团转入到北部正在兴起的工业财阀们的手里去了"③。内战前的美国，联邦政权由北部工商业资产阶级和南部种植园奴隶主这两个严重对立的统治集团共同把持，彼此钩心斗角倾轧拆台，政府内部矛盾重

---

① 布尔斯廷. 美国人：民主的历程[M]. 谢延光，译. 上海：上海译文出版社，2012：599-600.
② 休斯，凯恩. 美国经济史：第7版[M]. 邱晓燕，邢露，等译. 北京：北京大学出版社，2011：283.
③ 福克纳. 美国经济史：上卷[M]. 王锟，译. 北京：商务印书馆，1989：450.

重、效率低下。尤其是从1820年"密苏里妥协案"到1861年林肯入主白宫整整40年时间里，主要代表南部种植园奴隶主利益的民主党在美国政治中占有优势，推行了一系列有利于种植园奴隶制经济的政治、经济政策，对资本主义经济的发展构成巨大障碍。内战爆发后，在南部叛乱11州的代表退出国会的情况下，一系列有利于工业资本主义发展的法律如提高进口税率的1861年《莫里尔关税法》、无偿分配西部国有土地的1862年《宅地法》、1864年《鼓励外来移民法》等得以顺利出台，从而为19世纪晚期美国的工业起飞创造了有利的法律条件。重建时期联邦政权也一直由共和党控制，联邦政府的政策也倾向于北部工商业资本，其中有些对南部农业和农民明显不利，比如：

1. 高关税政策有利于工业而不利于农业

内战前，关税问题是美国南北方之间的由来已久的主要矛盾之一，出口型经济的南部追求自由贸易、主张低关税政策，而北部资本总体上希望以高关税来保护其新生的制造业。围绕关税问题的斗争之激烈，本·巴鲁克·塞利格曼（Ben Baruch Seligman）指出："早在1860年以前很久，关税问题就迫使南卡罗来纳走到了叛乱的边缘。"[①] 内战期间，林肯政府将美国的平均关税率从战争初期的18.8%提高到内战结束时的47%。此后共和党利用长期执政地位继续大幅提高关税率，形成了美国历史上持续时间最长的高关税壁垒。1890年，国会通过《麦金莱关税法》将关税率提高到49%；1894年的《威尔逊—格尔曼关税法》使关税率稍有降低；但1897年的《狄恩利关税法》再次将关税率提高到49%并维持了12年之久，税率之高仅次于20世纪30年代的大萧条时期，而维系时间之长则为美国历史上所仅见。参阅表3-5：

表3-5 1861—1916年美国进口关税率变动表[②]

关税法	参考贸易年度	应税商品占进口商品总额之比（%）	应税商品平均关税率（%）
1857年关税法	1861	75	18.8
1861—1862年莫里尔关税法及修正案	1863	87	33

[①] 塞利格曼. 美国企业史 [M]. 复旦大学资本主义国家经济研究所，译. 上海：上海人民出版社，1975：137.

[②] U. S. Department of Commerce. Bureau of the Census, Historical Statistics of the United States: Colonial Times to 1957 [M]. Washington, D. C.: Government Printing Office, 1960: 409.

<<< 第三章 南北战争后美国南部"三农"问题的原因分析

续表

关税法	参考贸易年度	应税商品占进口商品总额之比（%）	应税商品平均关税率（%）
1864年战时关税法	1870	95	47
1872年布赖恩关税法	1874	73	39
1875年关税法	1880	67	44
1883年关税法	1888	66	46
1890年麦金莱关税法	1892	44	49
1894年威尔逊—格尔曼关税法	1896	51	40
1897年狄恩利关税法	1900	56	49
1909年关税法	1910	51	42
1913年安德伍德—西蒙森关税法	1916	32	29

在一战前的40年里，关税成为联邦政府收入的主要来源；尤其是在1886至1890年间，联邦政府收入的57.7%来自关税。①

高关税阻止了欧洲特别是英国工业品对美国的倾销，有利于美国民族工业企业的发展，美国产品在国内市场上的占有率从1860年的60%上升到1900年的97%。但它一方面抬高了国内市场上的工业品价格，另一方面又招致欧洲列强的报复措施——对方相应提高从美国进口产品的关税。而直到1910年，农产品仍占美国出口总额的一半以上，美国农产品只能以低价向欧洲市场倾销，反过来又加速了其国内价格的下跌，使工农业产品"剪刀差"进一步扩大，这也是1865—1900年美国棉花价格持续下跌的原因之一。高关税保护是内战后美国工业迅速发展的重要原因，而以单一的棉花生产为主的南部农业和南部农民则为之付出很大的代价。

此外，联邦税收收入的再分配对南部也极为不利。由于内战参战人数众多且伤亡惨重，退伍军人和战殁军人遗属的抚恤金是联邦政府在19世纪最后

---

① 王崇兴. 制度变迁与美国南部的崛起［M］. 杭州：浙江人民出版社，2002：56.

91

30年里最大的一笔开支,"在 19 世纪晚期的大部分时间里,抚恤金制度的消费占联邦预算的 1/4 强。实际上,从 1890 到 1894 年,它占掉联邦总支出的 37%。"① 曾为南部邦联而战的南部退役老兵和战殁者遗属被法律明确排除在联邦抚恤金的发放范围之外,因而南部长时期内对如此大的一笔联邦支出只能望洋兴叹。

2. 内战后的金融政策不利于农业尤其是南部农业

如前所述,内战期间联邦政府颁布的《国民银行法》对完善美国金融体制有重要作用,根据该法案建立的国民银行体系使"美国历史上第一次出现了统一的通货"。但它客观上大幅度提高了银行业的准入标准,对金融业本就落后、内战后更为落后的南部极为不利,加剧了内战后南部的资金匮乏,使南部农业更加受制于北部金融资本,是南部长期陷于单一棉花经济的重要原因。内战后,联邦政府继续整顿金融体制,长期实行紧缩的货币政策。1865年美国流通货币总量是 10.84 亿美元,到 1869 年降为 7.41 亿美元,四年里降幅超过 1/4,此后整整十年里一直维持在 7 亿~8 亿美元的水平,② 与内战后的经济增长不相匹配。从人均货币流通量看,1865 年为每人 30 美元,到 1889 年却只有 23 美元,在经济高速增长 20 多年后人均货币流通量却减少了近 1/4。从物价水平来看,以 1861 年内战爆发时的价格水平为 100,到 1865 年内战结束时为 176,1873 年国会通过法案限制铸造银币时降至 129,1879 年事实上恢复金本位制时进一步回落到 104,基本回到了内战爆发时的水平;相应地,从美元汇率看,内战爆发时 1 英镑=4.77 美元,1865 年、1873 年、1879 年分别折合 7.69 美元、5.55 美元和 4.85 美元。③ 可见,内战后联邦政府的货币紧缩政策维护了美元汇率和购买力,有利于稳定金融市场、吸引外资流入,是内战后美国经济高速增长的原因之一,也是导致农产品价格长期低迷的重要原因,对于以农业为主的南部尤为不利。

---

① BENSEL R F. Sectionalism and American Political Development 1880-1980 [M]. Madison: The University of Wisconsin Press, 1984: 66.
② 此处之货币总量包括黄金、白银、现钞、国民银行券、其他银行券和辅币等,但不包括黄金凭证、白银凭证和国债。参阅韩毅,等. 美国经济史(17~19 世纪)[M]. 北京:社会科学文献出版社,2011:495-496.
③ 沃尔顿,罗考夫. 美国经济史:第 10 版 [M]. 王钰,钟红英,何富彩,等译. 北京:中国人民大学出版社,2011:428.

(三) 重建失败后到罗斯福新政前,联邦政府对南部的"三农"问题少有干预

从 1877 年南部重建结束到罗斯福新政前,联邦政府对南部经济社会问题少有关心过问;即使偶有干预,也多是间接干预,且主要在教育领域。这一时期联邦政府政策对南部的"三农"问题有较大影响者,首推 1890 年的《莫里尔法》。法案规定联邦每年从出售公有土地的收入中拨款资助各州建立的农业和技术学院,法案还特别要求即使在存在种族隔离的州,补助金也要在"公正平等"的基础上发放,不得以肤色和种族搞差别待遇,否则就中止拨款。[1] 从而促使南部各州为了得到这种资助而建立了 16 所主要教授农业和机械技术科目的黑人学院,或者以此款项资助原有的黑人学院,这些学院在今后很长一段时间内成为南部黑人接受高等教育的主要场所。尽管直到 1911 年,一次调查还显示上述黑人学院的水平"很多甚至低到公立学校四至五年级的水平",[2] 但假以时日,它们逐渐成为南部农业高等教育的中流砥柱,对南部农业的发展起到了巨大的促进作用,对南部"三农"问题的解决有所裨益。

此外,在 1880 年人口普查结果的影响下,1884 年、1886 年、1888 年国会参议院三次通过法案,要求联邦政府在 7 年中向各州拨款 7700 万美元,按各州文盲人数占人口数的比例分配,用于公立学校建设;并要求各州政府予以配套拨款。这在当时是一笔巨款,对南部各州的教育更是雪中送炭,而文盲比例居高不下的南部诸州将成为这一法案的最大受益者。然而,1883—1889 年,民主党控制的众议院却一再拒绝通过,因为民主党担心该法案"会成为复活重建的一个契机"。此法案最终"被永久地打入了冷宫。推动南部教育的一次比较有希望的努力就这样结束了"。[3]

南部的"三农"问题长期持续,教育落后是重要原因。而在美国的联邦制下,教育尤其是基础教育主要是地方和州政府的责任,联邦政府的投入和干预都很少。令人吃惊的是,美国作为世界上最发达的资本主义国家和一个

---

[1] 饶琴,万秀兰. 美国黑人高等教育的发展历程 [J]. 世界民族,2006 (4):66-70.

[2] 罗峰. 南北战争以后至二十世纪上半期美国的黑人教育 [J]. 教育研究与实验,1985 (3):40-47.

[3] 麦克弗森. 火的考验:美国南北战争及重建南部:下册 [M]. 刘世龙,李杏贵,任小波,等译. 北京:商务印书馆,1994:388-389.

人口大国，真正的联邦教育部居然到1976年才正式设立。换言之，在美国历史上大多数时间里，联邦政府对教育尤其是基础教育不说是放任自流，也是将责任推给州和地方。东北部和西部的一些州经济条件好，社会总体重视教育，教育就发展得好，反过来又促进经济发展和社会进步，形成良性循环；南部贫穷，社会总体不重视教育，教育就发展缓慢，反过来又妨碍经济发展和社会进步，形成恶性循环。

总之，从1877年到罗斯福新政，半个多世纪的漫长时间里，联邦政府对南部"三农"问题不仅少有干预，而且不得要领。如前所述，南部"三农"问题的根本原因在于小农经济的租佃制、债务束缚和单一的棉花经济。对这些关键问题，直到罗斯福新政前，联邦政府基本不闻不问。

第三节 美国南方文化中的糟粕是南部"三农"问题的文化因素

弗里德里希·奥古斯特·冯·哈耶克（Friedrich August von Hayek）认为，美国南部的传统文化具有真正意义上的保守主义的诸多特征：以一种怀旧的态度对待现实社会与社会发展；怯于变化；对于新生事物，特别对有充分科学依据的新知识充满恐惧；不宽容；相信社会不平等、等级制和精英政治；强烈的地域主义和民族主义等。[①] 以现代观点看，显然上述特征基本都是经济社会发展的消极因素。

一、南北战争和战后重建强化了美国南方文化的地域特征

（一）美国南方文化具有鲜明的地域特征

自美国建国以来，较之于美国主流文化，美国南方文化具有鲜明的地域特征。农业经济和黑人奴隶制是南北战争前美国南部社会的两大基本特征，二者共同影响、孕育了独特的南方文化。

如前所述，从1607年英国人在美国南部建立第一个殖民地到第二次世界大战，南部一直以农业经济为主，与北部尤其是新英格兰地区形成鲜明对比。

---

① 哈耶克. 自由秩序原理：下册 [M]. 邓正来, 译. 北京：生活·读书·新知三联书店, 1997：187-205.

不仅如此,陈永国认为,南部的英国殖民者主要是出于经济原因,在意识形态上与北部的英国殖民者(主要出于政治原因)迥然不同,而随着"他们在南方发现并创建了一个新的伊甸园,这就是最早出现的有别于新英格兰的城市和工商业意识的南方意识"①。简言之,受地理和经济的影响,从殖民地时代起,美国南方就形成了自己独特的文化。18世纪90年代,一位英国旅行家一面赞赏新英格兰地区的秩序、节俭和埋头苦干,一面指摘南部懒散悠闲的社会气氛,他将此归因于南部土地肥沃,"上帝已经做了那么多,这里的人就不愿意多干了"②。

另一方面,由于南部的自然环境特别适合奴隶制种植园经济和棉花的生长,以及1793年轧棉机的发明扫清了植棉业发展中最大的技术桎梏,以棉花种植为主的奴隶制种植园经济迅速成为南部农业乃至南部社会的核心和主导。南北战争前的南部,在残酷剥削压迫广大黑人奴隶的基础上,极少数种植园主过着骄奢淫逸的生活,而自耕农和穷苦白人往往与种植园主沾亲带故并以之为憧憬的目标。以农业经济和黑人奴隶制为两大柱石的南部社会,到南北战争前已形成了以种族奴役为基础,以重农主义的乡村生活方式为导向,以社会纽带式个人主义、殖民开拓与尚武精神、荣誉至上观念乃至英国贵族生活习气等内容为特色的南方文化。③经过一代代文人墨客的涂脂抹粉,这种文化在南部白人中不断自我强化、发展,最终形成了所谓"南方神话"——"在茂盛的木兰树下屹立着崇尚礼仪、荣誉、勇敢的南方绅士和美丽、优雅、贤惠、坚贞的南方淑女,侍奉其左右的是恭顺、忠诚的黑人仆人,背景里是广袤的棉花种植园。"④这种伊甸式的田园乐土,在不同的文学作品和口口相传中多姿多彩、历久弥新,但若是剥开其浪漫华美的外衣,其核心永远是极端反动、极端落后的黑人奴隶制。

(二)南北战争和战后重建进一步强化了南方文化

南北战争终结了黑人奴隶制,但没有改变南部的政治、经济基础。重建失败后的南部社会,政治照样黑暗反动,经济依旧贫困落后,而在文化上,

---

① 陈永国. 美国南方文化 [M]. 长春:吉林大学出版社,1996:4.
② 黄虚峰. 美国多元文化下南方特性的形成 [J]. 探索与争鸣,2007(7):69-72.
③ 张准. 美国南北战争后南方文化变迁与南部""三农""问题之关系初探 [J]. 江苏师范大学学报(哲学社会科学版),2020,46(4):48-58,123.
④ 李杨. 美国"南方文艺复兴":一个文学运动的阶级视角 [M]. 北京:商务印书馆,2011:81.

独特的南方文化得到进一步强化。

1. 在种族观念方面，内战和重建甚至使南部白人更加仇视黑人

从 1619 年黑人奴隶被引入弗吉尼亚到 1865 年内战结束，奴隶制在南部持续了两个多世纪之久。奴隶主及其代言人多年来不遗余力地寻章摘句，尤其是抓住或者曲解《圣经》中的只言片语，炮制以种族优劣论为核心的各种谬论，一面为奴隶制涂脂抹粉，一面对黑人极尽贬低污蔑之能事。谬种流传、积毁销骨，按照威廉·爱德华·伯格哈特·杜波依斯（William Edward Burghardt Du Bois）的说法，内战前的南部流行着这样一种观念乃至"真诚的和热情的信仰"——"在人和牲口之间的某个位置，上帝创造了一种叫做 tertium quid（第三物、中间物）的动物，并给他起了个名字叫黑人"①。

内战前，奴隶价格昂贵。所以，索威尔指出："对奴隶主来说，奴隶是一种投资，而且是一种需要保护的投资。例如，奴隶主通常会雇用白人工人——一般是爱尔兰移民——从事那些对黑人来说太危险的工作。"因为"假如一个爱尔兰人死于疾病或者事故，奴隶主可以花一天一美元或更少的钱再雇一个；但如果是一个干农活的主要奴隶死了，奴隶主可能损失一千多美元的投资。"② 另一方面，拥有奴隶是地位和成功的象征，内战前的南部的黑白种族关系是极端不平等而又密切到不可分割的：奴隶主家庭的孩子往往吃黑人乳母的奶并与奴隶的孩子一起长大；男性奴隶主在青春期通常会得到一个黑人女奴作为成人礼物；女性奴隶主离开贴身女奴便难以生活；在那些较小的种植园里奴隶主往往与奴隶共同在田间劳动（其中有的奴隶可能是他的子女）……而当南部在内战中战败、几百万黑人从奴隶到公民之时，不仅那些失去了自己宝贵"财产"的奴隶主为之痛心疾首，就是被蔑称为"穷白废料"的最贫苦的南部白人也完全不能接受"黑人和白人一样是人"这一最基本的事实。内战使南部黑人在法律上从白人的财产变成同白人一样的公民，也几乎同时使之在现实生活中成为整个白人社会切齿痛恨的对象。国会重建时期，南部黑人一度积极参政。尽管黑人从未实际掌控过任何一个南部州政权，但仅此已令南部白人近乎疯狂，正如玛格丽特·米切尔（Margaret Mitchell）在《飘》中所述："那些以前干农活的黑人，因为得到解放了的黑人事务局（即自由民局）那些无法无天的冒险家的帮助，又受到北方人对南

---

① 高春常. 文化的断裂：美国黑人问题与南方重建［M］. 北京：中国社会科学出版社，2000：57.

② 布林克利. 美国史：第 13 版·第 1 册［M］. 陈志杰，等译. 北京：北京大学出版社，2019：457.

方人宗教狂热般的憎恨的帮助,摇身一变,都身居要职了。他们智力低下,在那些职位上的所作所为,自然就可想而知了。就像把一群猴子或小孩放在许多珍贵的东西中间,这些东西的价值是他们无法理会的,于是他们就无法无天起来了——这也许是因为他们对破坏有一种变态的乐趣,也许只是因为他们的愚昧无知。"①

《飘》的写作时间距离内战结束至少有60多年,如此这般充满了毫不掩饰的种族歧视和仇恨的文字读来令人吃惊,它淋漓尽致地阐释了何为"宗教狂热般的憎恨";但不是作者所谓"北方人对南方人",而恰恰是南部白人对"那些以前干农活的黑人"。如前所述,重建在文化上是完全失败的。"重建远未重建南部的精神",重建后的南部,黑人不再是某一个白人的奴隶,但他仍是社会的奴隶,处于"每一个白人在某种意义上都是主人的世界"。②

2. 内战和重建后南部暴力文化尤其是对黑人的迫害变本加厉

内战前南部暴力文化与尚武精神相混杂,主要体现在对印第安人的暴行和白人内部往往一言不合便爆发的凶杀、决斗等,如托克维尔所言:"他们热爱狩猎和斗殴,喜欢疯狂地挥霍身体。舞枪弄刀对他们来说是家常便饭。在很小的时候,他们就学会在一对一的搏斗中玩命。"③ 这也是综合实力远逊于北部的南部在内战初期一度占据主动和内战得以持续4年的原因之一。内战期间,南部累计有近4/5的适龄白人男性在军中服役。

内战后,当南部黑人不再是奴隶主的财产时,也就失去了此前最重要的身份保护(内战前的南部,虐待奴隶司空见惯;但由于奴隶价格昂贵,残害奴隶致死的情况比较少见,奴隶主恐吓、惩罚奴隶的主要方式是鞭打或转卖)。满腔仇恨的南部白人几乎是从奴隶解放之日起就开始了针对黑人的暴行,典型莫过于重建时期以臭名昭著的三K党为代表的白人种族主义武装组织残害黑人的暴行(主要目的是阻止黑人参与政治活动尤其是选举)。而三K党猖獗,重要原因在于其成员多为既富有战斗经验、又持有武器且对"北方佬"和黑人满腔仇恨的前邦联军人。一份国会报告显示,仅在路易斯安那州,1868年4月至11月间就有上千人死于三K党之手,其中大多数是黑人。密西西比州的三K党疯狂地迫害敢于参加投票、竞选公职、担任陪审团成员、作不利于白人的证词的黑人。在该州的门罗县,一名三K党暴徒当众挖出一位

---

① 米切尔. 飘:下册 [M]. 范纯海,夏旻,译. 武汉:长江文艺出版社,2011:620.
② 王崇兴. 制度变迁与美国南部的崛起 [M]. 杭州:浙江人民出版社,2002:39.
③ 托克维尔. 托克维尔文集 [M]. 雅瑟,译. 北京:人民日报出版社,2013:355.

共和党领导人的内脏,做成"炸黑鬼肉"。一位曾在南部服役的联邦军官总结了内战后南部白人对待黑人的强盗逻辑:"打死一个黑人,他们不认为是谋杀;白人男子夺去黑人女子的贞操不是诱奸;夺取黑人的财产不是抢劫。"直到 19 世纪末,佐治亚州州长威廉·J. 诺森(William J. Northen)仍公然宣称:"我发现许多人把黑人看作是一头对上帝没有责任的野兽,杀死一个黑人与杀死一头猪没有什么区别。"

内战前,托克维尔就指出:"在美国,排斥黑人的偏见并没有随着黑人的解放而得以缓解,随着法律废除不平等法规,日常生活中的不平等反而愈演愈烈。"不幸而言中,重建失败后,南部各州一面以各种手段剥夺黑人的政治权利,一面在社会生活中建立起"从摇篮到公墓"的种族隔离制度,将黑人降为二等公民。而"那些企图对种族隔离制度提出挑战,或拒绝将屈辱待遇作为南部日常生活的一个特征来接受的黑人,不仅要面临政治和法律权力的全面压制,而且还面临着暴力惩罚的威胁",那就是惨无人道的私刑,其方式包括绞死、乱枪射死、烧死、肢解、用汽车或马拖死等,而居然从未有任何一个人因此受到法律制裁。据统计,1882—1962 年美国有 4736 人死于私刑,其中黑人 3442 名,占 72.7%。① 绝大部分私刑尤其是针对黑人的私刑发生在南部,张立新指出,19 世纪 80 年代南部的私刑数量占全国的 82%,1900 年占 95%;② 刘艳指出,1882—1968 年南部各州黑人遭受私刑的数量占全国黑人私刑数量的 95%左右,其中密西西比州、佐治亚州、得克萨斯州、路易斯安那州、亚拉巴马州的黑人私刑数量居全国前五,上述 5 州就占了全国黑人私刑数量的 60%左右。③ 1889—1918 年,发生私刑 200 次以上的有 6 个州,从阿肯色州的 214 次到佐治亚州的 386 次,全是原南部邦联诸州。④

在南部这样一个有黑人血统者占总人口近 1/3 的社会中,如此极端的种族主义思想和暴行不仅使南部成为黑人的地狱,也在不断地人为制造和强化白人的恐慌,是南部社会长期种族对立、动荡不安的根本原因,自然也就谈不上集中精力搞建设、谋发展。美国南方区域发展学会一针见血地指出:"南方社会和经济落后的一个最明显的原因,是白人不愿意正视下面这个事实:

---

① 杨生茂,张友伦. 美国历史百科辞典 [M]. 上海:上海辞书出版社,2003:191.
② 张立新. 文化的扭曲:美国文学与文化中的黑人形象研究 [M]. 北京:中国社会科学出版社,2007:258-265.
③ 刘艳. 联邦最高法院与美国黑人私刑的消隐 [D]. 济南:山东大学,2020:16.
④ 方纳. 给我自由!一部美国的历史:下卷 [M]. 王希,译. 北京:商务印书馆,2010:831.

他们自己的命运及整个地区的命运,与黑人的命运是密不可分的。"①

3. 内战和重建后,南部长期沉溺于"失败了的事业"

南部在内战中的失败和在重建时期自认为遭受"北部压迫""黑人统治"的经历进一步强化了其民族主义思想,大部分南部白人非但不反省奴役黑人、分裂国家、挑起内战的罪恶,反而长期沉溺于所谓"失败了的事业",使之成为内战后南方文化最深刻的烙印。大卫·M.波特(David M. Potter)指出:"内战促成了极端美化失败了的事业的南方民族主义,而非南方民族主义导致内战的爆发。"② 张禹九也认为,"内战和重建减缓甚至终止了"南方接受北方的思想文化(也就是现代思想文化)的过程。或许是失去的才是最宝贵的,南北战争摧毁了奴隶主的"南方神话",巨大的失落感却使得他们及其后人更加迷恋过去的天堂,对"南方神话"愈发深信不疑、不断自我强化,以至于"1900年的南方人看待世界跟他们的父辈在1830年看待世界没有什么两样"。③ 以1930年12位"纳什维尔农业主义者"出版论文集《我要选择我的立场》为标志,20世纪30年代到60年代,一大群对旧南部怀有深厚感情的南部作家还掀起了轰轰烈烈的"南方文艺复兴"运动,威廉·福克纳(William Faulkner)和米切尔就是其杰出代表。"南方文艺复兴"人才辈出、成果丰硕,是南方文学发展的巅峰,不仅在美国文学史上具有极其重要的地位,在世界文学史上也有一席之地。但总的来看,"南方文艺复兴"的基调是保守和失落,其大部分作品所具有的共同特点是"对旧南方的怀恋"和"对工业化、现代化在南方的推进所产生的疑虑、迷惘或拒斥乃至抨击",④ 是保守恋旧的南方文化在文学领域中淋漓尽致的写照。与此同时,在这些南方文学作品中,奴隶制的旧南部却往往被粉饰、吹嘘为"充满甜蜜、柔情与阳光"的田园"乐土",甚至连奴隶制也成了"上帝的恩赐"——在"仁慈"的主人的关怀照顾下,黑人奴隶过着丰衣足食、无忧无虑的生活。⑤《飘》就是将旧南部理想化、浪漫化的典型。

---

① 韦克特. 大萧条时代[M]. 秦传安,译. 南京:江苏人民出版社,2015:159.
② 陈永国. 美国南方文化[M]. 长春:吉林大学出版社,1996:27.
③ 张禹九. 南北战争后的美国南方文化[J]. 美国研究,1992(2):152-160,6.
④ 李杨. 美国"南方文艺复兴":一个文学运动的阶级视角[M]. 北京:商务印书馆,2011:133.
⑤ 肖明翰. 福克纳与美国南方文学传统[J]. 四川师范大学学报(社会科学版),1996(1):75-81.

二、美国南方文化中的糟粕加剧了南部的"三农"问题

如前所述,南北战争后长期困扰美国南部的"三农"问题,根本原因在于内战后的南部选择了错误的发展道路,导致工业化、现代化、城市化的进程艰难曲折,整个南部都为此付出了惨重代价,而作为弱势产业的农业和作为弱势群体的农民受害尤为深重。南方文化中的一些糟粕,对这一具有美国特色的"三农"问题也有不可忽视的影响。

(一)不重视教育

习近平强调:"扶贫必扶智,让贫困地区的孩子接受良好的教育,是扶贫开发的重要任务,也是阻断贫困代际传递的重要途径。"① 扶贫必扶智,治贫先治愚,而南部恰恰极不重视教育,尤其敌视黑人教育。托克维尔一针见血地指出:"美国南部的白人从未想过有一天他们要和黑人混合在一起生活。他们不准奴隶学习知识,不想让黑人的智力水平和自己相当,他们尽可能地让奴隶保持原始的生活状态。"② 这种风气长期持续,连白人教育也深受影响。内战前的南部,有的地方甚至以不学无术为荣,以读书学习为耻。1850年,南部白人文盲率高达20.3%,而中西部白人文盲率为3%,东北部新英格兰地区仅有不到0.5%的白人是文盲。内战后,不重视甚至敌视教育尤其是公立教育的思想依旧长期主导着大部分南部白人。

沃尔顿和罗考夫认为,内战后"南方的相对落后在相当大的程度上可以毫无疑问地归因于他的教育体系"。除了南部各州政府财政困难导致人均教育经费远远低于全国平均水平外,更在于"富裕的南方人认为对穷人,尤其是对黑人进行教育,只会鼓励他们向北方移民去追求更高的工资"③。这种既自私狭隘又愚昧落后的观念在重建失败后长期主导着南部的公立教育。南部一位知名牧师反映了他们的心声:"义务公共教育夷平了旧南方文明的最后遗产……公共教育只会有利于社会平均主义者,私人和教会学校不应该做这种有害社会的事情。"④ 重建失败后,在南部长期执政的民主党沿袭了过去的传

---

① 习近平. 携手消除贫困 促进共同发展[N]. 人民日报, 2015-10-17(2).
② 托克维尔. 托克维尔文集[M]. 雅瑟, 译. 北京: 人民日报出版社, 2013: 363.
③ 沃尔顿, 罗考夫. 美国经济史: 第10版[M]. 王钰, 钟红英, 何富彩, 等译. 北京: 中国人民大学出版社, 2011: 319.
④ 黄虚峰. 通向新南方的教育之路:浅析内战后美国南方的教育现代化[J]. 赣南师范学院学报, 2004(2): 37-41.

统，公立教育体制虽然保留了下来，但经费被大肆削减，教学设施和教学水平堪虞。伍德沃德指出，1879 年后，南部公立学校每学期的教学时间平均减少了大约 1/5，直到 1900 年后才恢复到重建时期的最高水平。1880 年，中南部各州公立学校生均经费降至 1871 年水平的 59.5%，到 1890 年才恢复到 81%。① 滕大春指出，1900 年，北卡罗来纳州和亚拉巴马州的教育税收折合为每个学生 0.5 美元，佛罗里达州和得克萨斯州为生均 1.46 美元，而全国平均水平为 2.84 美元。"1900 年以前的南方各州，学龄儿童入学者不及 60%，每日出席者又不及其 40%，入校而能肄业到小学五年级者占 1/10，能肄业到小学八年级（原文如此，八年级应相当于初中水平）者占 1/70。"② 直到 20 世纪 30 年代，南部的学校经费只占全国的 1/6，却承担着全国 1/3 儿童的教育问题。1930 年佐治亚州教师平均年薪仅 436 美元，而该州的平均年薪是 816 美元，全国是 1420 美元。更糟糕的是，南部的贫穷白人由于长期缺乏受教育的机会，已将教育视为"一种不必要的奢侈"。相比之下，反倒是被解放的黑人更珍视受教育的机会，内战后一位到南部考察的记者报道：亚特兰大的一家贫穷白人让孩子们去工厂上班，而其家中雇用的黑人厨娘反而送自己的孩子去上学。③

随着重建后南部州政权纷纷通过"识字能力测试"来限制、剥夺黑人的选举权，其对黑人教育的态度更加消极。佐治亚州一位政客在竞选州长时的演说充分说明了南部白人为何仇视黑人教育："没有受过教育的黑人是最受欢迎黑人，因为他会安于自己低下的社会地位。受过教育的、有文化并想要得到投票权的黑人最令人讨厌，他会产生很危险的影响。我们这儿最不欢迎这种人，让他滚到北方去吧。"④ L. 迪安·韦布（L. Dean Webb）指出，南部政府"常常挪用黑人学校资金来改善其他学校……这进一步加剧了对黑人公民权利的剥夺"。南部的黑人教育制度名为"隔离但平等"，实为"隔离且劣等"⑤。1880 年，亚拉巴马州白人学龄儿童生均教育经费仅 1.17 美元，而黑

---

① WOODWARD C V. The Origins of the New South, 1877—1913 [M]. Baton Rouge：Louisiana State University Press, 1971：61-62.
② 滕大春. 美国教育史 [M]. 北京：人民教育出版社, 2001：619.
③ 张准. 美国南北战争后南方文化变迁与南部""三农""问题之关系初探 [J]. 江苏师范大学学报（哲学社会科学版），2020（4）：48-58, 123.
④ BAKER R S. Following the Color Line：American Negro Citizenship in the Progressive Era [M]. New York：Harper & Row, 1964：242.
⑤ 韦布. 美国教育史：一场伟大的美国实验 [M]. 陈露茜, 李朝阳, 译. 合肥：安徽教育出版社, 2010：238-239.

人儿童更只有44美分;1889年白人学龄儿童生均教育经费已达22.96美元,而黑人儿童仅98美分。1900年,南卡罗来纳州白人学龄儿童生均教育经费为6.51美元,黑人儿童仅1.55美元;1915年,白人儿童生均教育经费是23.76美元,而黑人儿童仅2.91美元。① 总的来看,20世纪初,南部学校不仅全部实行种族隔离,而且黑人学生的生均经费仅为白人学生的10%~20%。1910年,"从马里兰到得克萨斯的所有州内"(内战前的广义的南部界定)只有141所黑人中学,共有学生8251人;② 而路易斯安那、亚拉巴马和佐治亚3州竟没有一所黑人公立中学;此3州的黑人小学中也有半数在民家、教堂等临时处所上课,没有正规的校舍。20世纪30年代,南部只有14%的黑人子弟能上中学。直到1960年,南部年龄在25岁以上的黑人中仍有39%无力接受最基本的5年教育,而白人仅为11%。③

缺乏文化是南部农民(不分种族)难以开展多种经营或者谋求其他职业的主要原因之一,也是内战后的南部长期缺少土生土长的乡镇企业的主要原因之一。正如习近平指出:"农民有脱贫致富的决心,却伴有缺乏文化知识、科学技术的苦衷;乡镇企业、县级工业急待崛起,也存在诸事齐备,只缺人才的忧愁。因为教育没有办好,才会经历经济发展受人才制约的困扰。"④ 不重视教育、劳动力素质低下也可以部分地解释内战后南部工资水平明显低于全国其他地区而工业发展也比其他地区更加缓慢,因为低人力成本优势会被低劳动生产率抵消。工业化进程滞后、农业人口转移迟缓,是内战后南部"三农"问题长期持续的重要原因之一。

(二)因循保守,信宗教不信科学

南部是美国宗教氛围最浓厚的地区,保守的基督教福音派至今仍在南部社会文化中占据主导地位,故南部在美国又有"圣经地带"(Bible Belt)之称。陈永国指出:"宗教复兴人士和正统神学家创造了一个宗教上稳固的南方……到1860年,宗教自由在南方实际上已经灭迹。"⑤ 内战后特别是

---

① RABINOWITZ H N. Half a Loaf: The Shift from White to Black Teachers in the Negro Schools of the Urban South, 1865-1890 [J]. The Journal of Southern History, 1974, 40 (4): 565-594.
② 林克,卡顿. 一九〇〇年以来的美国史:上册 [M]. 刘绪贻,等译. 北京:中国社会科学出版社, 1983: 17.
③ 王崇兴. 制度变迁与美国南部的崛起 [M]. 杭州:浙江人民出版社, 2002: 128.
④ 习近平. 摆脱贫困 [M]. 福州:福建人民出版社, 2014: 128.
⑤ 陈永国. 美国南方文化 [M]. 长春:吉林大学出版社, 1996: 82.

1870—1900年，随着科学思想的迅速传播，在美国北部，对宗教的虔诚开始减弱。南部的情况却正好相反，无论黑人还是白人，"在遇到困难的时候，不堪忍受而走投无路的时候，更依赖和乞求上帝，更热衷于自己的信仰，动辄否定革新，越发把过去那一套原始的信仰奉为天道和护身符。"20世纪初期的南部，基督教原教旨主义仍大行其道，在虔诚或曰愚昧的社会氛围下，"公开不信神，公开对神抱怀疑态度的人很难躲过体罚。虔诚的醉汉在参加营火会或宗教集会之后回家的路上，放放冷枪，打碎不信神的人的窗户，恐怕算是客气的。至于三K党会怎么'行动'，那就更不用说。"①

宗教和科学往往是南辕北辙的，1921—1929年，南部的佛罗里达、田纳西、密西西比、阿肯色和俄克拉何马5个州相继通过了禁止在公立学校讲授进化论的法令，②其中阿肯色州甚至是以公民投票的形式通过的。1925年，田纳西州一名高中生物教师故意挑战法律，向学生讲授进化论，从而被地方政府告上法庭并被判罚款，这一恍如发生在欧洲中世纪宗教裁判所里的闹剧被人们戏称为"猴子审判"，一时传为笑谈。这种荒谬的法律一直要到1968年才被美国联邦最高法院判为违宪而废止。学校尚且如此，农村可想而知，无怪乎吉诺维斯认为南方文化本质上是完全保守的。③更有甚者，直到1966年，民意调查显示：在南部，还有80%的人认为自己是新教教徒并相信魔鬼的存在。④内战后到20世纪初，在棉花价格不断下降的情况下，南部却出现了棉花种植面积大规模增长而粮食生产规模下降的"反常供给"现象，令小农深受其害。这种"棉花为王"的单一种植结构在南部一直持续到20世纪30年代。中外学者多将此现象归因于经济尤其是金融方面的因素，而南部迷信宗教、因循保守的社会氛围和对科学创新的排斥态度，显然也会对农业生产多样化与技术进步产生不利影响。

此外，浓厚的基督教氛围还导致南部尤其是农村中传统的大家庭观念长期持续，计划生育被视为一种罪过，从而使之更难摆脱贫困。实际上，19世纪后半期美国社会的整体生育率都很高，参阅表3-6：

---

① 张禹九. 南北战争后的美国南方文化 [J]. 美国研究，1992（2）：152-160.
② HUNTER T W. To Joy My Freedom: Southern Black Women's Lives and Labor's After the Civil War [M]. Cambridge: Harvard University Press, 1977: 109.
③ GENOVESE E D. The Southern Tradition: The Achievement and Limitations of an American Conservatism [M]. Cambridge: Harvard University Press, 1994: 1.
④ 高卫红. 试论20世纪上半期美国南方文化的独特性 [J]. 历史教学，2011（4）：55-59.

表 3-6　1860—1900 年美国妇女总生育率（%）①

年份	1860	1870	1880	1890	1900
白人妇女总生育率	5.21	4.55	4.24	3.87	3.56
黑人妇女总生育率	7.58	7.69	7.26	6.56	5.61

而南部尤其是南部农村的情况尤为严重，1860 年南部的生育率比生育率最低的东北部新英格兰地区高约 60%，且这一差别直到 1910 年之前几乎没有变化。此外，证据表明，社会经济地位越高的阶层，家庭规模越小；而农民无论是否拥有土地，生育率都处于美国社会的最高水平。一位作家收集了重建后到 20 世纪 20 年代 11 位南部农民的"生活故事"，其中子女最少的是一位接受过大学教育的农民，有 3 个孩子；而子女最多的一对夫妇抚养了 18 个孩子（其中 13 个是他们自己的）。其中，一位老年农民回忆："那时，许多夫妇都拥有一个大家庭。他们不知道计划生育，他们就像兔子一样。你会随时看到一个穷佃户，带着十到十二个孩子挤在只有一间房的屋子里。"越穷越生，越生越穷，另一位老年农民如此看待计划生育："在我看来，这简直是犯罪。难道圣经上没有说，人类应该繁衍于地球吗？"②

（三）奴隶制的文化残余

1. 妨碍技术创新

从历史来看，奴隶制度会"不断地阻止技术创新"——一方面，奴隶固然缺乏改进生产技术、提高工作效率的积极性；另一方面，"只要有大量的奴隶劳动力可以获取，它也使主人丧失促进技术革新的动机"③。奴隶制在南部持续太久、影响至深。丹尼尔·H. 希尔（Daniel H. Hill）坦言："给战前南方带来繁荣的大宗作物种植园体制建立在对黑人劳动力的依赖而不是对节省劳动力的机械的依赖上，这种体制不鼓励机械发明的天才创造。"同时奴隶制

---

① 恩格尔曼，高尔曼. 剑桥美国经济史：第二卷：漫长的 19 世纪 [M]. 王钰，李淑清，译. 北京：中国人民大学出版社，2008：109.

② 黄虚峰. 美国南方转型时期社会生活研究（1877—1920）[M]. 上海：上海人民出版社，2007：160-161.

③ 斯塔夫里阿诺斯. 全球通史：第 7 版修订版：上册 [M]. 吴象婴，梁东民，董书慧，等译，北京：北京大学出版社，2006 年：135.

度还培养了一种轻视"实践知识"而偏好"学究知识"的教育体系,① 与中国魏晋时期士族阶层沉溺于虚无缥缈的"清谈"颇有相似之处。比如《飘》中写道:"战前马里兰(州)以南只有寥寥几家棉纺厂、毛纺厂、兵工厂和机械厂——所有的南方人还以此为荣呢。南方出的是政治家、军人、庄园主、医生、律师和诗人,可就是不出工程师和机械师。让北方佬去干这些低贱的勾当吧。"② 如前所述,从内战后到1920年,南部农业机械化几乎是一片空白,而作为南部农业核心内容的棉花生产更是在20世纪40年代之前一直停留在粗放式农业阶段,完全靠人工种植和收摘。甚至前文中提到的解决内战前南部植棉业面临的关键技术问题、为奴隶制种植园经济发展扫清障碍的轧棉机,也是出自北部人的发明。奴隶制下这种忽视实践科学、不鼓励技术创新的文化,影响可见一斑。

2. 仇视劳动思想的残余

奴隶仇视劳动、奴隶主和自由人鄙视劳动是奴隶制度的必然结果。从历史来看,古代奴隶社会的两大典型——古希腊和古罗马衰亡的重要原因之一就是毫无积极性可言的奴隶劳动在经济上日益难以为继的同时,自由人以游手好闲为荣、以生产劳动为耻的观念却早已深入人心,这样腐朽堕落的社会当然是不可持续的。无独有偶,对南部白人,托克维尔在内战前就发现,他们"不仅瞧不起劳动者,对于劳动所成就的一切事业都极为鄙夷。他们生活得悠闲自在,他们的志趣就是懒汉的志趣。金钱在他们眼中都丧失了它的部分价值,他们追求财富的渴望远远不如追求寻欢作乐的渴望来得强烈,他们用在玩乐上的精力不亚于他们的邻居(北部人)投注在商业上的精力……因此,蓄奴制不但没有让白人发财致富,反而导致他们放弃了发财致富的渴望"。"这些人宁可受穷,也不想去主动劳动。"③ 麦克弗森指出:"蓄奴制也破坏了南部白人的劳动道德观。由于体力劳动都与奴隶相联系,劳动就成为低贱的,而不是光荣的事了。"这种思想甚至蔓延到南部的贫穷白人,有南部政治家承认"蓄奴制对发展工艺和制造业不利",因为"穷人轻视奴隶从事的工作。"④ 美国文学史上第一部反奴隶制小说《白奴》描绘19世纪初期南卡

---

① 黄虚峰. 美国南方转型时期社会生活研究(1877-1920)[M]. 上海:上海人民出版社,2007:46-47.
② 米切尔. 飘(上册)[M]. 范纯海,夏旻,译. 武汉:长江文艺出版社,2011:127.
③ 托克维尔. 托克维尔文集[M]. 雅瑟,译. 北京:人民日报出版社,2013:355.
④ 麦克弗森. 火的考验:美国南北战争及重建南部:上册[M]. 陈文娟,卢艳丽,郑扩梅,等译. 北京:商务印书馆,1993:48.

罗来纳州的穷白人："任何劳动、任何职业和一般的商业活动，在他们看来都是有损自由人尊严的卑贱事情。按照他们的信念，只有奴隶才应当劳动。"①

而对于被解放的南部黑人，如前所述，内战后其年均劳动时间较之内战前减少约1/3，远远低于当时的北部农场主（见本章第一节）。这一方面固然是黑人不再为奴隶主当牛做马的结果，但劳动时间和产出下降如此之多，恐怕也未尝没有奴隶制下仇视劳动思想的影响。

3. 长期的奴隶生涯对南部黑人造成不良影响

索威尔指出，"奴隶主借助衣食配给及对奴隶日常生活、起居条件的组织管理，使奴隶成为他们的附属品"。内战前有大奴隶主总结经验："（务必）使奴隶养成全然依附你的习惯"；也有敏锐的旅行者发现"南方人的办法是试图将奴隶训练成干活的机器人，但却'防止奴隶学会照料自己'"。长期的奴隶生涯下的确容易形成不用思考的生活方式，相当部分的南部黑人缺乏妥善安排生产生活的习惯和能力——生活上苦中作乐，今朝有酒今朝醉，"不注意节约奴隶主发给他们的食品、柴火、衣服和其他生活必需品"；同时又长期耳濡目染奴隶主的奢侈生活，喜欢把奴隶主"丢弃的一些小件奢侈品捡起来当作宝贝"；② 工作中粗心大意、不爱护生产工具、好磨洋工，有问题就找白人……

内战后南部黑人农民长期深陷于贫困和债务，走不出"借贷—植棉—还贷—再借贷"的循环往复，主要原因固然是种植园主和乡村商人的种种剥削，但许多黑人农民不善持家更不善经营也是事实。雷·斯坦纳德·贝克（Ray Stannard Baker）记载一位白人农场主"许多次他在黑人（佃农）居住的房子周围建立了漂亮的篱笆，并鼓励他们勤俭持家。但后来他发现黑人把篱笆拆掉当木材烧掉了。"农场主认为黑人"没有文化、没有纪律和训练，没有理想、懒惰，大多数黑人必须像小孩和奴隶一样被照料和驱赶"③。这位农场主的观点或许不免夸大其词和以偏概全，但"直到20世纪，世代的黑人领袖都曾反复抱怨一些黑人挥霍浪费和目光短浅"。一位南方作家尖刻地描绘密西西比河三角洲地区的黑人在年底拿到钱后的消费方式：

"攥着钱开始大买特买……平时只有劳动布和便宜棉布卖的日用品商店现在挂上了点缀着各式纽扣的西装，星期天才舍得穿的鞋子被黑人们天天穿

---

① 希尔德烈斯. 白奴［M］. 李俍民，译. 北京：社会科学文献出版社，1996：184.
② 索威尔. 美国种族简史［M］. 沈宗美，译. 北京：中信出版社，2015：195，208.
③ BAKER R S. Following the Color Line：American Negro Citizenship in the Progressive Era［M］. New York：Harper & Row, 1964：77.

着……那些受人赞赏的衣服被她们在雨天穿着经过泥泞的棉花地去走门串巷；要配白色长手套穿的高级礼服被她们穿着站在热浪滚滚又尘土飞扬的街上等待马戏团的游行……"①

语言如此刻薄，其中的种族歧视色彩应该批评。但时至今日，美国黑人中消费缺乏计划、不懂储蓄投资，花钱大手大脚、平时生活困顿的现象仍比比皆是。最为极端者，高收入的黑人体育明星退役后生活拮据甚至流落街头的报道也屡见不鲜。

总而言之，文化作为意识形态有其历史继承性和相对稳定性，而美国南方文化严重缺乏文化自觉，有自我创造而无自我批判。南北战争把旧南部打得一败涂地，使内战前在美国政坛占据优势地位的南部从此长期沦为边缘地带，却未能改造南部的意识形态，其中的某些消极因素在内战和重建后甚至变本加厉，进而成为重建后南部社会、经济发展巨大而持久的障碍。历史证明，文化落后往往是制度落后的重要原因。内战后美国南部地区的"三农"问题持续近百年之久，保守落后、愚昧封闭的文化因素的影响不可忽视，值得反思。

---

① 黄虚峰. 美国南方转型时期社会生活研究（1877—1920）[M]. 上海：上海人民出版社，2007：54-55.

第四章

美国南部"三农"问题的演变
——重建后到大萧条

美国南部的"三农"问题到19世纪末已非常严重,但并非一潭死水。重建后,南部社会也发生了一些积极变化,如"新南部"理念的提出和工业化、城市化的初步发展、黑人迁徙等。上述因素都有助于缓和南部的"三农"问题,南部农业有所发展,农民的处境稍有改善。然而,美国农业在20世纪20年代遭遇危机后陷入长期萧条或者慢性危机状态,与这一时期美国总体经济的繁荣形成鲜明对比。而1929年大萧条的爆发更是再次将美国农业和农民推入深渊,南部农业所受打击尤其沉重,南部农民尤其是棉花地带的黑人分成农苦不堪言。物极必反,南部的"三农"问题恶化到极致之时,也是转变即将到来之时。

第一节 19世纪末20世纪初美国南部"三农"问题的变化

重建失败后,美国南部社会发展进入长期停滞的阶段,南部农业的进步明显慢于全国其他地区。内战后美国南部的"三农"问题虽然长期持续且严重,但南部社会也在持续发展变化之中,其中不乏一些积极因素。

一、棉价回升,农民收入增加

从19世纪最后几年到20世纪初期,美国工农产品的比价有利于农民,是当时的美国农业进入"黄金时代"的重要原因。若以1899年农产品与工业品的比价为100,则1905年提高到133,1910年进一步上升为189。1899—1909年,10种主要农产品的价格上涨72%,而农民必须购买的主要工业品的价格却只提高了12%。① 如前所述，19世纪后期南部的普通农业劳动者种植棉花能够获利的最低价格是每磅10美分。1900—1929年，美国国内市场的棉花价格总体呈上升趋势且基本维持在每磅10美分以上，从而给高度专业化植棉的南部农业和农民以喘息之机。

1898年，美国棉价跌到每磅6美分的谷底，1900年开始大幅反弹，到1904年（每磅12.1美分）已比1898年高出一倍。这一年又是个大丰年，棉花产量达到前无古人的1343.8万包，种植棉花的农民因此赚了一笔钱。② 尽管此后棉铃象甲的侵袭再次给南部农业造成严重影响，但从1906年开始直到1930年，棉花的年均价格一直维持在每磅10美分以上。而一战带来的需求增加更使得棉价从1916年开始暴涨，棉花经济随之迅速再度繁荣起来。1918年4月，棉价达到自1866年11月以来的历史最高水平。③ 一战后的1919年和1920年，美国的棉花出口金额高达11.37亿美元和11.36亿美元，比一战期间的年均出口额还要高出一倍以上。菲特指出，1919年南部的棉花产量为1120万包，而棉价高达每磅30美分，总价值达到前所未有的20亿美元。相应地，"第一次世界大战结束时，南方农民植棉的比任何时候都多。1919年，密西西比、亚拉巴马、佐治亚和南卡罗来纳种植棉花的农民比1899年增加了214777人"④。

棉价回升、南部农民收入的增加反映在其人均财产数额上，以最贫困的黑人农民为例，1880—1910年佐治亚州黑人人均个人财产从8美元增长到26.59美元，北卡罗来纳州黑人人均个人财产从14.07美元增长到33.12美元；1895—1910年，阿肯色州黑人人均个人财产从29.96美元增长到49.14美元。⑤ 绝对数虽仍旧如此微薄，但增长幅度很可观。相应地，南部农民的生活状况也略有改善。索威尔指出，"南北战争刚结束时，大多数黑人仍然住在当奴隶时住的小木棚里，室内是泥地，没有地板。""渐渐地，小木棚被木板

---

① 菲特，里斯. 美国经济史[M]. 司徒淳，方秉铸，译. 沈阳：辽宁人民出版社，1981：532.
② 中国科学院经济研究所、世界经济研究室. 主要资本主义国家经济统计集（1848—1960）[M]. 北京：世界知识出版社，1962：32-33，164.
③ MARKHAM J W. A Financial History of the United States, Volume II [M]. Armonk: M. E. Sharpe, Inc., 2002: 98.
④ FITE G C. Southern Agriculture since the Civil War: An Overview [J]. Agricultural History, 1979, 53 (1): 3-21.
⑤ 吴浩. "美国式"道路还是"普鲁士道路"：内战后美国南部农业发展道路的历史考察[J]. 史学理论研究，2010 (4)：122-129，160.

房所取代，泥地换成了木地板，到了19世纪末20世纪初，玻璃窗也出现了。"①

二、租佃农比例上升的同时黑人农民拥有土地增加

富兰克林指出，内战后南部白人不愿意把土地卖给黑人，"不愿意让黑人在南部享有土地占有者的权力"，因而黑人即使有钱也很难买到合意的土地。1900年，黑人约占南部人口的一半，共拥有158479个农场，而南部白人拥有1078635个农场，② 是黑人农场数的6.8倍。孟海泉指出，1898年以后，棉花价格猛涨使不少棉农赚了一笔钱，他们趁机购置了一些土地。1900—1910年，南北卡罗来纳州的黑人共购买了100多万英亩的土地。在密西西比、亚拉巴马和佐治亚等地区，成千上万的分成农和租金农购置了他们自己的土地，并且与贫穷白人展开竞争。对此，著名的黑人领袖布克·托利弗·华盛顿（Booker Taliaferro Washington）曾兴奋地说："南部的大片未开辟土地等着那些有资本、有远见和有诚心的人去占领。"南部黑人购置土地的情况"于1910年达到高潮"。这一年，南部共有21.3万户黑人农民拥有土地，较1890年接近翻了一番；其中大约17.5万户拥有完整的土地所有权，4.3万户有部分土地所有权，1000人是地产经理或监工。他们总共经营着89万个农场，是1500万英亩土地的所有者。③ 索威尔指出，当时"大约有1/4的黑人农场主是土地所有者（或购买者）而非租借者"。黑人农户拥有土地的比例，1910年以弗吉尼亚州最高，占到半数以上，北卡罗来纳州接近35%，得克萨斯州接近30%，但此后又都呈下降之势。

需要指出的是，内战后美国农业的大趋势就是自耕农占比减少而租佃农占比增加，这一趋势在南部尤其明显，参阅表4-1：

---

① 索威尔. 美国种族简史 [M]. 沈宗美，译. 北京：中信出版社，2015：210.
② 富兰克林. 美国黑人史 [M]. 张冰姿，何田，段志诚，等译. 北京：商务印书馆，1988：338.
③ 孟海泉. 内战以后美国南部的"农业阶梯"问题 [J]. 世界历史，2003（1）：16-22.

表 4-1　1880—1930 年租佃农（含谷物分成农）在农业经营者中的比例（%）①

年份	南大西洋	东南中部	西南中部	北部
1880	36.1	36.8	35.2	19.2
1890	38.5	38.3	38.6	22.1
1900	44.2	48.1	49.1	26.2
1910	45.9	50.7	52.8	26.5
1920	46.8	49.7	52.9	28.2
1930	48.1	55.9	62.3	30.0

可见，虽然获得土地的黑人绝对数量在增加，但总体上看更多的黑人仍是租佃农尤其是分成农。1880—1910 年，南部的租佃农增加了 98.3 万户，增长速度比自耕农快 75%。历次人口调查资料也显示，1880 年自耕农在南部农业劳动者中占 63.8%，1890 年降至 61.5%，1900 年为 53%，1910 年进一步降至 50.4%。此外，南部的黑人农场平均面积明显小于白人农场，有人调查了佐治亚州的 31 个县，1873—1902 年农场的统计情况如表 4-2 所示。

表 4-2　按所有权分类的 1873—1902 年佐治亚州 31 县农场一览②

年份	白人农场 数量	白人农场 平均面积（英亩）	黑人农场 数量	黑人农场 平均面积（英亩）
1873	17255	388.6	514	113.9
1880	20725	339.5	1865	93.6
1890	24058	293.7	3510	71.0
1902	26957	264.8	5221	64.3

可见，在调查区域内，1902 年黑人所拥有的农场数量是 1873 年的 10 倍

---

① WRIGHT G. Old South, New South: Revolution in the Southern Economy since the Civil War [M]. Baton Rouge: Louisiana State University Press, 1996: 118.

② WRIGHT G. Old South, New South: Revolution in the Southern Economy since the Civil War [M]. Baton Rouge: Louisiana State University Press, 1996: 105.

以上，增速远远超过白人所拥有的农场，但农场面积都呈明显下降趋势，且1902年黑人农场的平均面积仅相当于白人农场的1/4，小农经济特征十分明显。一旦棉花价格下跌，这样的小农场无疑是非常脆弱的。

三、农业机械化开始起步

通常认为南部的农业机械化始于20世纪20年代。20世纪20年代初期，随着拖拉机等农业机械在西部地区的广泛应用，始有西风南渐之势。南部一些地区特别是气候、地形和土壤条件最为适宜的地区的农业机械化也初露端倪，大型农业机械在阿肯色-密西西比三角洲地区、得克萨斯的沿海平原和西北部地区、俄克拉何马西南部以及加利福尼亚谷地等地得到较为广泛的应用。20年代后期，阿肯色-密西西比三角洲和得克萨斯州的机械化进程明显加快。1929年美国农业部的一项调查揭示了三角洲地区的农业机械化快速发展的态势。调查在密西西比州的10个县和阿肯色州的9个县展开，那里75%以上的耕地用来种植棉花。在被调查的全部种植园主中，有98位拥有了自己的拖拉机，拥有率为60%。① 总之，到1930年，拖拉机及其附属机械在南部的局部地区已较为常见，如果不是受到大萧条的打击，南部农业机械化的普及完全可能要提前得多。

20世纪20年代南部农业机械化的发展使得南部农业机制至少在局部开始松动，出现一些符合农业资本主义发展趋势的变化：一方面，实行农业机械化的地区如阿肯色-密西西比三角洲和得克萨斯州的沿海平原地区，农场平均面积明显扩大。机械化显然更适合大农场，因而在上述地区许多种植园主开始逐步收回租佃土地、走大生产之路，这些地方的农场平均面积到20年代末已达200多英亩，超过1930年中西部农场的平均面积。另一方面，实行农业机械化的地区，租佃农加速向农业工人转化。随着种植园主收回租佃土地，租佃农要么背井离乡，要么成为农业雇佣工人。据詹姆斯·H. 斯特里特（James H. Street）的研究，1920年密西西比河三角洲地区的23个县共有农业工人4.3万人，占全部农业劳动者的2.5%；到1929年已达近19.3万人，占比21.3%。② 尽管农业工人的处境未必好于租佃农且许多租佃农在此过程中可能会流离失所，但这一从小农经济的租佃制到资本主义大农业的转变在经

---

① FITE G C. Recent Progress in the Mechanization of Cotton in the United States [J]. Agriculture History, 1950, 24 (1): 19-28.

② 孟海泉. 内战后美国南部的农业机械化与农业体制变革 [J]. 美国研究，2007 (4): 106-115, 5.

济意义上仍不失为一种进步，也是在美国资本主义的大环境下解决南部"三农"问题的必经之路。但在20世纪20年代，这种转变还只发生在南部的个别地区，并将很快被大萧条打断。

此外，从统计数据来看，1930年南部各种类型的农场农具和机器的平均价值如表4-3所示。

表4-3 1930年南部农场农具和机器的平均价值（单位：美元）①

农场类型	白人农场主	白人现金租佃农	其他白人佃农	黑人农场主	黑人现金租佃农	其他黑人佃农
农具和机器的平均价值	336	207	234	111	56	77

表中数据较之1880年，进步是巨大而毋庸置疑的（见本书第二章第二节）。但作为对比，1920年，全美国农场农具和机器的平均价值是557美元，足见南部农业机械化程度远远低于全国平均水平。不仅如此，三种类型的黑人农场、农具和机器的平均价值都不及相应类型的白人农场的1/3，黑人农民之生产落后与生计艰难可见一斑。

四、现代商业冲击着南部农业中的借贷制度

南部农业中借贷制度的背景是内战后南部农村金融和商业的极端落后。19世纪70年代，从邮购业务开始，现代商业逐渐渗入南部农村，南部农业中的借贷制度受到越来越大的冲击。

（一）邮购与邮递业务的发展

如前所述，内战后南部小农尤其是分成农既缺乏现金又缺乏商品来源，因而通常只能向乡村商人或种植园主赊购生产生活物资，遭受借贷制度下的多重盘剥。但随着出现于19世纪70年代的邮购业务逐渐向南部农村渗透，农民得以享受到种类更丰富、价格更实惠的商品。

1872年，当过流动商品推销员、了解农村商业状况的艾伦·蒙哥马利·沃德（Aaron Montgomery Ward）在芝加哥开设了美国第一家邮购商店，即后

---

① 表中"其他佃农"主要应指分成农，艾伦认为之所以"其他佃农"的农具和机器价值高于现金租佃农，是因为分成农的大部分农具是由种植园主提供的。参阅艾伦. 美国黑人问题与南部农业经济［M］. 张友松，译. 北京：中华书局，1954：81.

来的蒙哥马利·沃德百货公司。一开始他的价目表只有一页纸,两年内就发展到了8页,到1884年他的商品目录册已有240页,所列商品近万种。由于没有中间商赚差价,很多商品都比当时的零售价格便宜40%。此外,该公司从建立之初就有一个有利条件——它是格兰其的正式供应店,在商品目录上以"格兰其的最早的供应店"自居,并对加入格兰其的农民予以货到付款的特殊优惠。根据黄虚峰的研究,密西西比州小镇拜威的邮局保存了19世纪最后20年里该镇居民的邮购记录,发现居民们热衷于邮购商品,对象包括蒙哥马利·沃德百货公司、西尔斯-罗伯克公司、J·林恩公司等。[①]

长期受自由放任思想的影响,美国邮政业务发展十分滞后,直到1890年,"在美国的七千五百万人口中,享受联邦邮件免费上门投递的不到两千万人。其余几乎占人口四分之三的人,仍然收不到任何邮件,除非他们到本地的邮局去取。"所以,"免费送信上门就成了城市居民生活方式的一个标记。"国会在1893年才通过提供农村免费邮递的法案,而直到1898年邮政部才正式宣布向农民提供免费邮递服务,布尔斯廷称"这是美国历史上最少预告,在某些方面也是最重要的通讯革命"[②]。与此同时,19世纪90年代末的棉花价格上涨使南部农民多少有了一些现金,各大邮购公司抓住机会深入南部腹地,到处发送商品目录册、推广邮购业务。虽然受到南部乡村商人的极力抵制,但邮购不仅价格低廉,而且可以自主和匿名,"因此,邮购在南方一直流行到20世纪上半期。"时人评曰:"许多农民在生活中和沃德公司或西尔斯罗巴克公司的这本惹人喜爱的大书的关系,比他们和《圣经》的关系更为密切","虔诚的农村顾客心安理得地把商品目录册称作'农民的《圣经》'"。马丁甚至认为农村免费邮递制度的建立特别是沃德、西尔斯等公司的邮购商品目录进入农村,减少了农民的孤独感,是19世纪末美国农民运动步入低潮的原因之一。[③]

农村免费邮递制度建立后,农民终于能在家里收到信件和印刷品。但寄送包裹业务仍然只能通过私人运输公司,不仅价格昂贵,而且"即使是最小的包裹农民也仍然不得不跑到最靠近的铁路货运站去领取"。1913年元旦,美

[①] 黄虚峰.从乡村商店到百货商店:1877年至20世纪20年代美国南方乡村的经济生活[J].史学月刊,2006(6):109-113.

[②] 布尔斯廷.美国人:民主的历程[M].谢延光,译.上海:上海译文出版社,2012:161-163.

[③] 马丁,罗伯茨,明茨,等.美国史:下册[M].范道丰,柏克,曹大鹏,等译.北京:商务印书馆,2012:835.

国邮政终于推出包裹邮递业务,其主要目的就是"帮助农民把他们的农产品加快运到城市里来"。不到一个月,邮政部长就宣布该业务"是国内迄今任何新尝试所取得的最大和最立竿见影的成功。"一年之内的包裹邮寄量就达到3亿件之多,预期的"从农村到餐桌"的运输业务发展不大,而"从工厂到农村"的运输业务却发展迅速,"在实行包裹邮递的第一年,西尔斯公司得到的订货是上一年的五倍。而沃德公司得到的订货的增加也几乎同样引人注目。"总之,"包裹邮递决定了农村商人的命运。"①

(二)南部商业逐步走向现代化

南部商业的现代化,主要还是受北部的影响,可谓"北风南渐"。19世纪80年代后期,南部出现了现金商店,一改南部商店传统的赊销方式而采用了北部百货公司的现金交易方式和拒绝讨价还价。黄虚峰指出:"在南方的经济生活转型中,(19、20)世纪之交是个转折点……越来越多的人放弃赊账转向现金支付或分期付款。"② 到20世纪20年代,现金商店在南部已经较为常见了,而主要经营小百货的"五分一角"商店更是其中的新秀。塞利格曼评价这样的价格"能让最低的工资收入者也用得起",所以"经济恐慌和萧条难不倒这一行生意"。③

恩格尔曼和高尔曼指出:"美国农民,至少是北部和西部的农民,是世界上最早并最快接受汽车的农民……到1920年,北方农民中有车族已占一半。"④ 受经济尤其是收入水平的限制,汽车在南部的扩展慢于北部。但1910年以后,汽车销售商店也在南部到处开花——以密西西比州为例,1910年有43家汽车销售商店,到1929年汽车和卡车在该州100多个城镇的455家商店销售,甚至包括两个人口不到100人的小镇。由于当时汽车价格昂贵,销售商们推出了分期付款制度。这一制度在贫困的南部很受欢迎,很快被家具、电器等耐用消费品销售商所采纳。消费者分期付款业务在1915—1929年迅速扩张:1920年,其业务总额约为1900万美元;到1924年分期信贷总额约为

---

① 布尔斯廷. 美国人:民主的历程 [M]. 谢延光, 译. 上海:上海译文出版社, 2012:165-166.
② 黄虚峰. 美国南方转型时期社会生活研究(1877—1920)[M]. 上海:上海人民出版社, 2007:170.
③ 塞利格曼. 美国企业史 [M]. 复旦大学资本主义国家经济研究所, 译. 上海:上海人民出版社, 1975:339-340.
④ 恩格尔曼, 高尔曼. 剑桥美国经济史(第三卷):20世纪(下册)[M]. 蔡挺, 张林, 李雅菁, 译. 北京:中国人民大学出版社, 2018:622.

20亿美元,其中约一半用于购买汽车;到1929年,未偿还的分期信贷达35亿美元。①

到20世纪20年代,"百货商店成为20年代美国商业的主宰,连锁分店遍布城乡各地,从而将南方尤其是掉队得有些过分的南方农村带进了商业现代化的全国轨道。新商店的异军突起打破了传统乡村商店的垄断,分期付款制度的推行促使人们逐渐放弃账目和利率都由商人掌握的农作物借贷制,农民在乡村商店外的选择增多了。"② 而南部农村中的借贷制度也随之走向没落。

第二节 重建后美国南部的工业化与社会进步

19世纪末,南部社会逐渐从内战失败的痛苦和重建时期激烈的政治斗争中走出,发生一些积极变化,如"新南部"理念的提出、工业的初步发展和教育事业尤其是黑人教育的进步等,这些都在一定程度上有利于缓解南部的"三农"问题。

一、公共教育尤其是黑人教育的发展

如前所述,内战后南部教育尤其是黑人教育极度落后,广大农民(不分种族)缺乏文化更缺乏专业技能是导致其难以开展多种经营更难以谋求其他职业的重要原因。这种情况在19世纪末开始得到改善。

(一)19世纪末20世纪初的南方教育运动

19世纪末20世纪初,面对南部公共教育尤其是黑人教育极端落后的状况,尤其是前文所述之南部白人对公共教育的麻木不仁,"人口1/4的文盲还不算最坏,最坏的是那些被教育遗忘的人已经习惯了被遗忘的状态"。一批南部教育工作者四处奔走呼吁,他们在1901年掀起一场旨在"为所有人提供免费教育,不管白人还是黑人"的南方教育运动,成立了南方教育董事会积极从事宣传和筹款工作,从乔治·皮博迪、约翰·福克斯·斯莱特(John Fox

---

① MARKHAM J W. A Financial History of the United States, Volume II [M]. Armonk: M. E. Sharpe, Inc., 2002: 107.
② 黄虚峰. 从乡村商店到百货商店:1877年至20世纪20年代美国南方乡村的经济生活 [J]. 史学月刊, 2006 (6): 109-113.

Slater）和小约翰·洛克菲勒（John D. Rockefeller, Jr.）等为代表的北部慈善家处募集了大量且持续的慈善捐助，从而大大缓解了困扰南部教育的经费问题。其中仅小约翰·洛克菲勒在1902至1909年间就捐资5300万美元，并成立了统一教育董事会，后来与南方教育董事会合二为一，逐州落实资金投放。

在教育工作者和慈善家的共同努力下，南部教育在20世纪初面貌大有改观。南部各州公共教育经费投入从1900年的2140万美元增加到1910年的5720万美元，又到1920年的15630万美元。相应地，1900—1910年，南部文盲率从27%下降到18%；学龄儿童入学率明显上升，白人孩子达到61.3%，黑人孩子为47.7%；学期从96天加长到121.7天……[1]人均教育经费也有显著增长。此外，1910—1930年南部的扫盲运动对降低农村中的文盲率也发挥了重大作用，期间各州都制定了扫盲目标，举办成人扫盲学校，南卡罗来纳、路易斯安那、亚拉巴马等农业州在这方面的成绩尤其突出，对缓解当地的"三农"问题无疑具有积极意义。

但由于起点低、经济条件差，直到第二次世界大战前，南部的教育水平较之全国其他地区，总体差距还很大。当时密西西比州每个学生每年的教育经费仅相当于纽约州的1/5，该州教师和校长年均工资为559美元，而纽约州为2604美元。同时南部内部的差距也很大，得克萨斯州和佛罗里达州对教育的重视程度明显高于其他州，当是其经济发展在南部处于领先地位的原因之一。[2]

（二）南部黑人教育事业的发展

重建后的南部，"只有在教育领域，黑人的地位才确实得到改善"。南部黑人非常珍视受教育的机会，"许多人把接受启蒙教育看成是逃避白人对黑人与日俱增的排斥和侮辱的最大的也是唯一的机会"。富兰克林指出，尽管"得不到足够的教育设施和受过良好训练的教师"，但重建后黑人入学的人数稳步增长，1880年南部共有黑人学生714884人，1910年增至1426102人，1930年增至1893068人。[3] 面对无处不在的种族歧视和种族隔离，"黑人将教育视

---

[1] 黄虚峰. 通向新南方的教育之路：浅析内战后美国南方的教育现代化[J]. 赣南师范学院学报, 2004（2）: 37-41.

[2] WRIGHT G. Old South, New South: Revolution in the Southern Economy since the Civil War [M]. Baton Rouge: Louisiana State University Press, 1996: 80.

[3] 富兰克林. 美国黑人史[M]. 张冰姿, 何田, 段志诚, 等译. 北京：商务印书馆, 1988: 324、478.

为最终的解放者，使他们能够远离奴隶制，摆脱在社会中的从属地位，实现社会流动。"①

1. 初等教育

1919年，南部的亚拉巴马州成为最后一个实行强制义务教育的州，至此美国在法律上普及了8~12年的义务教育，南部黑人也从中受益，直接表现就是黑人文盲率不断下降。尽管重建后到民权运动前南部教育一直实行种族隔离且黑人学校经费、条件大大低于白人学校，但纵向看发展还是很明显。到第一次世界大战后，南部黑人基本普及了初等教育，南部黑人教育也得到了许多慈善家、慈善机构和宗教团体的大力支持。被称为第二次黑人公共学校运动（第一次是在重建期间）的罗森沃尔德学校建设计划始于1914年，其主要内容是在南部创建由罗森沃尔德基金会（Julius Rosenwald Fund）、当地黑人居民和公共税收共同出资、建成后作为公立学校运营的罗森沃尔德学校。截至1932年7月，共计建立相关学校设施5375所，总计耗资2840多万美元。由于计划要求当地居民提供配套资金及公共财政对建成的学校提供运营经费，最终成功引导南部州政府对黑人教育增加拨款。② 当朱利叶斯·罗森沃尔德（Julius Rosenwald）于1932年去世时，"超过1/4的美国黑人儿童正在他赞助建立的学校里读书"。但在南部的种族隔离制度下，黑人小学各方面条件都与白人小学相去甚远，尤其是在师资力量上，1933年的一项全国性调查显示南部22.5%的黑人小学教师达不到中学毕业的水平。③

2. 中等教育

1880年后，尽管速度缓慢举步维艰，公立的黑人中等教育在南部也开始发展。1890年，全美国804522名中学学龄的黑人少年中只有0.39%能进入中学。到1910年，这一比例增加到2.8%，同年黑人中学生占美国中等教育入学人数的29%；④ 而"从马里兰到得克萨斯的所有州内"（即文化意义上的南部，包括南部各州和边界州），只有141所黑人中学和8251名学生。到1915年，南部的主要大城市中通常至少有4所白人高级中学，而向黑人开放的高

---

① ALLEN W R, JEWELLl J O, GRIFFIN K A, et al.. Historically Black Colleges and Universities: Honoring the Past, Engaging the Present, Touching the Future [J]. The Journal of Negro Education, 2007, 76 (3): 263-280.
② ANDERSON J D. The Education of Blacks in the South, 1860—1935 [M]. Chapel Hill: The University of North Carolina Press, 1988: 155.
③ 屈书杰. 美国黑人教育发展研究 [M]. 保定：河北大学出版社，2004：141.
④ 杨帆，张斌贤. 美国黑人教育的发展及其对黑人平等权利追求的贡献（1890—1920年）[J]. 全球教育展望，2018，47（11）：87-100.

级中学最多只有一所；到1929年，南部286个有大量黑人人口的县未为黑人提供中学教育，① 足见所谓的"隔离但平等"实为"隔离且不平等"。一战前，南部诸州共有黑人中学64所，在校学生8565人；到1932年，南部黑人中学发展到807所，在校生120419人。②

总的来看，重建后黑人虽然一直入学率低于白人而文盲率高于白人，但差距在不断缩小。

3. 高等教育和职业技能教育

南部黑人高等教育在内战后才起步，但发展较快。到1890年，南部冠之以"师范""学院""大学"等名目的专门针对黑人的私立机构超过200所，即前文所谓HBCUs（见本书第二章第一节）。但由于缺乏资金，当时的HBCUs总体上软硬件条件都较差、实力不强、水平有限，到1895年HBCUs毕业的学院及以上层次的学生总共才1100人。

南部的公立高校长期将黑人拒之门外，改变这种情况的重要因素是1862年和1890年的两个《莫里尔法》。1871年，密西西比州是南部第一个利用1862年《莫里尔法》的资助建立"主要教授农业和机械技术科目"的黑人学院的州，次年弗吉尼亚州和南卡罗来纳州也跟进。南部其余各州则要等到1890年第二个《莫里尔法》通过后才利用联邦政府资助建立黑人学院。1890—1900年，所有在教育中实行种族隔离的州（不限于南部）都建立了专门针对黑人的赠地学院，统称为"1890赠地学院"，总共有17个州的17所黑人学院得到了联邦资助，③ 从而极大地促进了黑人高等教育的发展，对于缓解种族歧视、提高黑人高等教育入学率有着无可替代的作用。到1933年，黑人大学生超过3.8万人，其中97%是在南部的大学中。黑人大学毕业生的人数，1880—1889年仅为738人，1892—1899年增至1126人，1900—1909年为1610人，1909年累计达3856人。索威尔指出，整个19世纪，美国黑人获得学院和大学学位的总人数还不到2000人，与上述数据基本吻合。

早期的黑人学院大多主要从事师范教育，杜波依斯指出，1880—1900年的黑人大学毕业生中53%担任了中小学校长。相比之下，以职业技能培训为主的黑人教育对南部农业的发展有更大的影响。1875年，在亚拉巴马州的诺

---

① 厄本，瓦格纳. 美国教育：一部历史档案[M]. 周晟，谢爱磊，译. 北京：中国人民大学出版社，2009：351.
② 滕大春. 美国教育史[M]. 北京：人民教育出版社，2001：626.
③ 杨九斌，卢琴. 艰难中的卓越：《莫里尔法》后美国赠地学院之嬗变[J]. 教育学术月刊，2021（2）：12-19.

马尔成立了专门针对黑人的农业和技术学院,对黑人学生传授各种农业技术和"作为一名有所追求的农民所必须具备的其他技术"。而富兰克林认为:"在1890年以前,对黑人几乎没有进行过任何采用现代化农业生产方式的教育。其结果是,黑人的生产力很低,对于出售农作物和购买必需品问题一般都无知得很。"为改变这种情况做出重大贡献的首推布克·托利弗·华盛顿,他于1881年在亚拉巴马州创立的塔斯基吉师范和农业学院是这一时期最重要和最成熟的工业教育学校。学院共有30个科系,涉及工业、农业、教师教育、医学、护理和家政等领域。到20世纪初,不仅塔斯基吉大学自身发展很大,其毕业生还在南部建立了超过15所类似的工业学校如沃里斯工业学校、斯诺希尔师范工业学院、皇家港口农业学校等。"塔斯基吉大学已经成为'它那个时代最大的也是最受欢迎的黑人教育机构,并且催生了一个庞大的工业学校网络'。"[1] 1892年,布克·托利弗·华盛顿在塔斯基吉大学第一次召开农民会议,向黑人农民传授最基本的农业生产经营知识乃至生活常识,分发小册子和传单并不定期地向农民邮寄相关资料。此后,以塔斯基吉大学为代表的黑人工业教育学校每年举行农民会议,有的还每月举办农业技术培训班,经过一代人的努力,使成千上万黑人青年习得农业知识技能。1900年以后南部黑人拥有土地增加,除了棉价上涨外,与黑人教育尤其是农业教育的发展有很大关系。

二、"新南部"与南部工业发展

(一)"新南部"理念的提出

如前所述,内战前的南部基本是个以棉花为中心的农业社会,虽然不乏有识之士呼吁经济要多元化、工业化,但在内战前植棉财源滚滚、蓄奴有利可图的背景下,这样的观点显然难以引起足够重视。

内战后,部分南部知识分子把南部邦联在内战中的失败归结于南部经济的落后尤其是几乎没有制造业,认为失败的南部必须向胜利者学习。如富兰克林所指出:"眼光最敏锐的南方人一定已经看到,事物的新秩序就是工业化战胜农业生活方式的成果。(北部)熙熙攘攘的新、老城市就是这个胜利的象

---

[1] 杨帆,张斌贤.美国黑人教育的发展及其对黑人平等权利追求的贡献(1890—1920年)[J].全球教育展望,2018(11):87-100.

<<< 第四章 美国南部"三农"问题的演变——重建后到大萧条

征,而荒芜废弃的南方土地则意味着古老的重农主义的失败。"① 早在内战甫一结束的1865年,佐治亚州的一名编辑就指出:"奴隶获得解放,农业不再是唯一值得追求的事业……制造业主应该占据恰当的地位,一旦这一点得到透彻理解,就让成百上千的铁锤奏上一曲铁匠之歌,用轰鸣的巨响唤醒大街小巷吧!"② 另一方面,内战后破败不堪、百废待兴的南部亟需各种工业品哪怕是像木材这样的粗加工产品,《飘》的主角斯嘉丽就敏锐地抓住内战后的南部中心城市亚特兰大恢复重建之机,靠经营木材厂而得以致富。

重建时期,激烈的政治斗争是南部社会的焦点,内战疮痍未复,社会动荡不堪,工业发展既未得到普遍重视,也缺乏必要的环境尤其是资金。1877年重建结束后,一方面内战后的棉价下跌导致南部社会普遍深感拮据;另一方面由于内战以来的高关税政策,南部需要进口或从北部输入的各种工业品价格却是居高不下,南部社会开始认识到"单纯的农业无论多么富裕和使其资源多样化,都不能确立或维持一个国家的繁荣"。相应地,"渴望建立和拥有各种规模工厂的工业化思潮成为塑造南部历史的主要力量之一。"③1886年,南部媒体人亨利·伍德芬·格雷迪(Henry Woodfin Grady)在其著名的"新南部"演讲中正式提出这一理念,他指出"新南部"与旧南部的区别在于"旧南方的每一样事情都依赖奴隶制和农业,没有意识到这不能使自己得到并保持健康成长。新南方代表一种完美的民主,一群领导推广运动的精英和一个多样化的年代里满足多样化需要的多样化的工业"④。

言语中虽然充满了对南部的溢美和粉饰,但客观上反映了南部精英对工业化的热切期盼,符合北部资本长期将农业的南部纳入美国工业化进程的期望,因而一经提出便在全国范围内广为传播,影响深远。19世纪晚期的南部掀起了建工厂、兴学校的热潮,张禹九指出:"这愿望在1880年到1900年间成了全体南方人的理想,成了一场改革运动;讲坛、布道坛、编辑室均以火一般的热情加以鼓吹。"而且这是一场持久的运动,到"1914年左右,只要有人办了工厂或者开了企业,就成了社会的大恩人和头号爱国者。这在南方

---

① 富兰克林. 美国黑人史[M]. 张冰姿, 何田, 段志诚, 等译. 北京: 商务印书馆, 1988: 276.
② 布莱克. 美国社会生活与思想史: 下册[M]. 许季鸿, 宋蜀碧, 陈凤鸣, 等译. 北京: 商务印书馆, 1997: 25.
③ 王崇兴. 二战前美国南部工业化落后原因探析[J]. 北方论丛, 2003 (6): 46-50.
④ 黄虚峰. 美国南方转型时期社会生活研究 (1877—1920) [M]. 上海: 上海人民出版社, 2007: 18.

121

已成为绝对的通则"①。

　　有趣的是,"北部一些倡导新南部的鼓吹者们发表的演说甚至比他们的南部伙伴们的演说还动听"。倡导新南部的北部人士主要来自共和党中国会重建的支持者（即当年的共和党激进派），由于"政治上的重建没有取得实实在在的成果，他们现在把希望寄托在经济重建上"②。一方面，他们希望南部像北部一样在现代化过程中通过物质条件的改善来缓和种族关系；另一方面更看重南部的现代化过程中可能为北部资本带来的巨大获利空间。事实上，仅仅在1884年一年，投入南部的工业资本就达1亿美元。1886年，一位前共和党激进派议员写了一本《旧南部与新南部》，书中鼓吹："财富与荣誉就在新南部前进的道路上……它（新南部）是即将到来的美国冒险乐园中的Eldorado。"③

　　值得指出的是，直到1913年，伍德沃德还断言"新南部"只是舆论宣传口号，真正的新南部尚未到来。④张禹九也认为，"南方人所羡慕不已的往往是北方文化的皮毛"，"'新南方'的'新'在要使南方富强起来，以便安安稳稳地保持古来的地位，以便迫使北方'承认我们的性格的高贵与尊严'"⑤。一个重要的口号反映了"新南部"的建设者们的心声——"在北方佬的拿手戏上战胜北方佬。"⑥由此可见，"新南部"运动与晚清洋务运动"师夷长技以制夷"在宗旨上有异曲同工之妙。

（二）内战后南部工业发展对南部社会的影响

　　内战前，南部工业主要围绕农产品和原材料加工领域，最重要者为面粉业和谷物加工业，雇佣工人最多的则是伐木业，此外还有烟草加工业、棉纺织业和零星的重工业。这些工业无一例外都在战争中饱受摧残，内战后尤其是19世纪80年代以后，除了传统工业恢复活力，也有一些新兴工业产生，

---

① 张禹九. 南北战争后的美国南方文化[J]. 美国研究, 1992(2): 152-160.
② 麦克弗森. 火的考验：美国南北战争及重建南部：下册[M]. 刘世龙, 李杏贵, 任小波, 等译. 北京：商务印书馆, 1994: 386-387.
③ Eldorado，黄金国，寓意可发财致富之地。参阅 MCPHERSON J M. The Abolitionist Legacy: From Reconstruction to the NAACP [M]. Princeton: Princeton University Press, 1975: 108-109.
④ 张玉栋. 科默·V·伍德沃德与美国南部史学[J]. 史学史研究, 2004(4): 66-71.
⑤ 张禹九. 南北战争后的美国南方文化[J]. 美国研究, 1992(2): 152-160, 6.
⑥ 霍顿, 爱德华兹. 美国文学思想背景[M]. 房炜, 孟昭庆, 译. 北京：人民文学出版社, 1991: 442.

最具代表性的是石油和钢铁工业。内战后到大萧条之前，南部的工业化进程的绝对速度并不慢；但总体上不仅落后于美国其他地区，也没有从根本上动摇南部农业社会的性质。工业化对缓解南部的"三农"问题不无裨益，此种积极效应在以工业城市（镇）为中心的局部地区尤其明显，但尚未对南部的"三农"问题构成全面和根本性的冲击。

总的来看，内战后南部的工业化主要建立在资源和劳动力成本优势的基础上，从少数工业化城镇的点状分布开始，通过铁路和水运将之串联起来，为现代南部工业布局奠定了基础。纺织、烟草、木材、煤矿、钢铁、石油等工业齐头并进多点开花，正在向单一的棉花经济发起冲击，南部开始走上经济多元化之路。随着铁路的延伸，南部工业布局从沿海到内地，从林区到矿区，在广袤的农业社会中到处撒下工业化的种子，假以时日，终将实现从农业社会到工业社会的转变。星星点点的伐木和矿业营地、铁路和工厂家属区逐渐发展成为市集和城镇，工业化推动了南部城市化进程，不仅吸纳了众多农业劳动力，让哪怕是一部分在"三位一体"下苦苦挣扎的南部农民多一条出路（虽然19、20世纪之交的美国工人尤其是南部工人同样备受剥削压迫，但其处境特别是经济收入无疑比南部的租佃农尤其是分成农要好），也为之提供了更多的现金收入来源，使深受借贷制度束缚的南部农民的处境略有改善。以南部最穷的密西西比州为例，1880—1920年，农业人口比例从97%降至86.6%，挣工资的人数从5827人增至57560人，工资总额从略多于100万美元增至5100万美元。① 从南部总体看，1870年制造业、林业和矿业的就业人数仅22.7万，占劳动力总数的7.1%；到1930年已增至219.4万，占比上升到20.9%。② 更重要的是，如果说农村特别是种植园代表着旧南部，那么工业城市（不同于旧南部的商业城市）就代表着新南部，它意味着一种全新的思想、文化和生活方式，它对哪怕只是偶尔进城的农民也会造成巨大的冲击，从而使南部社会在意识形态上逐步走出所谓"失败的事业"的阴影、摆脱奴隶制残留的束缚，从而为罗斯福新政后南部社会的全面腾飞奠定了基础。

值得一提的是，由于贫穷的南部自身无力筹集工业化的启动资金，南部工业化主要依赖北部资本。工业化的发展减少了南北方在经济体制上的差异，加强了双方的经济联系。哪怕这种经济关系是不平等的，是南部依附、受制

---

① 黄虚峰. 从乡村商店到百货商店：1877年至20世纪20年代美国南方乡村的经济生活 [J]. 史学月刊，2006（6）：109-113.
② WRIGHT G. Old South, New South: Revolution in the Southern Economy since the Civil War [M]. Baton Rouge: Louisiana State University Press, 1996: 159.

于北部资本的，甚至被许多人认为是带有殖民地性质的，但它毕竟有助于缓和南北矛盾、维护国家统一。国内统一大市场形成、不同地区经济体制趋同化、全国经济一体化，不仅推动了美国经济在内战后的高速增长，也是美国崛起的前提条件之一。

从数据来看，1880—1929年，南部各州在制造业企业总数、企业资本额、就业人数、工资总额等方面都保持了持续较快增长。1869—1909年，南部制成品附加值的实际增长率比全国平均水平高两个百分点。相应地，农业在南部经济中的地位有所松动，如农业收入占总收入的比例从1880年的76%下降到1900年的61%；到1920年，南部直接从事农业生产的劳动力为50%，而美国其他地区为20%。①

三、内战后南部城市化的发展

马先标认为美国的城市化大致可分为三个阶段：1890年以前是初步城市化时期，城市化率在30%以下；1890—1920年是城市化从加速到基本完成的时期，城市化率达到50%的临界值；1920—1960年是城市化完成时期，城市化率达到70%；此后城市化率保持稳定或缓慢增长，城市化进入成熟或自我完善的阶段。② 然而，南部的城市化进程在内战前就滞后于全国。单一的农业经济模式下，南部的城市规模很小，19世纪初南部城市人口比例仅为1.8%，不到1800年全国平均水平的1/3；直到1850年，南部城市化率才达到全国在1790年首次人口统计时的水平；内战爆发时，南部城市化率仅相当于1820年时的全国平均水平。③ 不仅如此，由于单纯从事商业活动，南部城市之间联系甚少，城市体系远未形成，"依然处于人们所描绘的那种从属于北部工商业中心的类似于'殖民地'状态之中。"④

雪上加霜的是，残酷的4年内战主要是在南部的土地上进行的，使南部本来就落后的城市化进程遭受沉重打击。直到19世纪70年代末，南部城市依旧一片荒凉景象。当时的一位旅行者感慨，"15年过去了……（南部）还

---

① 王紫兴. 二战前美国南部工业化落后原因探析［J］. 北方论丛，2003（6）：46-50.
② 马先标. 美国城市化历程回顾及经验启示［J］. 贵州大学学报（社会科学版），2019，37（4）：40-46.
③ 王旭. 19世纪美国南部城市化特点及其影响［J］. 东北师大学报（哲学社会科学版），1989（4）：55-59，66.
④ PRED A. Urban Growth and City-Systems in the United States，1840—1860［M］. Cambridge：Harvard University Press，1980：117.

<<< 第四章 美国南部"三农"问题的演变——重建后到大萧条

是悲惨可怜,忙于展示和哀叹她的伤口"①。如果仅仅把目光投向城市,那么到1880年之前,南部城市化都看不出明显的进步。然而,这一时期南部城市化并非完全停滞,在19世纪70年代它主要表现在市镇的发展上。如前所述,内战后小农经济的租佃制取代奴隶制种植园制成为南部农业经济的主要生产方式,且内战后的南部小农几乎一开始就不是自给自足的自然经济,而是从事商业化的棉花生产,其生产生活资料则需要从外部输入。棉花贸易和农村商业的活跃使得村庄和市镇在南部迅速兴起,而乡村商人开设的商店往往成为村庄和市镇的核心。以南卡罗来纳州为例,1860年只有16个地方可以称为市镇,而1880年的人口普查中已有110个市镇和村庄,根据詹姆斯·S.艾伦的统计该州的市镇和贸易中心已达493个。② 尽管这里的市镇可能属于城市化的最低级阶段,但它毕竟是从农村到城市的第一步,代表着南部社会的一种积极变化。

19世纪末南部工业的发展推动了城市化进程。原有的城市恢复生机,新兴城市不断涌现。原有的大中城市进一步扩大,如弗吉尼亚州的里士满、田纳西州的纳什维尔、佐治亚州的亚特兰大等。到1900年,南部已有5个人口超过10万的大城市。内战前的南部城市多位于沿海港口,而新兴城市多出现在南部内地和西部,如圣安东尼奥、休斯敦、伯明翰等;内战前的南部城市主要以商业活动为主,此时已大多转变为工业城市。1860年,南部最大的城市依次是新奥尔良、查尔斯顿、里士满和莫比尔;1890年则是新奥尔良、里士满、纳什维尔和亚特兰大。③ 内战前南部城市的形成往往跟棉花贸易有关,新南部时期每一个大城市的崛起都离不开工业的支持,如奥古斯塔是棉纺织业的领头羊,亚特兰大是铁路枢纽,纳什维尔是硬木加工业中心,休斯敦是石油之都,而发展最快的例子莫过于钢铁中心伯明翰,1880年它只有3000居民,1900年已有3.8万人,1910年更增至13.2万人,也是当时南部主要城市中唯一的纯工业城市。

1860年南部城市人口比例为7.2%,仅略高于同期全国平均水平的1/3;

---

① WOODWARD C V. The Origins of the New South, 1877—1913 [M]. Baton Rouge: Louisiana State University Press, 1971: 107.
② 艾伦. 美国改造时期:争取民主的斗争 [M]. 宁京,译. 北京:生活·读书·新知三联书店, 1957: 166.
③ 黄虚峰. 近代美国南方工业:振兴与启迪 [J]. 嘉兴学院学报, 2007 (1): 48-52.

1900年升至15.2%，① 仍不到全国平均水平的一半，甚至还略低于1850年的全国平均水平。换言之，较之全国，南部城市化进程滞后50年之多！城市化进程的滞后导致南部农民难以觅得其他就业机会，是小农经济的租佃制在南部长期延续的原因之一，即内战后南部"三农"问题的原因之一。相应地，1880年以后南部城市化的艰难起步，也就意味着南部农民正加速转化为市民，这无疑有利于缓解南部的"三农"问题。

从黑人的城市化情况来看，1890年美国黑人中19.8%居住在城市，1900年这一比例增至22.7%，1910年为27.4%，1920年为34%；而南部黑人的城市化率，1890年、1900年、1910年分别为12%、13%和18%，虽然明显低于全国平均水平，但也显示出身处南部农村乃至整个南部社会最底层的黑人农民向城市寻求出路的努力，并在20世纪后有较大的进展。而在一战爆发后，随着南部黑人大量进入城市，黑人人口城市化进程大大加快，到1930年黑人人口城市化率已达43.7%。② 内战后美国南部"三农"问题得以解决的过程，很大程度上就是南部农民尤其是最贫困的黑人农民向城市迁徙的过程。

第三节　内战后到大萧条之前的美国黑人迁徙

霍华德·P.丘达柯夫（Horward P. Chudacoff）指出："迁徙一直是美国生活的突出特点"，"人口流动性是美国历史最有活力也最普遍的特点之一。"③ 在南部，深厚的重农主义传统、保守的文化氛围、对"北方佬"的敌视心理都使得白人农民往往安土重迁；更重要的是，如前所述，1880年2/3的南部白人农民拥有土地，除非遭遇破产，他们很难放弃土地向城市迁徙。而对命运多舛的美国黑人尤其是南部黑人来说，迁徙是内战后他们改变命运的最主要途径之一。1860年，美国黑人人口约450万，其中90%生活在南部，这一比例到1910年并无大的变化。1870年，美国黑人在南部、北部和西部的分布比例分别为90.6%、9.3%和0.1%；1910年上述比例分别为89%、

---

① 张准. 美国内战后南部地区城市化与"三农"问题之关系初探[J]. 湖南财政经济学院学报, 2013, 29（1）: 31-36.
② 陈奕平. 第一次世界大战期间及二十年代美国黑人大迁徙运动[J]. 美国研究, 1999（4）: 109-125.
③ 丘达柯夫, 史密斯, 鲍德温. 美国城市社会的演变: 第7版[M]. 熊茜超, 郭旻天, 译. 上海: 上海社会科学院出版社, 2016: 99.

10.5%和0.5%。① 总体来看南部黑人逐步向其他地区尤其是北部迁徙,但数量有限。直到1940年,美国黑人人口已接近1350万,居住在南部者仍占77.1%。② 此外,从城市化率看,如前所述直到1910年82%的南部黑人仍生活在农村。他们不仅是内战后美国南部"三农"问题的亲身经历者和直接受害者,更备受奴隶制残余势力的歧视和控制,处于政治上基本无权、经济上极端贫困的状态。受苦受难的南部黑人农民迁往城市或其他地区是顺理成章的选择(尽管面临诸多实际困难)。而且,内战后南部黑人迁徙的过程,无论其是就近进入南部城市,还是迁往美国其他地区,客观上都有助于解决南部的"三农"问题。

一、重建时期的黑人迁徙

内战前,南部奴隶制最无可抵赖和最容易激起公愤的罪恶莫过于频繁的奴隶贸易对黑人家庭的破坏。根据巴普蒂斯特的数据,一个奴隶被卖掉的总概率在其"适于销售"(老年奴隶在市场上乏人问津)的30年间接近50%;他记载了北卡罗来纳州的一个奴隶在19世纪20年代先后目睹自己的妻子、妹妹和6个孩子被卖到其他州。③ 这与马丁的观点基本一致——"奴隶平均数的一半在一生中至少被卖过一次,而且在他的或她的家庭中有数名家庭成员被卖掉。"④ 艾伦·布林克利(Alan Brinkley)也认为,1/3的黑人家庭被奴隶贸易拆散,"一个普通奴隶一生中可能目睹十个甚至更多亲属被卖掉"⑤。不难理解,内战甫一结束,就有许多被解放的黑人为寻找过去在奴隶制下被拆散的家庭成员而长途跋涉。当时的媒体报道,有人"为寻找战前被卖掉的妻子和孩子,步行600英里从佐治亚走到北卡罗来纳州"。这种破镜重圆、亲人团聚的例子,仅在弗吉尼亚州的4个县,1870年就有2817例之多。⑥ 但由

---

① 管敬绪. 试论美国黑人民族的特征[J]. 世界历史, 1989(3): 16-24, 160.
② 胡锦山. 20世纪美国南部农业经济与黑人大迁徙[J]. 厦门大学学报(哲学社会科学版), 1996(4): 74-79.
③ 巴普蒂斯特. 被掩盖的原罪:奴隶制与美国资本主义的崛起[M]. 陈志杰, 译. 杭州: 浙江人民出版社, 2019: 214.
④ 马丁, 罗伯茨, 明茨, 等. 美国史:上册[M]. 范道丰, 柏克, 曹大鹏, 等译. 北京: 商务印书馆, 2012: 490.
⑤ 布林克利. 美国史:第13版:第1册[M]. 陈志杰, 杨天曼, 王辉, 等译. 北京: 北京大学出版社, 2019: 469.
⑥ GUTMAN H G. The Black Family in Slavery and Freedom, 1750—1925[M]. New York: Random House Inc, 1976: 9.

于内战前奴隶很少会被卖到自由州,这种以寻找家人为目的的迁徙活动一般不超出南部范围。此外,自由民局为安置在内战中流离失所的黑人,到1870年组织迁徙了3万多人,但同样未离开南部范围。

重建时期南部种族矛盾的极端尖锐促使部分黑人背井离乡。19世纪60年代末,一个内战前的逃亡奴隶本杰明·辛格尔顿(Benjamin Singleton)号召黑人向西部移民。19世纪70年代早期,他从田纳西州和肯塔基州带领一些黑人在堪萨斯州的草原上购买公共土地建立起独立的黑人城镇,此后的几年中数以千计的南部黑人在堪萨斯购置了大约1万英亩贫瘠的土地。但由于自然条件恶劣和受到白人暴徒的攻击,到19世纪80年代,辛格尔顿开始提倡黑人向加拿大和利比里亚移民。

重建时期南部黑人迁徙面临的主要障碍,首先是经费困难。如前所述,旨在解决被解放黑人土地问题的1866年《南部宅地法》未能达到预期目标,主要原因在于处于极端贫困状态的南部黑人无力支付申请并开垦宅地的初始资本(根据吴浩的研究达数百美元之多)。他指出,在《南部宅地法》规定的5个可申请公共土地的公地州即亚拉巴马州、密西西比州、路易斯安那州、阿肯色州和佛罗里达州,本州居民前往州土地局申请公地的路费通常在20~50美元之间,而其他南部州居民前往公地州土地局的路费显然还要高得多,[1]仅此一项对于绝大部分刚刚得到解放的南部黑人已不啻天文数字。其次则是当时美国社会(无论南北)对黑人严重的种族歧视。不仅绝大多数南部白人完全无法接受黑人从奴隶到公民的转变,北部社会对黑人的歧视程度并不在南部之下。

重建时期的黑人迁徙,以就近迁入南部城市为主。"19世纪七八十年代,南方黑人农民向城市流动拉开了农村人口大规模流动的序幕。"1870年大约有15万黑人迁徙在南部各地区之间,1880年这一数量达到20万人。其中大多数进入南部城市,如1860—1880年萨凡纳的黑人人口几乎翻了一番。王章辉和黄珂可认为这一时期的黑人迁徙虽然仅限于南部内部,但仍具有重要意义:一是它开启了南部农业人口向非农产业转移之先河,标志着农业在南部的地位开始下降而第二、三产业方兴未艾;二是它是南部黑人的首次大规模自由

---

[1] 吴浩的数据来自美国学者波普(C. F. Pope)、奥博瑞(Claude F. Oubre)、兰扎(Michael L. Lanza)等人的研究。由于资料的限制,未能深入研究路费如此高昂的原因;个人揣测与内战期间南部基础设施遭遇严重破坏、战后交通困难有关。参阅吴浩. 失去的机会:1866年美国"南部宅地法"与黑人获取土地的失败[J]. 史学月刊,2015(2):75-85.

迁徙，与内战前黑人作为奴隶被贩卖或者逃亡形成了鲜明的对比。①

二、重建后到一战前的黑人迁徙

（一）重建后初期的黑人迁徙

1877年南部重建失败后，面对日益恶劣的生存环境，一部分南部黑人开始谋求迁徙。1877年，南卡罗来纳州甚至有部分黑人试图移到非洲的利比里亚，但最终在1878年仅有206人成行。1877年，路易斯安那州的一群黑人认为"地球上再没有可以改善他们境遇的办法"了，决定逃往中西部的堪萨斯州垦荒。19世纪70年代末，"堪萨斯热"在南部尤其是毗邻的密西西比州、得克萨斯州和田纳西州的黑人中鼓噪一时。1879年南部黑人移民堪萨斯州的行动被当时的媒体称为"黑人大移民"，但由于堪萨斯当地居民的严重敌意，实际移民人数估计仅在0.6万~2.5万之间。堪萨斯的黑人人口从1860年的627人增加到1880年的43104人。② 1880—1890年，南部黑人向北部迁徙的只有3.69万人，向西部迁徙的仅7500人。这一时期的南部黑人迁徙还是以从农村到南部城市为主，比如从以农业为主的南卡罗来纳州和佐治亚州迁往工业相对发达的得克萨斯州和阿肯色州的黑人就有3.5万。甚至出现过所谓"阿肯色热"，在1881年夏天的一周内，就有5000多黑人拥入阿肯色州的城市，还有很多人去了矿区。亚拉巴马州和田纳西州的矿工和铣工原来多由外来移民担任，此时因人手不足，也开始吸纳南部农民。但根据菲利普·E. 格雷夫斯（Philip E. Graves）等人的研究，1870—1890年南部内部的黑人移民，在数量上还少于内战前以奴隶贸易形式进行的移民。③

（二）1890年后南部黑人迁徙加速

1890年以后，南部黑人向外迁徙有加速之势。北部和南部之间在工资水平上的巨大差异是吸引南部黑人的最主要原因，尤其是在制造业发展迅速、

---

① 王章辉，黄珂可. 欧美农村劳动力的转移与城市化 [M]. 北京：社会科学文献出版社，1999：46-62.
② 福斯特. 美国历史中的黑人 [M]. 余家煌，译. 北京：生活·读书·新知三联书店，1961：393.
③ GRAVES P E, SEXTON R L, VEDDER R K. Slavery, Amenities, and Factor Price Equalization: A Note on Migration and Freedom [J]. Explorations in Economic History, 1983, 20 (2)：156-162.

对劳动力需求旺盛的中西部新兴工业城市如芝加哥、底特律、圣路易斯、密尔沃基等，一个黑人工人一周的工资往往超过他在南部一个月的收入。根据菲利普·谢尔顿·方纳（Phillip Sheldon Foner）的数据，19世纪晚期南部黑人农业工人日均工资仅75美分，而北部工厂工人日均工资达到3~4美元；南部城市中黑人家佣周工资仅1.5~3美元，而北部城市中黑人家佣工资为每天2.5美元。在中西部俄亥俄州的克利夫兰，黑人的日工资为3.6美元，旺季时最高可达10美元；而下南部（即深南部，参阅本书第一章第一节）的黑人雇工月均工资还不到15美元。1916年，南部黑人日均工资0.5~1美元，而北部黑人日均工资2~4美元。① 此外，重建后南部各州教育水平本来就落后，受到歧视的黑人学校则更为不堪，为子女提供更好的教育机会也是促使许多南部黑人迁徙的重要原因。1927年，联邦最高法院一致推翻了某些城市中除非有某个住宅区绝大多数居民的书面同意黑人不得在该住宅区购买房产的法规，为黑人进入城市中较好的区域定居扫除了一大障碍。总的来看，1890年北部企业中的黑人工人总计达20余万，此后20年间增加了一倍半，到1910年已超过55万，占到北部工人总数的10.6%。②

如果说北部的工业和城市中更高的收入、生活水平和教育机会是吸引南部黑人的"拉力"，南部的种族迫害就是促使黑人迁徙的"推力"。19世纪晚期，南部黑人积极参与农民联盟、人民党运动等斗争，白人种族主义者进行了疯狂反扑：一方面强化种族隔离制度，将南部黑人的政治权利剥夺殆尽；另一方面，针对黑人的种族主义暴动和私刑迫害变本加厉。19世纪的最后16年，发生了2500起以上的私刑，1900—1914年，又有1100多名黑人被私刑处死，而且"这些暴徒往往不用绳子绞，而用柴火把黑人烧死"③。与此同时，一个具有标志性意义的事件是，1909年3月4日威廉·霍华德·塔夫脱（William Howard Taft）总统在就职演说中宣布共和党将不再支持黑人权利运动，"这不属于联邦政府的工作取向，也不属于联邦政府的职责范围"，"联邦政府不能干涉南方各州的内部事务"。艾拉·卡茨尼尔森（Ira Katznelson）认为，由此到罗斯福新政前的20多年里，"联邦政府对南方种族关系问题始终持袖手旁观的立场"。除了"靠自己努力迁往北方外，南方地区的黑人们发现

---

① 张立新. 论重建后工业化对美国黑人社会的影响[J]. 史学月刊, 2003 (3): 109-115.
② 张友伦, 肖军, 张聪. 美国社会的悖论: 民主、平等与性别、种族歧视[M]. 北京: 中国社会科学出版社, 1999: 211.
③ 林克, 卡顿. 一九〇〇年以来的美国史: 上册[M]. 刘绪贻, 等译. 北京: 中国社会科学出版社, 1983: 19.

自己没有任何权利,有的只是深深地陷入有系统、有组织地被羞辱、被恐吓之中"①。用一位北部牧师的话说:"在北方,黑人被当做一个人来看待,这就是全部的秘密所在……得到人的尊严是黑人离开南方的主要原因。"②

1890—1900年,南卡罗来纳州有6.5万黑人迁出,弗吉尼亚州有7.1万。而南部人口移出最多的州包括肯塔基、亚拉巴马、密西西比和佐治亚州等。1890年,在北部企业里工作的黑人有20多万,到1910年增加了一倍半,超过55万人,黑人工人所占比例从6.8%上升到10.6%。③ 北部工业重镇芝加哥,1890—1915年黑人人口从1.5万增至5万。④ 1900年芝加哥80%的黑人人口出生于外州,其中大部分来自南部的肯塔基、亚拉巴马和密西西比等州。此外,如纽约、费城、波士顿等大城市的黑人社区也在迅速扩大。

(三)南部内部的黑人迁徙

即使留在南部,黑人也希望离开农村到城市,因为城市中有更多机会:第一,孩子有更好的受教育机会。如前所述,农村中种植园主往往反对、限制租佃农尤其是分成农送子女去读书。而南部的农村学校不仅教学设施和教学质量缺乏保障,教学时间也很短。有黑人回忆说其在农村时一年只上学6周,而迁入城市后一年上学6个月。第二,工作和挣钱的机会。在城市几乎永远比在农村中有更多的工作机会和收入渠道。以佐治亚州为例,1890年非农业人口年收入为662美元,而农民仅259美元;1920年非农业人口和农民的年收入分别为967美元和442美元,非农业人口仍然比农民高出一倍以上。⑤ 第三,城市里的黑人社区能为黑人提供身份认同和精神慰藉。内战前的南部,当城市里绝大部分黑人还是奴隶时,他们和白人是混居的;而内战后由于种族歧视和种族隔离,南部城市中迅速形成了黑人社区,黑人在这里找到了心灵的归宿和港湾。

到19世纪末,南部主要城市的黑人人口增长都很明显,如1880—1890年孟菲斯的黑人人口增长了两倍,主要来自所在的田纳西州和毗邻的密西西比

---

① 卡茨尼尔森.恐惧本身:罗斯福"新政"与当今世界格局的起源[M].彭海涛,译.太原:山西出版传媒集团·书海出版社,2018:178-180.
② 张立新.论重建后工业化对美国黑人社会的影响[J].史学月刊,2003(3):109-115.
③ 管敬绪.试论美国黑人民族的特征[J].世界历史,1989(3):16-24,160.
④ JOHNSON D M, CAMPBELLI R R. Black Migration in America: A Special Demographic History [M]. Durham: Duke University Press, 1981:65.
⑤ 黄虚峰.美国南方转型时期社会生活研究(1877—1920)[M].上海:上海人民出版社,2007:186-188.

州的农场，萨凡纳和蒙哥马利等城市中黑人人口甚至超过了白人人口。进入20世纪后，南部黑人城市化有加速之势。1900年，全美国黑人人口超过5000人的城市有72个，最多的是首都华盛顿，有8.6万多名黑人；其次是巴尔的摩，位于毗邻南部的马里兰州，有7.9万；再次是南部的新奥尔良，有7.7万；北部的费城、纽约和南部的孟菲斯各有5万以上。在南部的查尔斯顿、萨凡纳、蒙哥马利、杰克逊维尔、什里夫波特、维克斯堡、巴吞鲁日等城市中，黑人人口都超过了白人。1900—1910年，伯明翰的黑人人口增加了215.6%，福特沃斯增加了212.5%，杰克逊增加了137.3%，而亚特兰大、夏洛特、达拉斯、休斯敦、里士满和什里夫波特等南部主要城市的黑人人口增长率都在45%~99%之间。①

三、20世纪黑人大迁徙的第一次高潮

南部黑人大迁徙的第一次高潮，大致始于第一次世界大战期间，而终于大萧条。

（一）一战期间，黑人迁徙开始加速

总的来看，直到一战前，迁徙到北部的黑人数量相对有限，主要原因在于北部对黑人的种族歧视同样严重，而来自欧洲的移民又足以满足19世纪末20世纪初北部工业对劳动力的需求，如杜蒙德所言："在第一次世界大战以前，外国移民浪潮把他们（南部黑人）排斥于北方以外。"② 1870年，美国每3名产业工人中就有一个是移民，这一比例一直保持到20世纪20年代。1861—1914年，入境美国的移民达2700万，几近于1855年美国的总人口。1910年，美国90%的黑人生活在南部，其中大多数仍以务农为生。沃尔顿和罗考夫指出："一直到1910年后，前往美国北方的黑人移民才真正多起来。"③ 威廉·J. 柯林斯（William J. Collins）证明了工作机会和预期工资在黑人大迁徙中的作用。同时，对于为何这一迁移活动在内战后姗姗来迟，他也认为与一战前的外国移民大量拥入美国，"以及北方的雇主相对于黑人劳动

---

① 张立新. 论重建后工业化对美国黑人社会的影响 [J]. 史学月刊, 2003 (3): 109-115.
② 杜蒙德. 现代美国 (1896—1946年) [M]. 宋岳亭, 译. 北京: 商务印书馆, 1984: 36.
③ 沃尔顿, 罗考夫. 美国经济史: 第10版 [M]. 王钰, 钟红英, 何富彩, 等译. 北京: 中国人民大学出版社, 2011: 313.

力更愿意要移民"有关。① 20世纪黑人大迁徙的两次高潮都与世界大战带来的战时经济景气和劳动力缺口有关。

1914年一战爆发后，欧洲主要国家几乎全部卷入，参战国纷纷限制本国公民移民海外，德国潜艇又在大西洋上频频袭击协约国商船，欧洲对美移民人数锐减。1914年入境美国的移民还有121.848万，1915年降到这一数字的1/4，1918年更只有它的1/10。威斯康星州最大城市、工业重镇密尔沃基20世纪头10年吸纳欧洲移民22508人，20世纪20年代骤降至451人。② 不仅如此，一战期间还有50万已移居美国的外国移民回国参战。

与此同时，美国利用战争初期的中立地位大发战争财，1913—1916年，美国对欧洲出口总额从15亿美元激增至38亿美元，对欧贸易特别是军火贸易带来了巨大的需求，劳动力需求大增，小乔治·亨利·索尔（George Henry Soule Jr.）指出："除了军队服役的人数外，1916—1917年增加就业人数大约70万人，1917—1918年又增加60万人。"③ 美国工业（当时主要集中在北部）开始面临劳动力短缺。而在1917年4月美国正式参战后，到1918年年底战争结束前累计近300万青年应征入伍，工业中的劳动力缺口愈发严重，"以前对黑人劳工不屑一顾的工厂现在也不得不承认南方黑人劳工的种种优点"④。1916年5月，宾夕法尼亚铁路公司的招募人员从佐治亚州运来两列车的黑人学生，前往新英格兰地区的康涅狄格州收割烟草，解了当地的燃眉之急。⑤ 在此成功案例的影响下，北部企业主纷纷前往南部招工，招募人员在黑人人口集中的地区到处宣传。富兰克林指出，1916年，"黑人的迁移运动像野火一样蔓延开来。这一年夏季，在美国最南端的各州，黑人的移居达到了高潮。""当时这种迁移也给黑人提供了他们过去从来没有过的在工业部门就业的机会，而且也缓和了在战争的关键年代里劳力短缺的问题。"⑥ 以"汽车大王"亨利·福特（Henry Ford）为代表的北部资本家派遣代理人到南部招工，"他们甚至提供专

---

① COLLINS W J. When the Tide Turned: Immigration and the Delay of the Great Black Migration [J]. Journal of Economic History, 1997, 57 (3): 607-632.
② TROTTTER J W Jr.. Black Milwaukee: The Making of an Industrial Proletariat, 1915—1945 [M]. Urbana: University of Illinois Press, 1985: 42.
③ 高芳英. 第一次世界大战对美国经济的影响 [J]. 苏州大学学报, 1998 (3): 91-96.
④ 威尔克森. 他乡暖阳：美国大迁徙史 [M]. 周旭, 译. 北京：文化发展出版社, 2019: 249.
⑤ 胡锦山. 美国黑人的第一次大迁徙 [J]. 东北师大学报, 1996 (2): 13-17.
⑥ 富兰克林. 美国黑人史 [M]. 张冰姿, 何田, 段志诚, 等译. 北京：商务印书馆, 1988: 406.

列货车把黑人送到北部的工厂里干活。"当黑人们在福特的汽车装配线旁找到工作时,也得以分享福特1914年率先在美国推行的每天工作8小时、工资5美元的好处(在当时的美国是绝对的高薪)。对于无力支付旅费的黑人,招工代理人往往代表资方与之签订合同,黑人承诺替公司工作并以将来的工资偿还公司为之垫付的交通和其他费用。而当时北部的工资水平也使黑人有能力偿付这些费用:一战期间,北部工厂日工资达到3~4美元,家庭服务业每天也有2.5美元。①

福斯特估计,1915—1918年迁往北部的黑人不低于50万,基本流入工业部门,其中约15万进入铁路部门,15万进入其他交通运输部门,2.7万被造船业雇用,罐头制造、钢铁、采煤和汽车等工业也吸纳了大量黑人。② 1900年北部的钢铁工业中劳动力基本都是白人,到1920年黑人已占到10%;1901年芝加哥97%的加工包装工人都是白人,1918年黑人工人已达1万人,占当地加工包装工的20%。一战"对于非洲裔美国人来说,就是提供了一次逃离南方的机会"。从工作岗位看,尽管绝大多数黑人依旧干着低技术含量、低工资且最艰苦的体力工作,但"铁路上的职业技术性工作第一次雇用了黑人"。用沃尔顿和罗考夫的话来说,"战争期间的非洲裔美国人的就业导致雇佣惯例发生了永久性变化——战争给非洲裔美国人提供了'迈出第一步'的机会。"③

仅1916—1917年,到北部挣工资的南部黑人就有35万之多,其来源最多的是密西西比、亚拉巴马和佐治亚3个州(这3州在南部也是尤为贫困的),分别有10万、9万和5万人。1910—1920年,迁出密西西比州的黑人达到12.96万人,路易斯安那州有18.08万人。20世纪前20年里,美国城市中黑人人口增加了46%,而白人只增加了24%。④ 以北部工业重镇底特律为例,

---

① 当时克利夫兰的一位南部移民写道:"他通常每天挣3.6美元,有时能翻一倍,加上他的妻子、儿子及两个大女儿所得,这家人每10天能收入103.6美元。"而"唯一高于在南部老家的支出是每月12美元的房租"。参阅张爱民.美国黑人第一次大迁徙运动的原因及影响[J].鞍山师范学院学报,2000(2):11-14.作为对比,1962年密西西比州的利福勒县,中等收入家庭年收入仅595美元,参阅本书第二章第三节。
② 福斯特.美国历史中的黑人[M].余家煌,译.北京:生活·读书·新知三联书店,1961:480.
③ 沃尔顿,罗考夫.美国经济史:第10版[M].王钰,钟红英,何富彩,等译.北京:中国人民大学出版社,2011:486.
④ JOHNSON D M, CAMPBELL R R, Black Migration in America: A Special Demographic History [M]. Durham: Duke University Press, 1981: 74-77.

1860年黑人人口约1400人，1910年增加到约5700人，1920年增加到4万多人。根据美国劳工部的统计，仅1917—1918年的18个月内，就有2.5万名黑人（大多数是单身汉）来到这里。北部的底特律、芝加哥、匹兹堡、纽约、克利夫兰等工业重镇，在一战期间"最早成为南方黑人的朝圣之地"①。1900年，全国黑人人口最多的三个城市是华盛顿、巴尔的摩和新奥尔良，到1920年黑人人口最多的城市分别是纽约、费城、华盛顿和芝加哥，前四位中已没有南部城市了。1910—1920年，底特律的黑人人口增长了611%，克利夫兰增长308%，芝加哥增长148%，纽约增长60%，费城增长59%，增长主要集中在1916—1919年。②

（二）20世纪20年代，南部黑人继续大规模迁徙

丘达柯夫指出："第一次世界大战之后，国内移居者中最受瞩目的大军是数百万迁徙去北方和南方城市的非裔美国人。棉花田的收成欠佳使得他们被迫离开租佃农场；同时缺少劳工的城市工作又吸引着他们。"③ 一战后，黑人迁徙之势得以延续，这首先得益于20世纪20年代的美国经济繁荣，林克和卡顿指出"二十年代大多数产业工人的状况，几乎在所有方面都得到重大改善"。1919—1929年，工人实际工资年均增长26%，"这可能是直到那时为止实际工资增长最大的十年"，工人周均劳动时间则从47.3小时降至45.7小时。④ 而从1920年开始美国农业却进入长期萧条或曰慢性危机状态，农民纷纷向城市寻求出路，20世纪20年代美国人口城市化率从51.4%快速上升到57.6%。索威尔估计20世纪20年代离开南部的黑人超过75万，陈奕平的数据与之吻合。20世纪20年代，纽约的黑人人口从15.2万增至32.8万，芝加哥从10.9万增至23.4万，费城从13.4万增至22万，底特律从4.1万增至12万，克利夫兰从3.4万增至7.2万……黑人占上述北部大城市的人口比例在5%~10%。总的来看，1910—1930年，美国黑人总人口从982.8万增至1189.1万，增幅约21%，同期东北部黑人人口增加95.9%，中北部增加

---

① 底特律自由新闻报. 美国黑人生活 [M]. 李延宁, 译. 北京: 新华出版社, 1987: 70-72.
② 陈奕平. 第一次世界大战期间及二十年代美国黑人大迁徙运动 [J]. 美国研究, 1999 (4): 109-125.
③ 丘达柯夫, 史密斯, 鲍德温. 美国城市社会的演变: 第7版 [M]. 熊茜超, 郭旻天, 译. 上海: 上海社会科学院出版社, 2016: 187.
④ 林克, 卡顿. 一九〇〇年以来的美国史: 上册 [M]. 刘绪贻, 等译. 北京: 中国社会科学出版社, 1983: 295.

92.7%，而南部减少13.1%。詹姆斯·S.艾伦指出，到1930年，北部各州的就业黑人接近160万人，其中69%在制造、机械和采矿等工业部门从事非熟练工作，产业工人总数超过百万，黑人大迁徙带来的变化中"最重要的就是一个比较大的黑人工业无产阶级在北方的诞生"。①

此外，20世纪20年代南部的黑人迁徙还在一定程度上与一战后南部种族矛盾激化有关。战争期间，黑人积极参军（尽管军队中也实行种族隔离、黑人士兵受到歧视待遇），而随着权利意识增强的黑人退役士兵回到南部，白人暴徒掀起了"骇人听闻地回到'正常状态'的行动"，即以变本加厉的暴力和私刑来镇压所谓"不安本分"的黑人。1919年的夏天"迎来了美国前所未有的激烈的种族冲突时期"，时人称之为"血红的夏天"。杜波依斯指出，仅在1919年，"77名黑人被私刑处死，其中一名是妇女，11名是士兵；14人被公开焚烧，其中11人是被活活烧死的。"② 而大规模的种族暴乱和迫害，1919年即达28起之多，每一次都有几十甚至上百名黑人遇害，财产损失难以统计。③ 此外，20世纪20年代，热衷于种族迫害的三K党再次在美国猖獗一时，到1925年成员达500万左右，余志森称之为"20年代的美国出现的又一个危害最严重的社会问题"④。

20世纪20年代，南部内部的黑人城市化也很迅速，从农村拥向城市的南方人是何其之多，故而南方在落后于其他地方近一个世纪之后，竟然成为全美城市化最为迅速（在人口比例增加方面）的一个区域。钢铁之都的伯明翰在20世纪20年代逐渐变成了工业、商业和服务业多元经济的城市，伯明翰都会区的人口十年间从31万增至43.1万。1910年，黑人几乎占到伯明翰非技术工人的90%，到20世纪20年代末，占到钢铁工人的一半、金矿工人的70%。南部的孟菲斯、亚特兰大、查塔努加等城市，城市扩张都很迅速。布莱克指出，在1900—1930年，迁入新奥尔良、孟菲斯、伯明翰和亚特兰大等

---

① 艾伦.美国黑人问题与南部农业经济[M].张友松，译.北京：中华书局，1954：160-161.
② 布莱克.美国社会生活与思想史：下册[M].许季鸿，宋蜀碧，陈凤鸣，等译.北京：商务印书馆，1997：425-426.
③ 南开大学历史系美国史教研室.美国黑人解放运动简史[M].北京：人民出版社，1977：224.
④ 余志森.美国通史：第4卷：崛起和扩张的年代 1898—1929[M].北京：人民出版社，2002：494-495.

南部主要城市的黑人达 100 万之多。① 1930 年，在南部的 250 万黑人工人中，产业工人也占 1/4。

1920 年，85% 的美国黑人居住在梅森—迪克森线以南（内战爆发前这一比例为 92%）；到 1940 年这一比例降到 76%，"而这不过是 1940 年后黑人巨大迁徙运动的开始"②。

四、黑人大迁徙有助于解决南部的"三农"问题

"有人一直说，如果没有北方城市，南方的黑人们就没有了希望。"南部黑人农民向城市迁徙，从分成农或租佃农转变为城市工人，除了对自身是一种改变命运的机遇外，对总体气氛沉闷、发展缓慢的南部农村也有积极意义。

（一）黑人大迁徙对南部农村的积极影响

从奴隶制时代形成的黑人重视家庭、家族的观念使得进入城市的黑人基本上积极保持与家乡亲人的联系，城市的生活方式、思想观念和先进技术得以潜移默化地影响南部农村，并在经济上对贫困的南部农村和农民产生持续的"滴灌"效应。迁徙本身就具有强烈的示范效应，任何一个在城市中成功立足的黑人都会成为家乡亲人效法的榜样和投靠的对象，从而产生滚雪球式的迁徙行为。1919 年，劳工部的一份报告写道："那些在北方过得好的黑人纷纷写信给自己的亲朋好友，消息就这样传到南方，开始形成新的迁徙组织。"一位黑人报刊编辑也写道："有些黑人离开南方，是因为受到已经在北方的亲戚来信的怂恿，或者因为看到了到南方旅行的黑人卖艺者和铁路工人偷偷带去的《芝加哥保卫者报》。"③ 同时，在重视家庭、家族的传统观念影响下，进城的黑人多以工资收入供养、接济留在故乡的家人、亲属，这对于贫困的

---

① 布莱克. 美国社会生活与思想史：下册 [M]. 许季鸿，宋蜀碧，陈凤鸣，等译. 北京：商务印书馆，1997：434.
② 林克，卡顿. 一九〇〇年以来的美国史：上册 [M]. 刘绪贻，等译. 北京：中国社会科学出版社，1983：292.
③ 常译作《芝加哥卫报》（Chicago Defender），创刊于 1905 年，是 20 世纪初最著名的黑人报纸，也是迄今为止美国创办时间最久、影响力最大的黑人报刊。其主编兼发行人罗伯特·艾博特（Robert Abbot）本人就是从佐治亚州移居北部的黑人，他领导了反对南部种族压迫、鼓励南部黑人移居北部的运动。20 世纪前 20 年，尽管受到南部白人的百般封锁阻挠，《芝加哥卫报》仍在南部黑人中广为流传。美国著名诗人卡尔·桑德伯格（Carl Sandburg）评价该报"比任何其他机构对'北方热'和南方向北方的大量移民起的作用更大。"参阅底特律自由新闻报. 美国黑人生活 [M]. 李延宁，译. 北京：新华出版社，1987：70-71.

南部农村和农民无疑是雪中送炭。1918年的一项对黑人移民的研究显示，大约80%的已婚移民和接近半数的单身移民都会给家中寄钱，其中大部分人每周寄5美元，有的会寄10美元甚至更多，而这些非技术工人每周的薪水通常都不超过15美元。①

（二）黑人大迁徙有助于改善南部黑人尤其是黑人农民的处境

对一战爆发后的黑人迁徙浪潮，南部白人社会最初似乎是不在意的，甚至还有几分窃喜，如新奥尔良的一家报纸写道："随着北方黑人的增多，南方白人占的比例就越来越高"。然而，随着黑人大量流出导致"棉田、稻田和烟草种植园都杂草丛生，无人采收"，城市中菜市场、公路养护等低工资的体力工作也无人问津时，南部白人开始感到恐慌，而一战期间的棉花价格暴涨使之更加害怕失去劳动力。南部各州和地方政府纷纷出台各种应对措施，如禁止北方派员前来招募黑人，用逮捕和截停等高压政策禁止黑人离开，甚至派人到北方游说迁徙的黑人返回⋯⋯②然而，这些高压政策不但没有效果，反而更加坚定了黑人离开的决心，埃里克·方纳描述了一群来自密西西比州的黑人在乘坐火车越过俄亥俄河的时候，竟唱起了"我就要去迦南之地"③。

最终，从缺乏劳动力的种植园主开始，南部社会对黑人的歧视和压迫逐渐有所松动，如沃尔顿和罗考夫所言："在南部的一些地方，新的劳动力短缺实际上导致种族关系的改善。"④ 詹姆斯·S.艾伦嘲讽说："'慈爱'的地主们鉴于劳动力供应日见减少，不得不稍微实行一些较好的条件，以图保留他们的工人。""阿尔巴尼附近有一个乔（佐）治亚州的农场主从前惯用鞭子和手枪驱策他的奴隶（当指黑人租佃农或雇工），今年因为劳动力奇缺，据说是放下了这两样东西，到处求情地寻找工人了。"⑤ 南部白人中的一些有识之士

---

① 威尔克森.他乡暖阳：美国大迁徙史［M］.周旭，译.北京：文化发展出版社，2019：245.
② 威尔克森.他乡暖阳：美国大迁徙史［M］.周旭，译.北京：文化发展出版社，2019：165-168.
③ 俄亥俄河是美国南部和北部的分界线。"我就要去迦南之地。"当指《圣经·出埃及记》中摩西带领被奴役的以色列人逃离埃及前往上帝"应许之地"（美丽富饶的希望之乡）迦南的典故，形容黑人离开南部时的激动喜悦之情.参阅方纳.美国自由的故事［M］.王希，译.北京：商务印书馆，2018：251.
④ 沃尔顿，罗考夫.美国经济史：第10版［M］.王钰，钟红英，何富彩，等译.北京：中国人民大学出版社，2011：486.
⑤ 艾伦.美国黑人问题与南部农业经济［M］.张友松，译.北京：中华书局，1954：153.

<<< 第四章 美国南部"三农"问题的演变——重建后到大萧条

对此也有所反思，比如当时南卡罗来纳州的报纸就将黑人大规模迁徙的原因归咎于南部社会对黑人的私刑迫害："如果因为犯了一点点小错就被处以私刑，你还会待在南卡罗来纳州吗？"《芝加哥保卫者报》也大声疾呼："在（北部的）严霜中冻死总比被（南部的）暴徒打死光荣得多。"① 而此后不到10年，亚拉巴马州的报纸声称："自从1924年，私刑的数量就明显减少"。根据常慧的统计，1900、1910、1920、1930年代美国黑人遭遇私刑的年均数量分别为75.8、56.3、28.1和11.9人（如本书第三章第二节所述，对黑人的私刑迫害主要发生在南部）。在1922年及以前，除个别年份外，每年遭遇私刑的黑人数量不低于50人，1923年降为29人，1924年16人，此后除个别年份外均未超过20人，1936年及此后未超过10人，② 可与前述的媒体报道相印证。

（三）黑人大迁徙有助于促进土地集中、实现农业规模化经营和机械化生产

1910年以后尤其是一战爆发后，南部黑人开始大规模迁徙，农村劳动力的大量流失导致大片农田荒芜，陈奕平指出，1910—1920年南部耕地减少了433.1万英亩。威廉·泰勒·伯韦尔·威廉斯（William Taylor Burwell Williams）描述当时的南部："从南卡罗来纳到密西西比，成千上万亩土地闲着。如果有劳力，这些土地即可耕种。甚至许多庄稼长得很好的地方，是否能够找到足够的劳力来收割也是一个问题。"③ 到20世纪20年代，黑人大迁徙导致南部农业劳力短缺的情况更加严重。以经济贫困、对黑人的歧视和压迫尤为严重的佐治亚州为例，根据詹姆斯·S.艾伦的统计，1920—1923年该州劳动力供应减少了2/5，1923年该州有46675所农舍无人居住、55524张犁闲置、农场劳力缺口达7.1万人。该州梅康县的媒体报道："一些农场主人最近才大梦初醒，一看自己的农场上每个21岁以上的黑人都跑掉了——跑到克利夫兰，跑到匹兹堡，跑到芝加哥，跑到印第安纳波利斯去了……一个星期以后，又有几个梅康县的厂主发现他们训练得好好的黑人工人……忽然跑掉，

---

① 富兰克林.美国黑人史［M］.张冰姿，何田，段志诚，等译.北京：商务印书馆，1988：405.
② 常慧.浅析美国内战到二战期间对黑人实施私刑的原因［D］.天津：天津师范大学，2019：18.
③ 陈奕平.第一次世界大战期间及二十年代美国黑人大迁徙运动［J］.美国研究，1999（4）：109-125.

到克利夫兰去了。"①

南部农业人口在短期内大规模流失、大量土地闲置，部分率先采用先进生产技术尤其是农业机械的大农场主得以趁机大肆兼并土地、扩大生产规模并形成示范效应。如前所述，南部的农业机械化始于 20 世纪 20 年代，与 1910 年以后的黑人大迁徙及其导致的农业劳力短缺之间应该存在一定的相关性。

（四）黑人大迁徙为黑人走上政治舞台创造了条件

通常越是年轻力壮、有文化的黑人，离开南部的冲动就越强烈。据统计，1910 年每 6 个生活在南部的 15~24 岁、有文化的黑人中，到 1920 年就有 1 人已迁徙到北部。② 随着这些南部黑人中的精英不断进入城市寻找机会，成功发家致富者虽然在黑人人口中占比很小，但绝对数量不断增长。早在 19 世纪末 20 世纪初，美国已经形成了一个具有相当规模的黑人精英集团。1900—1914 年，美国的黑人企业从 2 万家增至 4 万家，黑人零售商从 1 万家增至 2.5 万家。黑人精英们具有较强的经济实力，但仍然因为自己的肤色而受到白人社会的排斥和歧视，迟早会寻求政治参与和平等待遇。尤其是在内战后出生的黑人精英阶层，没有奴隶制下的经历，假以时日，将成为争取种族平等的核心力量。

而对绝大多数黑人来说，北部或城市也绝非应许之地、安乐之乡，如霍华德·津恩（Howard Zinn）指出："移民到北方的黑人都抱有更好的工作环境、更好的生活条件的希望。结果，他们发现自己面临着失业、危险低薪的工作、种族隔离，还有警察的暴力。"③ 斯蒂芬·塞恩斯特鲁姆（Stephan Thernstrom）通过对城市下层居民状况及社会流动性的研究发现，1890—1940 年，城市黑人的状况并无实质改善，黑人"并未充分融入城市生活"。④ 不同于南部农村中碎片化分布的群体，团结起来、争取和维护种族的共同利益，是城市中高度聚居的黑人的必然选择。一方面，在黑人大体能行使选举权的北部，生活中朝夕相处、精神上充满共鸣的城市黑人自然而然地成为值得政

---

① 艾伦. 美国黑人问题与南部农业经济 [M]. 张友松，译. 北京：中华书局，1954：152.
② 胡锦山. 美国黑人的第一次大迁徙 [J]. 东北师大学报，1996（2）：13-17.
③ 津恩，阿诺夫. 另一半美国史：民主进程中被掩藏的声音 [M]. 汪小英，邱霜霜，译. 杭州：浙江人民出版社，2017：296.
④ THERNSTROM S. Poverty and Progress: Social Mobility in a Nineteenth Century City [M]. Cambridge: M. I. T Press, 1964: 236.

客重视和拉拢的对象；相应地，也就不能完全无视黑人的诉求。另一方面，黑人自己的政治组织和政治领袖不断涌现，潜移默化地为后来的黑人民权运动做着准备工作。1903年，杜波依斯出版了名著《黑人的灵魂》，主张以"一切文明与和平的方式"争取黑人平等权利。为此，黑人中"天才的1/10"（即精英阶层）要带头抗争，以此带动种族的整体性进步。① 1905年，杜波依斯等黑人知识分子在尼亚加拉瀑布附近集会，发起"尼亚加拉运动"，号召黑人团结起来，反对种族暴行、种族歧视和种族隔离，追求平等权利，发展商业组织、提高经济地位，有学者视之为"较富有战斗性的黑人民权运动的开端"。② 1906年，"尼亚加拉运动"已在全国26个州设立了分会，并为吸引妇女和青少年的参与设立了女性委员会和"青年尼亚加拉运动"，使不同性别、不同年龄的黑人团结起来，为后来的黑人民权运动奠定了广泛的群众基础。目前，美国社会广泛认可"尼亚加拉运动"为"黑人民权事业发展转折点"。

  1910年，黑人运动的第一个全国性领导机构全国有色人种协进会（National Association for the Advancement of Colored People，缩写NAACP）成立，这是白人和有色人种共同组成的追求黑人平等权利、消除种族歧视和种族仇恨的全国性组织。尼亚加拉运动的大部分成员都加入了NAACP，NAACP也基本上沿用了尼亚加拉运动的政治纲领和诉求。1911年，改善纽约黑人工业条件委员会、全国保护黑人妇女联盟、城市黑人条件委员会三个组织合并为全国城市联盟（National Urban League），这也是一个跨种族的组织，旨在反对种族歧视、改善城市黑人聚居区的条件和防治流行病。③ 全国城市联盟尤其关心初到城市的黑人，帮助其寻找住处和职业，"在战胜白人雇主的偏见和为黑人工人开辟新的机会方面做了重要的工作。"富兰克林指出："黑人在北部城市集中的结果造成了他们在政治上的苏醒，这使他们再一次深深地卷入美国的政治中心，从而产生了自重建以来还没有发挥过的那种力量。"④ 1914年，出生于亚拉巴马州的黑人奥斯卡·斯坦顿·德·普里斯特（Oscar Stanton De Priest）在芝加哥当选为市议员，后来又成为重建后第一个黑人国会众议

---

① 刘依纯."尼亚加拉运动"的兴起及其对美国黑人民权斗争发展的影响［J］.世界历史，2023（1）：76-93，161-162.
② 南开大学历史系美国史教研室.美国黑人解放运动简史［M］.北京：人民出版社，1977：208-209.
③ 邓超.美国进步主义时期的社会控制与社会主义运动的衰落［J］.当代世界与社会主义，2009（4）：58-62.
④ 富兰克林.美国黑人史［M］.张冰姿，何田，段志诚，等译.北京：商务印书馆，1988：456.

员；1917年，以奴隶身份出生于北卡罗来纳州的黑人爱德华·奥斯丁·约翰逊（Edward Austin Johnson）当选纽约州议员。这些都标志着美国黑人在政治上日趋成熟，开始以组织化的形式表达自己的正义诉求，在美国政治与社会中的影响力缓慢提升。

此外，随着城市黑人不断增多和无处不在的种族歧视，不分南北，城市中不断发生种族骚乱。最严重的莫过于1919年7月发生在芝加哥的暴力冲突，冲突持续13天，造成38人丧生，其中黑人23人；伤者537人，其中黑人342人。乔安妮·格兰特（Joanne Grant）描述："一帮帮歹徒们在黑人住区游逛，任意开枪射击。这是一场大屠杀……但是黑人这次进行了反击。"① 胡锦山也认为，尽管黑人在冲突中遭受的损失和牺牲更大，但如此严重的组织冲突本身已充分说明黑人不再逆来顺受，愿意为保卫自己而战斗和牺牲，"黑人这种新的精神风貌是与随大迁徙而加强的种族自尊心和种族团结分不开的。"②

第四节　20世纪20年代后美国南部的"三农"问题再趋恶化

得益于第一次世界大战而延长的美国农业的"黄金时代"在20世纪20年代终于走到了尽头，"从1920到1939年的整整二十年间，美国农业都处于不同程度的危机中，不过有时显得缓和，有时显得激烈"。而美国农业中最薄弱、最落后的南部农业面临的形势无疑更加严峻，因而在20世纪20年代后南部的"三农"问题再趋恶化。到大萧条之前，"无论从任何社会经济指数来看，南部都是美国最落后贫困的区域"，③ 而大萧条的长期持续更是使南部的"三农"问题恶化到无以复加的地步，迫使罗斯福总统上台后立即着手应对。

一、持续的农业危机是大萧条的前奏

通常认为，20世纪20年代美国农业遭遇危机的最主要原因是一战以来美国农业生产过度扩张和战后欧洲市场急剧缩小，此外还包括消费者食品偏好

---

① 格兰特. 美国黑人斗争史：1619年至今的历史、文献与分析 [M]. 郭瀛，等译. 北京：中国社会科学出版社，1987：204.
② 胡锦山. 美国黑人的第一次大迁徙 [J]. 东北师大学报，1996（2）：13-17.
③ 王萦兴. 新政与美国南部的社会变迁 [J]. 求是学刊，2005（2）：123-128.

的变化，美国人口增速减缓，以及来自阿根廷、加拿大、澳大利亚等国农产品的竞争加剧等。

整个20年代，美国农产品价格和农业收入都呈下降之势，1920—1929年美国农场总收入指数从209降到163，雇农工资指数从239降到170（二者均以1910—1914年的平均数为100）；而与此同时农场财产税却翻了一番。1929年，美国人均年收入为750美元，而农业人口人均年收入仅273美元。从农场经营者的货币收入来看，1919年达到145.38亿美元的高峰后，长期保持在110亿美元左右，到大萧条前的1929年也不过112.12亿美元，甚至到美国正式卷入第二次世界大战的1941年也只有110.11亿美元，[1] 20多年间一直远远低于农业危机前的水平。独立农户在美国国民收入中所占的比例，1920年为15%，1929年为9%，1933年为7%。余志森认为，20世纪20年代，"美国的农业总体上由于这一时期大企业的繁荣、工业的迅速发展，往往被政府忽视，在三位总统的执政信念中工业的位置更重要"[2]。不少中外学者认为这一时期农民的购买力下降是大萧条的原因之一，如富兰克林指出，对于南部农民，"早在（20世纪）二十年代萧条就已开始了"；"美国农业人口，其中包括大多数黑人公民，没有必要的购买力去享受二十年代的富裕，这是这个时代的不祥之兆。"[3] 1924年，美国农业部长在报告中承认："低的小麦价格和小麦购买力的后果是深远的，因为它不仅影响农场主，而且几乎所有其收入依赖于小麦农场主经济繁荣的各种企业家都处于不利地位。"事实上，在20世纪20年代的经济繁荣期间，与农业联系密切的部门如纺织工业、食品工业就并未迎来繁荣的局面。厉以宁也认为，尽管"工业繁荣究竟能够维持多久，新的工业危机究竟什么时候爆发，这一点并不取决于农业状况……但不管怎样，慢性的、持久的农业危机和由此引起的农业收入的减少，毕竟是加速工业本身生产能力增长和需求狭隘的矛盾爆发的条件之一。"[4]

1920年，美国爆发了一战后首次经济危机。这场危机持续时间不长，而

---

[1] 广东省哲学社会科学研究所《美国农业经济概况》编写组. 美国农业经济概况 [M]. 北京：人民出版社，1976：286.

[2] 结合上下文，"三位总统"应指沃伦·G·哈定、约翰·卡尔文·柯立芝和赫伯特·克拉克·胡佛，三人均为共和党籍，且均持自由放任的经济思想。参阅余志森. 美国通史：第4卷：崛起和扩张的年代1898—1929 [M]. 北京：人民出版社，2002：456.

[3] 富兰克林. 美国黑人史 [M]. 张冰姿，何田国，段志诚，等译. 北京：商务印书馆，1988：427-428.

[4] 厉以宁. 从二十年代美国农业史看资本主义农业危机的相对独立性 [J]. 北京大学学报（哲学社会科学版），1986（2）：15-24，50.

受影响最严重的就是农业：首先，国外对美国农产品的需求从 1920 年开始急剧下降，农产品价格猛跌，从危机前最高点的 1920 年 6 月到危机中最低点的 1921 年 6 月，全部农产品价格下跌了 55.2%。① 其次，1920 年 5 月美国政府取消了对小麦的价格补贴。此后整整 20 年，美国农民的好日子一去不复返。马克汉姆评价说："1920 年和 1921 年的价格暴跌使农民的处境比他 30 年来所遭受的还要糟糕。"期间，小麦价格从 1919 年的每蒲式耳 2.19 美元跌至 1922 年的 1.05 美元；玉米价格从 1919 年的每蒲式耳 1.86 美元跌到 1921 年年底的 0.41 美元。② 农场经营者实际收到的农产品价格指数（以 1910—1914 年的平均价格为 100）从 1919 年的 217 和 1920 年的 211 暴跌至 1921 年的 124，较 1919 年减少约 43%；1921 年的农场净收入为 33.22 亿美元，比 1919 年减少 63%。1924—1928 年农业危机有所缓和，但农产品价格指数保持在 140～148 之间，③ 远不及 1920 年的水平。1910—1914 年，美国农产品价格指数与工业品价格指数大体持平（在 100%左右），20 世纪 20 年代以来农产品相对价格不断下跌；农产品价格指数与工业品价格指数之比，1930 年为 83%，1932 年进一步降至 58%。根据厉以宁的研究，农场主购买生活资料和生产资料的价格指数，以 1910—1914 年的平均价格为 100，1922 年分别为 156、139，1925 年进一步升至 164、147。1910 年，美国农场主年均收入为城市工人的 40%，到 1930 年降为 30%；1918 年，美国农村地区人均收入为非农村地区的 45%，1932 年降至 17%。④

在经历了 1920—1921 年的短暂危机后，美国经济再次进入一个较长时期的繁荣状态，即所谓"柯立芝繁荣"（因经济景气主要出现在柯立芝总统任期内，故名），当时甚至有美国人扬扬得意地称之为"永恒的繁荣"。据统计，美国的国民收入从 1921 年的 594 亿美元增至 1929 年的 872 亿美元，8 年间增幅超过 30%；1929 年美国工业产值占全世界总额的 48.5%，超过欧洲三大工业强国英、法、德的总和。柯立芝总统本人曾扬扬得意地声称美国人民已达

---

① 厉以宁. 1933 年以前美国政府反农业危机措施的演变［J］. 北京大学学报（人文科学），1962（3）：61-74.
② MARKHAM J W. A Financial History of the United States, Volume II［M］. Armonk：M. E. Sharpe, Inc., 2002：99.
③ 广东省哲学社会科学研究所《美国农业经济概况》编写组. 美国农业经济概况［M］. 北京：人民出版社，1976：22.
④ 高国荣. 从生产控制到土壤保护：罗斯福"新政"时期美国农业调整政策的演变及其影响［J］. 北京师范大学学报（社会科学版），2022（6）：93-106.

到"人类历史上罕见的幸福境界"。① 这或许不全是夸大其词,"柯立芝繁荣"确实惠及除农民外的大多数美国人——1922—1927年普通美国人的工资购买力年均增长率超过2%;大资本家更是赚得盆满钵溢,仅1924—1927年年均交纳所得税超过100万美元者就从75人增至283人。②

但与此同时,农业则始终处于萧条停滞状态,或者说是陷于一场持续的慢性危机之中。这在一定程度上与20世纪20年代的通货紧缩和物价低迷有关,米尔顿·弗里德曼(Milton Friedman)指出:"到1923年为止,批发物价指数只恢复了它在1920—1921年下降部分的1/6。从那时起直到1929年,批发价格以每年1%的均速下降。"③ 沃尔顿和罗考夫则认为,虽然20世纪20年代的农产品价格较之1920年以前的高位明显下降,但不至于使美国农业陷入长期危机。如前所述,美国农场总收入也远高于一战前的水平,"看不出农业应在20世纪20年代中后期遭受更多损失"。他们认为农业危机的主要原因在于"许多农民,特别是中西部地区的农民,在被证明错误的时间招致了固定的债务负担。"——1910—1920年土地价值大幅上升,许多农场价值翻倍,农民为购置土地而债台高筑,农场长期债务从1910年的32亿美元增至1920年的84亿美元,1923年更高达110亿美元。④ 厉以宁的数据与之相近,他估计1920—1921年美国农场主需要支付的债务利息就高达9.8亿~13.2亿美元,占1921年农场净收入(33.22亿美元)的29.5%~39.7%,显然这是极其沉重的负担。所以他断言:"危机期间,由于农产品绝对价格水平的下降,地租和利息将给予农场主以致命的打击。"⑤ 农产品价格低迷还导致1920—1927年土地价值缩水约200亿美元,新奥尔良的银行拒绝向种植园主发放贷款。⑥

当高负债率的农民遭遇农产品价格长期低迷和土地价值不断缩水时,破产就在所难免了。亨利·阿加德·华莱士(Henry Agard Wallace)指出:"在

---

① 刘鹏."柯立芝繁荣"期间美国农业经济危机爆发的原因解析[J].世界农业,2014(6):35-38.
② 艾伦.大繁荣时代[M].秦传安,译.南京:江苏人民出版社,2019:181.
③ 弗里德曼,施瓦茨.美国货币史(1867—1960)[M].巴曙松,王劲松,等译.北京:北京大学出版社,2009:208.
④ 沃尔顿,罗考夫.美国经济史:第10版[M].王钰,钟红英,何富彩,等译.北京:中国人民大学出版社,2011:502-503.
⑤ 厉以宁.从二十年代美国农业史看资本主义农业危机的相对独立性[J].北京大学学报(哲学社会科学版),1986(2):15-24,50.
⑥ MARKHAM J W. A Financial History of the United States, Volume II [M]. Armonk: M. E. Sharpe, Inc., 2002:99.

一些州，在（一）战前年份，农民的破产案例约占所有这类案件的7%，这一比例在1922年上升到接近30%。"厉以宁指出，1922—1929年，农场年均破产数相当于1920—1921年平均数的524%。布鲁斯·L.加德纳（Bruce L. Gardner）指出，1926—1940年，美国农场年均破产率为2%，最高峰在1933年为4%；换言之，这15年间全美国有大约30%的农场面临破产的威胁。① 美联储的一个数据也支持沃尔顿和罗考夫的观点——20世纪20年代的美国，"每年有好几百起银行倒闭事件，于1926年达到高峰值975起"。而倒闭的银行主要在农村地区，美联储认为"在战争期间给农民的不切实际的贷款"是导致其破产的重要原因。马丁也指出，20世纪20年代的农业萧条导致农场主拖欠债务，对美国银行系统造成很大压力，1920—1929年全国3万家银行中约有五千家倒闭。②

二、农业危机和大萧条沉重打击了南部农业发展进程

首先，20世纪20年代以来的农产品过剩与价格暴跌延缓了南部刚刚起步的农业机械化进程。黄安年指出："农业生产严重过剩引起生产力的大倒退和大破坏"。③ 全国范围内都一度出现了拖拉机等农业机械又被马、骡等牲畜取代的现象，这种反常现象在经济上却是合理选择——相对于农产品价格，汽油太贵，而主要作为牲畜饲料的燕麦既便宜又卖不出去。肥料的使用也因为无利可图而被大大减少；反之，由于危机导致农业工人的工资下降，用人力取代机器反而是顺理成章。上述情况在大萧条时期尤为突出，1929年农业机械在美国的销售额为4.58亿美元，到1932年降到0.65亿美元，降幅近86%。在以农业人口为主的南部，一方面广大租佃农固然无力购置现代农业机械，另一方面"工资低廉，剩余劳动力非常之多，这就使得采用新机器成为一种企业的冒险，连有钱可以投资的人也不敢轻易尝试了"。④ 直到1950年，南部的农业机械化水平都明显低于全国平均水平。

其次，农业危机和大萧条导致租佃农尤其是分成农数量增加，使南部农业的小农经济状态得以延续。约翰·T.施莱贝克尔（John T. Schlebeker）认

---

① GARDNER B L. American Agriculture in the 20th Century：How it Flourished and What it Cost [M]. Cambridge：Harvard University Press，2002：85.
② 马丁，罗伯茨，明茨，等. 美国史：下册 [M]. 范道丰，柏克，曹大鹏，等译. 北京：商务印书馆，2012：1039.
③ 黄安年. 二十世纪美国史 [M]. 石家庄：河北人民出版社，1989：126.
④ 艾伦. 美国黑人问题与南部农业经济 [M]. 张友松，译. 北京：中华书局，1954：94.

为"佃户越多,农场公众越不繁荣,反之亦然"①。弗雷德里克·刘易斯·艾伦也指出:"1880年,美国只有25%的农场由佃户经营",而"在大萧条期间,这个数字达到42%。"② 施莱贝克尔的数据与之基本吻合:1910年,佃户农场约占美国农场总数的37%;1920年降为约33%;而1930年陡增至42.4%;到1940年这一比例还有38.7%,高于1910年的水平。参阅表4-4:

表4-4 1910—1950年美国农业土地所有权的变化(单位:户)③

年份	农场总数	完全业主	部分业主	经理	现金佃户	其他佃户
1910	6361502	3354897	593825	58104	712294	1642382
1920	7448343	3366510	558580	68449	480009	1974795
1930	6288648	2911644	656750	55889	489210	2175155
1940	6096799	3084138	615750	36351	514438	1846833
1950	5382162	3089583	824923	23527	212790	1231339

表中的"其他佃户"主要就是指分成农,而分成农中绝大部分都在南部,如前所述分成农也是各种类型的小农户中受剥削压迫程度最深、处境最为艰难者。1910年其他佃户占美国农场总数的25.8%,1920年为26.5%,而1930年接近34.6%。这一比例在1920—1930年期间的急剧上升,应是自耕农失去土地降为分成农的结果,既可见20世纪20年代农业危机期间美国农民尤其是南部农民处境之艰难,又反映出农业发展进程的倒退。

再次,这一时期美国农业的需求变化也不利于南部农业。20世纪20年代,科技进步如营养学的发展与普及、水果蔬菜的储存、防腐、保鲜技术的发明与应用等使美国人民的饮食习惯发生了巨大的变化——"人们对牛奶和奶制品的需求量大大增加;新鲜水果和新鲜蔬菜更是人们餐桌上一年到头都必不可少的。"1919—1926年,美国的牛奶和奶制品产量增加了1/3,其中仅冰激凌一项就增加了45%;1919—1928年水果蔬菜的销量也迅速增加,其间

---

① 施莱贝克尔. 美国农业史(1607—1972年):我们是怎样兴旺起来的[M]. 高田,等译. 北京:农业出版社,1981:216.
② 艾伦. 大撕裂时代[M]. 秦传安,译. 南京:江苏人民出版社,2019:195.
③ 施莱贝克尔. 美国农业史(1607—1972年):我们是怎样兴旺起来的[M]. 高田,等译. 北京:农业出版社,1981:235.

为城市提供新鲜蔬菜的19个农业基地的种植面积翻了一倍。相应地，许多商业化、专门化的牛奶和奶制品、水果蔬菜的生产者都赶上了"柯立芝繁荣"的财富列车；"而那些种植小麦、玉米和棉花等传统农作物的农民的境况就很糟糕"。尤其是从事单一的棉花生产的南部农民悲哀地发现"这一时期的美国女性越来越追求时尚，很少有人再愿意穿棉制品服装了。"[1] 而对于市场需求方兴未艾的奶制品、新鲜水果蔬菜等，无论是生产所需的资金、技术、设备，加工所需的专门企业还是物流所需的车辆和基础设施，对于落后的南部农业和贫困的南部小农都是难以具备甚至难以想象的。

最后，农业技术进步甚少惠及南部小农。如前所述，联邦政府通过《哈奇法》《史密斯—利弗法》等建立的农业推广体系本是典型的公共产品，理应惠及全体农民。但事实上，正如S. W. 麦尔斯特德（S. W. Melsted）指出："几乎所有农业科学的进步都包含着操作方法的变更和以资本代替劳动。因此，农业科技成果只有一部分被推广和咨询工作人员带给农民，因为采用这些成果，往往需要使用稀有或昂贵的设备，这就需要进行资本投资。"[2] 对于贫困的南部小农来说，只有很小一部分的农业科技成果如改良的作物品种是他们可以直接应用的，而当新的技术成果需要进行相应的资本投资时，他们基本只能望洋兴叹。乔治·S. 惠勒（George S. Wheeler）指出："县推广代理人（即农业技术推广员）了解，有些农民没有可能进行大规模资本投资，甚至与他们谈这类问题也没有什么意义。……那些大大落后于科学进展的小农，由于无力应用科学成果而越来越陷入贫困的境地。"[3] 总体上看，农业科技的进步是加大而不是缩小了南部农业和南部农民与全国平均水平之间的差距。

三、大萧条与苦难深重的南部农民

（一）大萧条对美国农业造成前所未有的沉重打击

有观点认为，大萧条的起点就是农产品价格的下跌，首先是来自苏联的竞争导致1928年木材价格下跌，1929年加拿大小麦的高产量又导致小麦价格的下跌。1928年年底，当美国工业和股市还一派欣欣向荣、形势大好之时，

---

[1] 艾伦. 大繁荣时代 [M]. 秦传安，译. 南京：江苏人民出版社，2019：172.
[2] MELSTED S W. Advances in Agronomy, Vol. 6, New Concepts of Management of Corn Belt Soils [M]. Urbana: University of Illinois Press, 1954：121-122.
[3] 惠勒. 美国农业的发展和问题 [M]. 月昇，李守身，贺载之，等译. 北京：世界知识出版社，1962：22-23.

农业危机已再度激化，农产品价格迅速下降。从19世纪晚期的历史来看，通货紧缩对美国农民特别不利，而从1929年10月至1933年3月，美国的货币供应量下降了约1/3。① 需求和货币供给的同时急剧萎缩导致大萧条时期的农产品价格几近崩盘，时人评价说："自伊丽莎白女王②统治以来，农产品价格从没这样低过"，农产品批发价格指数从1929年1月的149跌到1933年2月的57，跌幅超过60%；农场净收入从1929年的61.42亿美元降至1932年的20.38亿美元，跌去了2/3；而同期美国工业品价格仅下跌15%。③ 农民的境遇可想而知。1929—1932年，美国三大主要农产品——玉米、小麦、棉花的产量并无太大变化，农民的总收入却下降了57%之多。④ 1929—1932年美国农产品总值分别为119.41亿、94.54亿、69.68亿和53.37亿美元，4年间下降了55.3%。1929—1931年，美国农民曾寄希望于通过增加产量来弥补价格下降带来的损失，农业生产指数从1930年的61增加到1931年的66，结果农产品大量积压。1932年12月，《纽约时报》报道："在现有谷物价格的条件下，家庭和机关中利用谷物作燃料，要比用煤砖更合算。"⑤ 同年，《文学文摘》称一蒲式耳玉米的价格已低于一包口香糖。蒙大拿州的一位农场主借钱买来子弹，花了两个小时屠杀了一群牲畜，"却只把它们丢在峡谷里任其腐烂"，因为他看到"一个人花1.1美元把羊送到市场，最终得到的回报还不到1美元"。⑥ 罗斯福上台后大量销毁、减产农产品，到1934年农业生产指数降到51，这是1910年的水平。换言之，从产量看美国农业倒退了23年。

大萧条期间，欧文·费雪（Irving Fisher）所指出的"债务通缩"现象在农业领域尤为明显——农业生产的周期性使得农民无法至少是难以通过改变生产策略来应对经济环境的变化，债务通缩由此发端。格林斯潘指出："农产品价格的下跌引发了一系列危机：举债过高的农户无力还贷，主要在乡村地

---

① MARKHAM J W. A Financial History of the United States, Volume II [M]. Armonk: M. E. Sharpe, Inc., 2002: 190.
② 此处当指英国女王伊丽莎白一世（1533年9月7日—1603年3月24日），在位时间1558年11月17日—1603年3月24日。
③ 王书丽. 政府干预与1865—1935年间的美国经济转型 [M]. 北京：人民出版社，2009：145.
④ 沙伊贝，瓦特，福克纳. 近百年美国经济史 [M]. 彭松建，熊必俊，周维，等译，北京：中国社会科学出版社，1983：367.
⑤ 广东省哲学社会科学研究所《美国农业经济概况》编写组. 美国农业经济概况 [M]. 北京：人民出版社，1976：284.
⑥ 曼彻斯特. 光荣与梦想：1932~1972年美国叙事史：第1册 [M]. 四川外国语大学翻译学院翻译组，译. 北京：中信出版社，2015：47.

区经营的银行因客户无力还贷而破产倒闭,过度开垦的边缘化土地被遗弃……到1933年,近一半美国农户无力按时偿还抵押贷款。"①马克汉姆也指出,1932年每月有约2万笔农场抵押贷款被取消赎回权。②

需要指出的是,虽然大萧条是凯恩斯有效需求不足理论的背景,但这种需求不足的实质是广大劳动人民购买能力的不足,农产品过剩的实质是相对过剩而非绝对过剩。换言之,无论是大萧条还是早于大萧条爆发的美国农业危机,其根本原因都在于美国资本主义的基本矛盾。施莱贝克尔认为:"事实上,问题是消费不足,而且可以直接追溯到工人的工资水平。"20世纪20年代,美国主要农作物的产量增加了10%,而人口增加了16%;美国人均食品消费量在1929—1930年下降了3%,1930—1933年再次下降3%。③

(二)南部农民可能是大萧条时期美国最悲惨的群体

大萧条对美国人均收入的影响是空前绝后的,弗里德曼指出,1933年的人均实际收入水平与1908年的经济萧条时期持平,"四年的大萧条时期暂时性地抵消了20年来的进步。"④ 美国农民受到的影响尤其严重,厉以宁指出,从1929年经济危机爆发到1933年3月罗斯福上台前,美国破产农户超过110万户,约占当时美国农户总数(620万户)的18%。⑤ 刘绪贻和李存训引用美国劳工研究会的数据指出,1929—1933年由于被取消抵押品赎回权而丧失财产的农民达101.93万户。⑥ 而在美国农民之中,南部农民又是最为弱势、最为悲惨的。马丁认为,虽然"经济困难和损失涉及这个国家的各行各业……

---

① 格林斯潘, 伍尔德里奇. 繁荣与衰退 [M]. 束宇, 译. 北京: 中信出版集团, 2019: 216.
② MARKHAM J W. A Financial History of the United States, Volume II [M]. Armonk: M. E. Sharpe, Inc., 2002: 189.
③ 施莱贝克尔. 美国农业史(1607—1972年):我们是怎样兴旺起来的 [M]. 高田, 等译. 北京: 农业出版社, 1981: 250-251.
④ 弗里德曼, 施瓦茨. 美国货币史(1867—1960) [M]. 巴曙松, 王劲松, 等译. 北京: 北京大学出版社, 2009: 211.
⑤ 厉以宁. 1933年以前美国政府反农业危机措施的演变 [J]. 北京大学学报(人文科学), 1962(3): 61-74.
⑥ 刘绪贻, 李存训. 美国通史:第5卷:富兰克林·D. 罗斯福时代1929—1945 [M]. 北京: 人民出版社, 2002: 26.

但是大萧条中受害最严重的人群莫过于非洲裔美国人和墨西哥裔美国人了"①。

1. 大萧条时期南部农村人口不减反升

南部本就是美国工业最落后的地区，企业竞争力相对较差，大萧条期间大量工厂关门倒闭，企业数量急剧下降，造成大量工人失业。总的来看，1929—1939年南部工业就业人数零增长，有5个南部州1939年的工业工作比1909年还要少。② 参阅表4-5：

表4-5　1919年、1929年、1939年南部各州制造业企业数量（单位：家）③

年份	亚拉巴马	阿肯色	佛罗里达	佐治亚	路易斯安那	密西西比	北卡罗来纳	南卡罗来纳	得克萨斯	弗吉尼亚
1919	3522	3044	2503	4608	2489	2379	5690	1821	5390	5487
1929	2828	1731	2212	4179	1989	1911	3797	1659	5198	3287
1939	1982	1115	1976	3055	1779	1235	3158	1300	5085	2494

如表4-5所示，直到1939年，南部11州制造业企业数量都低于1919年的水平。南部各州中最靠近北部、工业相对发达的北卡罗来纳州和弗吉尼亚州，1929年的制造业企业数量分别比1919年减少约1/3和40%之多。如果说企业数量的变化可能有资本集中的因素，从制造业工资总额看，1929年南部11州总计10.078亿美元，1939年是10.184亿美元，10年间几乎没有增长；同时还有6个州的制造业工资额低于1929年的水平，其中阿肯色、佛罗里达和路易斯安那3个州的降幅都超过30%。④

20世纪20年代，从农村迁往城市的移民净值有600万，其中大部分是年轻的黑人；20世纪30年代这一数据骤降到200万。1930—1933年，全美国范围内都出现了所谓"回农村去"运动，美国的人口流动方向破天荒地发生了从城市到农村的逆转。弗朗西斯科·阿尔瓦雷斯-夸德拉多（Francisco

---

① 墨西哥裔美国人同样大多生活在南部，以务农尤其是从事农业工人为生。参阅马丁，罗伯茨，明茨，等. 美国史：下册［M］. 范道丰，柏克，曹大鹏，等译. 北京：商务印书馆，2012：1053-1054.

② WRIGHT G. Old South, New South: Revolution in the Southern Economy since the Civil War [M]. Baton Rouge: Louisiana State University Press, 1996: 237.

③ 王崇兴. 制度变迁与美国南部的崛起［M］. 杭州：浙江人民出版社，2002：69-70.

④ 王崇兴. 制度变迁与美国南部的崛起［M］. 杭州：浙江人民出版社，2002：70-71.

Alvarez-Cuadrado）和马库斯·波施克（Markus Poschke）提出了非农业与农业产品相对价格指数的概念，该指数大于1意味着非农业部门就业吸引力加大，小于1则农业部门就业吸引力加大。根据他们的研究，1820—2000年的美国，绝大多数时候该指数大于1，而在大萧条期间该指数不仅持续下降，甚至一度小于1，与当时美国人口大量返回农村的情况相吻合。① 对这种特殊的"逆城市化"，詹姆斯·S.艾伦评价说："当资本主义渴求大量的劳动力供应的时候，它的文化充满了赞美城市生活的歌声；而在经济危机时期，它的宣传人员却发现了农村有许多一向无人知道的美妙之处，甚至菜园都是可爱的，其实他们无非要借此分散那庞大的失业队伍而已。"②

1935年，美国农村人口达到历史峰值，其中有200万人5年前是城市居民。南部农村人口增长尤为明显，因为在美国的历次经济危机中，黑人工人基本上是最先被裁员而最后被雇佣的（除了种族歧视因素外，黑人工人技术水平总体偏低、熟练工人比例小也是重要原因）。富兰克林指出："为了努力使白人在大萧条时期还能继续就业，各工会比过去任何时候都更加严格地奉行排除黑人的政策。"③ 有的雇主甚至主动解雇黑人工人来为白人腾出岗位，全国城市联盟于1931年发布的一份报告指出："这种行为相当普遍，人们有理由怀疑，那些旨在缓解白人失业问题的措施，未曾考虑过对黑人可能造成的影响。"据估计，在大萧条开始的1929年就至少有30万黑人产业工人失业，黑人产业工人的失业率要比白人产业工人高40%~50%。1931年对16座北部和西部城市的失业人口统计显示，其中14座城市的黑人失业率高于白人失业率。在芝加哥、匹兹堡和费城，黑人劳动力的失业率达到50%，甚至更高。④ 而在南部城市中，"大萧条实际上抹掉了'黑人工作'这一类别"，因为当白人也开始竞争建筑行业的艰苦工作、非技术工人、街道清扫、垃圾收集和家庭女佣之类的职业时，"黑人就下课了"。马丁指出："在证券市场崩溃

---

① ALVAREA-CUADRADO F, POSCHKE M. Structural Change out of Agriculture: Labor Push versus Labor Pull [J]. American Economic Juornal: Macroeconomics, 2011, 3 (3): 127-158.
② 艾伦. 美国黑人问题与南部农业经济 [M]. 张友松, 译. 北京：中华书局, 1954: 157.
③ 富兰克林. 美国黑人史 [M]. 张冰姿, 何田, 段志诚, 等译. 北京：商务印书馆, 1988: 474.
④ 丘达柯夫, 史密斯, 鲍德温. 美国城市社会的演变：第7版 [M]. 熊茜超, 郭旻天, 译. 上海：上海社会科学院出版社, 2016: 211.

一年后（应指1930年），查尔斯顿的黑人人口中有70%失业，孟菲斯则高达75%。"①

如前所述，一战期间北部工业面临劳动力短缺时，资本家纷纷派专人到南部招募黑人，甚至为之垫付旅费；而在大萧条期间城市中失业问题严峻时，北部的政府和媒体又纷纷劝诱失业的黑人回到南部农村，甚至为之提供补贴或者减价车票，仅在纽约就有上千户黑人被全国城市联盟提供的减价车票诱往南部。据统计，1930—1932年，美国农村人口增加了207.3万；1932年，南部各州共有44.1万人由农村流入城市，而从城市流入农村者达67万。大萧条时期，南卡罗来纳州人口增长了16%，佐治亚州增长了15%，杜蒙德认为主要原因在于"那些离开的青年男女又穷困不堪地回来了"②。但随着农业人口不减反增，农业生产的小农经济状态愈益突出，人地矛盾更加严重。当时的南部农村根本没有条件成为失业人口的避难所，詹姆斯·S.艾伦描述回到农村的城里人往往只能"用极简陋的生产资料在岩石和树桩当中拼命设法种点食物"。③赖特指出，南部农业工人1929年日均工资为1.58美元，到1933年跌至0.76美元，罗斯福新政时期缓慢回升，到1940年为1.09美元，仅略高于1931年的水平（1.06美元）。④威廉·曼彻斯特（Willam Manchester）更指在大萧条时期的"棉花地带"，身体最强壮、动作最麻利的农业工人一天劳动14个小时摘300磅棉花，只能挣到30美分。一位共和党的农村报纸编辑哀叹："每个农民，无论他的农场是不是已抵押，都知道以今天农产品的价格，迟早有一天会破产。"⑤

2. 艰难岁月

1929—1932年，南部人均收入从372美元降到203美元，减少45%以上。作为对比，全国人均收入从1929年的681美元降到1933年的495美元，⑥降

---

① 查尔斯顿和孟菲斯均为南部城市，前者为南卡罗来纳州最大港口，后者在田纳西州。参阅马丁，罗伯茨，明茨，等. 美国史：下册［M］. 范道丰，柏克，曹大鹏，等译. 北京：商务印书馆，2012：1054.
② 杜蒙德. 现代美国（1896—1946年）［M］. 宋岳亭，译. 北京：商务印书馆，1984：506.
③ 艾伦. 美国黑人问题与南部农业经济［M］. 张友松，译. 北京：中华书局，1954：58.
④ WRIGHT G. Old South, New South: Revolution in the Southern Economy since the Civil War［M］. Baton Rouge: Louisiana State University Press, 1996: 231.
⑤ 曼彻斯特. 光荣与梦想：1932~1972年美国叙事史：第1册［M］. 四川外国语大学翻译学院翻译组，译. 北京：中信出版社，2015：47.
⑥ 林克，卡顿. 一九〇〇年以来的美国史：中册［M］. 刘绪贻，李存训，李世洞，译. 北京：中国社会科学出版社，1983：13.

幅为27.3%，可见大萧条对南部的影响远在全国平均水平之上。

南部农民在大萧条前就堪称美国社会最弱势的群体。自1892年得克萨斯州首次遭遇棉铃象甲灾害以来，这种"美国历史上最昂贵的昆虫"一直肆虐棉花地带，"是南部棉花种植园主的梦魇，南部赖以生存的棉花经济的瘟疫"。1892年美国棉花产量为670万包，较1891年的903.5万包下降了1/4以上，是1871年以后的最大降幅。1899年以后，半数的美国棉花被棉铃象甲摧毁；到1904年，平均要1.71英亩土地才能产出虫害发生前1英亩的棉花。① 王崇兴指出，1910—1928年棉铃象甲造成的经济损失约占南部总收入的12%。1927年密西西比河发生大洪水，此后又是持续3年的旱灾，都使南部尤其是南部农民遭受重创。② 1928—1932年，南部农业家庭年均收入从735美元降至216美元。1929年，南部农业人均年收入才186美元，仅相当于美国平均水平的1/4，其中棉花种植园的租佃农和分成农年均收入分别只有73美元和38~87美元。③ 大萧条期间的农产品滞销和价格暴跌对他们的影响可想而知。参阅表4-6：

表4-6　1919年、1929年、1939年南部各州平均每个农场农产品估价（单位：美元）④

年份	弗吉尼亚	北卡罗来纳	南卡罗来纳	佐治亚	佛罗里达	田纳西	亚拉巴马	密西西比	路易斯安那	得克萨斯
1919	2284	2282	2546	2058	1870	1952	1496	1825	1767	3140
1929	1252	1040	935	1011	1696	945	856	988	1046	1598
1939	713	781	665	594	1494	471	349	581	635	1128

南部的主要农产品棉花在全国的销售额从1929年的15亿美元惨跌至1932年的4500万美元，跌幅高达97%，⑤ 对当地单一的棉花经济造成毁灭性的打击，使"棉花地带"的分成农沦为当时美国最悲惨的群体。富兰克林指

---

① COWDREY A E. This Land, This South: An Envionmental Histroy [M]. Lexington: The University Press of Kentucky, 1996: 128.
② 王崇兴. 制度变迁与美国南部的崛起 [M]. 杭州：浙江人民出版社，2002：67.
③ 杜楠，吕翔，朱晓禧，等. 美国农业现代化历程及其对中国的启示研究 [M]. 北京：中国农业科学技术出版社，2017：7.
④ 王崇兴. 制度变迁与美国南部的崛起 [M]. 杭州：浙江人民出版社，2002：69-70.
⑤ BILES R. The South and the New Deal [M]. Lexington: The University Press of Kentucky, 2006: 18.

出，由于黑人通常储蓄很少或者完全没有储蓄，大萧条开始后"没有过多久他们便陷于赤贫的极端困苦中了"①。1932年1月，有南部议员在国会为之陈情："这些佃农中的许多人，特别是黑人佃农，在此深冬之际，无衣无食，而且一无所有，他们怎么生活呢？棉花地带许多县没有慈善组织……许多白人处境与此相似……他们衣不蔽体、缺乏燃料、没有营养，时刻有死去的危险，而且许多人处于垂死状态。"②

此外，南部传统的贫困地区——阿巴拉契亚山区的形势也极为严峻，大萧条时期有福利机构在访问西弗吉尼亚州和肯塔基州的山区时，发现当地90%的儿童体重偏低，"很多孩子因为营养不良而变得困倦迟钝"③。

---

① 富兰克林. 美国黑人史 [M]. 张冰姿，何田，段志诚，等译. 北京：商务印书馆，1988：428.
② 刘绪贻，李存训. 美国通史. 第5卷：富兰克林·D. 罗斯福时代 1929—1945 [M]. 北京：人民出版社，2002：26.
③ 科恩. 无所畏惧：罗斯福重塑美国的百日新政 [M]. 卢晓兰，译. 天津：天津教育出版社，2009：2.

第五章

新政与第二次世界大战
——美国南部"三农"问题的破局

大萧条将美国资本主义推到了崩溃的边缘：一方面是生产尤其是农产品大量过剩，另一方面是千百万民众饥寒交迫，资本主义制度的不合理性以近乎黑色幽默的方式暴露无遗。1932年的美国大选，主张国家干预经济的民主党候选人罗斯福以巨大优势战胜在经济陷入谷底时仍然坚持"促进自愿主义、个人自由主义、联邦不对市场进行经济干预"的在任总统赫伯特·克拉克·胡佛（Herbert Clark Hoover）。拉尔夫·德·贝茨（Ralph F. De Bedts）认为，此次选举结果"意味着对这种竟能容忍如此普遍的人类灾难的经济制度必须做重大的改进"，而且"大萧条才使公众理解到，只有联邦权力才是足以对付这种国家灾难的唯一源泉，也才使公众接受大幅度地增加并使用这种联邦权力"[1]。而民主党在此次大选中的大获全胜也使得共和党难以对新政府形成有效的掣肘，罗斯福上台后得以放手施政。作为美国历史上唯一连任四届、任期最长的总统，罗斯福执政的12年间，影响最为深远的两件事无疑是新政与第二次世界大战，而正是这两者促成了美国南部"三农"问题的破局。到罗斯福去世之时，南部的政治经济形势已发生重大变化，"三农"问题明显改观。

第一节 罗斯福新政是美国南部"三农"问题破局的契机

通常认为，罗斯福新政以"3R"即改革（Reform）、复兴（Recovery）和救济（Relief）为核心。在时间上，新政大致可分为两个阶段：1935年之前为第一阶段，1935—1939年为第二阶段。刘绪贻和李存训将前者称为第一次新

---

[1] 贝茨. 1933—1973美国史：上卷[M]. 南京大学历史系英美对外关系研究室，译. 北京：人民出版社，1984：37-39.

156

<<< 第五章 新政与第二次世界大战——美国南部"三农"问题的破局

政,后者为第二次新政,"第一阶段着重在复兴,第二阶段着重在改革,救济则贯彻始终"①。1939年以后,随着第二次世界大战爆发,罗斯福政府的工作重心转向反法西斯斗争。由于当时美国国内孤立主义情绪严重,为取得国会对外交政策的支持,罗斯福在内政方面向保守势力做出让步,几乎不再提出新的改革法案。另一方面,已有的新政法案和相关政府机构大多得以保留,新政的成果并未丧失,因而部分国外学者认为1939年后新政消失或终结的说法也值得商榷。用罗斯福在1939年1月国会咨文中的话说:"我们已经渡过了为制定我国社会改革计划而发生内部冲突的阶段,现在我们可将全部精力投入活跃经济恢复的进程,以便维护我们的改革。"② 一方面宣称"发生内部冲突的阶段"(新政)已"渡过"(告一段落),另一方面"改革"(成果)仍要维护。

一、罗斯福新政中的农业政策

1932年以后,美国农民运动在全国范围内到处蔓延,且程度日益严重。狄克逊·韦克特(Dixon Wecter)指出:"1932年,多半是美国农民历史上最黑暗的日子,每一个人都握紧了反抗的拳头。"③ 1933年年初,全国农民联盟主席在参议院宣称:"你们马上会看到最大、最好的革命种子在全国各地生根发芽。"美国农场事务联合会会长补充道:"除非对美国农民采取行动,否则12个月内,农村将爆发革命。"④ 到1933年3月4日罗斯福就任总统时,美国的经济危机正处于最严重的阶段(弗里德曼指出1933年3月是"公认的周期性谷底"),而最迫在眉睫的问题就是金融危机和农业危机。大萧条期间,到1933年年初,美国的货币存量下降了1/3,是1867—1960年"规模最大、时间最长的一次下降"。与19世纪晚期的情况一样,严重的通货紧缩再次导致农产品价格暴跌,马克汉姆指出,1929—1933年美国零售价格下降了近1/4,而农产品价格下降了60%以上⑤,苏联学者的研究支持与之相近,美国

---

① 刘绪贻,李存训. 美国通史:第5卷:富兰克林·D. 罗斯福时代1929—1945 [M]. 北京:人民出版社,2002:3.
② 贝茨. 1933—1973美国史:上卷 [M]. 南京大学历史系英美对外关系研究室,译. 北京:人民出版社,1984:177.
③ 韦克特. 大萧条时代 [M]. 秦传安,译. 南京:江苏人民出版社,2015:138.
④ 曼彻斯特. 光荣与梦想:1932~1972年美国叙事史:第1册 [M]. 四川外国语大学翻译学院翻译组,译. 北京:中信出版社,2015:79.
⑤ MARKHAM J W. A Financial History of the United States, Volume II [M]. Armonk: M. E. Sharpe, Inc, 2002: 160.

157

农产品价格指数从1929年2月的136降至1933年2月的49, 4年间的跌幅约64%。① 更为紧迫的是, 当时春耕在即而美国农民一贫如洗, 无力筹备生产的窘境也促使政府必须尽快采取行动。

另一方面, 此时的美国已经具备实行农业保护、反哺农业的能力, 根据西蒙·史密斯·库兹涅茨（Simon Smith Kuznets）的研究, 20世纪30年代, 美国农业在GDP中的比例已低于12%（约为工业的1/4）, 就业人数在社会总就业人数中的比例低于25%, 城市人口占全国总人口的50%以上, 人均GNP按1967年的美元价格计算超过1800美元。② 罗斯福本人也意识到:"农场主是必须加以扶持的人", 罗斯福新政可视为美国农业保护政策的开始。沃尔特·威廉·威尔科克斯（Walter William Wilcox）更认为: "可以肯定地说, （20世纪）三十年代农业计划的总宗旨是帮助生产者调整他们的生产和销售, 以改善和稳定在一个不断失业时期内的农业价格和收入。"③ 简言之, 就是要提高农民购买力。这一时期的农业政策, 主要包括1933年和1938年的两次《农业调整法》、1936年《土壤保护和国内配额法》、1937年《班克黑德-琼斯农场租佃法》等。

(一) 1933年《农业调整法》

1933年3月8日, 罗斯福就责成相关官员草拟"挽救农业的办法", "力求提高我国农民购买力和我国工业品的消费水平", 并于16日提交国会。当年5月, 罗斯福正式签署《农业调整法》, 主要内容包括对自愿减少棉花、小麦、玉米、烟草、稻米、马铃薯、猪和奶制品等8种所谓"基本农产品"（1935年又增加了8种农产品）生产的农民给予补贴, 与政府合作的农民得以用农产品作担保向政府设立的商品信贷公司贷款, 并将农产品储存起来等待市场价格回升; 设立农业调整署（Agriculture Adjustment Administration）, 与农产品加工者签订销售合同并规定销售定额和出口补贴等。在削减耕作面积方面, 法案要求农场主以其过去三个连续耕种季节的平均耕作面积为计算

---

① 苏联科学院世界经济与世界政治研究所, 瓦尔加. 世界经济危机（1848—1935）: 主要资本主义国家的危机历史比较资料 [M]. 戴有振, 等译. 北京: 世界知识出版社, 1958: 492.
② 王霄鸣. 美国农业保护政策及其影响研究 [D]. 武汉: 华中科技大学, 2005: 46.
③ 威尔科克斯, 科克伦, 赫特. 美国农业经济学 [M]. 刘汉才, 译. 北京: 商务印书馆, 1987: 483.

<<< 第五章 新政与第二次世界大战——美国南部"三农"问题的破局

基础，将耕作总平均亩产量的 15% 退出生产。① 法案第一节明确写道：

特此宣告国会的政策是：一、建立和维持农产品的生产和消费之间的平衡，以及因此而产生的销售条件，以便为农民的农产品建立一种价格水平，使农民购买商品的农产品的购买力，相当于基期的农产品的购买力。就所有农产品来说，除了烟草外，基期就是战前的 1909 年 8 月到 1914 年 7 月这个时期。②

可见，《农业调整法》的主要目的是通过限制农产品生产来恢复供求平衡，提高农产品价格，进而恢复农民购买力。此外，该法案还给予农场协会免受反垄断检控的特权，从而使农民集中决策成为可能。根据恩格尔曼和高尔曼的数据，全国 40% 以上的小麦生产者、25% 以上的玉米生产者和 60% 以上的生猪生产者都按照《农业调整法》相关规定，与政府签订减产合同以换取补贴；③ 75% 的棉农参与了使棉花播种面积减少 1/3 的计划，并因此获得约 2 亿美元的政府补贴。④ 1933 年春，农民领袖赶到华盛顿告知农业部长华莱士："如果（每磅棉花）5 美分的价格持续到下一季，南部就挺不下去了。"而在《农业调整法》生效后，全国一半的棉花已播种完毕，根据天气预报的情况当年可能再次出现大丰收，棉价将继续下降。在这个夏天，农业调整署派出 2.2 万名代理人（主要是志愿者）到南部劝说农民翻耕掉 1/4 的棉花（当年棉花种植面积总计 4000 万英亩）以换取每英亩 6~20 美元的现金补贴，最终有 1000 多万英亩即将成熟的棉花被铲除。⑤ 这当然是巨大的浪费，招致了广泛和持久的批评。

作为对 1933 年《农业调整法》的细化和补充，1934 年又通过法案进一步把黑麦、亚麻、大麦、芦粟（甜高粱）、花生、牛、甜菜糖和蔗糖等纳入限制生产的"基本农产品"范畴，并专门制定了《班克黑德棉花控制法》和《克尔—史密斯烟草控制法》来严格限制南部最主要的农产品——棉花和烟草的生产。1934 年《班克黑德棉花控制法》规定对配额之外的所有送轧棉花征

---

① 王向红. 罗斯福"新政"的土地资源保护政策[J]. 海南大学学报（人文社会科学版），2012，30（6）：56-62.
② 威尔科克斯，科克伦，赫特. 美国农业经济学[M]. 刘汉才，译. 北京：商务印书馆，1987：483-484.
③ 恩格尔曼，高尔曼. 剑桥美国经济史：第三卷：20 世纪（下册）[M]. 蔡挺，张林，李雅菁，译. 北京：中国人民大学出版社，2018：638.
④ 高国荣. 从生产控制到土壤保护：罗斯福"新政"时期美国农业调整政策的演变及其影响[J]. 北京师范大学学报（社会科学版），2022（6）：93-106.
⑤ 科恩. 无所畏惧：罗斯福重塑美国的百日新政[M]. 卢晓兰，译. 天津：天津教育出版社，2009：144.

税，并在试行一年后以全民公投决定是否保留，结果全美国近90%的棉农投票支持保留。在作为棉花主产区的南部，这一法律还"神不知鬼不觉地跨越了古老的地区禁忌"，因为它"允许棉农（包括佃农和分成农）投票决定市场配额"而"没有人发出愤怒的声音"，韦克特认为"即使这件事情并没有什么政治意义，但它毕竟让白人和黑人习惯于共同投票的壮观场面"①。

上述法案在短期内起到了较为明显的效果，"1933年，大约闲置了一千零四十万英亩土地，其后两年又分别丢掉了三千五百七十万和三千零三十万英亩耕地"。而1933—1934年的严重干旱也导致美国农产品产量下降，农产品价格止跌回升，农民收入有所增长。② 施莱贝克尔指出，1935年的农场收入比1932年增加了50%，增加额中"据估计约有25%是采取对农场主直接付款的形式，其余部分则来自对种植面积的限制和因旱灾而造成的减产（带来的农产品价格回升）"；政府在1932—1936年直接付给农场主约15亿美元，"这个数目从整个经济来看是很小的"，但"对许多农场主来说，这种付款等于是救了他们的命"③。亚当·科恩（Adam Cohen）也评价《农业调整法》有应急救时之效——"虽然《农业调整法》没有立刻结束农业危机，但它将一大笔急需的资金注入了农业地区，使农民再次从农业生产中获利，平息了一度遍及农业地区的激进浪潮。"④ 弗雷德里克·刘易斯·艾伦也指出，1933年之后"农产品价格确实上升了"，1933年每蒲式耳小麦的平均价仅33美分，1934—1938年分别为69美分、89美分、92美分、1.24美元和88美分。⑤ 而棉花价格的大幅反弹，对水深火热中的南部农业和南部农民更不啻雪中送炭，参阅表5-1：

---

① 韦克特. 大萧条时代［M］. 秦传安，译. 南京：江苏人民出版社，2015：160.
② 约翰·布莱克（John D. Blake）认为农产品价格涨幅的2/3是干旱和美元贬值的结果。参阅劳赫威. 大萧条与罗斯福新政［M］. 陶郁，黄观宇，译. 南京：译林出版社，2018：78.
③ 施莱贝克尔. 美国农业史（1607—1972年）：我们是怎样兴旺起来的［M］. 高田，等译. 北京：农业出版社，1981：253-254.
④ 科恩. 无所畏惧：罗斯福重塑美国的百日新政［M］. 卢晓兰，译. 天津：天津教育出版社，2009：276.
⑤ 艾伦. 大撕裂时代［M］. 秦传安，译. 南京：江苏人民出版社，2019：194.

第五章 新政与第二次世界大战——美国南部"三农"问题的破局

表 5-1 1929—1940 年美国棉花种植面积、产量及价格（单位：户）①

年份	棉花种植面积（千英亩）	产量（千包）	每磅价格（美分）
1929	43232	14825	16.78
1930	42444	13932	9.46
1931	38704	17097	5.66
1932	35891	13003	6.52
1933	29383	13047	10.17
1934	26866	9636	12.36
1935	27509	10638	11.09
1936	29755	12399	12.36
1937	33623	18946	8.41
1938	24248	11943	8.60
1939	23805	11817	9.09
1940	23861	12566	9.89

从实际情况看，《农业调整法》通过后的 3 年内，棉农的总收入是 7.8 亿美元，其中政府补贴就占了 4.52 亿美元；而烟草种植者的收入在两个种植季内翻了一倍多。1933 年，美国农民的现金收入较 1932 年增长近 1/4，1934 年、1935 年继续增长 15%、16%，这一时期的农民收入中政府补贴一直占有相当比例。农产品价格与农民购买制造品所支付的价格之比，以 1909—1914 年农产品价格相对稳定时期的比例为 100，1932 年已跌到 58，1935 年回升到 88。相应地，农业净收入从 1932 年的 19.28 亿美元，回升到 1935 年的 46.05 亿美元。农民破产失去土地的情况也有所缓解——农业抵押贷款总额从 1930 年的 90.31 亿美元降到 1935 年的 75.84 亿美元，这是其自 1920 年以来的首次

---

① U. S. Department of Commerce. Bureau of the Census, Historical Statistics of the United States: Colonial Times to 1970 [M]. Washington, D. C.: Government Printing Office, 1975: 459-461.

下降。① 但由于对农民的补贴主要来自增加的消费税，由此导致的物价上涨对城市工人造成一定的不利影响。

马克汉姆指出："大萧条的一个不协调的特征是，在许多人挨饿的情况下，美国收获的农作物过剩。"② 新政初期，在上千万美国人啼饥号寒之际，政府却根据《农业调整法》大幅缩减农业生产并销毁积存的农产品，仅在1933年就铲除了1000多万英亩的棉花，缩减了800万英亩的小麦，宰掉600万头种猪和幼猪，并将160万个车皮的谷物、咖啡和糖等焚烧或倒进海里，这充分暴露了美国资本主义制度最丑陋的一面。上述行为的直接命令者华莱士在下令铲除小麦和棉花时说："我希望只此一次，以后再也不用这样的办法。庄稼长得正好，却要毁坏，实在有悖常理。"而4个月后他又下令屠宰几百万头小猪。当时的一位农民领袖评价说："一方面，上百万人正经历着失业、饥饿和疾病的折磨；另一方面，粮食、羊毛和棉花却统统过剩，多到让人不知所措。这种愚蠢至极的情况，真是对我们民族天资禀赋的莫大嘲讽。"③ 此外，《农业调整法》在执行中也存在许多问题，恩格尔曼和高尔曼称之为"一个官僚主义的噩梦"④。

（二）1936年《土壤保护和国内配额法》与1937年《班克黑德-琼斯农场租佃法》

1933年《农业调整法》中，政府对自愿减产的农民的补贴主要取自对农产品加工者征收农产品加工税，这部分税款最终大多被转嫁给消费者。1936年1月，美国联邦最高法院裁定其违宪，理由是农业生产是地方活动而非州际贸易，国会无权运用征税权来管理农业，从而使1933年《农业调整法》整体无效，农业调整署也因此被撤销。而1933年以来中西部和南部地区频繁遭

---

① 刘绪贻. 20世纪30年代以来美国史论丛［M］. 北京：中国社会科学出版社，2001：52.

② MARKHAM J W. A Financial History of the United States, Volume II［M］. Armonk：M. E. Sharpe, Inc., 2002：219.

③ 劳赫威. 大萧条与罗斯福新政［M］. 陶郁，黄观宇，译. 南京：译林出版社，2018：76.

④ 执行中的问题包括但不限于："必须搜集大量的信息，起草数以千计的合同，听取数不清的上诉，等等。农民有足够的动力夸大他们的基础产量，毫无疑问许多人确实这样做了。这些项目的细节是在地方层管理的，不断有人指控存在严重的不平等——知名农场主深受偏爱。数不清的别的问题接踵而至。"——恩格尔曼，高尔曼. 剑桥美国经济史：第三卷：20世纪（下册）［M］. 蔡挺，张林，李雅菁，译. 北京：中国人民大学出版社，2018：638-639.

第五章　新政与第二次世界大战——美国南部"三农"问题的破局

遇严重干旱和沙尘暴灾害,引起了全国上下对水土保持的重视。国会于1936年2月通过《土壤保护和国内配额法》,法案绕过联邦最高法院判决,规定不再征收农产品加工税而是用一般税收向农场主提供补助金,以换取其种植"土壤保持作物"来替代"土壤损耗作物",前者包括豆类、牧草等,而后者则包括了当时美国的主要农产品小麦和棉花。① 根据该法案建立的土壤保护区累计有500多个,一方面控制了既消耗地力又供过于求的小麦、棉花等农产品的生产规模,又促进了对土壤保护有利的豆类、牧草等作物的种植,具有生态上的积极意义。与此同时,转换生产的农民可得到平均每英亩约10美元的政府补贴。②

1937年2月,经过充分研究,总统农田租佃委员会报告:"南部一半以上、北部近1/3与西部1/4的农民,是分成制农民或佃农,还有成千上万农业季节工与被排挤出西南部并迁往加利福尼亚的棉农。"为帮助上述群体,同年7月,国会通过《班克黑德-琼斯农场租佃法》,规定设立农场保障局(Farm Security Administration,缩写FSA),以帮助佃农购买土地、帮助小农保有土地、帮助贫瘠土地上的农民搬迁等。FSA第一年的拨款仅为1000万美元,而其向农业工人、谷物分成农和其他贫困佃农提供的贷款从一开始就严重供不应求,还款情况也非常理想,按时还款率平均超过97%。佃农可以3%的利率向FSA贷款购置土地,"在三年的时间里,该署大约向七十五万户佃农发放了重置家园的小额贷款,平均每户得到了三百五十美元"③。到1944年6月,累计借给87万家农民短期复业贷款8亿美元。总的来看,全美国大约10%的农户曾经从FSA得到过贷款。作为贷款的附带条件,FSA在各县设置的监督人还要给借款人上课,"教他们节约的管理方法,鼓励他们生产牛奶和蔬菜以改善伙食标准,同时还有家庭经济顾问教导农民的妻子使用高压锅,以及制造罐头的科学方法"。尽管未必全部归功于FSA,但到20世纪30年代末,获得土地所有权的租佃农数量确有增长,"有史以来第一次,从租佃到所有权的适度逆转清晰可见,特别是在南方白人中间"④。此外,从1937年到二战末期,FSA还建立了30个营地,每个可收容流浪家庭1.2万~1.5万个。

---

① 刘绪贻. 罗斯福"新政"的农业政策[J]. 史学月刊, 2001 (3): 103-109.
② 王向红. 罗斯福"新政"的土地资源保护政策[J]. 海南大学学报(人文社会科学版), 2012, 30 (6): 56-62.
③ 贝茨. 1933—1973美国史:上卷[M]. 南京大学历史系英美对外关系研究室, 译. 北京:人民出版社, 1984: 86.
④ 韦克特. 大萧条时代[M]. 秦传安, 译. 南京:江苏人民出版社, 2015: 135.

在它的各项工作中，FSA"还小心谨慎地公平对待黑人"。FSA提供的购买土地的贷款，"对许多黑人来说，这在他们一生中是头一回有这样的机会"①。

(三) 1938年《农业调整法》

1936年《土壤保护和国内配额法》虽然对土壤保持有促进作用，但由于对生产"土壤损耗作物"者并无惩罚措施，未能达到限制产量的目的，尤其是棉花和小麦这两种美国的主要农产品——棉花产量暴增至近1900万包，比1936年多了一半还多，价格随之跌去约1/3（见表5-1），小麦也再次供过于求。以农业尤其是植棉为主的南部对此尤其恐慌，而1937—1938年的经济形势再度恶化也使得农民尤其是南部农民急需援助。

1938年2月，国会再次通过《农业调整法》，重建农业调整署。较之于1933年《农业调整法》，这次的《农业调整法》取消了农产品加工税，也未直接规定农产品生产限额，而是侧重于关注过剩农产品的处理和销售，核心手段是农产品的价格支持。罗斯福指出该法案的目标是："我们必须有巨大的食物和饲料储备，以备破坏性天气之年使用，并以此熨平价格过高或过低。"② 法案规定，在小麦、玉米、棉花、烟草和水稻5种农产品的价格上升到"平价"（其在1909—1914年常规时期的购买力）前，对其播种面积设定和分配配额。农民对这种分配的遵守是自愿的，但不遵守者将无权领取"平价补偿"，也不能按照合作社成员所享有的优惠利率得到商品贷款。而在丰收年景、"谷贱伤农"之时，农业部将向执行政府农业生产计划的农场主提供无追索贷款和由农业部长决定的商业贷款，相当于由政府帮助农场主建立一个稳定有效的仓库，储存多余的粮食，华莱士称之为"常平仓"计划。③ 到1940年，约有600万农民参与这一计划；当年7月，累计储存了1.68亿蒲式耳小麦、4.47亿蒲式耳玉米和882.5万包棉花，这一大笔农产品在第二次世界大战期间发挥了极其重要的作用。在限制农产品生产方面也有明显成效，1938年的棉花种植面积和产量都大幅下跌，到1940年基本保持稳定（见表5-1）；而"小麦播种面积，1937年为8100万英亩。1938年降为6300万英

---

① 贝茨. 1933—1973美国史：上卷[M]. 南京大学历史系英美对外关系研究室，译. 北京：人民出版社，1984：203.
② 李超民.《1938年农业调整法》与常平仓：美国当代农业繁荣的保障[J]. 财经研究，2000 (12)：56-62.
③ 王书丽. 新政时期美国联邦政府的农业对策探析[J]. 鲁东大学学报（哲学社会科学版），2009 (1)：11-14.

亩，继而减到不足 6200 万英亩并且一直继续到 1944 年"①。此外，法案还包括实施农作物保险计划，为此拨款 1 亿美元建立联邦谷物保险公司，还规定政府向执行政府计划的农场主预付土壤保护补贴使之有能力支付农作物保险费，以及建立农业实验室，开发农产品新用途等内容。

阿瑟·S. 林克（Arthur S. Link）和威廉·B. 卡顿（Willam B. Catton）认为，虽然真正解决美国农产品过剩问题的是"二战"，但 1938 年《农业调整法》也给 1938—1941 年的美国农业带来稳定，农民因限制农作物种植面积而获得政府补偿金一直持续到 1940 年（此后因"二战"带来的农产品需求激增、价格上涨而暂停），当年的农业补偿金达 7.66 亿美元。② "在 1938 与 1939 关键年代，农业部通过在许多战线采取有力措施的方法防治了一次农村萧条，并在 1940 年帮助农民恢复到 1937 年近于繁荣的水平。"包括政府补贴在内的美国农业现金收入，1937 年是 91.76 亿美元，1938 年降到 81.3 亿美元，1939 年是 86.58 亿美元，1940 年回升到 91.2 亿美元③，基本恢复到 1937 年的水平。

总的来看，"在新政治下，联邦政府为农民做的事情比以前任何时候都要多"。1939 年 12 月，当农业部长华莱士被问到繁重的农业开支还要持续多久时，他回答道："只要农业在与其他群体谈判的时候依然处于严重的劣势，只要农业收入使得农户不可能为未来而保存我们的基本土地和人类资源，这些开支就要一直持续下去。"尽管其实际效果不无争议，但罗斯福政府对农业的重视程度和对农民的支持力度在美国历史上确实是前无古人的。1938 年《农业调整法》确定的农产品价格支持制度一直延续至今，休斯和凯恩评价："1938 年的 AAA（《农业调整法》的缩写）、'常平仓'法案，保留了现代农业政策的根本。"④

二、罗斯福新政中的地区发展规划对南部"三农"问题的影响

由于长期受自由放任主义的影响，新政前美国政府没有制订和实施过系

---

① 施莱贝克尔. 美国农业史（1607—1972 年）：我们是怎样兴旺起来的 [M]. 高田，等译. 北京：农业出版社，1981：256.
② BENEDICT M R. Farm Policies of the United States, 1790—1950: A Study of Their Origins and Development [M]. New York: Twentieth Century Fund, 1953: 315.
③ 林克，卡顿. 一九〇〇年以来的美国史：中册 [M]. 刘绪贻，等译. 北京：中国社会科学出版社，1983：86.
④ 休斯，凯恩. 美国经济史 [M]. 邸晓燕，邢露，等译. 7 版. 北京：北京大学出版社，2011：520.

统的地区发展规划。罗斯福政府曾提出7个地区发展规划，最终仅有一个获得国会通过而付诸实施，即1933年5月生效的综合治理田纳西河流域的《田纳西河流域管理局法案》，根据该法案成立了田纳西河流域管理局（Tennessee Valley Authority，缩写为TVA），"它是一种地区性综合治理和全面发展规划，是美国历史上第一次巧妙地安排一整个流域及其居民命运的有组织尝试"[①]，对解决南部"三农"问题也发挥了积极作用。

（一）TVA的主要工作

根据法案，TVA管理整个田纳西河流域，涉及田纳西、弗吉尼亚、北卡罗来纳、佐治亚、亚拉巴马、肯塔基和密西西比等7个州（都属于南部）的125个县，总面积10.6万平方千米，其中2/3在田纳西州。

由于过度垦殖和乱砍滥伐，原本沃野千里、森林密布的田纳西河流域到19世纪末已成为穷山恶水，堪称美国最贫困落后的地区，1933年流域内250万人口人均年收入168美元，仅相当于全国平均水平的45%，流域内62%的农业人口和12%的工业人口生活在贫困之中。由于长期的掠夺性开发，还面临着生态严重退化、环境污染、洪水泛滥、水土流失、疾病流行等问题，田纳西河也被称为"魔鬼的河流""生命与财产的破坏者"。而TVA的主要任务是"改变田纳西河流域的贫穷落后面貌，消除阻遏整个美国进一步发展的障碍；降低全国电价，普及电力使用，以促进生产发展与改善人民生活"。到1949年6月，TVA支出的田纳西河流域开发事业费达8.16亿美元，其中洪水调节、航道开发和发电的经费分别为1.54亿、1.51亿和5.105亿美元。[②]

具体来看，TVA的工作范围很广，包括水利防洪、植树造林、消除传染病、发展航运和以旅游业为主的第三产业等。水利防洪方面，1933—1952年，TVA在田纳西河及其支流上新建水坝20座、改造5座，使作为美国雨量最大地区之一的田纳西河流域从此免于洪水泛滥，并通过阻遏田纳西河及其支流洪水而大大减轻了俄亥俄河和密西西比河流域的洪水威胁。有学者估计，从第一座水利工程竣工到1979年，仅防洪带来的收益就超过20亿美元，7倍于水库建设成本。[③] 航运发展方面，TVA开凿了一条650英里长、至少9英尺深

---

① 刘绪贻，李存训. 美国通史：第5卷：富兰克林·D. 罗斯福时代1929—1945 [M]. 北京：人民出版社，2002：172.

② 阎永玉. 美国田纳西河流域的开发 [J]. 自然资源研究，1983（1）：75-79.

③ 王向红. 罗斯福的绿色政治 [J]. 海南大学学报（人文社会科学版），2004（1）：18-22.

的内陆水道,将南部内地与大湖区、俄亥俄河及密苏里—密西西比河水西连接起来。1933年田纳西河货运量为100万吨、货运周转量0.5亿吨公里;1947年货运量达289万吨,货运周转量5.63亿吨公里。而大量湖泊、水坝组成的巨大水系,也使得以钓鱼、野营、划船等为主的旅游业在田纳西河流域兴旺起来。消除传染病方面,TVA在修筑水坝的同时大力进行灭蚊活动,到1952年消灭了田纳西河流域的疟疾,而1933年流域内某些地区疟疾患者占到总人口的30%。① 植树造林方面,到1942年年底,TVA通过合作项目植树超过1.5亿棵,其中大多数用于控制农场中的土地侵蚀,并进行了大量的森林防火宣传教育活动。②

TVA的工作还产生了很多无心插柳的效果,比如,许多南部农民在TVA找到了工作、习得了技术,他们"很高兴把摇摇欲坠的木屋换成预制的工人住所",而"这些住所的榜样开始提升田纳西河流域的住房标准"。又如,在这样一个过去"很少书籍杂志的地区",原本为工人提供的图书馆服务通过地方政府来运作,"装备了'流动图书馆',并开始成为田纳西、阿(亚)拉巴马和北卡罗来纳等州的永久性地方图书馆系统的核心部分,靠税收养活,并向非雇员开放"。与此同时,"一场积极的成人教育运动同样从工人蔓延到了更大的社区"③。

(二)电力照亮南部农村

TVA最大的成就莫过于大规模水电开发并将其输送到广大农村,从而彻底改变了美国农民的生活方式,而受益最早、最多的就是田纳西河流域的农民。

威廉·爱德华·洛克腾堡(William Edward Leuchtenburg)指出,在新政前,"缺乏电力使美国分为两种民族:城里人和乡下人……农民无电动机械之利,在19世纪式的世界里辛苦劳动"④。造成这一现象的重要原因是早在美国的私营电力工业20世纪20年代就发展成为规模巨大的垄断集团,它为维

---

① 刘绪贻. 田纳西河流域管理局的性质、成就及其意义 [J]. 美国研究, 1991 (4): 36-43, 4.
② 高祥峪. 浅议罗斯福时期美国田纳西河流域管理局的环境治理 [J]. 中共山西省委党校学报, 2009, 32 (2): 101-103.
③ 韦克特. 大萧条时代 [M]. 秦传安,译. 南京: 江苏人民出版社, 2015: 164-165.
④ 洛克腾堡. 富兰克林·D. 罗斯福与新政, 1932—1940 [M]. 朱鸿恩,刘绪贻,译. 北京: 商务印书馆, 1993: 157.

持垄断价格而长期拒绝将电力输往农村。正如休斯和凯恩所言："在严格的私人基础上，私人拥有的公用事业不能保证为大多数农村地区提供充足的电力。"①

而利用田纳西河流域充沛的水力资源，到1944年TVA已成为美国最大的电力生产者。1939—1978年，其实际发电量从15亿千瓦小时增加到1180亿千瓦小时。TVA的"电价大约只有全国平均电价的一半。20世纪40年代和60年代初，其电价分别为2美分多和1美分，而全国平均电价分别为4美分多和2美分半"。1933年11月，TVA设立附属机构家庭与农村电气化管理局，"计划将TVA生产的电力输送到整个流域，并致力于降低电费和家用电器售价，让农民用得上电，并用得起电"。1932年田纳西河流域只有3%的农场通电，到20世纪40年代已有40%的农场通电，到1950年90%的农场都已通电，不仅改变了因农场缺电而形成的"两个世界"②，更使得过去贫困落后的田纳西河流域成为美国最早实现电气化的地区之一。刘绪贻认为，TVA"战胜田纳西河流域私人电力垄断资本和降低全国电价的斗争，是'新政'期间国家垄断资本主义战胜私人垄断资本主义的典型事例"③，也是新政开创美国资本主义新时代——国家垄断资本主义时代的绝佳证明。

除了供给流域内居民用电外，廉价电力还吸引来许多高耗能工业，大大推动了这一地区的工业化、城市化进程。据统计，当时一度电相当于一个劳动力10小时的工作，电力的普及和应用解放了大量农村劳动力，使之从田间走向工厂。二战期间，美国的军工生产需要大量的铝，而铝厂对电力的需求巨大，TVA实施了美国有史以来最大的水电建造计划，到战后已成为美国最大的电力供应商。该计划在1942年达到顶峰，同时有12个水电项目和一个火电项目在建，设计和施工队伍达2.8万人。④ 二战期间TVA的电力生产不仅快速增长，而且75%用于军工生产，在流域内兴建了大规模的炸药、合成化学、炼铝、远洋船舶乃至核原料工厂，流域内的炼铝工业占美国的40%，

---

① 休斯，凯恩. 美国经济史［M］. 邸晓燕，邢露，等译. 7版. 北京：北京大学出版社，2011：525.
② 洛克腾堡. 富兰克林·D. 罗斯福与新政，1932—1940［M］. 朱鸿恩，刘绪贻，译. 北京：商务印书馆，1993：184.
③ 刘绪贻，李存训. 美国通史：第5卷：富兰克林·D. 罗斯福时代1929—1945［M］. 北京：人民出版社，2002：86.
④ 李颖，陈林生. 美国田纳西河流域的开发对我国区域政策的启示［J］. 四川大学学报（哲学社会科学版），2003（5）：27-29.

TVA下属的制磷工厂提供了美国燃烧弹等军火工业所需的大部分磷。① "从20世纪50年代中期开始,流域内橡胶、纺织、金属加工、机械和运输设备等工业的发展居于突出地位。这些工业主要集聚在沿田纳西河的河港城镇,形成沿田纳西河的工业走廊。"② 正所谓"解决农民问题的关键在于消灭农民",TVA生产的廉价电力推动流域内工业蓬勃发展,对解决田纳西河流域乃至整个南部农村剩余劳动力转移问题有重大作用。

此外,TVA利用充足的电力生产化肥并大力推广,恩格尔曼和高尔曼指出,它对"过磷酸盐的开发和无水氮肥直接施用方法的完善等,进一步提高了化肥的应用"③。它开办的马斯尔肖尔斯肥料中心生产的化肥除了满足国内需求还大量出口,对维持和发展二战期间英国的农业生产起了很大作用。TVA还举办示范农场、试验站、流动图书馆和职业教育设施,帮助田纳西河流域的农民使用化肥、改良土壤、改进耕作方法,取得了一定的效果。1943年,美国共有43万户示范农场,占地600万英亩,而其中85%的土地面积在田纳西河流域。④ 1940年田纳西河流域7个南部州人均收入较1933年增加73%,而同期全国人均收入增长率为56%,这是内战后首次出现南部大片地区的人均收入增长快于全国平均水平的情况。从农民收入看,"1929年到1949年,美国其他地方的农场收入增加了百分之一百七十,田纳西河流域的农民却增加了近百分之二百"⑤。

三、罗斯福新政中的环境保护政策对南部"三农"问题的影响

生态环境的总体退化和1930年开始的持续旱灾导致20世纪30年代成为美国历史上著名的"肮脏的三十年代"。严格来说,内战后美国农业发展过程中由于粗放式农业发展模式导致的生态退化和环境破坏问题,在"西进运动"即美国的西部大开发中最为典型。但一方面,当"西进运动"导致的生态退

---

① 应定华. 美国田纳西河流域电力开发而促进经济发展的经验借鉴 [J]. 能源研究与信息, 1990 (2): 6-12.
② 陈湘满. 美国田纳西流域开发及其对我国流域经济发展的启示 [J]. 世界地理研究, 2000 (2): 87-92.
③ 恩格尔曼, 高尔曼. 剑桥美国经济史: 第三卷: 20世纪 (下册) [M]. 蔡挺, 张林, 李雅菁, 译. 北京: 中国人民大学出版社, 2018: 621.
④ 高祥峪. 浅议罗斯福时期美国田纳西河流域管理局的环境治理 [J]. 中共山西省委党校学报, 2009 (2): 101-103.
⑤ 贝茨. 1933—1973美国史: 上卷 [M]. 南京大学历史系英美对外关系研究室, 译. 北京: 人民出版社, 1984: 190-191.

化和环境破坏在 20 世纪 30 年代以最极端的"黑风暴"(沙尘暴)的形式爆发时,南部也是受害严重的地区;另一方面,南部农业的粗放式生产方式由来已久,到罗斯福新政前,南部自身的生态退化和环境破坏问题已非常严重,加剧了南部农民的苦难,对当地的"三农"问题有推波助澜的作用。新政期间,罗斯福政府不惜巨资大力推动环境保护,总体上对解决南部的"三农"问题有积极影响。

(一)植树造林

1933 年,美国失业者人数达到历史最高点;而且,根据商务部的报告,"平均每一名失业工人至少有 3 个依赖者需要供养"①。3 月 21 日,罗斯福向国会提交《通过开展有效的公共事业来救济失业以及其他目的的议案》,30 日国会通过,31 日罗斯福签署生效。该法案既是罗斯福任内第一个联邦紧急救济法案,也是第一个有关环境保护的法案。根据该法案成立了民间资源保护队(Civilian Conservation Crops,缩写 C. C. C.,又译平民保育团),其主旨有二:一方面将大批城乡失业青年组织起来参加有偿劳动,使之得以养家糊口;另一方面致力于自然资源保护尤其是植树造林。

1934 年 6 月,罗斯福在国情咨文中指出:"西北部和西南部某些地区,过去作为供放牧的土地……利用旱耕法种植了小麦。……有千百万英亩的这种土地必须重新种草或植树,否则就难免成为新的人造的撒哈拉大沙漠。"②

C. C. C. 是植树造林的主力军,时人称赞 C. C. C. 的高明之处在于它"巧妙地结合并拯救了两大浪费资源,即青年人和土地"。1933—1940 年,C. C. C. 植树总计 20 亿株,造林面积超过 200 万英亩。③ C. C. C. 的工作成绩中,对南部生态环境影响最大的莫过于始于 1934 年、耗资 7500 万美元的大草原防护工程(也称罗斯福工程)。1935—1942 年,先后有 200 万青年参与,他们在纵贯美国中部 6 个州、南北长约 1850 公里、东西宽约 160 公里的广阔地带上累计植树 2.17 亿株,建起一条巨大的绿色长城,保护了中西部和南部 3 万多个农场免于尘暴侵袭。④

---

① 科恩. 无所畏惧:罗斯福重塑美国的百日新政 [M]. 卢晓兰,译. 天津:天津教育出版社,2009:246.
② 罗斯福. 罗斯福选集 [M]. 关在汉,编译. 北京:商务印书馆,2018:79.
③ 滕海键. 新政的奇葩:民间资源保护队 [J]. 历史教学,2006(1):28-33.
④ 张金俊. 罗斯福新政与 20 世纪 30 年代美国沙尘暴的治理 [J]. 才智,2009(22):15.

（二）土地休耕和退耕还草

如前所述，1933年和1938年两次《农业调整法》的主要目的在于通过限制农业生产来稳定农产品价格、增加农民收入，但由此带来的大面积的土地休耕无疑对恢复地力、改善生态环境具有重大意义，正如杜蒙德所言："它在减少收成方面的效力是不容置疑的，同时，把几百万英亩的得不偿失的贫瘠的土地停止生产，也是有充分的理由的。"[①] 据统计，在南部大平原地区，85%以上的农场主参与了1933年《农业调整法》中的生产控制计划[②]，对于改善当地生态环境具有重要意义。

罗斯福认为"不宜耕种土地"被开垦为麦田是导致沙尘暴的原因，"引起沙尘暴的唯一原因是我们把土地用于错误的目的，本应该作为牧场，但我们把它们用来种植小麦"。因此，罗斯福政府治理沙尘暴的基本思路就是调整土地使用方向，使大平原的农业生产由农转牧、退耕还草。1934年的《泰勒放牧法》将大平原上大部分尚未被拓荒者占据的草原——8000万英亩宣布为禁止进一步拓殖的区域并留作放牧之用，在内政部的监督下，由按地区组织起来的畜牧业主管理。从1934年6月开始，国会拨款2.75亿美元给农业调整署，用于收购老弱病残的牲畜。到1935年2月，南部大平原的5个州卖掉了100多万头牛，其中大部分被送往屠宰场制作罐头。农业部官员刘易斯·塞西尔·格雷（Lewis Cecil Gray）推动不宜耕种土地的收购规划，即"土地利用工程"，1934—1947年总共花费了4750万美元收购了1130万英亩土地（约占当时美国全部农业用地的8%），其中2/3位于平原地区和西南部。这些土地被用来建立国家公园和野生动物保护区，以及扩大印第安人保留地等。[③]

1880年，耕地仅占大平原土地面积的1%，其余99%都是草地；而到1935年耕地占比为31%，这是大平原地区耕地占比的最高点；到1940年大平原的耕地占比已降至27%；此后直到1997年，大平原地区耕地占比一直在27%~29%。[④] 可见罗斯福政府的退耕还草政策取得了一定效果，此后大平原

---

① 杜蒙德. 现代美国（1896—1946年）[M]. 宋岳亭，译. 北京：商务印书馆，1984：537.

② 高国荣，周钢. 20世纪30年代美国对荒漠化与沙尘暴的治理[J]. 求是，2008（10）：60-62.

③ 沃斯特. 尘暴：20世纪30年代美国南部大平原[M]. 侯文蕙，译. 南京：江苏人民出版社，2020：244-245.

④ 高祥峪. 富兰克林·D. 罗斯福当政时期（1933—1945年）涉及环境的三个问题研究[D]. 天津：南开大学，2009：177.

地区的居民也注意到要避免过度开垦。

（三）防治土地侵蚀

罗斯福重视土地侵蚀及其防治，同时他认为这有助于解决失业问题。1933年10月，在内政部下设立了土地侵蚀局（Soil Erosion Service），由被称为"土壤保持之父"的休·哈蒙德·贝内特（Hugh Hammond Benett）任局长。土地侵蚀局主要利用 C. C. C. 的人力来建立土壤保护项目，"到1940年，有534项这样的项目在运转，平均每个项目25 000英亩，绝大部分由在邻近地区安营扎寨的民间资源保护队（CCC）提供服务"①。1935年4月，国会通过《土壤保护法》，规定在农业部下设立永久性的水土保持局②（Soil Conservation Service），专司保护表层土壤，预防风沙侵袭和水土流失，并对表层可耕土壤进行研究并采取保护措施。水土保持局的设立标志着土壤保护和沙尘暴治理成为一项长期性的工作，而 C. C. C. 也在这方面投入更多人力。水土保持局还在尘暴地区设立了指挥部，总部在得克萨斯州的阿马里洛，专司南部大平原的水土保持工作，由农业学家霍华德·H. 芬尼尔（Howard H. Finnell）领导。他们在南部大平原推广条播、休耕、轮作等农业生产方式，控制土地风蚀的危害，同时还运用沿等高线工作法、营建梯田等工程技术来保护土地蓄水量、防止水分流失，取得了很好的经济效益和生态效益。此外，20世纪30年代，南部大平原上共兴建了2100个水坝，在防洪的同时为农业提供了稳定的灌溉水源，使当地土地每英亩价值增加20多美元③，且有利于减少水土流失、保护土地资源。

水土保持局也意识到，"新的农作方式，如果不是出自联邦的专家之手，而是出自受他们影响的那些人管理的社会团体，就会更受人欢迎"。于是，水土保持局建立了自己指导下的基层民间组织——水土保持区，并于1936年推出了《标准州水土保持区法》，该法"根据不同地区的地理特征和土壤状况，实行分区治理"④，供各州参考。到1939年，南部大平原各州都通过了类似的

---

① 韦克特. 大萧条时代［M］. 秦传安，译. 南京：江苏人民出版社，2015：169.
② 1994年更名为国家自然资源保护局（Natural Resources Conservation Service，缩写NRCS），主要职责仍是"保护土壤、水和其他自然资源"。
③ 高国荣，周钢. 20世纪30年代美国对荒漠化与沙尘暴的治理［J］. 求是，2008（10）：60-62.
④ 滕海键. 简论罗斯福"新政"的自然资源保护政策［J］. 历史教学（高校版），2008（10）：102-106.

法案；到 1940 年夏天，在南部大平原上建立了 37 个水土保持区，总面积达 1900 万英亩。① 总的来看，水土保持局堪称美国治理土地侵蚀以及由此导致的沙尘暴的领头人和主力军，其对沙尘暴的治理总体上是成功的，20 世纪 40 年代后沙尘暴基本消失。

然而，堪称讽刺的是，随着沙尘暴的消失和二战带来的农业景气，大平原地区的农场主们再次重蹈覆辙。"两美元（每蒲式耳）小麦利润的呼声远比有关风、雨、阳光和土壤的科学事实更有说服力"，曾经积极参与水土保持项目的农场主们"在照管自己的土地的能力上表现得积极而主动，根本不顾及后果"②。结果在 1952—1957 年，受旱灾影响，南部大平原再次频繁遭遇严重的沙尘暴，只不过严重程度和持续时间稍逊于"肮脏的三十年代"，美国各级政府不得不再次介入。

（四）对南部"三农"问题的影响

从地理上看，20 世纪 30 年代的沙尘暴主要影响的是大平原地区，其中只涉及南部的得克萨斯州和俄克拉何马州。沙尘暴对当地农业生产和人民生活造成严重的负面影响，但由沙尘暴和经济萧条导致的农业人口大量减少在客观上有助于解决南部的"三农"问题。

相应地，新政时期美国政府大力推进环境保护运动，南部从中直接获益的也是部分地区。这些地方的农民从政府得到补贴，学习到更加科学和可持续的农牧业生产技术，提高了环境保护意识，被侵蚀的土地得到有效治理……如是种种，对于缓解当地的"三农"问题都有所裨益。而这些地方的农业生产方式的变化与进步，对南部其他地方也有一定的辐射效应。但总的来看，南部"三农"问题最严重也是最核心的区域——棉花地带在这场堪称轰轰烈烈的环境保护运动中，并未受到太大的触动和影响。

四、罗斯福新政下南部"三农"问题开始破局

休斯和凯恩认为，直到 20 世纪 30 年代，"南方经济仍然自成一体"，"（内）战后的南方主要是小型农场和劳动密集型产业的世界，是经济和社会

---

① 沃斯特. 尘暴：20 世纪 30 年代美国南部大平原 [M]. 侯文蕙，译. 南京：江苏人民出版社，2020：263-264.
② 沃斯特. 尘暴：20 世纪 30 年代美国南部大平原 [M]. 侯文蕙，译. 南京：江苏人民出版社，2020：291.

落后的范例"①。而在1938年，罗斯福总统不无自豪地宣称："在过去6年里，南方所取得的经济和社会进步，比她漫长历史上的任何时期都要大。"这并非夸大其词，区域开发、作物控制、乡村迁居和电气化、土壤保持、公共卫生……南部堪称罗斯福政府最彻底的新政改革的试验场。"新政对南部的最大影响是在经济结构领域，它发动了一场农业革命，促进了经济多样化，扼住了贫困的循环，推动了区域经济进入全国的发展轨道。"② 其中最直接、最重要的变化来自农业。新政的农业政策在南部实施的结果，总的来看有利于种植园主而不利于租佃农，造成大批租佃农失去土地，或者流入城市，或者降为农业工人。从短期来看，这给南部租佃农带来了深重的灾难；从长远来看，这极大地动摇了内战后南部社会与经济结构的基石——小农经济的租佃制尤其是谷物分成制，并导致了南部传统政治核心——黑人聚居地带（Black Belt）的白人地方寡头势力的式微。换言之，新政触动了南部"三农"问题的经济基础和政治基础，从而成为其破局的契机。

（一）罗斯福新政触动了南部"三农"问题的经济基础

如前所述，南北战争后美国南部长期面临"三农"问题，是小农经济的租佃制、债务束缚、单一的棉花经济三大问题彼此依存、相互强化的结果。而新政对这三大问题都有触动，还推动了南部农业机械化进程，从而成为南部"三农"问题破局的契机。

1. 新政打破了南部农村中顽固的借贷制度

向与政府合作、实施休耕减产措施的农民提供优惠贷款是新政农业政策的重要内容。1933年《农业调整法》规定政府设立商品信贷公司直接向农民提供以农产品为担保的低息贷款，当年农产品信贷公司就按每磅10美分的价格（在当时是较为优惠的价格，见表5-1），以430万包棉花为抵押贷给农场主1.6亿美元。③ 由于美国的棉花生产主要集中在南部，可以判断这笔贷款也大多流向南部农村。1937年《班克黑德-琼斯农场租佃法》和1938年《农业调整法》中都有类似条款，根据上述法案设立的农场保障局、联邦紧急救济署等机构也向贫困农民提供生产、生活信贷支持，从而在事实上取代了借贷

---

① 休斯，凯恩. 美国经济史 [M]. 邸晓燕，邢露，等译. 7版. 北京：北京大学出版社，2011：292.
② 王崇兴. 浅析战后美国共和党在南部的复兴 [J]. 求是学刊，2000（4）：104-112.
③ COBB J C, NAMORATO M V. The New Deal and the South：Essays [M]. Jackson：University Press of Mississippi, 1984：35.

制度中种植园主/乡村商人的职能，使这一制度迅速趋于消亡。这不仅减轻了南部农民的负担，更关键的是使得种植园主/乡村商人无法再强制其种植棉花。

2. 新政改变了南部长期单一的棉花经济

如前所述，内战后的南部农业中，借贷制度与单一的棉花经济因果循环、相互促进，导致在近70年的漫长时间里南部小农一直逃不出"借贷—植棉—不足还贷—再借贷"的宿命，南部农业也走不出"棉价下跌—种植更多棉花—棉价进一步下跌"的怪圈。新政一方面打破了南部农村中的借贷制度，另一方面又严格限制棉花生产，1933年甚至以提供补贴的方式促使农民毁掉了1000万英亩成熟待摘的棉花，占当时全国棉花种植面积的1/4。此后，1936年《土壤保持与作物调配法》和1938年《农业调整法》都既抑制棉花种植，又鼓励其他作物的生产，"到1939年，南部棉花种植面积减少了53%，棉花产量下降了20%"[①]。而同期南部玉米、烟草、花生、大豆、水稻和水果等作物种植面积和产量都有明显增长，说明南部农业生产摆脱了单一的棉花经济的束缚，开始走向多样化。

3. 新政冲击了南部小农经济的租佃制

新政以扶强抑弱的方式促进了南部小农经济租佃制的瓦解。1933年《农业调整法》对占有大片土地的中西部大农场主和南部种植园主来说是有利的，在当时农产品价格和市场需求都跌到谷底的情况下，他们乐于减少部分耕作面积以换取政府补贴。而对南部租佃农则是飞来横祸，种植园主往往通过收回并休耕租佃土地的方式换取政府补贴，而租佃农失去了赖以生存的家园。如伯顿·小福尔索姆（Burton Folsom Jr.）所言："南方的棉花种植者在攫取政府补助这件事上做得尤其过分，他们把佃农从自己的土地上赶走，自己继续开展生产。"[②] 据统计，1933年《农业调整法》实施后，南部由于棉花种植面积减少而失业的租佃农就有30多万人。1940年的人口调查显示，过去10年中分成农和租佃农的人数减少了29%。[③] 1930—1940年，黑人地带的黑人农户减少了20%，其中98%是租佃农。

虽然法律规定联邦政府发放的农业补贴由土地所有者和佃农共享，但在

---

① TINDALL G B. The Emergence of the New South, 1913—1945 [M]. Baton Rouge: Louisiana State University Press, 1967: 394.
② FOLSOM B F Jr. New Deal or Raw Deal? How FDR's Economic Legacy Has Damaged America [M]. New York: Threshold Editions, 2008: 71.
③ 孟海泉. 内战后美国南部植棉业中的借贷制度 [J]. 世界历史, 1999 (1): 12-21.

具体实施中基本是一纸空文,"联邦补助大多进了大地主的腰包,因为这些人控制着负责实施农业调整署项目的当地管理委员会,这种情况在南部尤甚"①。根据联邦紧急救济署在亚拉巴马州的调查,86%的黑人分成农将应得的政府补贴交给了他们的种植园主,其中47%完全是被迫的。② 占有少量土地的小农场主也苦不堪言,因为他们减少了种植面积很可能就难以维持生活;而不减少种植面积又有悖于国家政策,不但不能享受政府补贴,还会受到政府机构在贷款等方面的限制,从而在与大农场的竞争中处于更加弱势的地位。

1933年《农业调整法》到1936年1月即被联邦最高法院裁定违宪而失效,而1933—1935年美国每1000个农场中就有241.3个发生过所有权转移,比例接近1/4,这在一定程度上反映了小农场在国家政策和大农场两面夹击下大量破产、转卖的命运。③ 1938年《农业调整法》总体上也是对大农场主更为有利。20世纪30年代后期,南部农业总的趋势是农场数量减少而农场平均面积上升,土地集中和农业机械化的进程加快。1935—1940年,南部农场数量减少了346533个,主要是被种植园主夺佃的租佃农。新政期间有人考察了得克萨斯州的两个植棉县,发现当地租佃农场数量急剧减少,原因是:"普遍地,购买了一台拖拉机的农场主,可以把两个160英亩的由佃农耕种的农场合并为一个耕种单位,并让两家农场的佃农都走人。有时候,机器取代人的比率甚至更大,一台机器可以取代8户、10户甚至15户佃农家庭。"④

此外,种植园主还通过部分回收租佃土地来实现土地集中、促进机械化大生产,因而这一时期在南部农场平均面积上升的同时,分成农农场的平均面积却由25英亩降至18英亩。

与此同时,资本主义雇佣工资制在南部农业中发展加快。弗雷德里克·刘易斯·艾伦指出,被机械取代的佃农有的进了城,有的去西部的加利福尼亚州当农业工人,有的则"在其他农场里找到了开拖拉机的工作,每天1.25美元"。1941年的一份调查报告显示,1936—1940年,在阿肯色州9个县的种植园中农业工人从277人增加到402人,分成农则从1294人减少到984人。

---

① 法拉格, 等. 合众存异:美国人的历史 [M]. 王晨, 等, 译. 7版. 上海:上海社会科学院出版社, 2018:668.
② 南开大学历史系美国史教研室. 美国黑人解放运动简史 [M]. 北京:人民出版社, 1977:262.
③ 刘珊. 试论1933年罗斯福新政中《农业调整法案》的不利影响 [J]. 怀化学院学报, 2011, 30 (6):50-53.
④ 艾伦. 大撕裂时代 [M]. 秦传安, 译. 南京:江苏人民出版社, 2019:197.

同时，越是靠近大城市的地区，农业工人数量越多，因为他们可以在城市和农村之间频繁流动、自由择业。联邦政府的统计显示，1930—1940年，南部以雇佣工资制经营的农场数量增加了13.6%，而租佃制农场减少了1.9%；从土地面积看，以租佃制经营的土地占比从81.9%下降到58.2%，而以雇佣工资制经营的土地则从18.1%上升到41.8%①，可见新政在推动南部农业生产经营方式方面的作用显著。

总之，新政以牺牲小农和租佃农为代价，促使南部小农经济的租佃制日渐解体，农业生产经营方式逐步与全国其他地方趋同。

4. 新政推动了南部农业机械化进程

1935年以后，美国农业用电迅速推广，政府成立了农村电气化管理局（Rural Electrification Administration，缩写REA），并对农业建立发电站或电力供应网提供贷款，进一步推动了农业机械化进程。到1938年秋，接受REA贷款的农村电力项目300多项，这些活动"尽管被大多数私营公用事业公司所憎恨，但还是迫使它们以更低的价格提供更好、更广泛的服务"。美国农场通电的比率，1935年仅11%，1940年跃升至40%，1950年已达90%。②何顺果认为："在罗斯福时期建立的事业，也许没有哪一件比这更直接地改变了人民的生活方式。"③到1940年，畜力在农用动力中的比例已下降到不足7%，全国拥有农用拖拉机156万台，谷物收割机19万台，玉米摘拾机11万台，载重汽车105万辆……④而农民收入与机械化程度明显呈正相关关系：在南部的亚拉巴马州，农场经营者人均可使用机械1.5马力、机械投资142美元，其毛收入是全国最低的492美元/年；而西北部蒙大拿州农场经营者人均可使用机械22.5马力、机械投资953美元，其毛收入是1798美元/年。"这种示范对普通农民来说，比其背后的技术失业的幽灵更有说服力。"⑤

新政期间，一项对南部645个拥有5个以上租佃农的种植园的调查显示，平均每个种植园获得农业补贴822美元。对种植园主和大土地所有者的巨额农业补贴使之有能力购置新的农业机械，取代分成农和租佃农，南部的农业

---

① 孟海泉. 内战后美国南部的农业机械化与农业体制变革[J]. 美国研究，2007（4）：106-115，5.
② 贝茨. 1933—1973美国史：上卷[M]. 南京大学历史系英美对外关系研究室，译. 北京：人民出版社，1984：131.
③ 何顺果. 美国历史十五讲[M]. 2版. 北京：北京大学出版社，2015：202.
④ 王皓年，商幸丰. 美国农业机械化给我们的启示[J]. 河南师大学报（社会科学版），1980（5）：10-18.
⑤ 韦克特. 大萧条时代[M]. 秦传安，译. 南京：江苏人民出版社，2015：145-146.

机械化由此大大加速。当时的《财富》杂志讲到密西西比州的一位大农场主，"他买了 22 台拖拉机和 13 台 4 排式耕耘机，赶走了他 160 个谷租佃农（谷物分成农）家庭中的 130 家，只留下 30 户人家做零工。"① 1935—1940 年，南部增加了 96645 台拖拉机。尽管直到 1940 年南部拥有拖拉机的农场主比例仍然很小，但增长速度很快，20 世纪 30 年代后期南部每 1000 英亩耕地的拖拉机拥有量翻了一番，而每 1000 英亩耕地的马和驴的保有量却迅速下降。② 舒尔曼也指出，20 世纪 30 年代主要植棉州购入拖拉机 111399 台，约可替代 100 万~200 万劳动力。③ 参阅表 5-2：

表 5-2　1930—1945 年美国南部农业人口、农场数量、农场平均面积④

年份	农业人口（千人）	农场数量（千）	农场总面积（千英亩）	农场平均面积（英亩）
1930	16364	3224	343086	106
1935	17162	3422	376206	110
1940	16400	3007	370168	123
1945	12740	2882	377795	131

如表 5-2 可见，1930—1935 年，南部农业人口反常增长近 80 万，农场数量增加近 20 万，当是大萧条导致的逆城市化的结果（见本书第四章第四节）。而 1935—1945 年，在农场总面积基本保持稳定的情况下，农业人口和农场数量大幅减少，农场平均面积增加近 20%，农业机械化带来的土地集中趋势清晰可见。另一方面，作为对比，1930 年中西部农场的平均面积已达到 181 英亩，说明直到罗斯福去世的 1945 年，南部农业在机械化大生产方面较之全国其他地区还很落后。

---

① 艾伦. 大撕裂时代 [M]. 秦传安，译. 南京：江苏人民出版社，2019：197.
② 孟海泉. 内战后美国南部的农业机械化与农业体制变革 [J]. 美国研究，2007（4）：106-115，5.
③ SCHULMAN B J. From Cotton Belt to Sunbelt: Federal Policy, Economic Development, and the Transformation of the South, 1938—1980 [M]. New York: Oxford University Press, 1991: 45.
④ U. S. Department of Commerce. Bureau of the Census, Historical Statistics of the United States: Colonial Times to 1970 [M]. Washington, D. C.: Government Printing Office, 1975: 459-461.

5. 新政推动美国农业走向国家垄断资本主义

科恩认为,新政"最大的影响是改变了国家的价值观","树立了保护工人、帮助穷人的积极的政府责任观",同时"还建立起一个基本原则,即不能依赖自由放任主义保护公众的利益"①。福斯特认为新政使"垄断资本迅速与政府结合——成为国家垄断资本主义"②。理查德·S. 柯肯德尔(Richard S. Kirkendall)认为,新政保护和促进了美国的"集体资本主义",刘绪贻认为所谓"集体资本主义"实为垄断资本主义。新政一方面"大踏步地使农民日益远离个人自由主义的经济体制",另一方面"日益使美国农民在农业垄断资本统治下生活",最终使"美国农业像工业一样,进入了国家垄断资本主义阶段"③。而这对于南部农业,无疑是生产关系的一大进步。在新政的冲击下,长期盘踞美国南部的小农经济的租佃制,尤其是谷物分成制这样带有浓厚种植园奴隶制残余的落后的农业生产方式终于走向衰亡,南部"三农"问题的经济基础随之松动。尽管南部农业中国家垄断资本主义取代小农经济的租佃制的过程是以牺牲南部广大租佃农尤其是黑人农民利益为代价的,更直接导致他们中许多人流离失所,但在美国资本主义制度下,这可能是解决南部"三农"问题的唯一可行之策和必须付出的代价。而新政时期的美国在社会福利方面的进步和此后二战带来的经济繁荣和就业机会,则使得这一过程免于上演类似圈地运动中"羊吃人"的悲剧和大规模的社会动荡。

总而言之,在没有强有力的外部干预的情况下,内战后南部的"三农"问题长期持续、异常顽固。而在新政时期,联邦政府以史无前例的广度和深度干预农业经济,推动美国农业进入国家垄断资本主义阶段,使南部农业中小农经济的租佃制趋于瓦解;新政对农民提供政府信贷支持、限制棉花生产,使南部农村中的借贷制度和单一的棉花经济迅速被打破,种植园主也加速向机械化大生产转型。总而言之,到二战前,南部农业中小农经济的租佃制、债务束缚、单一的棉花经济构成的"三位一体"已被打破,新政因而成为南部"三农"问题破局的契机。反观此前美国社会在南部"三农"问题上长期不闻不问无所作为,是不为者,非不能也。

---

① 科恩. 无所畏惧: 罗斯福重塑美国的百日新政 [M]. 卢晓兰, 译. 天津: 天津教育出版社, 2009: 263-264.
② FOSTER W Z. History of the Communist Party of the United States [M]. New York: International Publishers, 1952: 294-295.
③ 刘绪贻. 20 世纪 30 年代以来美国史论丛 [M]. 北京: 中国社会科学出版社, 2001: 61.

(二) 罗斯福新政触动了南部"三农"问题的政治和文化因素

如前所述，民主党控制下的南部州政府的乱作为和联邦政府的不作为（一定程度上是受保守派控制的联邦最高法院的干扰、掣肘）是内战后美国南部"三农"问题的政治原因。罗斯福新政标志着美国联邦政府对经济从自由放任转向调控干预，但总体上重经济调整而轻政治改革。虽然较之于他的前任们，罗斯福本人可能对于黑人尤其是南部黑人的悲惨遭遇有更多的同情，但新政基本上没有直接触及南部的政治改革和社会改良。然而，新政在政治上的一大成果就是使内战以来长期倾向于共和党的美国黑人开始转向民主党，从而改造了民主党，使之相对于共和党具有更多的改良主义色彩；相应地，也为解决南部的"三农"问题提供了有利的政治环境。

1. 新政并未直接改变南部政治

卡茨尼尔森认为罗斯福新政"国内政策最大的妥协在于，对南方白人至上种族主义制度的妥协与退让"，阿维夏伊·马格利特（Avishai Margalit）批评之为"腐败的妥协退让"，指出"这种妥协是要与南方达成一致，确立或维持惨无人道、野蛮可耻的种族制度"①。上述批评或许过于苛刻，从事实看，新政主要聚焦于经济问题，1939年后罗斯福的关注重点又转向世界反法西斯战争，罗斯福政府对国内政治问题虽有改良的欲望和举措，但较之于经济方面，成绩有限。

刘达永认为，罗斯福对黑人上层加以笼络，对（包括南部黑人农民在内的）广大贫困黑人主要通过经济手段加以安抚，而对黑人的政治权利问题采取回避态度。② 另一方面，身为民主党人的罗斯福对在意识形态上与自己分歧巨大而在名义上同属一党的南部民主党上层，总体上还是持怀柔、拉拢的态度，尽量争取他们的支持，比如，他曾解释自己为何不公开支持维护南部黑人权益的反私刑法案："假如我现在出来支持反私刑法案，（南部人）将阻止我向国会提出的使美国免于崩溃的每一个法案。我就是不能冒这个险。"③ 埃

---

① MARGALIT A. On Compromise and Rotten Compromises [M]. Princeton：Princeton University Press，2010：2.

② 刘达永. 评罗斯福对美国黑人的政治态度：兼与"怀柔政策"说商榷 [J]. 四川师范大学学报（社会科学版），1986（2）：42-50.

③ 总的来看，罗斯福在总统任内对黑人持同情态度，不反对别人为黑人争取权利，甚至授意他的夫人公开支持反私刑法案，但自己从不公开表示支持。参阅刘绪贻，李存训. 美国通史：第5卷：富兰克林·D. 罗斯福时代1929—1945 [M]. 北京：人民出版社，2002：190.

里克·方纳指出,"罗斯福更愿意在民主党的主流权力框架中推行改革。他认为自己无法直接正面挑战南部的民主党势力。""在(20世纪)30年代中期,南部民主党人占据了国会一半以上委员会的主席的位置。"① 卡茨尼尔森指出,在新政期间南方民主党议员是立法机构的"实际掌门人",所以:"没有南方各州国会议员的积极支持和立法创新,'新政'所采取的各项立法举措就不可能得以实施。这同样会面临一场尴尬,为了换取这些南方议员的支持,'新政'对南方造成严重种族歧视的组织制定持允许态度,或至少是睁一只眼,闭一只眼。"②

二战爆发后,罗斯福尤其离不开南部民主党人的支持,为此不得不对之做出更多妥协。从西方政党政治的角度来看,罗斯福的上述策略是成功的,他在四次总统大选中都赢得了南部各州,这显然离不开政治立场极端保守乃至反动的南部民主党人的支持。作为一种事实上的或者心照不宣的政治交易,在新政乃至罗斯福的全部任期内,其各项改革措施中,有些在政治经济上对改善黑人的处境有所帮助,但都没有直接干预南部的种族问题,也就未能深刻影响南部的政治结构和政治现实,"没有使南部政治发生内部改革"③。

2. 新政使美国黑人开始转向民主党

总的来看,新政对美国黑人利大于弊,上层黑人得以前所未有的深度和广度参与美国政治,而广大贫困黑人在经济上也得到一些好处,罗斯福和民主党因此也得到了黑人的支持。

贝茨认为"新政对黑人的影响可以通过黑人的政治倾向最清楚不过地看出来……新政旨在提高处于经济阶梯最下层人民的生活水平的政策,对大部分黑人产生了巨大的影响……罗斯福所任命的担当负责职务的黑人数超过了所有其他总统任命的总和"④。布莱克的观点与之类似,尽管"新政政策并不总是对黑人有利的",但"总的说,黑人感到新的政策使他们高兴的事要比不高兴的事多得多"。因此,"大多数黑人选民都把他们的忠诚从亚伯拉罕·林肯的党(共和党)那里转向了富兰克林·罗斯福的党(民主党)。黑人的选

---

① 方纳. 美国自由的故事[M]. 王希,译. 北京:商务印书馆,2018:295.
② 卡茨尼尔森. 恐惧本身:罗斯福"新政"与当今世界格局的起源[M]. 彭海涛,译. 太原:山西出版传媒集团·书海出版社,2018:18-23.
③ COBB J C, Namorato M V. The New Deal and the South: Essays[M]. Jackson: University Press of Mississippi, 1984:112.
④ 贝茨. 1933—1973美国史:上卷[M]. 南京大学历史系英美对外关系研究室,译. 北京:人民出版社,1984:206-207.

票为各方面的联盟增添了力量,从而使民主党在随后三十年的大部分时间里得以保持执政地位"①。韦克特也指出,尽管新政也对黑人有所伤害(比如,减少农作物尤其是棉花种植面积造成黑人佃农和分成农失业、社会保障立法导致雇主减少雇佣黑人工人等),但"新政为黑人做的事情,比内战后的任何一届政府都要多"。在1935年5月,全美国约有300万黑人(占黑人总人口约1/4)"是由公共经费养活的"。"总的来说,新政赢得了黑人的支持,引人注目地改变了黑人长久以来对林肯的党的忠心耿耿。"②刘绪贻也认为新政时期黑人救济工作成效显著,具体数据比韦克特更高一些,"1933年受救济的黑人超过200万,占黑人总人口的17.8%,几乎为白人受救济人口9.5%的两倍。到1935年,黑人受救济人口增为350万,达到黑人总人口的30%"③。在就业方面,1941年4月,在工程振兴局安排下得到工作的黑人达23.7万人,占该机构雇佣工人总数的16%,超过了黑人失业工人在全体失业工人中所占的比例(13%)。资中筠也指出:"'新政'的就业措施对以非熟练劳力占多数的黑人是有利的,有助于阻止黑人进一步贫困化。"④

作为回报,1934年的国会中期选举中,民主党首次赢得了多数黑人选民的支持,时人评价说:"黑人不再是共和党的政治上的应声虫。"而到了1936年的总统大选,"黑人对民主党的支持越来越明显和毫不保留。成千上万的哈莱姆区黑人涌进设在麦迪逊广场花园的1936年(罗斯福)竞选会场"⑤。北部和中西部各州大多数黑人领袖和报纸都支持罗斯福和民主党,"因为新政给他们带来了救济和工作","北部的黑人背离了林肯的党(共和党)",76%的黑人选票投向了民主党,施莱辛格称之为"在我们历史上一次令人震惊的选举变化"。⑥《巴尔的摩太阳报》评价说:"黑人投票率逆转这一事件的深远意义胜过多年来美国政治生活中发生的任何事件。"⑦ 尽管此后美国的政党体

---

① 布莱克. 美国社会生活与思想史:下册[M]. 许季鸿,等译. 北京:商务印书馆, 1997:429-430.
② 韦克特. 大萧条时代[M]. 秦传安,译. 南京:江苏人民出版社,2015:161-162.
③ 刘绪贻. 20世纪30年代以来美国史论丛[M]. 北京:中国社会科学出版社,2001:61.
④ 资中筠. 20世纪的美国[M]. 修订版. 北京:商务印书馆,2019:127.
⑤ 贝茨. 1933—1973美国史:上卷[M]. 南京大学历史系英美对外关系研究室,译. 北京:人民出版社,1984:207.
⑥ 施莱辛格. 美国民主党史[M]. 复旦大学国际政治系,编译. 上海:上海人民出版社,1977:290.
⑦ WEISS N J. Farewell to the Party of Lincoln: Black Politics in the Age of FDR [M]. Princeton: Princeton University Press, 1983:208.

系又有变革重组，但黑人多数支持民主党的倾向持续至今。2020年美国总统大选出口民调显示，民主党候选人小约瑟夫·罗宾内特·拜登（Joseph Robinette Biden, Jr., 常简称为乔·拜登）获得87%的非裔选民支持，而2016年大选中民主党候选人希拉里·黛安·罗德姆·克林顿（Hillary Diane Rodham Clinton, 常简称为希拉里·克林顿）甚至获得91%的非裔选民支持。从内战后白人种族主义分子的大本营到如今俨然以美国少数族裔的代言人自居，民主党的跨越式转型既令人啼笑皆非，又有恍如隔世之感，而这一转型的奠基者非罗斯福莫属。

3. 新政改造了民主党

重建失败后，南部民主党对南部州政权的掌控如铁板一块，在南部没有建制上的政治力量能够对之形成牵制，遑论挑战。在美国的联邦制政体下，即使联邦政府由共和党掌控，也很难对南部政治进行实质上的干预，重建的失败就是最好的证明。而在内战后到新政前，总体上在美国两党竞争中处于相对弱势地位的民主党[1]要想竞选总统或者掌控国会，更离不开南部民主党人的支持，所以强势且得人心如罗斯福者也不得不在诸多问题尤其是南部民主党人最关注的种族问题上对之怀柔拉拢或虚与委蛇。罗斯福对此是有充分认识的，他指出，南部不仅是"全国第一大经济问题"，也是民主党的首要政治问题，"在我看来，要想争取南部各州的支持，不能重走民主党阵营多年以来坚持的老路，而要在这个地区建立起一种设计得更巧妙的民主形式——一种自由的民主制度"[2]。而新政以来，民主党主流派对南部的疏离和民主党内部分裂为南部政治变革提供了契机，相应地，也就动摇了南部"三农"问题的政治基础。

尽管在罗斯福时代，"民主党人也已发现，在争取美国所亟须的黑人公民权利方面只是稍有动作，就要面临政治风险"。从民主党长远政治利益出发，罗斯福仍成功地缔造了一个新的、基础更广泛的民主党选民联盟，使民主党主流派接受了新政式国家垄断资本主义的基本思想，如埃里克·方纳指出："在罗斯福的领导下，民主党从一个地方主义和州权的大本营转化成了一个包括农场主、产业工人、具有改革意识的城市中产阶级、自由派知识分子以及（令人有些不可思议地）崇尚白人至上的南部势力在内的广泛政治联盟，所有

---

[1] 内战后，直到1884年民主党才由格罗弗·克利夫兰（Grover Cleveland）在总统大选中胜出，到罗斯福上台前（1865—1933年）近70年中，只有16年由民主党人任总统。
[2] 劳赫威. 大萧条与罗斯福新政［M］. 陶郁，黄观宇，译. 南京：译林出版社，2018：119.

这些党内群体都决心使用政府的干预力量来重建经济，为美国人提供社会保障。"①

虽然"崇尚白人至上的南部势力"仍是民主党内的一股重要力量，但其地位与过去已不可同日而语，尤其是在1936年废止了民主党内以全国代表大会的2/3多数来决定总统候选人的传统做法（这种做法等于是要求民主党总统候选人必须被南部接受）之后。罗斯福对民主党的改造还大大削弱了南部民主党人对国会民主党团的控制。1920年，民主党在国会众议院共有130个席位，其中南方人竟占了107席；而在1936—1938年，民主党在国会共333席，南方人只占116席。② 在1920年和1924年的总统选举中，民主党总统候选人所得的选举人票中90%来自南部各州；而在1936年，罗斯福所得的选举人票中只有23%来自南部。③ 约翰·F. 毕比（John F. Bibby）和L. 桑迪·梅塞尔（L. Sandy Maisel）指出："罗斯福利用新政改革，组建起一个由北部劳工、天主教徒、都市少数族裔和非裔美国人组成的选民多数，为该党长期执政提供了牢固的选民支持（从1933年罗斯福上台，民主党一直执政到1953年）。"④ 尤其是黑人背离了共和党而成为新政联盟的重要组成部分，"这个联盟正是其后几十年中民主党的坚固而可靠的核心"。简言之，罗斯福成功地使民主党成为一个没有南部白人支持也同样可以赢得大选的强大政党，解除了重建以来南部民主党人对民主党的长期"劫持"，从而间接地为南部历史上的第二次重建奠定了基础。⑤

罗斯福新政后的美国两党政治，与之前已经大不相同，美国学者通常称之为"第五政党体系"⑥，认为它体现了美国"政治中阶级的两极分化"，而新政"永远改变了"民主党的"形象、声誉和选民成分"，新政后的民主党

---

① 方纳. 美国自由的故事［M］. 王希，译. 北京：商务印书馆，2018：280.
② 施莱辛格. 美国民主党史［M］. 复旦大学国际政治系，编译. 上海：上海人民出版社，1977：292-293.
③ 谢国荣. 1910年至1960年间美国黑人人口再分布及其影响［J］. 历史教学问题，2007（4）：83-87.
④ 王希. 两党制与美国总统选举的"无选择困境"［J］. 史学理论研究，2018（2）：4-9.
⑤ 王崇兴. 浅析战后美国共和党在南部的复兴［J］. 求是学刊，2000（4）：104-112.
⑥ 美国两大党的政治生态和主张在历史上多次发生变化，目前的美国两党政治格局被称为"第六政党体系"，大致要从1968年大选中尼克松的"南方战略"开始到20世纪80年代初"里根革命"才最终形成，与本文中的"第五政党体系"有巨大差异。参阅王传兴. 美国第五政党体系中的两次少数派颠覆事件及影响：从社会力量结构的变化进行分析［J］. 同济大学学报（社会科学版），2009（4）：65-73，124.

<<< 第五章 新政与第二次世界大战——美国南部"三农"问题的破局

联盟是"以阶级为基础"的。① 简言之，共和党更倾向于企业界，更多维护资本家利益，在经济上主张自由放任；而民主党更倾向于劳工界，会更多顾及社会下层，在经济上坚持新政式的国家垄断资本主义（尽管两者在本质上都是代表垄断资产阶级利益，但在具体的政策取向上仍有所区别）。如施莱辛格所言："民主党过去是比较狭隘的一个党，它被地区利益和一些不开明的城市党机构牢固地束缚着，但在罗斯福的领导下已成为一个比较面向全国的政党了……在美国历史上，以前从来不曾有哪一个政党这样明确地赞助社会上受压迫的人，包括那些没有产业的人，没有受过什么教育的人，有色人种、失业者以及从欧洲'劣等'国家②来的移民的子女。"

以 1936 年大选结果为例，盖洛普民意测验显示，罗斯福得到的选民票占民主、共和两大党所得选民票总数的 62.5%；从得票分布来看，收入较高的阶层中 42% 投票支持民主党，中等收入阶层是 60%，低收入阶层是 76%，依靠救济度日者高达 84%，整个劳工界中 80% 支持民主党。③ 因此，谭君久认为"经过新政，民主党实现了其发展过程中的又一个转折，成为一个具有资产阶级改良主义色彩的政党"④。

4. 新政时期黑人教育事业进步较快

如前所述，重建后南部教育事业严重落后且实行种族隔离，缺乏文化是南部农民尤其是黑人农民难以生产经营多元化和转而从事其他行业的重要原因。新政前，美国的教育尤其是基础教育主要是地方事务，地方税收中相当部分用于教育。大萧条期间地方政府财力枯竭，公立教育深受打击。南部的情况尤其严重：根据韦布的统计，1930—1934 年，全美国乡村学校的总支出减少了 23%，城市学校的日常支出减少了 19.5%；而在南部 11 个州，乡村学校总支出降幅从得克萨斯州的 15% 到北卡罗来纳州的 47%，高于全国平均水平的有 5 个州；城市学校日常支出降幅从田纳西州的 17% 到阿肯色州的 41.8%，高于全国平均水平的有 8 个州（路易斯安那州数据缺失）。⑤ 1932 年

---

① 谭君久. 试论美国民主党向资产阶级改良主义政党的演变 [J]. 世界历史，1984（6）：51-60.
② 当指贫穷的东欧、南欧国家和爱尔兰等国，有别于传统西欧强国如英、法、德等。
③ 施莱辛格. 美国民主党史 [M]. 复旦大学国际政治系，编译. 上海：上海人民出版社，1977：310-311，292.
④ 谭君久. 试论美国民主党向资产阶级改良主义政党的演变 [J]. 世界历史，1984（6）：51-60.
⑤ 韦布. 美国教育史：一场伟大的美国实验 [M]. 陈露茜，李朝阳，译. 合肥：安徽教育出版社，2010：291-293.

春，南部有 30 多万中小学生因学校关闭而失学，其中佐治亚州关闭了 1318 所学校，致使 1.7 万多学生失学；亚拉巴马州关闭了 85% 的公立学校，81% 的农村学生失学；① 阿肯色州有 300 多所学校全年开学 60 天，有的甚至不到 60 天；密西西比州和亚拉巴马州无力支付教师工资，竟让教师轮流到学生家中就餐②……而南部的黑人学校在大萧条期间更是遭遇了"特别的困难"，富兰克林指出，"南方各州按照和白人学校相同的或更大的比例削减了黑人学校的经费"，由于南部黑人公立教育的经费本就远远低于白人，所以"黑人教育经费中最少量的削减也往往把它的教育计划中最起码必需的条件，包括教师在内也给剥夺了"③。

新政时期，尽管南部学校依旧实行种族隔离，但教育得到联邦政府的更多支持，如在 1934—1939 年联邦政府拨款 17 亿美元，加上州和地方配套 3 亿美元，修建了 102 所公共图书馆和 59164 间教室，使全国约 1.3 万所学校受惠。同时美国教育界开始积极参与政治，美国教育协会在 1933 年成立了教育紧急事务联合委员会，负责调查经济危机对教育的影响并提出应对建议。针对地方学校财政问题，该委员会提出两个主要的对策，一是寻求联邦政府的资助，但由于美国宪法中没有关于教育的内容，"而且学校事务由地方控制是一直以来的传统"，总体成效有限；二是"必须通过州级税收来平衡由于（教育）依赖地方财产税而造成的教育上的不均等"。"许多贫困的农业州"（大多数南部州）都接受了这一建议，"将州政府的努力作为在大萧条期间和之后的一个时期拯救公立学校的唯一途径"④。韦布也指出，教育界"为争取更多的州资助而开展的运动是成功的"——20 世纪 30 年代，各州政府为学校预算出资的比例从 1929—1930 学年的 16.9% 增至 1939—1940 学年的 30.3%。⑤ 总的来看，新政时期南部教育尤其是黑人教育进步较快。黑人受教育水平的提高有助于改善南部最贫困的黑人农民的处境，是解决南部"三农"问题的必要条件之一。

---

① NEUFELDT H G, MCGEE L. Education of African American Adult: An Historical Overview [M]. New York: Greenwood Press, 1990: 211.
② 刘绪贻, 李存训. 美国通史: 第 5 卷: 富兰克林·D. 罗斯福时代 1929—1945 [M]. 北京: 人民出版社, 2002: 19.
③ 富兰克林. 美国黑人史 [M]. 张冰姿, 等译. 北京: 商务印书馆, 1988: 480.
④ 厄本, 瓦格纳. 美国教育: 一部历史档案 [M]. 周晟, 谢爱磊, 译. 北京: 中国人民大学出版社, 2009: 364-365.
⑤ 韦布. 美国教育史: 一场伟大的美国实验 [M]. 陈露茜, 李朝阳, 译. 合肥: 安徽教育出版社, 2010: 290.

中学教育方面，如前所述 1932 年南部有黑人中学 807 所，在校生 12 万多名。到 1939—1940 学年，已发展到 2538 所中学和 254589 名黑人中学生，黑人中学入学率为 10.5%，比 1929—1930 年的 4.9% 翻了一倍多，1939—1940 学年度黑人中学毕业生达 3 万人。1930—1940 年，全国黑人公立中小学教师从 52278 人增至 64476 人，增长了 23%，且男教师的增长幅度大于女教师。教师数量的增长带来师生比的下降，同期黑人小学的师生比从 47.1 降至 41.2，初、中等教育合计的师生比从 44.5 降至 37.7。① 而黑人重视教育的优良传统也继续保持，1939—1940 年，5~17 岁的黑人入学率为 86%，还略高于 85.3% 的全国平均水平。

高等教育方面，1930—1940 年，美国黑人高校的入学人数增长了 341.8%，教育经费增加了 93.5%，黑人教师也由 1888 人增至 3291 人。② 教师的学历层次显著提升，越来越多的教师拥有了硕士甚至博士学位。从人才培养看，1929—1930 学年度，全国黑人高校共颁发文理学士学位 1252 个，专业文凭 473 个，硕士学位 15 个，荣誉学位 21 个；1939—1940 学年度，分别上升到 3822 个、1885 个、188 个和 45 个。1929—1930 学年度还有预科部学生 5257 人，到 1939—1940 学年度缩减至 2739 人。黑人高校的教学质量也有较大提高，有些学校如霍华德大学、费克斯大学等逐渐加强了研究生教育。此外，全国青年总署推出过一项专门用于资助有前途的黑人研究生的基金，在它的资助下 20 世纪 30 年代大约有 200 名黑人青年获得博士学位，而 1900 至 1930 年间仅有 41 名黑人青年获得博士学位。③

（三）罗斯福新政没有终结南部的"三农"问题

罗斯福新政缓和了大萧条，尤其是减轻了大萧条对社会下层造成的痛苦，新政时期的政治经济改革也成了南部"三农"问题破局的契机。但总的来看，新政既没有终结大萧条，也没有终结南部的"三农"问题。

《罗斯福选集》的编译者关在汉指出："纵观'新政'六年，在经济上直接的效果并不显著。"他以下列数据为证，如美国的失业人口在 1933 年罗斯福就职时约 1300 万~1500 万，1939 年仍高达 900 万；国民收入在 1929 年危

---

① 屈书杰. 美国黑人教育发展研究 [M]. 保定：河北大学出版社，2004：124-125.
② 胡玉萍，谷成杰. 教育公平视野中的美国黑人教育政策研究 [J]. 新疆大学学报（哲学·人文社会科学版），2011，39（6）：70-74.
③ 韦布. 美国教育史：一场伟大的美国实验 [M]. 陈露茜，李朝阳，译. 合肥：安徽教育出版社，2010：294-295.

机前曾达1044亿美元,1933年仅740亿美元,1939年才恢复到1110亿美元;价格指数以1929年为100,1942年以后才超过这一水平;工人平均收入1929年是1405美元,1929年是1264美元……①刘绪贻和李存训也认为,一方面,"如果说'新政'对克服大萧条完全不起作用,那是不符合事实的";另一方面,"'新政'在大规模战时生产开始前未能完全克服大萧条"②。简言之,新政对大萧条有缓和之功,但并未克服它。

在农业方面,1939年美国农业现金收入仅相当于1929年的77.2%,可见罗斯福新政下的美国农业虽有起色但并未完全恢复,更谈不上繁荣。新政既未真正改善美国农民的经济地位,也没有终结南部的"三农"问题。从全国看,1938年农业人口占美国总人口的25%,而他们的收入,在得到了近5年的公共援助后,仅占全国总收入的8%,而且呈逐年下降之势③,说明新政期间农民收入和社会平均收入的差距在拉大。就南部而言,在新政和二战期间(罗斯福任内),南部农民的处境有所改善,但总体上仍很艰难。1937年,农场佃户委员会报告说:"佃农、分成佃农或农场雇佣工人的大家庭住的房屋只有一两间房,房屋往往是建筑得很坏的……甚至许多房子连室外的厕所也没有……许多家庭都是严重营养不足。他们随时可能遭到疾病的袭击……衣着常常不足以蔽体,维护自尊心的衣饰就更少了。"④

1938年出版的《南方地区经济状况报告》详细描述了南部的贫困状态:1937年全国人均收入为604美元,南部仅为314美元,刚刚超过全国平均水平的一半;南部农民年均收入仅186美元,而其他地区为528美元。南部一半以上的农民没有自己的土地,他们处于南部乃至美国社会的最底层——种植园地区的佃户人均年收入仅73美元。报告总结说,南部的贫困"堪比欧洲最贫穷的农民"⑤。

新政对美国农民尤其是南部农民的帮助有限,重要原因在于其农业政策基本是倾向于大农场主。科恩指出,"小佃农拥护者抗议说,新政为富农做得

---

① 罗斯福. 罗斯福选集[M]. 关在汉,编译. 北京:商务印书馆,2018:2-3.
② 刘绪贻,李存训. 美国通史:第5卷:富兰克林·D. 罗斯福时代1929-1945[M]. 北京:人民出版社,2002:194,3.
③ 沃斯特. 尘暴:20世纪30年代美国南部大平原[M]. 侯文蕙,译. 南京:江苏人民出版社,2020:201.
④ 惠勒. 美国农业的发展和问题[M]. 月异,等译. 北京:世界知识出版社,1962:223.
⑤ 卡茨尼尔森. 恐惧本身:罗斯福"新政"与当今世界格局的起源[M]. 彭海涛,译. 太原:山西出版传媒集团·书海出版社,2018:227.

<<< 第五章 新政与第二次世界大战——美国南部"三农"问题的破局

太多,为贫农做得太少"①。农业调整署官员霍华德·托利(Howard Tolle)曾批评该署制定的农业政策"只为那些从事商品生产并已致富的农场主服务,而忽视分成制佃农和雇农。农场主抛荒部分耕地得到了政府的价格津贴作为补偿,剩余下来的佃农和雇农则只有失业和逃亡,处境极惨"。杰罗姆·弗兰克(Jerome Frank)当时也在农业调整署任职,他曾为此做出规定,要求与农业调整署签订价格补助合同的农场主"在合同有效期内保持合同开始时的所有佃户"。但农业部长华莱士认为农业调整署既没有权力也没有任务去"改变南部不良社会制度"。甚至,为了避免得罪南部的"农业领袖"(大农场主)和国会议员,不仅弗兰克的上述规定被华莱士否决,连弗兰克本人也被解雇。"此后,农场主们在农业调整局中仍占支配地位,并获得绝大部分政府补贴;而农业调整局尽管受到广泛批评,仍然不愿意促进改革,只是希望许多佃农和农业工人将在城市中寻得较好机会。"② 福斯特这样描述农业调整法案在南部的实施情况:"当(补贴少种植棉的)钱发下来的时候……实际上所有的钱都落到地主手中。一半给他作为地租,另外一半是用来偿还他的设备……黑人地带的领袖一般对农业调整法案满意,这些人是种植园主、商人、棉花厂主和自由职业者。"

而对于棉花地带的佃农和分成农,"在新政之下,联邦救济机关的作用只是当地主不需劳动力时,维持分成制农民和其他工人不致饿死而已"③。

根据新政时期各项农业法案发放的补贴,绝大部分落入大土地所有者之手,而最困难的小农场主尤其是南部的租佃农所得甚少。比如,农业调整局曾规定,每少生产1磅棉花,政府津贴地主4.5美分,而其中给予佃农的仅0.5美分,而且这0.5美分还不直接发给佃农而是一并发给地主;地主还负责保管全部佃农所得津贴的1/9。实际操作中,"至于佃农是否得到津贴,则有赖于地主的慈悲"④。其执行效果可想而知。1933年,一位在哈斯克县拥有大片土地的银行家得到了4270美元的政府补贴,而一位靠《宅地法》赋予的

---

① 科恩. 无所畏惧:罗斯福重塑美国的百日新政 [M]. 卢晓兰,译. 天津:天津教育出版社,2009:265.
② 刘绪贻. 20世纪30年代以来美国史论丛 [M]. 北京:中国社会科学出版社,2001:53-55.
③ 福斯特. 美国历史中的黑人 [M]. 余家煌,译. 北京:生活·读书·新知三联书店,1961:541.
④ 刘绪贻. 20世纪30年代以来美国史论丛 [M]. 北京:中国社会科学出版社,2001:89.

189

160英亩土地生存的小农场主仅得23美元。①"据统计，1934年南部每个种植园平均得到农业调整局补贴款项1123美元，其中现金补贴占39%，而租佃农只得到4%。"韦克特也指出："特别是在棉花王国，AAA（农业调整法案）的慷慨馈赠往往落入了地主和独立农户的腰包，而佃农则发现自己比以前更穷了。新政为土地所有者承担了几乎所有的生产风险，却没有设置有效的保护措施，以防止他把减少种植面积和季节性波动的冲击转嫁到佃农身上。"

1937年，种植园主平均现金收入高达8328美元，其中833美元来自AAA的补贴；而佃农家庭年均收入仅385美元，其中27美元来自政府补贴。②

在政治上，罗斯福虽然改造了民主党，但未能改造不民主和种族歧视的南部政治，甚至未能对南部民主党产生多大影响。施莱辛格指出，"南部的政治系统，也就是说南部的民主党在富兰克林·罗斯福任总统的狂热年代基本上没有发生什么变化。""他（罗斯福）始终无法把这些南部保守分子驱逐出党，也无法使他们顺从新政的方针。"1920—1944年的历次总统选举中，南部没有一个州有半数年满21岁的公民参与投票，有9个州的投票率低于30%、4个州低于20%，这是因为"数以百万计的白人和大多数黑人，都被剥夺了选举权"，以及"人们普遍对政治事务漠不关心和一无所知"③。州选举的参与率更低，1938年密西西比州人口为218万多人，其中49%是黑人，而当年该州参议院选举投票总人数仅35439人。④

第二节　第二次世界大战后美国南部"三农"问题初步解决

罗斯福新政并未终结大萧条，用斯特兹·特克尔（Studs Terkel）的话说，是"为第二次世界大战制造长枪大炮的工业需求终结了大萧条"。直到1943年，美国的失业率才回落到1929年的水平之下。格林斯潘也认为"使美国社

---

① 沃斯特. 尘暴：20世纪30年代美国南部大平原[M]. 侯文蕙，译. 南京：江苏人民出版社，2020：201.
② 韦克特. 大萧条时代[M]. 秦传安，译. 南京：江苏人民出版社，2015：143-144.
③ 施莱辛格. 美国民主党史[M]. 复旦大学国际政治系，编译. 上海：上海人民出版社，1977：315-316.
④ 卡茨尼尔森. 恐惧本身：罗斯福"新政"与当今世界格局的起源[M]. 彭海涛，译. 太原：山西出版传媒集团·书海出版社，2018：189-190.

<<< 第五章　新政与第二次世界大战——美国南部"三农"问题的破局

会走出绝望情绪的并不是罗斯福新政,而是二战"[1]。第二次世界大战不仅终结了大萧条,也终结了自1920年以来长期持续的美国农业危机,使美国农业再次进入"黄金时代"。到二战结束时,美国南部的"三农"问题已大有改观,或者说是得到了初步解决。

一、第二次世界大战使美国农业再次进入"黄金时代"

(一)二战期间美国经济喜迎"战争景气"

二战是迄今为止人类历史上空前绝后的浩劫,给全世界尤其是参战国人民带来深重的灾难,世界经济受到沉重打击。然而,由于得天独厚的地理位置使得美国本土远离战火,以及直接参战时间较晚,最主要的是战争带来的巨大需求,美国经济在二战期间活力四射。到1943年年底,国会已经裁撤了民间资源保护队、工程振兴局和其他许多旨在推行新政的机构;而联邦支出占美国GDP的比例从1938年的8%上升到1943年的40%。无论就财政支出规模还是雇用劳动力数量而言,美国政府为赢得战争的投入,都明显大于为应对大萧条的投入。1939年,美国的国防开支仅为约13亿美元[2],1941年是62亿美元,到1943年已增至720亿美元,1944年更高达870亿美元。曼彻斯特指出,二战期间美国的战争开支高达2450亿美元,超过了美国政府从1789年建国到1940年的年度预算之和。[3] 卡茨尼尔森综合其他学者的研究成果,更指明二战期间美国的战争开支为3500亿美元。[4] 战争期间,美国军工企业加班加点,共计生产了大炮31.5万门、坦克8.6万辆、飞机近30万架、舰船(包括商船)1.2万艘、登陆艇6.4万艘,数以百万计的步枪、机枪和其他轻武器,以及相应的弹药几十亿发(其中,消耗资源最多的无疑是被投放在日本广岛和长崎的那两枚原子弹)……军事生产占美国GDP的比例,从1939年的2%激增至1943年的40%,《时代》周刊对此大为得意:"希特勒无法明白这里所发生的一起。这是生产的奇迹。"布莱克也指出:"第二次世界大战

---

[1] 格林斯潘,伍尔德里奇. 繁荣与衰退 [M]. 束宇, 译. 北京:中信出版集团, 2019:246.

[2] MARKHAM J W. A Financial History of the United States, Volume II [M]. Armonk:M. E. Sharpe, Inc., 2002:255.

[3] 曼彻斯特. 光荣与梦想:1932~1972年美国叙事史:第2册 [M]. 四川外国语大学翻译学院翻译组, 译. 北京:中信出版社, 2015:40.

[4] 卡茨尼尔森. 恐惧本身:罗斯福"新政"与当今世界格局的起源 [M]. 彭海涛, 译. 太原:山西出版传媒集团·书海出版社, 2018:466.

191

的经验证明，在适当的刺激下，美国的工厂农场是可以创造奇迹的。美国的军工生产，在1940年还是无足轻重的，1942年即相当于德国、日本和意大利的总和，1944年为其两倍。"除了"老工厂夜以继日地工作，还修建了数以百计的新工厂——其中许多建造在南部和西部过去不发达的地区"①。格林斯潘则认为，二战期间"美国政府做出的最明智的决策就是与本国大型企业联手合作，而并没有试图完全由政府自行生产军备，也没有把政府巨额的款项分散给小企业"。据统计，二战期间美国军事采购合同中一半以上是由全国最大的33家企业完成的，仅通用汽车公司一家就为美国整个战争期间的生产提供了1/10的产出。② 总之，"美国政府与大型企业的合作带来的是生产力的奇迹般增长"③。

贝茨指出，二战期间美国经济的最大奇迹，莫过于在生产出如此之多军需物资的同时，"经济上相对说来还是没有怎样压缩民用需要"④。1945年，战时生产委员会主席在报告中炫耀，虽然实行了配给制，"美国的消费者及其家人仍然是世界上吃得最好、住得最好和穿得最好的公民"。二战期间，除美国外的主要参战国如亚洲的中国、日本和欧洲的英、法、德、意、苏联等国的消费经济几乎全面崩溃；而在美国，1940年至1944年间以实际购买力计算的消费支出增加了10.5%。同时美国居民的年储蓄额从42亿美元增至359亿美元。⑤ 这样的繁荣景象与南北战争时期北部经济的"战争景气"性质相似，程度则远远过之：1939—1945年，美国制造业生产指数增长96%，农业生产提高22%，运输业务增加109%。二战爆发的1939年，美国GDP为913亿美元，到1945年增长到1666亿美元（按1939年价格计算）⑥，增幅约82.5%。从1941年年底珍珠港事件到1945年战争结束时，不到4年的时间美国人均周薪从24.2美元增至44.39美元，增长83.4%；到战争结束时，有8500万美国

---

① 布莱克. 美国社会生活与思想史：下册［M］. 许季鸿，宋蜀碧，陈凤鸣，译. 北京：商务印书馆，1997：395-396.
② KENNEDY D M. Freedom from Fear: The American People in Depression and War, 1929—1945［M］. New York: Oxford University Press, 1999: 621.
③ 格林斯潘，伍尔德里奇. 繁荣与衰退［M］. 束宇，译. 北京：中信出版集团，2019：249.
④ 贝茨. 1933—1973美国史：上卷［M］. 南京大学历史系英美对外关系研究室，译. 北京：人民出版社，1984：389.
⑤ MARKHAM J W. A Financial History of the United States, Volume II［M］. Armonk: M. E. Sharpe, Inc., 2002: 269.
⑥ 林克，卡顿. 一九〇〇年以来的美国史（中册）［M］. 刘绪贻，等译. 北京：中国社会科学出版社，1983：197.

人（占美国人口总数的一半以上）持有公债，美国人的银行储蓄存款总额达1364亿美元。当时最著名的广播电视记者爱德华·罗斯科·默罗（Edward Roscoe Murrow）扬扬得意地宣称："这次战争开始以来，生活水平还能提高的，只有我们这个国家；整个欧洲都已弄得精疲力竭，而我们却没有。"格林斯潘也指出，二战期间"美国的普通人在化妆品、丝袜和电影方面的消费可以算得上攀比炫富。连博彩业都出现了兴旺发展的局面……为民主而打造的兵工厂，同时也成了大众消费的圣殿"①。

到二战结束时，美国的综合国力在全世界处于绝对优势地位，"50%的全球商品都源于美国制造"。在经济上，美国的人口和土地面积都大约占全世界的6%，却占有资本主义世界工业产量的2/3、外贸出口额的1/3和黄金储备的3/4；它生产了资本主义世界1/3的小麦、1/2的棉花、70%的玉米、62%的煤和石油、61%的钢、84%的汽车和48%的电力，还拥有全世界84%的民用飞机、85%的冰箱和洗衣机。②

（二）二战期间美国农业再次走向繁荣

威尔科克斯指出："第二次世界大战对粮食、纤维和人力的需求使（美国）农业的两个基本问题得到了暂时的解决。一个问题是农业生产发展的基本趋势比国内外市场能够按照通行价格吸收的供应量快，另一个问题是农业人力的长期过剩。"③

1. 战争期间的美国农业政策

二战期间，美国农产品长期以来的供过于求局面被彻底逆转。1941年，农业部长克洛德·威卡德（Clande Wickard）呼吁扩大农业生产，同年国会通过《斯蒂格尔修正案》，规定对农业部要求扩大生产的14种农产品予以价格支持，第二年又上调支持价格比例并将法案有效期延长到战争结束后两年内。1942年，国会在罗斯福的压力下通过《稳定物价法》，授权总统将农产品价格稳定在设定的平价水平。威尔科克斯认为《斯蒂格尔修正案》延长到战后两年"被认为农产品在战前多年的低价之后，在第二次世界大战期间又受到

---

① 格林斯潘，伍尔德里奇. 繁荣与衰退 [M]. 束宇，译. 北京：中信出版集团，2019：251.

② 刘绪贻. 美国通史：第6卷：战后美国史1945—2000 [M]. 北京：人民出版社，2002：11-12.

③ 威尔科克斯，科克伦，赫特. 美国农业经济学 [M]. 刘汉才，译. 北京：商务印书馆，1987：484.

最高限价的限制,因而是对农民进行补偿的一种平衡的方法"①。既要控制物价上涨又要激励农业生产,1943年4月,罗斯福以行政命令对农产品予以价格补贴,到战争结束的短短两年多时间里,对肉类的补贴达5亿美元,对乳制品补贴有4亿多美元。

  1943年,罗斯福又以行政命令设立直属总统的战时粮食管理局(War Food Administration)负责战时食品生产和分配,"此时几乎所有控制(农业)生产的措施都被取消,转而鼓励增加生产"②。战时粮食管理局存在的时间并不长,到欧洲战争胜利后的1945年6月即被撤销。在短短的存在时间内,它面临的形势是很严峻的——战争期间许多农业工人应征入伍或者成为产业工人,各种农业生产资料都面临供应不足,农产品运输也因为汽油、橡胶和车辆的短缺而受到阻碍;与此同时军事部门和民用部门双方对农产品的需求却在持续增长。最终,"美国农场主在第二次世界大战期间比在第一次世界大战期间提高食品年产量50%。这一巨大的增加额是在土地面积缩小和工人大约减少10%的情况下获得的。"③ 可见,战时粮食管理局在有效地组织动员农业生产和调节资源方面的确发挥了作用。总之,为了满足战争需求,到战争结束时美国农业已事实上转变为政府垄断的国家资本主义体制。这一体制成功地在控制战争期间美国国内食品价格上涨的同时使美国农民得到了好处,因而在二战后仍得以持续了一个较长的时期。

  由于农产品转为供不应求,除了鼓励生产外,美国政府甚至在战争期间对食品实行定量配给。1942年,定量配给首先从食糖和咖啡开始(战争期间二者短缺最为严重),1943年扩大到肉类、油脂、罐头和包装食品,到1943年中,有95%的食品都实行定量配给。④ 战争期间,许多农产品如猪油、大豆、豆油、黄油、牛油、棉籽粕和豆粕等因短缺而暂停大宗交易,鸡蛋和黄油实行政府定价。⑤

---

① 威尔科克斯,科克伦,赫特. 美国农业经济学 [M]. 刘汉才,译. 北京:商务印书馆,1987:484.
② GLENN P. Encyclopedia of American Economic History [M]. New York:Charles Scribner's Sons, 1980:357.
③ 施莱贝克尔. 美国农业史(1607—1972年):我们是怎样兴旺起来的 [M]. 高田,等译. 北京:农业出版社,1981:226.
④ 刘绪贻,李存训. 美国通史:第5卷:富兰克林·D. 罗斯福时代1929—1945 [M]. 北京:人民出版社,2002:354.
⑤ MARKHAM J W. A Financial History of the United States, Volume II [M]. Armonk:M. E. Sharpe, Inc., 2002:260.

<<< 第五章 新政与第二次世界大战——美国南部"三农"问题的破局

二战期间的美国农业政策，除了鼓励农产品生产、控制分配和消费外，值得一提的是，1939年农业部长华莱士推出了美国历史上第一个食品券项目，规定接受救济者每购买1美元的橘色食品券，政府发给50美分的蓝色食品券；橘券可购买任何食品，蓝券只能用于购买农业部指定的"剩余"农产品；食品券仅限接受救济者购买。显然，这一项目既带有福利救济性质，又具有促销剩余农产品的目的。项目一经推出，深受欢迎，规模最大时覆盖了全国近一半的县，参与人数最多时达到400万，总支出2.62亿美元。[①] 随着剩余农产品被战争所消化，该项目在1943年被终止，此后直到1961年才再次启动类似项目。

1944年1月11日，在世界反法西斯战争大局已定、胜利可期的背景下，罗斯福在致国会的国情咨文中明确提出"没有经济上的独立和安全，就不存在真正的个人自由"，因而他提出了以经济权利为主的"第二个《权利法案》"并希望"在这次战争打赢以后，我们必须准备实现这些权利"，其中直接针对农业和农民的内容是"一切农场主生产和销售产品足以保障自己和家庭在生活上过得去的权利"。1945年1月6日，在罗斯福的最后一次国情咨文中，他再次重申了美国公民的经济权利中"最基本的、在很大程度上决定其他权利能否实现的是'在我国工业企业、商店、农场或矿山从事有益的工作和获得报酬的权利'"，提出战后，"我们必须使私人消费者——农场主、企业主、工人、专业人员、主妇们——的需求和购买力达到足以代替战时政府需求的高水平"[②]。由于罗斯福在二战胜利前夕的1945年4月12日突然逝世，他提出的上述"经济权利法案"未能在其生前付诸实施。但从历史来看，罗斯福之后的美国政府在事实上试图加以落实并取得了一定的成绩。而要达到罗斯福提出的"一切农场主生产和销售产品足以保障自己和家庭在生活上过得去的权利"、让农场主能够获得适当的报酬以保障其需求和购买力，就离不开政府对农业和农民的支持帮助。罗斯福任内大大发展了美国的农业支持政策，它在战后得到了延续并不断被完善。

2. 战争帮助美国农业走出了长期的危机

如前所述，自1920年开始，美国农业一直处于长期或者慢性危机之中，这场持续近20年之久的危机的基本特点是农产品严重过剩、价格长期维持低

---

① 朱春奎，陆娇丽. 美国食品券项目的历史发展与运营管理［J］. 南京社会科学，2012（7）：73-80.

② 罗斯福. 罗斯福选集［M］. 关在汉，编译. 北京：商务印书馆，2018：598-599.

水平波动。

二战爆发后，由于突如其来的战争对正常的国际贸易的影响，尤其是西北欧的挪威、丹麦、荷兰、比利时、法国等国的迅速沦陷导致其与美国的贸易中断，"欧洲的战争几乎立即冲击了美国的商业性农业"，短期内美国农业出口额比过去10年的平均数下降了30%~40%，如从战争爆发的1939年9月到1940年9月，粮食出口额减少了30%。

实际上，早在二战开始前的1938年，美国就对英国、法国和内战中的西班牙提供过粮食援助，但数量相对有限。随着战争持续扩大，同盟国对美国农产品的需求激增。为解决英国面临的严重食物短缺问题，1941年5月英美两国组织了英美食品委员会，它和美国农业部下属的农业国防关系局共同负责对英国的食品援助事宜，"1941年已把大批食品运往英国"①。美国政府和农民根据1938年《农业调整法》储存下来的农产品顿时变得奇货可居。1941年，仅罐头牛奶一项，英国就要求每年供应2200万箱之多，美国政府竭力筹措，以致到1942年美国国内都出现牛奶供应不足现象。苏德战争爆发后，在战争初期陷入困境的苏联也从美国得到大量食品援助。此外，美国国会1941年3月通过的《租借法案》"对农场主来说等于是一个出口方案"，根据该法案，"食品分配管理局在美国市场上购买食物并运往欧洲"②。需求激增促使美国农产品价格迅速提高。1941年美国农业现金收入较1939年增长了27.2%，已基本恢复到1929年水平。

到1941年年底珍珠港事件后，一方面，随着美国全面参战，农产品军需大增，"联邦政府系采取撇开本国买主自行到市场上购买产品的办法来满足战争的需求，这是曾在第一次世界大战期间执行得很有效的办法"。而"同在第一次世界大战中一样，军需采购也被用来保持农产品能卖得高价"。另一方面，全面参战后的美国对同盟国的农产品援助也大增，1942年美国将其干酪和奶粉产量的23%、黄油的7.2%、蛋品的10%和大量其他食品运往盟国。农业部长向国会报告："英国人在1942年从我们这里收到了他们食用油脂的大约20%，他们肉类（主要是猪肉）的大约10%，其他蛋白质食品如牛奶、奶

---

① GLENN P. Encyclopedia of American Economic History [M]. New York: Charles Scribner's Sons, 1980: 357.
② 施莱贝克尔. 美国农业史（1607—1972年）：我们是怎样兴旺起来的 [M]. 高田, 等译. 北京: 农业出版社, 1981: 222-224.

油和蛋品的大约20%。"① 美国还加大了对苏联的食品援助力度，1942年10月美苏两国达成协议，将援助苏联的粮食数量增加到苏联基本粮食产量的10%。1943年美国向苏联输出的猪肉占到当年美国猪肉总产量的25%（作为对比，美国军队只得到了其猪肉总产量的14%）。② 哈罗德·安德伍德·福克纳指出："到了1942年年末，三军和租借法案吸收了全国食品的25%"，尤其是易于携带和保存的"罐装和瓶装的冷冻食品、干菜、果品、果汁"等"在副食品商店的货架上消失时，全国并不感到奇怪"③。残酷的战争对欧洲的农业生产造成巨大破坏，由此带来的巨大需求使得美国农产品自20世纪20年代以来长期的供过于求局面被彻底逆转，美国农业终于迎来了又一个黄金时期。

3. 供需两旺，增产增收

二战期间，美国农业生产的气候条件也比较有利，威尔科克斯指出："幸运的是在第二次世界大战的那些年内，美国的气候良好。大麦和小麦从1941年到1950年，年年丰收。在第二次世界大战期间和随后的几年内所取得的小麦、饲料谷物和牲畜的高生产水平，大部分是和大平原诸州连续多年的良好气候有关。"④

沃尔顿和罗考夫指出，二战期间，"随着需求的扩大，农业生产借助于特别好的天气以每年5%的惊人速度增长"⑤。沃斯特也认为："慕尼黑、珍珠港、敦刻尔克（二战前及二战中的著名地点，指代战争进程），然后是雨。战争和上帝齐心协力，使肮脏的30年代的艰苦岁月走向终结。"但他认为美国农业在20世纪40年代屡获丰收的原因除了"战争和上帝（雨）"，还源自技术进步和政府调节，"现在有更多的机器，有节水技术，而且有政府的顾问们为实现更大和更好的经济繁荣出谋划策"⑥。

---

① 施莱贝克尔. 美国农业史（1607—1972年）：我们是怎样兴旺起来的 [M]. 高田，等译. 北京：农业出版社，1981：224-225.
② 徐振伟，田钊. 二战期间苏联的粮食供应及盟国对苏的粮食援助 [J]. 安徽史学，2014（3）：60-66.
③ 福克纳. 美国经济史：下卷 [M]. 王锟，译. 北京：商务印书馆，1989：441.
④ 威尔科克斯，科克伦，赫特. 美国农业经济学 [M]. 刘汉才，译. 北京：商务印书馆，1987：466.
⑤ 沃尔顿，罗考夫. 美国经济史 [M]. 王钰，等译. 10版. 北京：中国人民大学出版社，2011：579.
⑥ 沃斯特. 尘暴：20世纪30年代美国南部大平原 [M]. 侯文蕙，译. 南京：江苏人民出版社，2020：290.

二战期间，虽然很多农业工人乃至小农场主都到城市中去寻求更好的工作条件和薪资，但在耕种面积基本不变的情况下，1940—1945年美国农业生产指数从108上升至123，其中粮食产量的增长尤为可观——1939—1946年粮食产量增长近1/3。显然这意味着农业生产效率的迅速提高。美国直接参战后，尽管劳力和机器都有缺口，但农业产量创历史新高——年产小麦10亿蒲式耳、玉米30亿蒲式耳①，远远超过一战时期的水平。

不同于过去长期的"谷贱伤农"，二战期间，受战争带来的农产品需求扩张影响，美国农产品价格终于恢复到一战前的水平，农产品价格指数和工业品价格指数的比例关系，以1910—1914年的平均值为100，1940年为81，1941年为93，1942年为105，1943年为113，1944年为108，1945年为109。② 1939—1945年，美国农产品价格上涨了118%。供需两旺、增产增收，美国农场主们在二战期间赚得盆满钵溢。1940—1945年，美国农业纯现金收入从23亿美元增长到94.58亿美元，增幅超过300%，农场主净收入从44.8亿美元增至123.1亿美元③，增幅超过170%。农业净收入占农业总收入的比例，从1930—1934年的36.7%上升到1940—1944年的47.6%，虽然仍低于1915—1919年的历史高位，但已是1920年以来半个世纪中的最高点（作为对比，1970年仅为28%）。④尤其是美国直接参战后的1943—1945年，美国农业收入连续3年保持在4倍于1932年的水平。到二战结束时，农场主们不仅偿还了几十亿美元的抵押贷款，还"以储蓄和证券的形式积蓄了大约一百多亿美元"⑤。

4. 战争消除失业并推动了农业技术进步

如前所述，罗斯福新政中的农业政策总体上是扶强抑弱，导致许多小农场主尤其是南部租佃农破产失业或沦为农业工人。这在一定程度上可以说是新政的政策导向，罗斯福在1933年3月的总统就职演说中就提出要"尽力把

---

① 布莱克. 美国社会生活与思想史：下册[M]. 许季鸿，宋蜀碧，陈凤鸣，译. 北京：商务印书馆，1997：396.
② 谢夫林，蒋家俊. 第二次世界大战后美国农业的变化[J]. 世界经济文汇，1957（6）：18-23.
③ 刘鹏. 第二次世界大战期间美国农业经济"战争景气"现象研究[J]. 世界农业，2015（11）：184-187.
④ 威尔科克斯，科克伦，赫特. 美国农业经济学[M]. 刘汉才，译. 北京：商务印书馆，1987：408.
⑤ 贝茨. 1933—1973美国史：上卷[M]. 南京大学历史系英美对外关系研究室，译. 北京：人民出版社，1984：395.

<<< 第五章 新政与第二次世界大战——美国南部"三农"问题的破局

土地提供给最善于耕种的人,一方面使土地得到更好的利用,一方面在全国范围内重新分配人口"①。新政加速小农经济解体、推动土地集中、走现代化大农业之路,固然有助于提高农业生产效率,但必然加剧失业、给农民造成严重痛苦,而美国农民尤其是南部农民对新政也有诸多不满和反抗。对此,新政时期罗斯福政府主要通过社会福利政策特别是以工代赈的方式来加以安抚,缓和社会矛盾。

而在第二次世界大战期间尤其是美国直接参战后,大规模的扩军备战和战时经济繁荣几乎彻底解决了美国的失业问题。二战爆发时,美国陆军不过17.5万人左右。虽然美国正式参战是在1941年12月7日珍珠港事件之后,但大规模的扩军备战实际上在1940年上半年纳粹德国在西欧战场节节胜利之时就开始了。当年5月,"30年代一直对军费十分吝啬的美国国会,变得慷慨起来,在3周多时间内,共增拨国防费17亿美元,还同意将陆军正规军从28万人扩大为37.5万人"②。9月,国会通过《伯克-沃兹沃斯法案》,"这是美国有史以来第一次在和平时期征兵,它要求所有20~36岁的男子实行登记"。珍珠港事件后,国会迅速通过新的征兵法案,要求所有18~65岁的男子都要进行登记,其中20~44岁的男子有义务服兵役。到1942年,美国陆军和海军总人数已膨胀到约550万,而义务兵役的应征年龄进一步降到18岁。总的来看,从《伯克-沃兹沃斯法案》通过到二战结束,将近1000万人被征召入伍,加上众多志愿入伍者,总计有约1500万人参军。③ 从军队人数看,1939年二战爆发时,美国军队总人数不过33.5万人,到1945年战争结束前竟膨胀到1514万人。短短数年间如此多的青壮年参军入伍,同时还要满足这么多部队的需求,美国经济面临两难。从工业、农业到交通运输的国民经济各部门都开足马力,却仍然深感人手不足,尤其是军火产量经常不敷需用。劳动力短缺取代了萧条和失业,成为这一时期美国经济的主要问题。

1940—1945年,美国的劳工队伍从5400万增加到6400万,除了净增加1000万人外,还要考虑到部分工人也参军而造成的空缺。马丁指出战争为美

---

① 罗斯福. 罗斯福选集 [M]. 关在汉, 编译. 北京: 商务印书馆, 2018: 18.
② 刘绪贻, 李存训. 美国通史: 第5卷: 富兰克林·D.罗斯福时代 1929—1945 [M]. 北京: 人民出版社, 2002: 325.
③ 贝茨. 1933—1973美国史: 上卷 [M]. 南京大学历史系英美对外关系研究室, 译. 北京: 人民出版社, 1984: 379-380.

199

国提供了1700万个工作岗位，"珍珠港事件后，劳动力成为绝对宝贵的资源"①。为了弥补巨大的劳动力缺口，战争期间美国政府和社会主要采取了以下措施：一是吸纳失业者，二是妇女参加工作，三是招募学龄青年，四是鼓励退休老人重返工作，五是延长劳动时间，最后是提高劳动生产率。马克汉姆指出，战争期间美国妇女就业人数增加了大约 600 万；由于人手短缺，1943 年，海伦·汉泽林（Helen Hanzelin）成为纽约证券交易所 150 年历史上第一位女性工作人员。② 贝茨估计，战争期间"在添加入劳动大军的一千五百多万人中，约有一半是来自失业者的队伍。在战争年代，失业人数实际上下降到零，只有最严重的残疾人员未被雇佣"③。刘绪贻和李存训的数字与之十分接近，"1940 年美国仍有失业者 812 万，1944 年下降到 67 万，其中大半是丧失劳动能力的人"。由于剩余劳动力几乎被搜刮一空却仍然难以满足军工生产的需要，1943 年，罗斯福总统发布行政命令把所有国防工业的周工作时间从 40 小时增至 48 小时（后来某些重要工业部门甚至超过 50 小时），加班工资为正常工资水平的 1.5 倍。④ 美国工人总体上积极配合，政府工作报告："生产率上升得十分迅速，因为生产数量增加了，制造方法改进了，而且工人们响应了把军需品更快地送上前线的号召。"⑤ 1939—1944 年，美国制造业工人平均周工资从 23.19 美元增至 47.45 美元，几近翻了一倍；1941—1945 年，美国消费品价格指数上升 23.3%，而制造业从业人员周工资增加 70%⑥，工人生活明显改善。但与此同时，农业劳动力的收入仍然是各行各业中最低的——虽然在 1940—1944 年期间美国农林渔业的年均收入增长幅度最大（增加约一倍半），但由于起点太低，到 1944 年仍是美国三大产业中最低者，仅相当于工业平均年收入的 55%，不到采矿、建筑和制造业的一半。⑦ 悬殊的

---

① 马丁，罗伯茨，明茨，等. 美国史：下册 [M]. 范道丰，等译. 北京：商务印书馆，2012：1118.
② MARKHAM J W. A Financial History of the United States, Volume II [M]. Armonk：M. E. Sharpe, Inc., 2002：265.
③ 贝茨. 1933—1973 美国史：上卷 [M]. 南京大学历史系英美对外关系研究室，译. 北京：人民出版社，1984：381.
④ 刘绪贻，李存训. 美国通史：第 5 卷：富兰克林·D. 罗斯福时代 1929—1945 [M]. 北京：人民出版社，2002：363-364.
⑤ 福克纳. 美国经济史：下卷 [M]. 王锟，译. 北京：商务印书馆，1989：443-444.
⑥ 林克，卡顿. 一九○○年以来的美国史：中册 [M]. 刘绪贻，等译. 北京：中国社会科学出版社，1983：208.
⑦ 休斯，凯恩. 美国经济史 [M]. 邸晓燕，邢露，等译 .7 版. 北京：北京大学出版社，2011：546.

<<< 第五章 新政与第二次世界大战——美国南部"三农"问题的破局

工资水平和几乎无限的工作机会导致战争期间农业劳动力大量进入城市和工厂。1910—1940年，美国农业人口净减少1012.5万，而1940—1945年就减少了801万。① 新政以来小农场主和租佃农大量破产导致的农村失业现象迅速消失，战争期间美国农业也开始面临劳动力匮乏，同时农产品需求却大幅增加。美国政府为此竭力动员社会力量支农，有人记录了当时的盛况："罗斯福要求各州教育部门制订计划，安排中学生在每个学年中抽出一定的时间，或利用暑假，帮助农场主种植和收获作物。在种植果树的地区，当水果成熟时，则动员当地的银行家、肉铺主人、律师、修车店主、地方报纸编辑……实际上即镇上一切身强力壮的男男女女，都去帮忙摘果子并送往市场。"②

王春法认为："美国的科学化农业，或者说以知识替代资源，是从20世纪30年代开始的。"③ 而战争带来的劳动力短缺无疑大大加速了这一进程。二战期间，美国农业劳动力减少而耕种面积变化不大，粮食产量大幅增加，这主要源自技术进步包括肥料、种子、农药、保护土壤的耕作方法等，而最重要者无疑是农业机械化。到1943年，机械力已占到美国农业动力的94%，而畜力和人力分别只占3%。④ 1940—1945年，美国农场上的拖拉机数量（除去园艺用的拖拉机外）从156.7万台增至235.4万台，增幅为50%，平均每个农场拖拉机保有量从0.24台上升到0.39台；对节约劳动力具有重要意义的玉米采摘机和脱粒机的联合体从11万台增至16.8万台，增幅也超过50%。从收获面积看，1945年美国3/4的小麦已由联合收割机作业。⑤ 在畜牧业方面，1940—1945年，拥有挤奶机的农场数量从17.5万个增至36.5万个，翻了一倍多。1936年以前的割草机主要使用马来牵引，"向拖拉机动力的重要转变是发生在第二次世界大战期间"。1940年问世的两种新机械——"靠动力输出装置把草搂到一旁""带有可移动干草的卷筒的耙草机"和自行打结压捆机也因为节约劳力而迅速被广为应用。总的来看，二战期间美国的农业劳动

---

① SHOVER J. First Mojority-Last Minority: the Transformation of Rural Life in America [M]. DeKalb: Northern Illinois University Press, 1976: 6.
② 刘绪贻, 李存训. 美国通史: 第5卷: 富兰克林·D. 罗斯福时代 1929—1945 [M]. 北京: 人民出版社, 2002: 364.
③ 王春法. 美国农业教育—科研—推广体系的得失观 [J]. 美国研究, 1993 (4): 43-62, 4.
④ 王思明. 从美国农业的历史发展看持续农业的兴起 [J]. 农业考古, 1995 (1): 16-27.
⑤ 恩格尔曼, 高尔曼. 剑桥美国经济史: 第三卷: 20世纪 (下册) [M]. 蔡挺, 张林, 李雅菁, 译. 北京: 中国人民大学出版社, 2018: 618.

201

生产率提高约 1/4。①

二、第二次世界大战对南部"三农"问题的影响

(一) 战争加速南部工业化和城市化进程

1929—1948 年，南部人均收入占全国平均水平的比例从 47% 上升到 64%，这一成绩中近一半是在 1940—1945 年实现的，这样可喜的增长相当程度是源自工业的快速发展。1939—1947 年，南部工业生产能力提高约 40%，工业附加值从 3 亿美元增至 10.7 亿美元，工人数量从 130 万增加到 200 万。20 世纪 40 年代，南部人均收入增长了 3 倍，而农业人口减少了 360 多万，占 1940 年南部农业人口总量的 27%，其中 1940 至 1945 年间就减少了近 300 万。②

二战期间南部工业化进程加速，很大程度上是联邦政府政策推动的结果。1938 年，罗斯福总统在给全国紧急委员会的信中指出："正是由于南部地区的状况，整个国家的经济处于一种不平衡的状态。我确信，南部现在的问题是全国最大的经济问题。"有鉴于此，二战前夕联邦政府在为军事工厂和基地选址时优先考虑"公司力量、资本发展和地区经济的成熟还不足以促进现代经济发展的城市"③，最先的受益者就是当时属于落后地区的南部和西南部。同时，这也可能是罗斯福政府对南部议员全力支持其外交与战争政策的一种心照不宣的回报。二战期间，私人资本对投资军工产业基本没有兴趣，相关投资主要来自政府资金。据统计 1941—1945 年，美国的基本建设费是 450 亿美元，其中国家承担 282 亿美元，超过 60%；对纯军事工业的投资为 220 亿美元，其中国家出资 160 亿美元，超过 70%。到战争结束时，联邦政府拥有的企业控制了美国的全部原子能工业和合成橡胶产量的 96%、镁产量的 90%、飞机和引擎产量的 71%、铅产量的 58%，还有 45 个航空汽油生产厂。"这些工厂都拥有最新和最好的制造设备。政府还建成了钢铁厂、造船厂、热力和水力发电站、生产军火工厂……"④ 1939—1945 年，联邦政府平均每年要建

---

① 施莱贝克尔. 美国农业史（1607—1972 年）：我们是怎样兴旺起来的 [M]. 高田，等译. 北京：农业出版社，1981：266-267.
② 王崇兴. 制度变迁与美国南部的崛起 [M]. 杭州：浙江人民出版社，2002：114-116.
③ 郭尚鑫. 二战后美国"阳光带"城市的崛起及其历史作用 [J]. 江西师范大学学报（哲学社会科学版），1995 (2)：22-26.
④ 刘绪贻，李存训. 美国通史：第 5 卷：富兰克林·D. 罗斯福时代 1929—1945 [M]. 北京：人民出版社，2002：351-352.

<<< 第五章 新政与第二次世界大战——美国南部"三农"问题的破局

造价值 25 亿美元的工业建筑,而这些设施在战后大多以象征性的价格转让给私人企业。如此之多的现代化工业企业、如此之多的政府投资,其区域分配和布局至关重要。不管是出于政治还是经济原因,抑或兼而有之,罗斯福政府有意识地将一批军工及相关制造业企业如石油化工、石油管道、电力、造船、制铝制锡等设在人力低廉、资源丰富而又最为贫困落后的南部,其中还不乏电子和宇航这样(当时)的新兴高科技企业。这些企业不仅使南部的工业生产能力和在全国工业生产布局中的地位在短时间内大幅提升,更为南部带来了大量的资金、技术和人才,在很大程度上改变了南部长期以农业为主的经济格局和贫困、落后、保守的社会面貌。

二战期间,联邦政府在美国本土军事设施投资的 36.5% 投向南部,联邦政府在南部的总投资约有 90 亿美元(绝大多数投向军工领域)。虽然这一数额尚低于联邦政府在其他地区尤其是西部的投资,但已是南部有史以来获得的最大数额的投资,也为南部创造了有史以来最多的就业机会。如田纳西州的橡树岭是制造原子弹的"曼哈顿计划"的主要实施地点,在不到两年的时间里,从一个荒无人烟的山谷一跃成为田纳西州第五大城市,创造出 10 多万的就业机会。巨额联邦资金的投入还带动了南部的社会投资,1940 年 7 月至 1945 年 6 月,南部得到全国制造业投资的 17.6%,而战前这一比例仅为 11.8%。舒尔曼认为:"国防和社会投资的迅速增加为战后南部经济腾飞奠定了基础……第二次世界大战被视为南部经济发展史的转折点。"[1] 二战期间,南部制造业雇佣工人总数从 165 万增至 284 万,增幅达 70%。为满足急剧扩张的军工生产的需要,联邦政府还在南部大力发展职业教育和培训,仅 1941 年就为南部的 50 个产业部门培训了 7.5 万名工人。内战后第一次出现了南部人均收入增长快于美国平均水平的现象[2],马丁指出:"多亏有了联邦政府,南方的经济才在 1940 年代有了确实的增长。""(联邦政府的)基地和工厂给了南部一个增长的起点。"[3]

除了政府主办的新兴工业,战争期间美国新建了 100 个军营,其中 60 个

---

[1] SCHULMAN B J. From Cotton Belt to Sunbelt: Federal Policy, Economic Development, and the Transformation of the South, 1938—1980 [M]. New York: Oxford University Press, 1991: 95-97.

[2] 张友伦指出,二战期间美国人均收入增长了 150%,而南部人均收入增长了 187%。参阅张友伦,肖军,张聪. 美国社会的悖论:民主、平等与性别、种族歧视 [M]. 北京:中国社会科学出版社, 1999: 259.

[3] 马丁,等. 美国史: 下册 [M]. 范道丰,等译. 北京: 商务印书馆, 2012: 1358-1359.

位于南部,"南方各地因此而获益匪浅"。以南部的传统工业和少有的在美国国内占有优势地位的工业——纺织业为例,战争期间"南方纺织工厂里机器轰鸣",因为"仅是陆军就需要大约5.2亿双袜子和2.3亿条裤子"①。军营和工厂还带来众多外来人口,加速了南部城市化进程。二战期间联邦国防预算开支中70%投放于西部和南部。这一方面推动了这两大地区沿海城市的发展,如南部的新奥尔良、里士满、查尔斯顿、萨凡纳、诺福克、莫比尔、杰克逊维尔等传统港口城市都深受其利,如1940—1943年南卡罗来纳州的查尔斯顿人口增长了37%,弗吉尼亚州的诺福克增长了57%,亚拉巴马州的莫比尔增长了61%。② 另一方面"使得西南部内陆地区毗邻空军基地和飞机制造厂的城市"日益兴隆,如得克萨斯州的达拉斯、圣安东尼奥、沃斯堡、埃尔帕索、俄克拉何马州的塔尔萨、新墨西哥州的阿尔伯克基、亚利桑那州的图森等,有的城市甚至就是在军事设施的基础上形成的。③ 丘达柯夫描述了巨额国防开支对南部经济和南部城市的刺激:"从新奥尔良到莫比尔,沿着墨西哥湾海岸线,一座座修船坞一字排开;而在达拉斯和亚特兰大,飞机装配工厂发展得如火如荼。军工装配业让弗吉尼亚州的诺福克-汉普顿锚地地区经济发展迅速,甚至还影响到了沉睡多时的古城查尔斯顿。"④

战争期间,南部人口流动大大加快——长期尚武的南部有400多万人参军入伍,远远超过其在美国人口中所占的比例;离开农村的有300多万人,离开南部的有220万人,其中75%是黑人。与此同时,破天荒地有600多万外地人口进入南部,他们主要服务于军事、军工部门,不仅使战争期间南部人口净增长30%,也使得1940年至1944年间南部的联邦工资领取者占全国的比例从19%上升到27%,基本达到南部人口占全国人口的比例。这种在南部历史上前所未有的大规模人口流动不仅导致南部人口结构的变化,还将对南部社会经济结构产生重大而深远的影响。

柯布认为,二战后南部社会的重大变革是通过"来自外部的、源于现代

---

① 法拉格,等. 合众存异:美国人的历史 [M]. 王晨,等译. 7版. 上海:上海社会科学院出版社,2018:694.
② 王崇兴. 制度变迁与美国南部的崛起 [M]. 杭州:浙江人民出版社,2002:120.
③ 王旭."阳光带"城市与美国西部及南部的崛起 [J]. 东北师大学报(哲学社会科学版),1990(4):52-57.
④ 丘达柯夫,史密斯,鲍德温. 美国城市社会的演变 [M]. 熊茜超,郭旻天,译. 7版. 上海:上海社会科学院出版社,2016:231-232.

精神的力量战胜从历史上承继下来的反对任何形式变革的南部本土的民众精神"① 而实现的。而这种来自外部的力量大举进入南部，始于罗斯福新政，在二战期间大大加速，推动南部工业化、城市化进程快马加鞭，为解决南部的"三农"问题创造了十分有利的环境。

（二）二战结束时南部"三农"问题已初步解决

第二次世界大战对南部农业、农村和农民都有重大影响，这些影响总体上利大于弊。

1. 农业生产进一步多样化

二战爆发后，由于担心日本切断美国在太平洋地区尤其是东南亚的原料供应（这一担心在珍珠港事件后的确发生了），美国对油料农作物的需求大增，刺激了南部大豆、花生种植面积迅速扩大。1941年南部适合种植花生的得克萨斯、亚拉巴马和佐治亚3州的花生种植面积为190万英亩，1942年增至340万英亩，但仍然远远低于联邦政府期望的500万英亩，政府只能大幅提高对花生的支持价格。而兼有食品、油料和高蛋白质饲料等多种用途的大豆在战争期间更受青睐，1941年联邦政府出台大豆价格支持政策，1943年对大豆的支持价格已提到平价的114%，1944年和1945年更高达平价的125%。在南部的阿肯色、密西西比、北卡罗来纳和田纳西4州，大豆种植面积由1940年的28.1万英亩猛增至战时的73.9万英亩，增幅达163%。除了政府政策因素外，大豆生产对劳动力的需求远比棉花少，这在战争时期农业劳动力短缺的背景下尤其具有吸引力。当时在路易斯安那州的密西西比河三角洲地区，种植1英亩棉花需要投入183.6小时的劳动，而种植1英亩大豆仅仅需要9.6小时。② 二战前美国40%的油脂源自进口，至1949年美国已成为世界油料、油料种子和蛋白质饲料的最大出口国，这主要应归功于二战期间大豆生产的"大跃进"。

此外，除棉花外的其他南部传统大宗作物的生产在二战期间都有明显增长：在甘蔗的传统种植区佛罗里达州和路易斯安那州，1940—1942年甘蔗种植面积从24万英亩增至29万英亩，价格更比战前增长了两倍。阿肯色、得

---

① COBB J C. Does Mind No Longer Matter? The South, the Nation, and The Mind of the South: 1941~1991 [J]. The Journal of Southern History, 1991, 57 (4): 681-718.
② 宋濂. 美国南方农业的巨大变化：从大量种棉花变为大量种大豆 [J]. 世界农业, 1980 (4): 39-41.

克萨斯和路易斯安那3州的水稻种植面积，1939—1944年增加了42.8万英亩。烟草的种植面积虽无明显增长，但价格从1940年的每磅16美分增至1944年的每磅41美分，为农民带来8.149亿美元的收入，比1940年增加350%之多。相应地，棉花在南部的王者地位终于开始摇摇欲坠。因为战争带来的需求增长，国会于1943年废除了限制棉花种植的相关法律，而此时的棉花价格也升到20美分/磅的高位（比1940年高出一倍，也高于大萧条前的水平，参阅表5-1），但南部棉花种植面积仍然从1940年的2380万英亩降到1945年的1700万英亩。①

2. 农业机械化与技术进步

二战期间，"非洲裔美国人在仅仅四年时间内获得的工作机会在数量和种类上都超过南北战争爆发之后70年来的总和"②。相应地，如威尔克森所指出的："二战的爆发使黑人以前所未有的速度离开南方——仅20世纪40年代就有160万黑人离开，比过去任何一个十年离开的人数都多。"③ 马丁也指出二战期间有100多万黑人离开南部，美国军队中的黑人士兵也从1941年的10万人增至1944年的70万人。即使不离开南部，新兴的工厂也提供了许多工作岗位，战争期间就业于国防工业的黑人达200万之多④（当然其中只有少部分在南部），南部和全国一样面临着劳动力短缺问题。在农业中，摘棉花的工资从1930年的每磅1美分增长到1946—1947年的7美分，密西西比河三角洲地区的一位大农场主发现他1/3的租佃农小屋都空了，只能在已有的20台拖拉机之外购买更多的机械来经营自己的3000英亩棉田。⑤ 西摩·梅尔曼（Seymour Melman）在对棉花生产机械化过程的研究中，发现战争开始后南部农村劳动力的供不应求已对种植园主与农业劳力之间的关系造成影响，种植园主们常为找不到劳力去摘棉花而苦恼。⑥

于是，从20世纪40年代开始，战争期间的农业劳力匮乏和价格上涨加

---

① 王崇兴. 制度变迁与美国南部的崛起 [M]. 杭州：浙江人民出版社，2002：116-117.
② 法拉格，布尔，切特罗姆，等. 合众为异：美国人的历史：第7版 [M]. 王晨，李书军，丁维，等译. 上海：上海社会科学院出版社，2018：694.
③ 伊莎贝尔·威尔克森. 他乡暖阳：美国大迁徙史 [M]. 周旭，译. 北京：文化发展出版社，2019：221.
④ 马丁，等. 美国史：下册 [M]. 范道丰，柏克，曹大鹏，等译. 北京：商务印书馆，2012：1123-1124.
⑤ 王崇兴. 制度变迁与美国南部的崛起 [M]. 杭州：浙江人民出版社，2002：118.
⑥ MELMAN S. An Industrial Revolution in the Cotton South [J]. The Economic History Review, New Series, 1949, 2 (1)：59-72.

速了南部的农业机械化和技术进步。种植园主越来越多地采用拖拉机、收割机、摘棉机等农业机械,并以化学除草剂代替黑人手工除草。二战期间,南部的拖拉机及其附属设备增加了一倍,既有战时劳动力紧缺的因素,更是因为种植园主意识到机械化生产的巨大优势。1940年,南部11个州的农场主中使用拖拉机生产者仅有6.3%,1945年这一比率上升到11.7%,1950年更增至23.4%。① 1940年,使用电力的南部农场不到1/5,到1945年上升到1/3,这在很大程度上是得益于TVA的努力。②

3. 租佃制生产方式加速解体

农业机械化的广泛采用,对南部的农业经济结构和黑人农业人口造成了猛烈的冲击。一方面,种植园原有生产方式的改进,必然要以摒弃传统的种植园集约型劳动模式为前提,这无异于摧毁种植园租佃制的基础,南部种植园经济逐渐衰落。农作物从种植到收获整个生产过程的技术革新,极大地减少了单位生产的人力投入。机械化操作的平均劳动时间仅及手工劳动时间的1/10到1/5③,即使佃农进一步降低他们的实际收入,也无法与之竞争。佃农为了避免最终血本无归的结局,纷纷离开土地,而种植园主也发现机械化大生产能带来更高的利润。根据赖特的研究,1934年,南部每英亩耕地如由分成制雇农经营,种植园主的平均利润为22.75美元,而雇佣农业工人经营的平均利润为24.5美元,两者差距不大;到1939年,每英亩耕地由分成制雇农经营的平均利润仅为9.77美元,而雇佣农业工人经营的平均利润为25.55美元④,收益上的巨大差距使得南部农业生产方式从小农经济和手工劳动的租佃制生产方式过渡到资本主义雇佣劳动和机械化生产方式成为大势所趋。另一方面,机械化在很大程度上减少了种植园主在作物整个生产过程中对劳力的大量需求,"这意味着终年维持分成租佃制是不经济的"。因此,种植园主也开始放松对种植园劳动力的控制。总的来看,二战期间南部1/4的农民离开了土地。⑤ 此外,贫困的南部小农由于远离农业技术进步的成果,只能加速

---

① 孟海泉. 内战后美国南部的农业机械化与农业体制变革[J]. 美国研究, 2007 (4): 106-115.

② 王崇兴. 制度变迁与美国南部的崛起[M]. 杭州: 浙江人民出版社, 2002: 115.

③ 胡锦山. 20世纪美国南部农业经济与黑人大迁徙[J]. 厦门大学学报(哲学社会科学版), 1996 (4): 74-79.

④ WRIGHT G. Old South, New South: Revolution in the Southern Economy since the Civil War [M]. Baton Rouge: Louisiana State University Press, 1996: 232.

⑤ 卡茨尼尔森. 恐惧本身: 罗斯福"新政"与当今世界格局的起源[M]. 彭海涛, 译. 太原: 山西出版传媒集团·书海出版社, 2018: 240.

被淘汰。1949年，在地理上毗邻南部的密苏里州的密苏里大学的一份研究报告发现，收入和受教育程度越低的农民，得到农业技术推广员的帮助反而越少，得出结论："美国（农业）研究工作制度在接近和有利于小农方面是失败的。"①

4. 棉价上升，农民收入增加

1941—1945年，南部的主要农产品棉花的价格明显回升，从1940年的平均每磅9.89美分升至1941年的17.03美分，1945年进一步提高到22.52美分，这对南部农民尤其是"棉花地带"的租佃农来说无疑是个好消息，参阅表5-3：

表5-3 1940—1945年美国棉花种植面积、产量及价格②

年份	棉花种植面积（千英亩）	产量（千包）	每磅价格（美分）
1940	23861	12566	9.89
1941	22236	10744	17.03
1942	22602	12817	19.05
1943	21610	11427	19.90
1944	19017	12230	20.73
1945	17029	9015	22.52

如前所述，在没有政府补贴的19世纪晚期，南部农民种植棉花能够获利的最低价格是每磅10美分，可见在1941年至1945年间植棉是有利可图的。而在棉花价格最高的1945年，棉花种植面积和产量都大幅下降，说明种植其他作物的收益更高。以小麦为例，沃斯特指出，南部大平原"土地在1941年开始恢复"，"1942年小麦的收成超过了1931年曾有的特大丰收，而且种植面积缩小了"。接下来的两年，"粮食接连取得更大的丰收，与（二战期间）猛增的需求正好相适应。""在两个多季节里，大平原的农场主们生产出95800

---

① 惠勒. 美国农业的发展和问题 [M]. 月异，等译. 北京：世界知识出版社，1962：22-23.

② U. S. Department of Commerce. Bureau of the Census, Historical Statistics of the United States: Colonial Times to 1970 [M]. Washington, D. C.: Government Printing Office, 1975: 459-461.

万蒲式耳小麦……他们因此而赚了一大笔钱,包括政府的价格补贴"①。

5. 小结

小农经济的租佃制、借贷制度下的债务束缚、单一的棉花经济的"三位一体"是内战后美国南部"三农"问题的经济原因和根本原因,南部民主党州政府的不当政策和联邦政府的无所作为是政治原因,此外还有一些文化方面的因素。在经济方面,新政时间联邦政府先后设立商品信贷公司、农场保障局、联邦紧急救济署等机构向贫困农民提供生产、生活信贷支持,南部农业中的借贷制度迅速瓦解。借贷制度的废除使得种植园主和乡村商人无法继续强迫租佃农从事单一的棉花生产,新政期间联邦政府以法律形式引导、限制棉花种植面积,二战期间又积极鼓励大豆、花生等油料作物的生产,南部农业生产日益多样化。新政时期联邦政府的农业政策总体上抑强扶弱,客观上以牺牲租佃农和小农利益为代价,加速南部农业机械化进程,推动小农经济的租佃制解体。二战后的劳动力短缺蔓延到南部农村,进一步加速农业机械化;而农业机械化进程越快、范围越广,建立在传统手工劳动(辅之以少量畜力)基础上的小农经济生产方式就越无立足之地。总而言之,到二战期间,南部农业中曾经相互强化、异常顽固的"三位一体"已经全部崩塌。与此同时,战争期间的劳动力短缺使得南部破产小农和被夺佃的租佃农得以在工业和城市中寻找出路,从新政开始的大规模、普适性的社会福利政策也给了这些弱势群体一点兜底性的保障,从而避免了历史上屡见不鲜的由于小农经济大面积解体而导致的社会动荡(最典型者莫过于圈地运动中的"羊吃人"现象)。从1865年南北战争结束到大萧条,南部农业在农业资本主义发展的"普鲁士道路"上举步维艰地负重前行了几十年,终于以罗斯福新政为破局,以第二次世界大战为契机,与美国其他地区的农业生产方式趋同,向国家垄断下的资本主义大生产转变。二战后,南部农业与美国其他地区的农业之间的同质性不断上升,越来越只有区位分工而无制度差异。可以认为,到二战结束时,长期困扰美国南部的"三农"问题已初步解决。

在政治和文化上,联邦政府从新政开始对经济已由自由放任转向国家干预,而新政时期确立下来的农业支持政策成为美国的重要国策并延续至今。罗斯福对民主党的改造也初见成效,南部民主党人控制民主党进而影响国会立法和联邦政府决策施政的能力开始衰减,这些对解决南部的"三农"问题

---

① 沃斯特. 尘暴:20世纪30年代美国南部大平原[M]. 侯文蕙,译. 南京:江苏人民出版社,2020:291.

都有积极意义。但与此同时,南部民主党在南部各州的寡头统治尚未被动摇,诸多不利于南部经济社会发展的法律、政策尤其是对黑人的系统性的种族歧视还在延续,南方文化中的一些负面因素依旧……

在经济上,南部仍是全美国最贫困的地区,根据美国商务部经济分析局(BEA)的数据,1948年美国人均可支配收入为1317美元,南部最高的佛罗里达州为1146美元,南部11州中竟没有一个州能进入全国前30位;全美国人均可支配收入最低的8个州中有7个在南部(另一个是毗邻南部的肯塔基州),从密西西比州的761美元到路易斯安那州的942美元,相当于全国平均水平的57.8%~71.5%。南部是美国的贫困地区,而农村又是南部的贫困地区——小农经济的租佃制在南部农业中还占有一定比例,农民贫困的现象还较为普遍,较之于全国其他地区,南部尤其是农村地区经济社会发展仍然相对滞后,因而南部"三农"问题的彻底解决尚需时日。

第六章

二战后到 20 世纪 60 年代
——美国南部"三农"问题的终结

第二次世界大战后初期,美国国力鼎盛,是当时世界上唯一的超级大国,从罗斯福新政开始走向国家垄断资本主义的美国政府有足够的意愿和能力延续对农业的支持政策。因此,虽然美国农业在战后不久再次遭遇了第一次世界大战后面临的长期产能过剩、需求不足的危机,但农业生产者特别是大农场主们总体上并未因此而陷入困境。就南部而言,虽然广大租佃农和小农在竞争中被不断地赶出土地、赶出农业,但由于美国经济社会正处于第三次科技革命带来的上升阶段,有足够的能力加以吸纳,并未导致严重的社会危机,南部的"三农"问题也没有卷土重来,南部农业相对于美国农业的异质性和落后性在日益消退。而 20 世纪五六十年代黑人民权运动取得进展,在法律上终结了南部的种族隔离制度,清除了公开的种族歧视,使南部社会得以摆脱种族主义的重负,将社会关注的焦点从种族问题转移到发展问题,为此后南部的经济起飞、"阳光地带"的崛起创造了有利条件。总之,到 20 世纪 60 年代末,虽然南部仍有相当数量的租佃农和小农处于相对贫困状态,但南部农业总体上已不再落后,更没有影响到南部经济社会的总体发展,南北战争后长期困扰南部的具有美国特色的"三农"问题仍有余波荡漾,但总体上已经终结。

第一节 二战后到 20 世纪 60 年代的美国农业

一、经济繁荣中的农业危机

(一)二战后到 20 世纪 60 年代,美国经济快速增长

二战结束之初,除美国外的大多数参战国家经济一片凋敝,而美国国力

鼎盛。到1945年6月，美国制造业资本总额比战前增加了65%，其GDP大致占全世界的一半。① 1950年，美国经济在世界经济中的地位达到巅峰，其GDP约占世界总量之半，这是自工业革命以来史无前例的。② 从二战后到20世纪60年代，虽然两党轮流执政，但罗斯福新政确立下来的美国式国家垄断资本主义方向没有被逆转，美国经济没有也不可能回到大萧条之前那种自由放任的状态。国家垄断资本主义在一定程度上减轻了资本主义生产和竞争的无序状态、缓和了美国的社会矛盾。同时，从20世纪40年代中期开始，以原子能、电子和空间技术应用为主要标志的第三次科技革命发源于美国，使美国成为二战后世界科技的中心，也极大地促进了美国经济的发展。相应地，直到20世纪70年代"滞涨"危机之前，美国没有发生严重的经济危机，经济总体保持较快增长。

根据林克和卡顿的数据，按1958年美元价格计算，1940年美国的GDP为2272亿美元，1945年增至3552亿美元；由于战争景气的不可持续，1946年和1947年下降到大约3100亿美元的水平，此后一直保持上升趋势，到1960年达到4877亿美元；20世纪60年代的增长速度更快，1969年的GDP已达7270亿美元，30年间增长了220%。人均可支配收入1940年是1259美元，1945年为1642美元，1946—1947年有所下降，到1960年为1883美元，1970年为2579美元，30年间翻了一倍多一点。③ 休斯和凯恩的数据也显示从战后到20世纪60年代，美国经济总体增长而物价基本稳定——用2000年价格计算的美国的实际GDP在1945年至1950年间有所下降，到1962年比1945年增长了52%（名义GDP增长160%以上）；而制造业生产指数在1948年就超过了1945年的水平，到1962年比1945年扩张了78%；同时除了在战后初期的1946—1948年有较明显的通货膨胀外，其余绝大多数年份物价相当稳定。④

由于二战期间经济高速增长而消费受到限制，到战争结束时，"国民总储蓄达到1400亿美元，消费者已做好了疯狂消费的准备"。马克汉姆指出，

---

① 法拉格,等. 合众存异：美国人的历史[M]. 王晨,等译. 7版. 上海：上海社会科学院出版社,2018：723.
② 怀特. 美国的兴盛与衰落[M]. 徐朝友,胡雨谭,译. 南京：江苏人民出版社,2001：61.
③ 林克,卡顿. 一九〇〇年以来的美国史：中册[M]. 刘绪贻,等译. 北京：中国社会科学出版社,1983：281.
④ 休斯,凯恩. 美国经济史[M]. 邸晓燕,邢露,等译. 7版. 北京：北京大学出版社,2011：559.

<<< 第六章　二战后到20世纪60年代——美国南部"三农"问题的终结

1946年美国消费者对汽车、收音机和家用电器等的支出增长了80%。[1] 1949年，美国人均收入达1453美元，居世界首位；而除了加拿大、新西兰和少数几个欧洲国家外，没有其他国家的人均收入超过700美元即美国之半。[2] 1946—1960年，美国人的实际购买力又增长了22%，到1960年几近60%的美国家庭进入中产阶层。旺盛的消费能力既提高了美国人民的生活水平，又成为经济发展的有力驱动。到1956年，81%的美国家庭有电视机、96%的家庭有电冰箱、67%的家庭有真空吸尘器、89%的家庭有洗衣机……[3]加尔布雷斯不无得意地宣称20世纪50年代的美国已进入他所谓"丰裕社会"。这也许不完全是夸大其词，施莱贝克尔指出："1950年，一个一般收入的美国人在食物上要花去他的收入的30.6%。在1960年下降到26.6%，在1969年下降到17%。同世界其他各地相比，这简直是难以置信的。"[4] 作为对比，根据中国国家统计局的数据，2021年中国居民人均食品烟酒消费支出占可支配收入的比例为20.4%。

（二）20世纪40年代末，美国农业再次陷入慢性危机

有学者认为，美国历史上共发生过3次长期性的农业经济危机：第一次农业经济危机从19世纪70年代前期开始，除了在19世纪90年代中期有短暂缓解外，一直持续到第一次世界大战爆发后才彻底解决。第二次农业经济危机从1920年开始，一直持续到第二次世界大战全面爆发后的1941年。第三次农业经济危机从1948年一直持续到1972年，因为当年世界农产品歉收、美国农产品大量出口才宣告结束。郑林庄认为，资本主义农业经济危机，"作为一个科学范畴来讲，指的是发生在农业领域中的生产过剩的危机"；因而，在农业经济危机的种种表现形式之中，"就只有农产品价格的跌落和剩余农产品积压的增加才是农业危机的基本标志"[5]。厉以宁则认为："什么是长期的、

---

[1] MARKHAM J W. A Financial History of the United States, Volume II [M]. Armonk: M. E. Sharpe, Inc., 2002: 270.
[2] 加拿大、新西兰和瑞士的人均收入在800~900美元之间，瑞典和英国在700~800美元之间，苏联估计为308美元，中国约27美元。参阅怀特. 美国的兴盛与衰落 [M]. 徐朝友，胡雨谭，译. 南京：江苏人民出版社，2001：63.
[3] 刘绪贻. 美国通史：第6卷：战后美国史 1945—2000 [M]. 北京：人民出版社，2002：136.
[4] 施莱贝克尔. 美国农业史（1607—1972年）：我们是怎样兴旺起来的 [M]. 高田，等译. 北京：农业出版社，1981：292-293.
[5] 郑林庄. 论战后美国农业危机的几个问题 [J]. 经济研究，1963（10）：44-62.

213

慢性的农业危机的标志？这一标志在于农产品绝对价格水平（农产品批发价格）、农产品相对价格水平（工农业产品比价）、农业的生产和劳务收入三个主要指标在渡过危机的尖锐阶段的最低点之后，长期停滞在很低的水平，远远不及危机曾经达到的最高点。"[1] 按照上述判断，20世纪的美国确实遭遇了两次长期的农业经济危机，但第二次即二战后的农业经济危机的严重程度总体上似不及第一次即一战后的农业经济危机。列宁在《关于农业中资本主义发展规律的新材料》中指出："农业的发展落后于工业，这是一切资本主义国家所固有的现象，是国民经济各部门间的比例遭到破坏、发生危机和物价高涨的最深刻的原因之一。"这一经典论断对于解释美国20世纪的两次长期农业经济危机都是十分深刻、贴切的。

1. 二战后初期，美国农业的"黄金时代"得以延续

第二次世界大战的残酷性和破坏程度远甚于第一次世界大战，同时欧洲在1946—1947年遭遇较为严重的自然灾害尤其是旱灾，世界范围内继续面临严重的农产品短缺。相应地，"需要美国继续慷慨解囊，这也就给美国农场主保持了活跃的市场"，"军事贷款和救济费用这两项就把1945年到1947年（美国的）剩余农产品全部包了下来"[2]，而二战期间美国农业的"黄金时代"也得以暂时延续。美国农场主的净收入，1945年为123.1亿美元，1948年达到峰值176.6亿美元；[3] 农场平均净收入（按1960年美元计算），1940年是1714美元，1945年增至3302美元，1946年达到峰值3677美元，然后才开始下降。因此，在战后初期的美国面临着战争期间被压抑的需求释放导致物价飞涨、暂时被抑制的阶级矛盾和种族矛盾再度激化、大批复员军人亟待安置……尤其是大量军事订单被取消而可能引起的萧条与失业阴影等严峻政治经济问题时，农民尤其是大农场主依旧欢欣鼓舞。仍以前述所指的南部大平原上的哈斯克尔县为例，1947年当地媒体惊叹该县收获了500万蒲式耳的小麦，其价值折合该县每位居民3333美元，当地的"农场主们挣的钱花在新的厨房用具、汽车、农用机械、土地、邮购衣服上，坐飞机比以往任何时候都

---

[1] 厉以宁. 从二十年代美国农业史看资本主义农业危机的相对独立性 [J]. 北京大学学报（哲学社会科学版），1986 (2)：15-24, 50.
[2] 施莱贝克尔. 美国农业史（1607—1972年）：我们是怎样兴旺起来的 [M]. 高田，等译. 北京：农业出版社，1981：293, 302.
[3] 刘鹏. 第二次世界大战期间美国农业经济"战争景气"现象研究 [J]. 世界农业，2015 (11)：184-187.

多"①。

2. 生产过剩、需求不足卷土重来

好景不长，随着世界其他地方尤其是欧洲的农业生产逐步恢复，美国农业再次面临严重的生产过剩、需求不足，虽有政府的支持政策，农产品价格尤其是相对价格仍然大跌。1950年农场主收入价格和支出价格之比还大于100%即对之略微有利，到1955年就下降到1930年即大萧条时期的水平，此后继续下降，直到1973年都没有回到90%以上。农民收入也随之迅速下降，1946—1950年，按1960年美元计算的美国农场平均净收入从3677美元降至2916美元，1955年继续下降到2487美元，9年间减少了接近1/3，直到20世纪50年代末才重新开始增长。② 1951—1953年，美国农场主净收入从160亿美元降到122亿美元，占美国国民收入的比例从5.8%降到4%；按人均计算，1953年美国农场主人均净收入仅相当于从事其他职业者的45%。③ 从农业企业员工工资看，20世纪40年代前，美国农业企业员工工资仅相当于全行业员工平均工资水平的1/3左右，二战开始后一路上升，到1945年达到了60.6%的历史高位；这一比例随着二战结束再次一路走跌，到20世纪50年代末期降至40%多的低谷后才开始回升，而直到2013年也只有60%左右，从未超过1945年的峰值。④

郑林庄对1920—1928年和1948—1956年美国农业的一些重要指标进行了比较，认为二战后的美国农业危机的严重程度甚至超过一战后的情况，参阅表6-1：

表6-1　20世纪美国两次农业危机的影响之比较⑤

变动情况（%）	1920—1928年	1948—1956年
农产品价格	-29.8	-19.8

---

① 沃斯特. 尘暴：20世纪30年代美国南部大平原 [M]. 侯文蕙, 译. 南京：江苏人民出版社, 2020：293.
② 林克, 卡顿. 一九〇〇年以来的美国史（中册）[M]. 刘绪贻, 等译. 北京：中国社会科学出版社, 1983：282.
③ 郭季. 关于美国农业危机征象的一些统计资料 [J]. 经济研究, 1955（1）：73-77.
④ 刘景景. 美国农业补贴政策演进与农民收入变化研究 [J]. 亚太经济, 2018（6）：70-77, 147-148.
⑤ 之所以选择1920—1928年，是因为1929年大萧条爆发后，对农业造成的影响之严重是空前绝后的，故只研究大萧条之前的情况。参阅郑林庄. 论战后美国农业危机的几个问题 [J]. 经济研究, 1963（10）：44-62.

续表

变动情况（%）	1920—1928 年	1948—1956 年
农场主纯收入总额	-23.1	-34.7
农场数量	-0.7	-14.4
农业参与人数	-4.9	-24.6
耕地利用面积	2.2	-2.4

与工业危机不同，农业危机期间的农业生产一般是上升的。尽管农产品需求不足，但在第三次科技革命的推动下，二战后美国农业生产率持续提高，农产品产量总体上保持增长。尤其是1957—1960年，美国农业产出年均增速达3.72%，是1948年以来的最高值。1950—1969年，美国最主要的三大农产品中，除了棉花的产量没有增长外，小麦产量从10.19亿蒲式耳增至14.6亿蒲式耳，增幅43.2%，玉米产量从27.64亿蒲式耳增至45.83亿蒲式耳，增幅65.8%，中间有的年份产量甚至更高。①

3. 农产品大量积压

随着20世纪40年代末美国农产品严重过剩的现象卷土重来，按照农产品价格支持政策，联邦政府事实上成了最大的买主，操作方式主要是允许农场主以库存农产品为抵押，按照前述之平价向政府设立的商品信贷公司贷款，导致美国农产品库存急剧膨胀。商品信贷公司因农产品价格支持政策而被动收购、积存的农产品价值，1955年为45.72亿美元，1960年增至60.21亿美元，1961年以后随着美国政府加大限制生产和对外倾销的力度而有所下降，到1965年还有38.92亿美元，1971年降至12.06亿美元。美国的谷物积存量在年产量中所占的比重，1951年约为1/4，1955—1957年升至1/2，而1959—1960年已达到3/5左右。② 为了储存如此之多的农产品，到1960年，仅美国政府用于储存小麦的花费每天就接近150万美元。③ 1961年是美国农

---

① 广东省哲学社会科学研究所《美国农业经济概况》编写组. 美国农业经济概况[M]. 北京：人民出版社，1976：310-311.

② 熊性美. 第二次世界大战后美国农业危机的一些资料和几个问题[J]. 经济研究，1961(6)：31-48.

③ 贝茨. 1933—1973美国史：下卷[M]. 南京大学历史系英美对外关系研究室，译. 北京：人民出版社，1984：199-200.

产品积存量的高峰，1962年约翰·菲茨杰尔德·肯尼迪（John Fitzgerald Kennedy）总统在国会咨文中承认剩余农产品的保管费一年竟超过10亿美元，1965年为3.93亿美元，1971年为2.44亿美元，① 此外每年大量储存农产品霉烂变质造成的损失还不算在内，实在是莫大的资源浪费。

（三）农业在美国经济中的地位下降

二战后，农业在美国经济中的地位呈快速下降之势，主要表现在农业产值占美国GDP的比例和农业人口占美国人口的比例都迅速减少。此外，农民收入仍然低于社会平均水平。

农产品在美国国民经济中的比例，在第一次世界大战期间还有11%，1945年至1949年间已降到5%。到20世纪50年代，美国农业在国民经济中的重要性已大为下降。1910—1970年，美国农业生产总值从59亿美元增加到289亿美元，占美国GDP的比例却从16.1%降到2.96%；农业收入占国民收入的比例则从14.1%下降到2.85%；同期，包括土地、建筑物、机器、车辆、牲畜和农产品在内的农业实物资产从432亿美元增加到2733亿美元，但其占全国实物资产的比例从1945年的16%下降到1966年的10%。②

二战后美国农业机械化的快速推进使得农业人口迅速减少。布莱克指出，1940年美国还有3050万农民，到1967年只有1100万农民。1900年农业劳动力占美国劳动力总量的37%，1967年这一比例已不到7%。③ 沃尔顿和罗考夫的数据与之基本相同，他们指出，1850年农业劳动力占美国劳动力总量的55%，1920年降至26%，1950年为12%，1960年为8%，1970年为4.4%。④ 总之，农业劳动力占美国在业劳动力总数和人口总数的比例不断下降的趋势是一目了然的。与此同时，由于流入城市的农村人口以青壮年为主，农村人口老龄化现象日益严重。美国农场主的平均年龄，1945年已经是48.7岁，

---

① 《战后美国经济》编写组. 战后美国经济 [M]. 上海：上海人民出版社，1974：108-109.
② 广东省哲学社会科学研究所《美国农业经济概况》编写组. 美国农业经济概况 [M]. 北京：人民出版社，1976：4.
③ 布莱克. 美国社会生活与思想史：下册 [M]. 许季鸿，等译. 北京：商务印书馆，1997：415.
④ 沃尔顿，罗考夫. 美国经济史：第10版 [M]. 王钰，等译. 北京：中国人民大学出版社，2011：602.

1969 年更增至 51.2 岁。①

　　由于科技进步，1940—1965 年每人工时的农业产量增加了两倍，但美国农民的收入还是低于社会平均水平。陈翰笙指出：1952 年，美国农民（原文如此，应为农业人口）占总人口的 15.5%，而其收入仅占美国国民收入的 7.6%，即其平均收入不及全国平均水平的一半。1957 年，美国农业人口年均收入 993 美元，不到非农业人口年均收入（2045 美元）的一半，而农业人口中实际从事农业劳动者的年均收入更只有 684 美元。② 1966 年农业人口年均收入增至 1717 美元，仍不到非农业人口（2636 美元）的 2/3。1962 年，肯尼迪总统向国会报告："在进入 20 世纪 60 年代的时候，我们农民家庭收入同我们其余的人比较起来，是自 20 世纪 30 年代以来最低的"，"每年有一百多万人从农村流进城市"，许多农民要"找零工活以补助农业劳动中微薄的收入"③。1970 年，美国农业人口平均收入达到非农业人口平均收入的 75%。威尔科克斯指出："尽管农场主的收入在（20 世纪）六十年代逐渐赶上了其他人口，但这不是依靠自由经营的农业市场实现的。"④ 其中相当部分来自政府补贴。而恩格尔曼和高尔曼则认为，"农业收入与非农业收入之间差距的缩小，在很大程度上是因为农业人口的转移和农场数目的减少"⑤。哈林顿也指出，由于大量农村人口向城市迁徙，1947—1957 年，年收入低于 2000 美元的农村家庭从 330 万户降至 240 万户。⑥

　　此外，从 20 世纪 50 年代开始，随着美国农村中的非农产业迅速发展，农村社会经济结构发生了重大变化。20 世纪 60 年代，农村私人非农业就业岗位增加 1450 万之多，远远超过同期农场人口净转移 820 万人的水平。⑦ 美国农村中非农业就业占比，1940 年为 26.7%，1970 年增至 44.2%；农村中非农

---

① U. S. Department of Commerce. Bureau of the Census, Historical Statistics of the United States: Colonial Times to 1970 [M]. Washington, D. C.: Government Printing Office, 1975: 465.
② 陈翰笙. 美国农业及其危机 [J]. 经济研究, 1958 (8): 58-66.
③ 刘鹏, 贺露. 农业经济危机对美国农业发展的影响辨析 [J]. 农村经济与科技, 2021, 32 (5): 227-228, 237.
④ 威尔科克斯, 科克伦, 赫特. 美国农业经济学 [M]. 刘汉才, 译. 北京: 商务印书馆, 1987: 8.
⑤ 恩格尔曼, 高尔曼. 剑桥美国经济史: 第三卷: 20 世纪（下册）[M]. 蔡挺, 张林, 李雅菁, 译. 北京: 中国人民大学出版社, 2018: 627.
⑥ 哈林顿. 另一个美国（美国的贫困）[M]. 卜君, 等译. 北京: 世界知识出版社, 1963: 192.
⑦ 李胜军. 美国农业劳动力转移 [J]. 美国研究, 1989 (3): 59-76, 5.

业人口占比，1940 年为 46.7%，1970 年增至 82%①，此时农业人口在美国农村中反而成为绝对少数群体。

二、二战后到 20 世纪 60 年代的美国农业政策

第二次世界大战后到 20 世纪 60 年代，除 1953—1961 年是共和党的德怀特·大卫·艾森豪威尔（Dwight David Eisenhower）总统执政以外，其余都是民主党执政。总的来看，这 20 多年里罗斯福新政的农业政策得到了延续和发展，如刘绪贻指出："新政以来，特别是二次世界大战结束以来，美国历史发展的具体过程也对此作出确凿证明。新政实施以后，它的主要内容就一直在美国保持下来。"② 厉以宁也认为："罗斯福时期制定的反农业危机措施，对美国农业的发展有着十分重要的影响。它们一直被以后历届美国政府所继承。目前肯尼迪的农业政策，也无非是对罗斯福政策的继承和发展而已。"③

（一）延续农业支持政策

1. 杜鲁门政府时期

哈里·S. 杜鲁门（Harry S. Truman）总统执政期间，基本上延续了罗斯福新政的农业政策。

1949 年 10 月，美国国会通过法案，继续对农产品实行价格支持，规定到 1950 年年底，将农产品价格维持在平价的 90% 的水平；在此之后则将农产品价格维持在平价的 75%～95% 的水平。④ 这一规定表面上看与从 1933 年《农业调整法》开始的农产品价格制度相差不大，而关键在于平价的标准。从 1933 年《农业调整法》到 1941 年《斯蒂格尔修正案》均以 "1909 年 8 月到 1914 年 7 月" 为价格基期，而这段时间实际上是二战前美国农业在和平年代最好的光景，以此确定的 "平价" 显然是偏高的，"于是国会把等价方案修正为十年浮动平均数"⑤，从而在事实上降低了农产品支持价格。

---

① 刘振邦，李成林. 主要资本主义国家的农业现代化 [M]. 北京：农业出版社，1980：64.
② 刘绪贻. 罗斯福 "新政" 的历史地位 [J]. 世界历史，1983（2）：44-55.
③ 厉以宁. 1933 年以前美国政府反农业危机措施的演变 [J]. 北京大学学报（人文科学），1962（3）：61-74.
④ 刘绪贻. 美国通史：第 6 卷：战后美国史 1945—2000 [M]. 北京：人民出版社，2002：77.
⑤ 施莱贝克尔. 美国农业史（1607—1972 年）：我们是怎样兴旺起来的 [M]. 高田，等译. 北京：农业出版社，1981：303.

2. 艾森豪威尔政府时期

1953年，共和党的艾森豪威尔总统上台后（这也是1933年罗斯福上台后首次由共和党人出任总统），由于共和党人一向倾向自由放任，主张减少对农业的控制和补贴。1954年，共和党控制下的国会通过《农业贸易发展与援助法》。一方面，法案规定从抵押贷款、目标价格和差价补贴三方面来保护农产品价格，以提高美国农产品在国际市场的竞争力。① 另一方面，法案削减了对主要农产品（小麦、棉花、玉米、大豆和花生）的补助，规定1955年削减到原来的82.5%，1956年削减到原来的75%；同时要求农业部长将政府过去收购的剩余农产品"低价出售"（倾销）到国外，一部分则分配给公立学校的食堂；此外，还允许政府对美国所定义的"友好国家"提供食品援助，以"帮助农民销售多余库存、救助饥饿的人民和开发未来市场"。结果导致农产品价格暴跌，农民的愤怒使共和党政府在1954年国会中期选举中失去了在国会的多数支持者。

艾森豪威尔政府转而又试图讨好农民，1956年通过的《土壤银行法》吸纳了民主党人关于"土壤银行"的设想，即农民如在5年内让土地休耕或者种植改良土壤的作物，政府将补偿农民因此而损失的谷物收入，希望以此减少10%~17%的耕地面积。贝茨评价说："这个计划在设想上很像新政，但同样也没有能减少农产品的过剩或降低政府在农业补助方面日益增大的耗费。"

艾森豪威尔政府任内，农业预算开支从1953年的不足30亿美元增至1960年的55亿多美元②，农产品库存也继续增加（主要原因是农业技术进步使得美国农民在将部分最贫瘠的土地投入"土壤银行"后，在剩余的土地上生产出更多的产品）。然而，这一时期农场主收入价格与支出价格之比和农场净收入都呈明显下降趋势，前者从1952年的100降至1960年的80，后者从153亿美元降至120亿美元。同时中小农场破产倒闭现象严重，1950至1959年间减少了198.7万个中小农场。③ 联邦政府支出巨额农业补贴而中小农场纷纷破产，其原因与新政时期的情况类似，即政府补贴再次绝大部分落入大农场主之手，反而起到扶强抑弱的效果——1956—1957年，年销售产值在5000美元以上的农场得到了79%的政府价格补贴；而年销售产值在2500美元以下

---

① 陈潇. 美国农业现代化发展的经验及启示[J]. 经济体制改革，2019（6）：157-162.
② 贝茨. 1933—1973美国史：下卷[M]. 南京大学历史系英美对外关系研究室，译. 北京：人民出版社，1984：138.
③ 广东省哲学社会科学研究所《美国农业经济概况》编写组. 美国农业经济概况[M]. 北京：人民出版社，1976：308.

的农场虽然占到农场总数的56%，但只得到了9%的政府价格补贴。[①]

3. 肯尼迪和林登·约翰逊政府时期

1961年，民主党的肯尼迪总统上台后，在其不到3年的任期内，农业政策不是他关注的重点。1961年3月，肯尼迪总统在其第一次国会咨文中提出农业"新计划"，实质与罗斯福政府在1933年《农业调整法》中的思路并无二致——一方面提高农产品支持价格，另一方面限制农产品尤其是饲料谷物（主要是玉米和高粱）生产、要求农民减少耕作面积，以达到农产品去库存的目的。

肯尼迪遇刺身亡后，继任的林登·贝恩斯·约翰逊（Lyndon Baines Johnson，常简称为林登·约翰逊）总统基本上延续了这一政策，其任期内对耕作面积压缩不多而支持价格还有提高。沃尔顿和罗考夫评价林登·约翰逊政府制定的1965年《粮食和农业法》"像个可怕的大赠送。这一法案使美国纳税人每年付出50亿~60亿美元，在使富裕的农场主更富裕的同时允许一小部分普及到贫困的农场主"[②]。较之艾森豪威尔政府时期，肯尼迪和林登·约翰逊两任民主党总统执政期间，几乎所有主要农产品的支持价格都有提高，美国最重要的三大农产品——小麦的支持价格从1960年的1.78美元/蒲式耳上升到1969年的2.77美元/蒲式耳，增加55.6%；玉米从1.06美元/蒲式耳上升到1.35美元/蒲式耳，增加27.4%；棉花从0.2897美元/磅上升到0.3498美元/蒲式耳，增加20.7%。[③] 从实际效果来看，即使对种植面积做出限制，更高的农产品支持价格必然刺激农场主改进技术、努力提高劳动生产率，结果是休耕而不减产。如曼彻斯特所指，20世纪60年代，"杂交玉米的出现，使得在不扩大种植面积的情况下，美国玉米产量提高了20%"[④]。从种植面积看，无论与20世纪50年代还是60年代初期相比，1969年美国三大农产品的实际种植（收获）面积都有减少，但1969年除了棉花的产量与1950年持平外，小麦和玉米的产量都有明显增长。相应地，政府的农业补贴和积压的过剩农产品都有增无减。

[①] 卡彼林斯基，等. 资本主义国家经济情况（1957）[M]. 何清新，译. 北京：世界知识出版社，1959：177.

[②] 沃尔顿，罗考夫. 美国经济史 [M]. 王钰，等译. 第10版. 北京：中国人民大学出版社，2011：607.

[③] 广东省哲学社会科学研究所《美国农业经济概况》编写组. 美国农业经济概况 [M]. 北京：人民出版社，1976：306-307.

[④] 曼彻斯特. 光荣与梦想：1932~1972年美国叙事史：第4册 [M]. 四川外国语大学翻译学院翻译组，译. 北京：中信出版社，2015：301.

总的来看，自罗斯福以来的历届美国联邦政府的农业政策虽有调整，在农业方面的开支虽有起伏，但农业补贴一直是联邦政府开支的重要组成部分，而且总体呈上升趋势。林登·约翰逊之后，共和党的理查德·米尔豪斯·尼克松（Richard Milhous Nixon）总统上台，政党轮替并未影响到农业补贴政策，1968—1973年联邦政府直接付给农场主的补贴达207亿美元。① 1960年，政府补贴占美国农场净收入的6%，1970年这一比例已达23%。面对严重的农产品过剩，美国政府继续实行休耕补贴制度，谋求限产报价。到1986—1989年，美国政府每年为此发放现金补助均在100亿美元以上，其中1987年更高达170亿美元。然而，大农场主利用政府补贴改进生产技术、加大生产投入，单位产量不断提高，农产品总量有增无减。② 2010—2016年，美国农户平均收入与美国家庭平均收入之比在125.3%~177.1%之间，美国农民（或曰农场主）早已不是弱势群体，但依然年年从政府得到大额补贴，这一时期政府直接支付占美国农业现金毛收入的比例每年在2.1%~3.5%之间。③

（二）推动出口和对外食品援助

对于根据农产品价格支持政策而被动收储的大量农产品，美国政府的主要解决办法是推动出口和对外食品援助。

二战期间，农产品在美国的出口和对外援助中都占有重要地位。二战后，欧洲国家对美国农产品的需求并未降低，而其外汇、黄金储备已经或即将枯竭。在美国援助欧洲的"马歇尔计划"中，食品是最主要的援助物资之一。"马歇尔计划"一经提出，迅速得到美国农业集团的大力支持。从"马歇尔计划"的实际执行情况来看，到1950年年底美国对欧洲各国援助达94.6亿美元，其中粮食、饲料和肥料等农产品和农业用品共计27亿美元，占比28.5%。根据哈利·贝亚德·普莱斯（Harry Bayard Price）的统计，到1952年6月终止时，"马歇尔计划"对欧洲援助总额约136亿美元；④ 施莱贝克尔指出，"在这个活动（马歇尔计划）中，约38%的援助直接用在食物上，其

---

① 刘颂尧. 美国地区经济发展的不平衡和南部的新作用［J］. 经济问题探索, 1982（1）: 70-75.
② 刘鹏, 贺露. 农业经济危机对美国农业发展的影响辨析［J］. 农村经济与科技, 2021, 32（5）: 227-228, 237.
③ 刘景景. 美国农业补贴政策演进与农民收入变化研究［J］. 亚太经济, 2018（6）: 70-77, 147-148.
④ PRICE H B. The Marshall Plan and Its Meaning［M］. Ithaca: Cornell University Press, 1955: 130-131, 162.

余的则用在建设上"①，食品援助总额超过50亿美元。哈罗德·安德伍德·福克纳也指出，负责实施"马歇尔计划"的经济合作署的花费中"五十二亿美元是粮食和其他农产品"②，这一数字远远超过当时美国一年的农业出口总额，无疑对解决美国过剩农产品有直接的促进作用。参阅表6-2：

表6-2 1946—1960年美国农业出口情况（单位：百万美元）③

年份	出口总额	一般商业性出口	政府计划出口	政府计划出口占比（%）
1946	2857	875	1982	69.4
1947	3610	1540	2070	57.3
1948	3505	1606	1899	54.2
1949	3830	1486	2344	61.2
1950	2986	981	2005	67.1
1951	3441	2201	1210	35.2
1952	4053	3157	896	22.1
1953	2819	2273	546	19.4
1954	2936	2225	711	24.2
1955	3143	2213	930	29.6
1956	3496	2157	1339	38.3
1957	4728	2809	1919	40.6
1958	4003	2794	1209	30.2
1959	3719	2492	1227	33.0
1960	4628	3345	1283	27.7

---

① 施莱贝克尔. 美国农业史（1607—1972年）：我们是怎样兴旺起来的 [M]. 高田，等译. 北京：农业出版社，1981：302.
② 福克纳. 美国经济史：上卷 [M]. 王锟，译. 北京：商务印书馆，1989：468-469.
③ 威尔科克斯，科克伦，赫特. 美国农业经济学 [M]. 刘汉才，译. 北京：商务印书馆，1987：340.

表 6-2 中所谓"政府计划出口"即具有政府援助性质的出口，其在 1946—1950 年都占到美国农业出口总额的一半以上，而在"马歇尔计划"结束的 1952 年及以后则大幅下降，基本没有超过 40%。1954 年《农业贸易发展与援助法》通过后，美国农业出口中政府计划出口占比再次呈上升趋势，尤其是 1957 年超过 40%，为"马歇尔计划"结束后的又一峰值。威尔科克斯指出："在到 1958 年为止的四年半的剩余粮处理工作中，政府进行易货贸易、以当地货币售出以及在国内和国外送掉的，计达八十亿美元的农产品……而剩余存货在 1959 和 1960 年还是达到了新的纪录水平。"[1] 直到 1961 年以后，随着出口增加，美国的粮食尤其是小麦的库存才明显下降。在 1960 年、1963 年和 1969 年，小麦的出口量分别占当年产量的 46%、71% 和 40%，棉花为 48%、37.6% 和 29%。[2] 总的来看，1946—1970 年，美国出口了自己一半的大米和 40% 的棉花[3]，二战后的美国农产品出口数额呈明显上升趋势，尤其是 20 世纪 60 年代一直处于极高水平。

二战后到 20 世纪 60 年代，美国政府对外食品援助长期持续且为数甚巨，除了为国内多余农产品去库存、支持本国农业和农民外，无疑具有很强的政治目的，施莱贝克尔指出："美国人相信在冷战中，食物是一种抗衡的力量。"[4] 1959 年，艾森豪威尔政府修改 1954 年《农业贸易发展与援助法》，并将其命名为"粮食为和平"计划，从计划的名字不难看出其以粮食为外交手段的动机。同年，艾森豪威尔总统在一次公开演讲中宣称："我正在采取步骤，与其他剩余品生产国一起，重新寻找一切可行的方法，利用每个国家的各种农业剩余品，以加强全世界和平友好人民的福利——简言之，使用粮食换和平。"[5]

后来的肯尼迪和林登·约翰逊政府延续了这一政策。

(三) 限制生产和销毁农产品

到艾森豪威尔政府时期，美国农业耕种面积已经有了较大缩减。1955 年，

---

[1] 威尔科克斯，科克伦，赫特. 美国农业经济学 [M]. 刘汉才，译. 北京：商务印书馆，1987：489.
[2] 广东省哲学社会科学研究所《美国农业经济概况》编写组. 美国农业经济概况 [M]. 北京：人民出版社，1976：319.
[3] 徐更生. 美国农业 [M]. 北京：农业出版社，1987：1.
[4] 施莱贝克尔. 美国农业史（1607—1972 年）：我们是怎样兴旺起来的 [M]. 高田，等译. 北京：农业出版社，1981：303.
[5] 王慧英. 肯尼迪与美国对外经济援助 [M]. 北京：中国社会科学出版社，2007：166.

<<< 第六章 二战后到20世纪60年代——美国南部"三农"问题的终结

美国小麦、玉米、棉花三种主要农作物的收获面积比1929—1933年的平均水平减少了5300多万英亩，按比例约27%；较之1947—1950年，1951—1955年的平均收获面积减少了1080多万英亩。但由于国外需求减少和政府的农业支持政策，农产品大量积压。根据美国农业部的统计，国内的小麦储存量在1955年7月达到2770万吨，足够全国18个月之需；棉花储存量在1954年8月是210万吨。到1956年，小麦、棉花、玉米、燕麦、大麦等主要农产品的储存量都继续增长。① 艾森豪威尔政府的"土壤银行"计划实质上就是以相对温和的手段引导农民减少耕作面积，它在1956年至1958年间大致使1500万~3000万英亩农田休耕，但"这些使供应与市场销路按稳定价格达到平衡的努力，并没有显著的成效"。

肯尼迪政府在1961年推出旨在削减"饲料谷物"生产的农业调整计划，总体上也属于自愿性质。威尔科克斯指出："（肯尼迪）政府还提出了几种强制性的生产调整和销售订货计划，但都被国会或者农产品生产者所拒绝。"直到林登·约翰逊总统任内的1965年，"生产者还是不愿意退回到早期的强制性生产控制中去"。在这一年通过的农业法案中，规定农民按照支持价格从政府获得农产品抵押贷款的条件是"播种的棉花和小麦在派定的土地面积之内，以及将一部分饲料粮的农场基本耕地面积转作土壤保持或非农业之用"②。总的来看，肯尼迪和林登·约翰逊两任民主党总统都仿照罗斯福新政，以农业补贴引导农民自愿减少生产。但随着农业生产技术的不断提高，新政以来通过压缩种植面积来减少农作物产量的政策面临越来越大的压力。如1962年小麦收获面积比1959年减少15.5%，而产量却只下降了2.5%。③ 有时甚至出现种植面积减少而产量增加的现象。20世纪60年代美国农产品存货的减少，更多还是对外出口（倾销）的结果。

除了缩减农产品种植面积和向国外低价倾销库存产品外，美国再次出现了令人诟病的销毁"过剩"农产品的现象。早在20世纪50年代，"美国政府提出利用小麦、稞麦、大米和奶粉作为牲畜饲料"，并将大量农产品销毁。如1953年约有20%的马铃薯被留在田里，一部分则被倒入大海。1970年3月前

---

① 谢夫林，蒋家俊. 第二次世界大战后美国农业的变化 [J]. 世界经济文汇，1957（6）：18-23.
② 威尔科克斯，科克伦，赫特. 美国农业经济学 [M]. 刘汉才，译. 北京：商务印书馆，1987：489-490.
③ 刘鹏. 战后"黄金时代"期间美国农业经济危机研究 [J]. 洛阳师范学院学报，2012，31（7）：89-92.

后很短时间内,中西部和西部的爱达荷、艾奥瓦、俄勒冈和加利福尼亚等州的农场主为抬高马铃薯价格,焚烧马铃薯 5000 吨以上,引起舆论的广泛批评。①

需要指出的是,虽然不如大萧条时期那样极端,但 20 世纪五六十年代美国的农产品过剩仍然是相对于广大劳动人民有购买能力的需求的过剩。在美国农产品长期大量积压、政府支出巨额储存费用甚至不得不加以销毁的同时,以"丰裕社会"自诩的美国仍有千百万人处于饥饿或者营养不良的状态,1961 年肯尼迪总统在农业咨文中承认:"在十户美国家庭中,就有一户饮食不足,其营养甚至低于标准水平的 2/3。"② 对此,一向与肯尼迪为敌的共和党国会参议员哈里·斯泰尔斯·布里奇斯(Henry Styles Bridges)也承认:"我认为,如果每个美国公民在饮食方面达到应有的程度,我国的剩余农产品肯定就会被吃光。"③

三、技术进步和农业生产方式转变

根据郑林庄的研究,以 1870 年的美国农业劳动生产率为 100,到 1975 年增至 1209,100 多年间增长了 11 倍。分时段看,1870—1910 年的 40 年间增长了 47%,1910—1950 年的 40 年间增长了 1.4 倍,而 1950—1975 年的 25 年间增长了 2.4 倍,随着时间推移呈现明显的加速增长之势。二战后的美国农业增长,主要不是来自耕地面积的扩大(1930 年以后,扩大耕地面积的活动在美国趋于停滞),甚至不仅仅是来自机械化(到 20 世纪五六十年代美国农业已几乎实现了生产全过程的机械化);其重要原因是良种、化肥、农药和先进农业生产技术的应用与推广④,因而二战后的美国农业已进入"科学力时代"。但与此同时,农药和化肥的过度使用也产生了严重的负面后果,引起全社会的重视和反思,从 20 世纪 70 年代开始不断探求农业的可持续发展之路。

---

① 《战后美国经济》编写组. 战后美国经济[M]. 上海:上海人民出版社,1974:109.
② 郑林庄. 论战后美国农业危机的几个问题[J]. 经济研究,1963(10):44-62.
③ 熊性美. 第二次世界大战后美国农业危机的一些资料和几个问题[J]. 经济研究,1961(6):31-48.
④ 根据郑林庄的计算,1950—1975 年,美国农业生产中劳动力投入减少了 60%,土地投入减少了 10%,拖拉机投入(按马力计算)增加了 1.4 倍,肥料投入增加了 3 倍,故他认为"美国农业劳动生产率在 1950 年以后能够大幅度地提高,基本上是因为增加了机械和化肥的使用。"参阅郑林庄. 从美国农业的经历看农业劳动生产率问题[J]. 学习与探索,1979(4):24-28.

<<< 第六章 二战后到 20 世纪 60 年代——美国南部"三农"问题的终结

（一）二战后美国农业技术进步日新月异

王春法认为，以农业机械革命、农业化学革命、农业技术革命和农场经营管理革命为主要内容的第二次美国农业革命始于 20 世纪 40 年代，是多种技术融会贯通、共同作用的结果。① 二战后，在第三次科技革命的影响下，美国农业技术进步日新月异，贝茨描述道："小麦和玉米的产量成倍地增加。农场日益成为具有高度组织性的田间工厂，以流水作业线的速度和效率把农产品从田野上运送到罐头车间或冷藏车厢中。"② 格林斯潘指出，1835—1935 年美国农业生产力年均提高 1%，而 1945—1960 年年均提高 4%。③ 美国平均每个农业就业人员的产出可以供应的人数，1910 年为 7.07 人，1940 年为 10.7 人，1960 年为 25.8 人，1970 年已达 47.1 人。④

1. 农业科研、教育和服务的进步

1950 年，联邦政府预算中用于农业科技研究和推广的支出为 4680 万美元，1985 年上升到 10.5 亿美元，35 年中增加了 22.4 倍⑤，各州政府和私人企业的农业科研支出还不算在内。美国学者的研究认为，1929—1972 年，农业产量增长的 81% 和生产率提高的 71% 应归功于科技研究；1939—1972 年，每 1 美元的农业科研与推广投资会带来 7 美元的收益。⑥

二战后美国农业机械化的普及对农业生产者的文化水平和操作能力都提出了更高的要求，尤其是迫使农场主要懂得机械修理（否则会面临很高的修理费用且可能耽误农时）。施莱贝克尔指出："到 1970 年，如果还没有成套的电焊设备，或者是在邻居那里才有一套，这样的农场主就得算是贫穷户了。一个农场主买不起维修设备工具就很难在农村长期生活下去。他需要弄懂内

---

① 王春法. 美国农业教育—科研—推广体系的得失观 [J]. 美国研究，1993（4）：43-62，4.
② 贝茨. 1933—1973 美国史：下卷 [M]. 南京大学历史系英美对外关系研究室，译. 北京：人民出版社，1984：198-199.
③ 格林斯潘，伍尔德里奇. 繁荣与衰退 [M]. 束宇，译. 北京：中信出版集团，2019：256.
④ 刘鹏. 战后"黄金时代"期间美国农业经济危机研究 [J]. 洛阳师范学院学报，2012，31（7）：89-92.
⑤ 张佩常. 战后美国农业的新发展和农业科学技术 [J]. 中南财经大学学报，1988（6）：94-97.
⑥ 刘鹏，贺露. 农业经济危机对美国农业发展的影响辨析 [J]. 农村经济与科技，2021（5）：227-228，237.

燃机、电动机和液压设备。"①

而直到1950年，美国农场经营者的总体教育水平仍较低②，这无疑对农业职业教育提出了更高和更急迫的要求。1963年12月，国会通过《职业教育法》，对职业教育给予财政资助且金额逐年提升，从1966—1967财政年度开始将达到每年2.25亿美元。法案规定凡与农业有关的知识和技能的培训与教育均在鼓励之列，到20世纪60年代中期，美国高中里的农业培训生达80多万人，一些成年和青年农民也接受了农业职业教育。农业高等教育也有很大的发展，据20世纪70年代初的调查，全美国获农学学位的有24.8万人，受过中等农业教育的有92.8万人，在校主修农业科的大学生有7万人，平均每110个农业人口就有1个大学生。③

美国农业大约从20世纪30年代开始进入农场生产专业化阶段，到20世纪60年代又实现了生产工艺的专业化。20世纪70年代，农业生产的几乎每一个环节都有企业为农场主提供专业化的服务。据农业部的统计，1974年全美共有农业服务公司1.72万家以上，雇用员工35.3万多人，营业总额超过22亿美元。按照郑林庄的说法，"美国农业已在高度专业化的基础上，实现了农、工、商一体化，使产、供、销组成一条龙。"④ 其结果就是劳动生产率的迅速提高：1950—1977年，美国农场全年用工总量从151亿工时（种植业69亿、畜牧业55亿、农场维修27亿）降至52亿工时（种植业29亿、畜牧业16亿、农场维修7亿），即以过去约1/3的劳动力生产了相当于过去1.6倍的产品；1950—1981年，按小时产量计算的农业劳动生产率，畜牧业提高了6.3倍，种植业提高了1.5倍。⑤

2. 农业机械化向纵深发展

二战后，美国农业机械化向纵深发展，主要表现在以下几个方面：一是

---

① 施莱贝克尔. 美国农业史（1607—1972年）：我们是怎样兴旺起来的 [M]. 高田，等译. 北京：农业出版社，1981：322.
② 根据王春法的数据，当时美国农场经营者中只有5.6%接受过大学教育，25.3%接受过高中教育，其余69.1%仅接受过初中以下教育（受教育时间在8年以下），其中甚至还有2.7%没有接受过任何教育。参阅王春法. 美国的农业推广工作 [J]. 中国农村经济，1994（4）：53-57.
③ 韩慧. 美国近代农业的发展与农业教育 [J]. 山东师大学报（社会科学版），1996（3）：42-46.
④ 郑林庄. 从美国农业的经历看农业劳动生产率问题 [J]. 学习与探索，1979（4）：24-28.
⑤ 张佩常. 战后美国农业的新发展和农业科学技术 [J]. 中南财经大学学报，1988（6）：94-97.

农业机械和动力在数量上的迅速增长。1940年，美国每台拖拉机平均负担的耕地面积为253英亩，1971年降为85英亩；相应地，同期农业劳动力人均耕地面积则从36英亩增至87英亩。参阅表6-3：

表6-3 1940—1970年美国农场机械设备拥有及支出情况①

年份	1940	1945	1950	1955	1960	1965	1970
拖拉机（万台）	157	235	339	435	469	478	462
总动力（百万马力）	…	…	93	126	154	175	208
载重汽车（万辆）	105	149	221	268	283	302	298
小汽车（万辆）	414	415	410	414	363	359	269
联合收割机（万台）	19	38	71	98	104	91	79
玉米采摘机（万台）	11	17	46	69	79	69	64
割捆机（万台）	…	4	20	45	68	75	71
饲草收割机（万台）	…	2	8	20	29	32	30
拥有挤奶机的农场（万个）	17.5	36.5	64	71	67	50	…
农场主购买机动车辆支出（亿美元）	3.84	…	17.34	14.82	12.27	21.21	24.43
农场主购买机械设备支出（亿美元）	2.41	…	14.18	12.78	14.86	20.97	25.87

"20世纪50年代初是美国拖拉机销量的巅峰时期，因为这段时间里，为数不多的用于开垦土地的马和骡子最终退出了历史舞台。"② 1930年美国有汽油拖拉机100万台，到1950年已超过400万台③，到1965年达到478.7万台的历史峰值；此后有所减少，而转向提高功率。1950年，从收获面积看，美国近95%的小麦、2/3的燕麦和几乎所有的大豆都由联合收割机作业。1946—1959年，美国农业中耕地的机械化程度从80%增至100%，小麦和玉米种植

---

① 《战后美国经济》编写组. 战后美国经济[M]. 上海：上海人民出版社，1974：94.
② 格林斯潘, 伍尔德里奇. 繁荣与衰退[M]. 束宇, 译. 北京：中信出版集团，2019：257.
③ 王思明. 从美国农业的历史发展看持续农业的兴起[J]. 农业考古，1995（1）：16-27.

的机械化程度也分别从79%和49%增至100%。到20世纪60年代末，不仅粮食作物生产都已实现机械化，主要谷类作物的生产还实现了复合机械化，即机械一次能完成多种作业。

二是农业机械更加先进和多样化。二战前，美国农业机械化主要运用在备耕、收获、运输等粗重工作方面。二战后，各种新式农业机械层出不穷，它们更加精密、准确、灵活，从而"使许多繁重的精细的农活，如间苗、除草、玉米的打洞眼播种、施肥、牧草切割等都实现机械化了"[1]。而作为农业机械主要动力的拖拉机，二战后其质量和性能都有很大改进，尤其是以柴油机代替汽油机，使拖拉机动力增强的同时体型更加小巧灵活，在农业生产中的应用几乎无处不在。1950年，拖拉机在北部已经基本取代了马匹，美国全国的农场马匹存栏量也从1915年的2650万匹降至1960年的310万匹，"这大大增加了美国的农业剩余，因为25%的庄稼地从种植畜用饲料转变为生产人类消费品"[2]。

三是在农业和农村中普及了电力。1959年的美国农业普查不再调查使用电力的农场数量，因为"几乎所有的农场都使用了电力，没有再调查的必要"。但总的来看，直到20世纪70年代初，美国农场的电力消费仍主要用于生活设备，生产用电则以畜牧业和室内设备为主。

1955年，美国农场主在农业机械的燃料、修理以及肥料上的开支是1940年的4倍，管理费用是1940年的3倍。1940—1960年，农场机器设备的价值由71.9亿美元增至184.7亿美元，增幅超过150%；按人·时产量计算的农业劳动生产率增加了3倍。[3] 与此同时，农业生产中劳动力成本占比相应减少：1910年美国农场雇用劳动力的支出占农场总成本的21%，1953年降至14%。王春法指出，在1940年以后的三个10年里，农业劳动力投入分别下降了26%、35%和39%。[4] 布林克利也认为："机械化程度的提高降低了农业工人需求量，战后二十多年里，农业劳动力减少了一半以上。机械化也威胁到了美国最为珍视的制度之一——家庭农场。20世纪60年代，个人很少有能力

---

[1] 广东省哲学社会科学研究所《美国农业经济概况》编写组. 美国农业经济概况 [M]. 北京：人民出版社，1976：109-110.

[2] 恩格尔曼，高尔曼. 剑桥美国经济史：第三卷：20世纪（下册）[M]. 蔡挺，张林，李雅菁，译. 北京：中国人民大学出版社，2018：618-619.

[3] 刘鹏. "丰裕社会"期间美国农业经济二元状态分析 [J]. 世界农业，2013（6）：28-31.

[4] 王春法. 美国农业教育—科研—推广体系的得失观 [J]. 美国研究，1993（4）：43-62，4.

购买和装备现代化农场,国内最肥沃的土地都被金融机构和大公司所收购。"①

3. 农业技术革新和化肥、农药、良种的广泛应用

二战后,美国农业在耕作方式上有不少技术革新,如少耕法、圆耕法、免耕法等,都有助于节约劳动力、降低生产成本。

美国是世界上商品肥料产量和使用量最大的国家。第二次世界大战前夕,美国还有60%的农作物收获面积不曾施用化肥。二战后尤其是20世纪50年代以来,由于化肥价格平稳,农场主平均每施用1美元的化肥可得到1.5~3美元的收益,化肥消费量迅速增长。1940—1970年,美国化肥消费量从1417万吨增至6267万吨,增长了340%以上;从单位面积的使用量看,1970年美国每市亩耕地施肥60多斤。相应地,美国农场购买化肥和石灰的支出,从1940年的3.06亿美元增至1971年的22.49亿美元,增长了630%以上。适量和合理搭配地使用化肥是提高农作物单产和农业收益的最主要因素之一,如徐广华认为二战后美国农作物增产的30%~40%应归功于增施肥料。② 1953年,艾奥瓦州立学院的实验证明,对每英亩玉米地分别使用3、9、15美元的化肥组合,分别可增收玉米8、25、32蒲式耳,创造9、28、34美元的利润。

美国是世界上使用化学农药最多的国家,1950年的使用量为10万吨,1969年增至31.6万吨,20世纪70年代后期超过50万吨。20世纪60年代前,农药以杀虫剂为主;到20世纪60年代末期,在农药消费中杀虫剂和除草剂大致各占一半。1973年的一项研究表明,美国每年的化学防治(使用农药除虫除草)总花费约40亿美元,可使农产品减少损失150亿~180亿美元。③ 此外,由于清除杂草是传统农业中最繁重的体力劳动之一,除草剂的使用还大大减少了对农业劳动力的需求。但滥用农药也对生态环境和人民的健康造成严重的负面影响,当时风靡一时的一些剧毒农药如DDT、六六六等如今早已在世界范围内被禁止使用。

二战后,各种优良的农作物改良品种在美国不断涌现和推广。这方面最典型的例子是杂交玉米,到1959年已占到玉米产量的近95%;20世纪50年

---

① 布林克利. 美国史:第3册[M]. 陈志杰,等译. 第13版. 北京:北京大学出版社,2019:1143.
② 中国农业科学院科技情报研究所. 国外农业现代化概况(美、日、法、西德、荷、苏、匈七国)[M]. 北京:生活·读书·新知三联书店,1979:23.
③ 广东省哲学社会科学研究所《美国农业经济概况》编写组. 美国农业经济概况[M]. 北京:人民出版社,1976:142-145.

代，杂交玉米至少使美国每年增产粮食0.19亿吨。① 到20世纪60年代末期，美国农业已基本实现全面良种化。根据农业部《1970年农业年鉴》，玉米普遍采用杂交种子后，单位面积产量提高20%~25%；高粱和小麦的杂交品种也都使单产提高20%；杂交猪种则比纯种猪节约饲料13%~16%。② 除了提高产量外，改良品种的好处还在于提高农产品质量，如大幅提高玉米和小麦的蛋白质含量，以及增强作物和牲畜抵抗病虫害的能力。又如，改良品种的大豆具有更好的环境适应性，得以在南部潮湿多雨、土地贫瘠的地区种植，促进了农业生产多样化。

总之，农业技术进步提高了农作物单产，使得二战后的美国农业在种植面积缩减的情况下保持增产。但直到20世纪70年代，美国农牧业单位面积产量仍远远落后于西欧国家，如1971年美国的小麦单产只及荷兰的46%、英国的51.7%、法国的58.9%；大麦单产只及丹麦的61.4%；燕麦单产只及荷兰的45.1%……③对此，哈罗德·安德伍德·福克纳认为是由于美国农业发展的侧重点在于提高单位劳动产出而非单位面积产出④，则其根本原因还是在于美国土地充裕而劳动力相对匮乏的资源禀赋状况。

（二）二战后美国租佃农场和中小农场被淘汰的速度加快

在技术进步日新月异尤其是农业生产全面机械化的背景下，美国农业经营在资金和技术上的门槛不断提高。根据陈耀庭的数据，在美国开办一个中等规模的商业农场，所需资金1930年为1000美元，1940年升至4000美元，1965年高达6.5万美元，到1970年更要10万~20万美元（还不包括流动资金）。⑤ 在南部大平原上，一个小麦农场的平均投入，1957年为78360美元，1968年更升至147120美元。⑥ 二战后美国农业生产资本密集型的特征日益明显，重要表现之一就是农场负债急剧膨胀、资产负债率不断提高，1948—1970年，美国农场负债总额与年净收入之比，从52.5%急剧膨胀到345.8%，

---

① 中国农业科学院科技情报研究所. 国外农业现代化概况（美、日、法、西德、荷、苏、匈七国）[M]. 北京：生活·读书·新知三联书店，1979：18.
② 广东省哲学社会科学研究所《美国农业经济概况》编写组. 美国农业经济概况[M]. 北京：人民出版社，1976：150.
③ 《战后美国经济》编写组. 战后美国经济[M]. 上海：上海人民出版社，1974：91.
④ 福克纳. 美国经济史：上卷[M]. 王锟，译. 北京：商务印书馆，1989：18.
⑤ 陈耀庭. 战后美国农业中垄断资本主义的发展[J]. 经济科学，1985（3）：67-70.
⑥ 威尔科克斯，科克伦，赫特. 美国农业经济学[M]. 刘汉才，译. 北京：商务印书馆，1987：17.

其中仅 1965—1970 年就增加了 95 个百分点；① 1950—1970 年，美国农业资产负债率从 9.4% 增加到 18.8%，刚好翻了一番，而利润率却从 10% 下降到 6.2%；②足见农业受垄断资本控制程度的加深与竞争的加剧。王春法指出，1950—1982 年，按现金价格计算的美国农场收入增加 3.9 倍，而生产成本却增加了 6 倍，这必然不断地将生产率较低的中小农场主排挤出农业领域（或者转为兼业农场主）。③

另一方面，大型农场在资金、技术、设备和管理方面的优势日益明显。规模越小的农场，往往受垄断资本的盘剥越深，比如，1948—1958 年，适合大农场使用的 35~50 马力的履带式拖拉机的价格上升了 41%，而适合小农场的 20 马力以下的轮式拖拉机的价格却增加了 1.4 倍。又以农产品抵押贷款利率为例，1959 年在以小农场为主的阿巴拉契亚山区的贷款利率比以大农场为主的大湖区高 18%。④ 1951 年，据参议院农业委员会的不完全统计，10.2 万个大农场主的利润远远超过 359.6 万中小农场的总收入。⑤ 1959 年的农业普查显示大农场的主要作物单产要比小农场高出 30% 到一倍以上，而政府的农业补贴也大多落入少数大农场主之手，个体家庭农场完全无法与规模化大生产的农业公司竞争，正如纳什和杰弗里指出：1945 年以后，"农业规模扩大，通常称之为'农业综合企业'，家庭式的农业生产很难在市场竞争，只能眼看着自己的市场份额下降"⑥。1937 年，美国的农场数量是 680 万，到 1950 年是 538.2 万，其中 47% 即 252.5 万个农场有拖拉机。到 1961 年，全国只剩 370 万个农场，其中 140 万个农场的产量占全国农业总产量的 87%，其余 250 万个小农场属于"南部的分成农以及中西部和阿巴拉契亚山脉地区收支相抵的农户。他们的生产在国民经济中无足轻重，他们中的大多数人即使在附近城镇兼工也只能勉强糊口"⑦。

---

① 广东省哲学社会科学研究所《美国农业经济概况》编写组. 美国农业经济概况 [M]. 北京：人民出版社，1976：291.
② 威尔科克斯，科克伦，赫特. 美国农业经济学 [M]. 刘汉才，译. 北京：商务印书馆，1987：418.
③ 王春法. 美国农业教育—科研—推广体系的得失观 [J]. 美国研究，1993（4）：43-62，4.
④ 郑林庄. 论战后美国农业危机的几个问题 [J]. 经济研究，1963（10）：44-62.
⑤ 陈翰笙. 美国国民经济军事化与农业危机 [J]. 世界知识，1953（3）：14-16.
⑥ 纳什，杰弗里. 美国人民：创建一个国家和一种社会：下卷 [M]. 张茗，译. 第 7 版. 北京：清华大学出版社，2015：237.
⑦ 贝茨. 1933—1973 美国史：下卷 [M]. 南京大学历史系英美对外关系研究室，译. 北京：人民出版社，1984：199.

二战后，美国中小农场主被排挤和破产的速度大大加快。1935—1950 年，全国 50.3% 的佃农被从土地上赶走。1950 年的调查显示，美国还有 26.5% 的农户是佃农，另有 15.6% 的半自耕农也要租佃土地。[1] 1940—1969 年，租佃农场从 236.5 万个减少到 35.3 万个，减少了 85.1%；其在农场总数量中的比例也由 38.8% 降至 12.9%，租佃农迅速破产的趋势可见一斑。参阅表 6-4：

表 6-4　1940—1969 年美国租佃农场数量变动情况（单位：万个）[2]

年份	1940	1950	1954	1964	1969
农场总数	610.2	538.8	478.2	315.8	273
租佃农场数	236.5	144.7	116.8	54.0	35.3
租佃农场占比（%）	38.8	26.9	24.4	17.1	12.9

1950—1959 年，又减少了 198.7 万个中小农场，超过美国农场总数的 1/3。1960—1969 年，平均每年有大约 12 万个中小农场破产，而农产品过剩的情况却在 1969 年上升到 20 世纪 60 年代的最高水平[3]，政府的农业补贴在客观上没有达到减少农业产量的初衷，而是加速了农业资本集中的过程。1954—1974 年，美国农场总数从 538.8 万个减少到 231.4 万个，降幅为 57%；其中，中小农场从 508.5 万个减少到 195.2 万个，降幅为 61%，而大农场却从 33.3 万个升至 36.2 万个，增加了 9.6%。[4] 参阅表 6-5：

表 6-5　1940—1969 年按面积分类的美国农场数量变动情况（单位：万个）[5]

按农场面积分类	1940 年	1969 年	变化率（%）
10 英亩以下	50.9	16.2	−68.2
10~49 英亩	178.2	47.3	−73.5

---

[1] 谢夫林，蒋家俊. 第二次世界大战后美国农业的变化 [J]. 世界经济文汇，1957（6）：18-23.

[2]《战后美国经济》编写组. 战后美国经济 [M]. 上海：上海人民出版社，1974：101.

[3] 刘鹏. 战后"黄金时代"期间美国农业经济危机研究 [J]. 洛阳师范学院学报，2012，31（7）：89-92.

[4] 陈耀庭. 战后美国农业中垄断资本主义的发展 [J]. 经济科学，1985（3）：67-70.

[5] 郑林庄. 战后美国农业的生产集中及其趋势 [J]. 中国社会科学，1982（4）：167-186.

<<< 第六章 二战后到20世纪60年代——美国南部"三农"问题的终结

续表

按农场面积分类	1940年	1969年	变化率（%）
50~99英亩	129.1	46.0	-64.4
100~179英亩	131.0	54.2	-58.6
180~259英亩	48.6	30.7	-36.8
260~499英亩	45.9	41.9	-8.7
500~999英亩	16.4	21.6	31.7
1000英亩以上	10.1	15.1	49.5
总计	610.2	273.0	-229

可以看到，1940—1969年，美国农场数量减少了一半还多，其中面积在100英亩的中小农场减幅最大；唯有面积在500英亩以上的大农场数量是增加的，而其中面积在1000英亩以上的大农场增加了接近一半。再从农场销售额看，同样是大农场增加而小农场减少，参阅表6-6：

表6-6 1959—1974年按销售额分类的美国农场数量变动情况（单位：千个）[1]

年销售额（美元）	1959年 数量	1959年 占比%	1964年 数量	1964年 占比%	1969年 数量	1969年 占比%	1974年 数量	1974年 占比%
500000及以上	1.2	0.03	2.5	0.08	4.1	0.15	11.4	0.46
200000~499999	4.6	0.12	7.8	0.25	12.6	0.46	40.0	1.63
100000~199999	14.2	0.38	21.2	0.67	35.5	1.30	101.2	4.11
40000~99999	82.1	2.22	110.5	3.50	169.7	6.22	324.3	13.16
20000~39999	210.4	5.68	259.9	8.24	331.0	12.13	321.8	13.06
10000~19999	483.0	13.04	467.1	14.80	395.5	14.50	310.0	12.58
5000~9999	653.9	17.65	504.6	15.99	390.4	14.31	296.4	12.03

[1] 《战后美国经济》编写组.战后美国经济[M].上海：上海人民出版社，1974：98.

续表

年销售额（美元）	1959年 数量	1959年 占比%	1964年 数量	1964年 占比%	1969年 数量	1969年 占比%	1974年 数量	1974年 占比%
2500~4999	617.7	16.67	443.9	14.07	395.1	14.48	290.0	11.77
2500以下	1637.8	44.21	1338.2	42.40	994.5	36.45	768.8	31.20
共计	3704.9	100	3155.7	100	2728.2	100	2463.9	100

由表6-6可见，1959—1974年，年销售额在2万美元以上的农场，数量和占比都有增长，反之都在下降。年销售额在50万美元以上的特大型农场的数量，1974年是1959年的近10倍。主要出于避税的目的，这些大农场往往由传统的家庭农场转为公司形式，因而"公司制农场的兴起成为第二次世界大战后一个引人注目并受到争议的特点"。1974年的农业普查报告显示，当年全国169.5万多个年销售额在2500美元以上的商业性农场中，独资农场约151.8万个（占89.5%），合伙农场约14.5万个（占8.6%），公司制农场2.8万多个（占1.7%）。而从农场平均土地面积看，公司制农场为3377英亩，合伙农场为859英亩，独资农场为447英亩；农场平均不动产价值，公司制农场为85.7万美元，合伙农场为28.5万美元，独资农场为15.9万美元；农场平均年销售额，公司制农场为50.3万美元，合伙农场为7.8万美元，独资农场仅3.6万美元；当年仅占商业性农场总数1.7%的公司制农场，销售额占到总额的18.2%。① 公司制农场在各方面都对中小农场具有压倒性的优势。

随着租佃农场和中小农场的不断减少，农业劳动力和农村人口都不断下降。1941—1950年的10年间累计有500万劳动力被排挤出农业，占农业劳动力总数的18.2%；而在1911—1940年，30年间被排挤出农业的劳动力是300万，占农业劳动力总数的9.5%。② 1940—1950年，美国农村人口净流出超过900万，占1940年农村人口的31%；1950—1960年，净流出的农村人口与上

---

① 报告还显示，同年全国年销售额在2500美元以下的小农场还有76.9万个，占到农场总数（169.5+76.9=246.4万个）的31.2%，但美国政府认为它们不属于商业性农场，即主要属于自给自足性质的家庭农场。参阅郑林庄. 战后美国农业的生产集中及其趋势[J]. 中国社会科学, 1982（4）: 167-186.

② 谢夫林, 蒋家俊. 第二次世界大战后美国农业的变化[J]. 世界经济文汇, 1957（6）: 18-23.

个十年大致相当。总的来看，1930—1970年是美国农业劳动力转移最快的时期，期间农业劳动生产率年均增长5.1%，农业劳动力年均下降2.7%；大致上农业劳动生产率每提高一个百分点，则农业劳动力下降0.5个百分点。①

总之，二战后的美国农业生产日益集中，经营资本化、规模化趋势明显，农业生产方式现代化的过程也就是中小农场和租佃农场迅速被淘汰的过程。随着这一过程覆盖美国全国，南部农业的特殊性逐渐消失，而南部的"三农"问题也得以解决。

第二节　有利于解决美国南部"三农"问题的政治因素

总的来看，第二次世界大战后到20世纪60年代，杜鲁门、肯尼迪、林登·约翰逊三任民主党总统的施政都具有改良主义倾向，对于解决南部的"三农"问题具有积极意义；而1953—1969年的"沃伦法院"的一系列重要判决对此也发挥了积极作用。

一、杜鲁门的"公平施政"及其影响

二战结束之初的美国需要尽快从战时经济状态恢复到正常经济状态，杜鲁门总统以"公平施政"为纲领，其政策主张中很多都可追溯到1944年罗斯福提出的"经济权利法案"，在一定程度上可视为罗斯福新政在战后的延续和深化。总的来看，"公平施政"继承和保卫了罗斯福新政的主要成果并在某些方面有所发展、深化，使新政以来有助于解决南部"三农"问题的政治环境得以延续。而与南部"三农"问题具体相关者，除了前述内容延续了农产品价格支持政策外，还包括以下几个方面。

（一）推动国民经济调整转型

二战甫一结束，联邦政府在大规模取消军事订货的同时，实行了大规模的减税政策。联邦政府还将总投资达150亿美元、约占全国工业生产能力20%的数百个国营军工厂廉价卖给垄断资本家，到1945年11月底，93%的军

---

① 李胜军. 美国农业劳动力转移 [J]. 美国研究，1989（3）：58-75，5.

用工厂都转变为民用工厂。① 到 1947 年，美国经济"军转民"基本完成，民用工业就业人数从 1945 年的 5390 万增至 5930 万，失业人数降至劳工总数的 3.9%。② 总体上看，杜鲁门政府推动国民经济调整转型是成功的，至少避免了当时的人们忧心忡忡的大规模失业和萧条的发生。虽然有学者认为美国农业自 1948 年以来再次陷入长期的慢性危机，但二战后美国政府对农业的支持力度是 20 世纪 20 年代的美国农民难以企及甚至难以想象的。

此外，二战后联邦政府将年产含氮量 53 万吨的大批军用炸药厂低价转让或租借给私营化肥生产企业，又提供税收优惠鼓励其新建年产含氮量 110 万吨的化肥厂③，从而使此后相当长时间内美国国内化肥产能充足、价格稳定，推动 20 世纪 50 年代以来美国农业化肥消费迅速增长、增产增收。

（二）对民权运动的支持

纳什和杰弗里指出，"尽管不大情愿，杜鲁门还是支持了民权运动"。1946 年，他委任民权委员会调查针对黑人的私刑和其他暴行。民权委员会在 1947 年 10 月做出报告，指出"黑人在美国生活的各个领域中仍处于二等公民地位，这一状况亟待改变"④。1948 年 2 月，杜鲁门就民权问题向国会提交特别咨文，提出了有关民权的 10 点计划，这是南部重建以来第一个由总统提出的民权计划。⑤ 但由于南部国会议员的坚决阻挠，上述计划均未能转变为立法。此外，杜鲁门还以总统命令的形式，要求在联邦政府部门中禁止种族歧视及在军队中废除种族隔离。在杜鲁门任期内，黑人继续支持民主党，二战后积极参加选民登记的南部黑人绝大多数登记为民主党人。1947—1952 年，南部参加选民登记（不等于最终出来投票）的黑人从 60 万增加到 100 万，占

---

① 刘绪贻. 美国通史：第 6 卷：战后美国史 1945—2000 [M]. 北京：人民出版社，2002：59.
② 黄绍湘. 二战后凯恩斯主义在美国的应用与演变 [J]. 中国社会科学院研究生院学报，1995（3）：1-9.
③ 中国农业科学院科技情报研究所. 国外农业现代化概况（美、日、法、西德、荷、苏、匈七国）[M]. 北京：生活·读书·新知三联书店，1979：25.
④ 纳什，杰弗里. 美国人民：创建一个国家和一种社会：下卷 [M]. 张茗，译. 第 7 版. 北京：清华大学出版社，2015：248.
⑤ 主要内容包括在司法部设立民权司，制定反对私刑和反人头税的法律，建立常设的公平就业实施委员会以防止就业上的种族歧视等。参阅刘绪贻. 美国通史：第 6 卷：战后美国史 1945—2000 [M]. 北京：人民出版社，2002：77.

达到投票年龄的南部黑人总数的比例从12%增加到20%①,反映了黑人参政意愿和能力的增强,民权运动的高潮在酝酿之中。

(三)保护和开发自然资源

"杜鲁门政府在自然资源保护方面继承了进步主义运动和新政的传统",杜鲁门执政期间,联邦政府用于河道的投资近50亿美元,涉及防洪、农田灌溉、生产廉价电力和农村电力供应等方面,对美国尤其是南部农业的发展具有积极意义。② 此外,他否决了石油财团倡议的把近海海底油田的所有权转让给几个州(然后再出让给石油公司)的立法议案,但在仿效田纳西河流域管理局在密苏里河、哥伦比亚河和科罗拉多河流域设立类似管理机构的议题上遭到了失败。

这一时期,杜鲁门政府还试图扩大联邦政府对教育的援助、废除反劳工的《塔夫脱-哈特莱法》,但都在国会中共和党和南部民主党的联手反对下以失败告终。

总的来看,杜鲁门的"公平施政"在经济上成效显著——使美国经济迅速克服了战后初期的混乱状态、恢复增长;政治上虽然成效不大,但正如法拉格等评价:"杜鲁门总统在内政方面最大的贡献是清晰地表述了冷战自由主义的基本原则,该原则成为北方的民主党在未来10年议程中关注的问题。通过调和新政在经济平等与财富、权力的再分配方面的空想色彩,杜鲁门的公平施政计划推动了美国大众生计问题的缓解和经济的增长。"③

相应地,其不仅对解决南部的"三农"问题具有积极意义,也为20世纪60年代的肯尼迪和林登·约翰逊两任民主党政府指出了改革的方向。

二、走中间道路的艾森豪威尔政府

1953—1961年,共和党的艾森豪威尔总统执政,他在1956年正式将自己的政策主张称为"现代共和党主义"。他一方面宣称自己"在经济事务上是保守派",在就职哥伦比亚大学校长的演说中鼓吹:"一个家长式的政府以津贴

---

① 施莱辛格.美国民主党史[M].复旦大学国际政治系,编译.上海:上海人民出版社,1977:361.

② 刘绪贻.美国通史:第6卷:战后美国史1945—2000[M].北京:人民出版社,2002:78-79.

③ 法拉格,等.合众存异:美国人的历史[M].王晨,等译.7版.上海:上海社会科学院出版社,2018:731.

补助给予人们的眼前的利益太多了，会把一个民族保持高度个人责任感的意志逐步摧毁掉。"① 另一方面，他的座右铭"减少对企业的干预，增加政府的事务"② 也充分体现了其政策与共和党传统的自由放任的区别，其在总统任内设立了新的内阁部门——卫生、教育和福利部，加强了联邦政府对社会福利事业的介入和领导。他执政的 8 年间，在社会保障和教育方面还是有些成绩，也有助于解决南部的"三农"问题。

布林克利指出："艾森豪威尔的一贯思路是限制联邦政府的活动，鼓励私营企业。""但他顶住了来自党内右翼的压力，没有废除新政时期开始推行、在战争期间和战后遭受保守派攻击的福利国家政策。"③ 在艾森豪威尔任内，社会保障体系进一步扩大，覆盖面增加了 1000 万人，失业补贴人数增加 400 万，最低工资从每小时 75 美分提高到 1 美元。贝茨指出："艾森豪威尔政府在采取措施资助教育事业时非常吝啬，他本人对于由联邦拨款资助学校态度亦很勉强。"但 1957 年苏联第一颗人造卫星上天令美国举国震惊，韦布指出："这一事件突出了数十年之久的资金不足和疏于教育的后果。"④ 意识到本国教育事业的问题可能影响科技发展，国会才在 1958 年通过《国防教育法》，"慷慨"地提供近 300 万美元的长期贷款以培养未来的大学教师，并拨款 2.8 亿美元给全国的州立学校"以便改进自然科学、数学和现代外国语的教学计划"。尽管自由派民主党人痛批"政府的计划胆小而于事无补"⑤，但仍有学者称之为"新政的扩大"，因为它显示出联邦政府愿意在教育方面承担更大的责任。1960 年《总统经济报告》显示：联邦政府在过去的 10 年里教育经费

---

① 艾森豪威尔. 艾森豪威尔回忆录：白宫岁月：上 [M]. 复旦大学资本主义国家经济研究所，译. 北京：生活·读书·新知三联书店，1978：20.
② 沃尔顿，罗考夫. 美国经济史 [M]. 王钰，等，译. 第 10 版. 北京：中国人民大学出版社，2011：597.
③ 布林克利. 美国史：第 3 册 [M]. 陈志杰，等译. 13 版. 北京：北京大学出版社，2019：1171-1172.
④ 当时美国缺少 13.5 万名教师和 15.9 万间教室，还有数千名教师正持有临时或应急资格证书。大城市里的一些教室容纳了 40 名或更多的孩子，在全国范围内有 80 万孩子仅上半天学。参阅韦布. 美国教育史：一场伟大的美国实验 [M]. 陈露茜，李朝阳，译. 合肥：安徽教育出版社，2010：312-313. 格林斯潘也指出，苏联人造卫星上天后，美国国会迅速宣布国家进入"教育危机状态"，"令全美汗毛倒立的现象是，当时 75%的学龄儿童根本不学任何物理知识"。参阅格林斯潘，伍尔德里奇. 繁荣与衰退 [M]. 束宇，译. 北京：中信出版集团，2019：265.
⑤ 贝茨. 1933—1973 美国史：下卷 [M]. 南京大学历史系英美对外关系研究室，译. 北京：人民出版社，1984：185.

<<< 第六章 二战后到20世纪60年代——美国南部"三农"问题的终结

几乎增加了3倍，1959年达22亿美元。①

艾森豪威尔政府的经济政策，对农业尤其是南部的"三农"问题有较大影响者，除了前述之在总体上延续了农产品价格支持政策外，莫过于建设了沿用至今的美国州际高速公路网。1956年，国会通过《州际及国防公路法》，批准在13年内拨款335亿美元资助各州建设联邦公路（各州的投资只有此数额的1/9）。这是美国建国以来最大的公共工程，累计建造了4万多英里的州际高速公路。②用厄尔·斯威夫特（Earl Swift）的话说，这一宏大工程"对于我们的日常生活不可或缺，对现代美式生活不可或缺，它们划定了美国的物理边界，帮助整个国家形成商业和文化网络，把不同的区域和讲不同方言的人连接在一起"③。而它对基础设施相对落后而又财政拮据的南部各州的经济社会发展无疑是巨大的帮助，对长期以来苦于物流成本高昂的南部农业和农民也是一大福音。对于艾森豪威尔政府的上述政策，共和党保守派强烈不满，其代表人物共和党1964年总统候选人巴里·莫里斯·戈德华特（Barry Morris Goldwater）曾批评艾森豪威尔搞的是"打折的（罗斯福）新政"④。

在政治方面，艾森豪威尔政府面临的重要挑战是以1955年亚拉巴马州蒙哥马利市黑人抵制公共汽车中的种族隔离为标志而进入高潮期的黑人民权运动。津恩指出："民权运动的根源可以追溯到南方常年的种族隔离政策对黑人的压迫和北方黑人的悲惨遭遇，成百上千万的黑人希望摆脱种族歧视。"⑤面对此后愈演愈烈、高潮迭起的黑人民权运动，虽然艾森豪威尔总统本人态度保守，但总的来看联邦政府和共和党还是有所回应。比如，在1957年震惊世界的阿肯色州小石城事件中，总统下令将阿肯色州国民警卫队置于联邦政府管辖下，并派遣空降兵到小石城，强制执行联邦法院关于黑白合校的命令。1956年，为了争取黑人选票，联邦政府向国会提出民权法案，但未获通过。

---

① 陈蒙蒙. 美国社会保障制度研究［M］. 南京：江苏人民出版社，2008：35.
② 法案提出的目标是在1969年之前建成4.1万英里的高速公路，但实际工期拖得很长：第一条横跨美国大陆的州际公路（第80号州际公路）到1986年才完工，而位于南部的第10号州际公路直到1990年才竣工，1958—1991年，联邦和州政府在高速公路体系上的总支出达4290亿美元。参阅纳什，杰弗里. 美国人民：创建一个国家和一种社会：下卷［M］. 张茗，译. 第7版. 北京：清华大学出版社，2015：233.
③ SWIFT E. The Big Roads: The Untold Story of the Engineers, Visionaries, and Trailblazers Who Created the American Superhighways［M］. Boston: Houghton Mifflin Harcourt, 2011: 6.
④ 科恩. 无所畏惧：罗斯福重塑美国的百日新政［M］. 卢晓兰，译. 天津：天津教育出版社，2009：290.
⑤ 津恩，阿诺夫. 另一半美国史：民主进程中被掩藏的声音［M］. 汪小英，邱霜霜，译. 杭州：浙江人民出版社，2017：296.

1957年，重新送审的民权法案虽获通过，但内容被大大削弱。1960年，国会又通过有助于维护黑人选举权的法案。虽然黑人对这些聊胜于无的微小进步深感不满，但至少说明艾森豪威尔政府在黑人民权问题上并未逆时代潮流而行。

三、"新边疆"与"伟大社会"

刘绪贻认为，20世纪60年代执政的肯尼迪和林登·约翰逊两任民主党总统，"在社会经济政策上继承新政传统，进一步实行改革，加强了美国新政式国家垄断资本主义的发展，使美国经济在60年代进入高度繁荣时期，并在约翰逊任内把新政以来民主党人的社会经济改革推进到新的顶点"①。相应地，也为解决南部的"三农"问题创造了有利的政治经济环境。

（一）肯尼迪的"新边疆"

1961年，作为美国历史上迄今为止最年轻的当选总统，"肯尼迪竞选时提出了新政以来最具雄心的一套改革方案，他称之为'新边疆'政策"。何谓"新边疆"，肯尼迪在1960年接受民主党总统候选人提名的著名演说中指出："'新边疆'已是既成事实……未知的科学与空间领域，未解决的和平与战争问题，尚未征服的无知与偏见的孤立地带，尚无答案的贫困与过剩的课题。"他号召美国人民为开拓这些新的边疆做出"更多的牺牲"②。肯尼迪就职后提出的具体的"新边疆"施政纲领，内容广泛但缺乏创新，总体上看与新政和"公平施政"一脉相承，但在其短短两年多的任期内成绩有限，其中有助于解决南部"三农"问题的大致有以下几个方面。

1. 区域发展政策

肯尼迪上台后，将前任艾森豪威尔总统两次否决的《地区重新开发法》重新送交国会并获通过，法案规定对长期存在失业的萧条城市地区、就业不充分和低收入的乡村地区发放贷款和补助金，肯尼迪盛赞这是"向每个人都能找到工作这一方向迈出的重要一步"。但付诸实施的结果乏善可陈——国会仅为培训萧条地区的失业工人拨款1.7亿美元，1961—1962年联邦和地方政府完成了区区1.4万失业工人的培训。③ 1963年7月，总统经济顾问委员会

---

① 刘绪贻. 美国通史：第6卷：战后美国史 1945—2000 [M]. 北京：人民出版社，2002：207.
② 肯尼迪 [M]. 复旦大学世界经济研究所，译. 上海：上海译文出版社，1981：74.
③ 何宏非. 试论肯尼迪的国内"新边疆" [J]. 世界历史，1985（6）：24-34.

着手拟定"向贫困开战纲领",肯尼迪提出了一个新的联邦反贫困计划,以援助贫困的阿巴拉契亚地区,在后来的林登·约翰逊总统任内得以落实。

2. 劳动力教育培训政策

20世纪五六十年代,随着第三次科技革命的发展,美国面临结构性失业的问题,即技术工人短缺与非技术工人失业并存。从1962年的《人力发展与培训法》开始,联邦政府制订了一系列劳动力教育培训计划。根据1962年《人力发展与培训法》,政府实行《人力发展培训计划》,包括机构培训、在职培训和实验实证项目。法案还专门规定,为了"解决农业中就业不足问题",家庭年收入低于1200美元的农户,其家庭成员被认为属于失业者之列,有优先选择或被推荐接受训练的资格①,显然这对于贫困的南部农民是有利的。1963年《总统经济报告》强调该法案对于解决高失业和地区重新发展,以及适应新技术带来的劳动力需求变化、促进充分就业具有重要作用。但从实际效果看,在该计划实施的前两年,培训机构共批准了10.3万名申请培训者,其中大约2.7万人完成了近500个工种的培训课程(结业者中又有约2万人获得了工作)。②《人力发展与培训法》在林登·约翰逊时期又多次通过修正案,增加了拨款并延长了培训时间,1963—1968年有100万人参加培训(其中约60%完成),与1964年《经济机会法》一起构成了20世纪60年代联邦政府人力政策的核心。

1961年,肯尼迪政府成立职业教育顾问委员会。1962年11月,委员会向肯尼迪递交一份名为《变化中的就业市场与职业教育》的报告,报告预测未来几年美国将面临熟练工人严重不足的问题,建议大力加强和完善职业教育,从而为1963年《职业教育法》的出台奠定了基础。经过肯尼迪总统的努力,在其遇刺后不到一个月的1963年12月,国会通过《职业教育法》并经林登·约翰逊总统签署生效,法案除了大幅度提高职业教育拨款金额外,还规定所有人都有获得平等的教育与培训的机会,从而解除了对职业教育的地域和年龄限制,极大地扩大了覆盖人群,是联邦政府全面干预和管理职业教育的开始③,是美国职业教育发展的一个重要里程碑。从实际效果看,1964年美国接受职业教育的人数约为466万,到1966年增至约608万;从行业分

---

① 李胜军. 美国农业劳动力转移 [J]. 美国研究, 1989 (3): 59-76, 5.
② 寿钰婷. 美国人力发展培训计划及其对我国农民工教育培训的启示 [J]. 外国教育研究, 2007 (8): 76-80.
③ 祁占勇, 王锦雁. 美国职业教育制度的发展演变及其基本特征 [J]. 职教论坛, 2017 (34): 58-64.

布来看，1966年接受农业与家政职业教育者占总人数的46%，其中包括许多青年农民。①

总的来看，肯尼迪和林登·约翰逊时代的人力资源政策，对于作为传统农业地区、教育和工业都严重落后的南部的经济社会发展具有重要意义，是20世纪60年代南部工业突飞猛进的一大助力。

3. 提出民权法案

布尔斯廷指出，1960年的美国大选是"美国有史以来第一次人们普遍猜测，黑人选民将在总统选举中发挥决定性的作用"。从选举结果看，一些观察家也认为肯尼迪以极微弱的普选票优势而当选，"应归功于黑人选民"。② 但肯尼迪上台之初，为了争取南部民主党人对其"新边疆"政策的支持，没有在国会提出民权立法，仅在其领导下的联邦行政部门内采取了一些反对种族歧视、促进种族平权的措施。随着黑人民权运动日益高涨，到1963年春美国南部已有将要爆发大规模革命运动之势。肯尼迪在1963年6月11日发表电视演说，声明要把自己和总统的职位献身于"使种族（歧视）问题在美国生活或法律中无立足之地"，宣布要向国会提交民权立法，贝茨评价这是"他最激动人心的演说之一"。肯尼迪的亲信幕僚西奥多·索伦森（Theodore Sorensen）称之为"肯尼迪宣言"，"标志着联邦政府全面承担起反对一切种族歧视的义务的开端"③。卡尔·M. 布劳尔（Carl M. Brauer）甚至认为"它标志着第二次重建的开始"④。6月19日，肯尼迪向国会提交了他的民权法案，贝茨评价它"是迄今为止所曾草拟的最为全面的一个"（民权法案）。⑤ 由于南部民主党人的坚决阻挠，到当年11月肯尼迪遇刺时法案仍未通过，直到1964年才在林登·约翰逊总统任内获得通过，即著名的1964年《民权法》。

（二）林登·约翰逊及其"伟大社会"

林登·约翰逊总统以其提出的"伟大社会"计划而闻名。资中筠认为，

---

① 梁爽. 美国《1963年职业教育法》制定与调整[D]. 长春：东北师范大学，2018：24.
② 布尔斯廷. 美国人：民主的历程[M]. 谢延光，译. 上海：上海译文出版社，2012：376-377.
③ 索伦森. 肯尼迪[M]. 复旦大学世界经济研究所，译. 上海：上海译文出版社，1981：332.
④ BRAUER C M, JOHN F. Kennedy and the Second Reconstruction [M]. New York：Columbia University Press，1977：247.
⑤ 贝茨. 1933—1973美国史：下卷[M]. 南京大学历史系英美对外关系研究室，译. 北京：人民出版社，1984：302.

<<< 第六章　二战后到20世纪60年代——美国南部"三农"问题的终结

"无论是从个人经历还是政策性质来讲，约翰逊的'伟大社会'都是罗斯福新政的继承和发展，其方向是一致的"。1964年5月，因肯尼迪遇刺而继任总统不到半年的林登·约翰逊在密歇根大学发表演讲，正式提出"伟大社会"的纲领，除了提出许多消灭贫穷和不平等的具体主张外，特别强调要"防止旧有的价值观念被无节制的经济增长所埋葬"。换言之就是一方面要促进社会福利，另一方面要重塑精神文明。① 林登·约翰逊的"伟大社会"计划，在促进种族平等和消除贫困方面，对解决南部的"三农"问题都具有重要意义。

1. 民权三法案的通过

在政治方面，林登·约翰逊任内最大的政绩，莫过于三个重要的民权法案的通过，而其中首推1964年《民权法》。该法案甚至在1963年肯尼迪提交版本的基础上进行了强化，主要内容包括：禁止在公共场所和交通工具上实行种族隔离；授权司法部长对敢于违反规定的公立学校和公共场所提出起诉；禁止就业方面的种族歧视并设立公平就业委员会予以监督；禁止在联邦选举中利用选民登记程序和文化测验不公平地对待部分选民等。② 法案在法律上对南部的种族隔离制度构成致命一击，亨利·斯蒂尔·康马杰（Henry Steele Commager）称之为"自瓦格纳法和田纳西河流域管理局法以来影响最深远的立法"，贝茨认为"这是从重建时期以来最具深远影响的民权立法"③。

为了保障南部黑人选举权，1965年，国会又通过《选举权法》，主要内容包括禁止1964年总统选举时登记选民不到选民总数50%的州和县在选民登记时所采取的文化测验和其他歧视性措施；授权司法部长派遣联邦官员到上述地区进行选民登记等。法案通过后，南部黑人参加选举人数迅速增长，黑人得以再次通过地方选举进入南部政坛。据统计，1940年南部11个州登记的黑人选民仅占其理论数的3.1%，1960年已达28.7%，1964年为42%，1970年为66.9%。1965年《选举权法》通过前后变化最典型的莫过于深南部的密西西比州，1964年该州登记的黑人选民只有6.7%，1969年陡增至66.5%。④ 南部黑人自重建失败以来再次真正获得选举权，自此美国的政客哪怕是南部政客们也不能再全然无视黑人的诉求，通常至少不敢公开表现出对黑人的歧视。

---

① 资中筠. 20世纪的美国［M］. 修订版. 北京：商务印书馆，2019：135-136.
② 杨生茂，张友伦. 美国历史百科辞典［M］. 上海：上海辞书出版社，2003：4.
③ 贝茨. 1933—1973美国史：下卷［M］. 南京大学历史系英美对外关系研究室，译. 北京：人民出版社，1984：342.
④ 资中筠. 20世纪的美国［M］. 修订版. 北京：商务印书馆，2019：238.

上述两个法案主要针对的是南部的种族歧视，实际上，美国北部的种族歧视也很严重，在住房问题上尤其突出。1966年，在民权运动的推动下，总统要求国会就住房问题通过新的民权立法，遭到了南、北部议员的共同阻挠。直到1968年4月4日黑人民权运动领袖马丁·路德·金（Martin Luther King, Jr.）遇刺引发全国范围内的大规模黑人反抗运动后①，国会才在1968年4月10日通过《开放住宅法》，规定禁止在广告、金融、商业、房屋租售中的种族、宗教和民族歧视，保护公民享受平等的教育和就业机会等。该法案涉及种族混居的问题，触及美国北部在事实上的种族隔离，但实际效果不如前两个法案。上述三个民权法案从法律上终结了南部的种族隔离制度，缓和了美国尤其是南部的种族矛盾，基本消除了南部"三农"问题的政治基础，并为20世纪70年代北部资本大举南下、南部"阳光地带"乘势崛起扫清了道路。

2."向贫困开战"

1940年，美国的贫困率高达33%，到1960年降至21%。格拉斯梅尔认为："1960年代是美国联邦政府政策的分水岭——政府开始制定减少区域不平衡发展和消除地区贫困的政策。"② 1964年1月，林登·约翰逊在自己的首个国情咨文中提出了"向贫困开战"的口号，声称："我们要以更好的学校、更好的医疗、更丰裕的家庭、更多的培训手段和更多的就业机会为主要武器手段，去帮助更多的美国人尤其是他们中的年轻人，使他们免受贫穷、肮脏和失业的波动。"同年，他又在总统经济报告中提出了解决贫困的五个关键因素——教育、健康、技能和工作、社区和地区重建、平等的机会。③ 总的来看，其任内在社会福利政策尤其是医疗保障方面有较大进步，资中筠称之为"（美国）20世纪最大也是最后一次向着平等方向的改良"④，他为美国社会福利政策定下的基本框架甚至沿用至今。1960年，全美国近48%的经济衰退的县都集中在阿巴拉契亚地区和密西西比河三角洲地区，林登·约翰逊政府的反贫困措施对解决南部的"三农"问题尤其是农民贫困问题无疑具有积极

---

① 斯泰格沃德指马丁·路德·金的遇刺"激起了骚乱遍地的那十年（民权运动）里最糟糕的、无与伦比的城市暴力的发作。一百多个城市遭遇了某种骚乱。最具破坏性的骚乱爆发在华盛顿哥伦比亚特区，死了10人，联邦部队被调集来保卫国会山。"参阅斯泰格沃德. 六十年代与现代美国的终结［M］. 周朗，新港，译. 北京：商务印书馆，2002：98-99.

② GLASMEIER A K，邱少俊，陈果. 一个走向区域分化的国家：美国持续性贫困的基础［J］. 国际城市规划，2007（2）：3-12.

③ 李彬. 约翰逊政府的反贫困政策研究［D］. 合肥：安徽大学，2012：15-16.

④ 资中筠. 20世纪的美国［M］. 修订版. 北京：商务印书馆，2019：139.

<<< 第六章 二战后到20世纪60年代——美国南部"三农"问题的终结

意义,影响较大者主要有:

(1) 1964年《经济机会法》

作为"向贫困开战"的主要措施,1964年国会通过《经济机会法》,旨在"通过向每个人提供教育、训练、工作和体面生活的机会来消除本国长期失业者的贫困现象",法案包括7个部分,包括青年计划、城市和农村社区行动计划、农村地区反贫困计划、公共援助计划等。根据法案成立了经济机会局,林登·约翰逊称之为"向贫困宣战的全国司令部",负责所有反贫困计划的管理和协调。法案规定拨款10亿美元,由联邦与各州和地方政府协作,采用职业训练或直接援助的方法,帮助生活在贫困线以下的穷人。而实际上,仅联邦政府在1965—1973年为落实法案中"青年计划"而设立的职业队的拨款就达18亿美元,到1982年共为75万青年提供了普通教育、职业教育和技术训练。① 1964年10月到1966年6月,在全国建立了1000多个社区行动机构,拨款近7亿美元。此外,法案中的农村地区反贫困计划、公共援助计划等,对于解决南部的"三农"问题都具有直接和积极的作用。

(2) 完善美国社会福利制度

王庆安认为,罗斯福是美国社会保障制度的开拓者,其社会保障政策具有安全阀的作用;而林登·约翰逊是美国社会保障制度的发展者,其社会保障政策具有调节器和润滑剂的作用。② 林登·约翰逊任内,国会通过了40多个医疗法案,超过到当时为止美国历史上所有通过的医疗法案的总和。其中最重要的是在1965年7月,国会通过《社会保障法修正案》,其中包括了政府提出的"医疗照顾"和"医疗救助"方案。前者规定"凡符合参加社会保障制度和铁路职工退休制度条件的65岁和65岁以上的老年人,有资格享受医疗保险";而后者是对低收入者提供医疗费用补助,惠及当时美国1960万老人中的绝大多数,因而被美国学者称为1935年《社会保障法》之后"最大的社会改革"。③ 在林登·约翰逊的第二个任期内(1965—1969年),老年人

---

① 职业队主要吸纳来自贫困家庭的"有6年级阅读和算术水平,失业的16~21岁青年","在培训营地,向他们提供普通教育、职业教育及有用的工作经验,使其为履行公民责任作好准备,增强他们找到工作的能力和社会责任感。""职业队并不限于为失业者创造工作机会,而是力图达到人的教化和社会流动,帮助贫困青年成为向上流动的公民"。参阅柳靖. 论职业教育在社会分化中的作用:约翰逊"伟大社会"改革中职业教育的反贫困实践 [J]. 职业技术教育,2010,31 (25):67-72.
② 王庆安. 美国政府反贫困和社会保障制度建设的理念及其政策变迁:从约翰逊到克林顿政府 [J]. 湘潭大学学报(哲学社会科学版),2014,38 (2):140-144.
③ 刘绪贻. 美国通史:第6卷:战后美国史 1945—2000 [M]. 北京:人民出版社,2002:247.

的社会保险金增加了两次：1965年提高7%，1967年提高13%；老年、遗属和残疾保险的保障范围也继续扩大，到1970年受益者已达2622.9万人。① 在社会救济方面，除了食品券制度外，林登·约翰逊政府实施"营养计划"，为低收入的孕妇、母亲及婴幼儿提供营养支持，在全国中小学推行廉价或免费早、午餐。此外，林登·约翰逊政府还致力于改善贫困人口的住房问题，其重点是针对城市更新和贫民窟改造，也有涉及改善农村住房条件，如1964年《住房法案》中拨款1.5亿美元用于农村住宅贷款。② 上述法案对于贫困的南部农民无疑都具有积极意义。

(3) 大力发展公共教育

林登·约翰逊任内，国会通过了60多个教育法案，其中最重要者有二：一是1965年《中小学教育法》，规定联邦政府拨款13亿美元改善中小学办学条件、资助低收入家庭儿童入学。资助不分公立和私立学校，资助款项由公共管理机构控制。这是美国历史上联邦政府第一次直接、普遍地扶持基础教育。1966年，国会又通过修正案，进一步扩大《中小学教育法》的适用范围和受益人群。到1968年，约有670万青少年从中受益，其中贫困和残疾儿童受益尤多。③ 1963—1964财政年度，美国的中等学校教育经费为249亿美元，1967—1968财政年度增至358亿美元。联邦政府分担基础教育经费的比例也有明显提高，参阅表6—7：

表6-7 1919—1970年美国公立中小学资金来源情况④

学年	总额（千美元）	联邦出资（%）	州出资（%）	地方出资（%）
1919—1920	970121	0.3	16.5	83.2
1929—1930	2088557	0.4	16.9	82.7
1939—1940	2260527	1.8	30.3	68.0
1949—1950	5437044	2.9	39.8	57.3

---

① 陈蒙蒙. 美国社会保障制度研究［M］. 南京：江苏人民出版社，2008：41-42.
② 黄安年. 当代美国的社会保障政策［M］. 北京：中国社会科学出版社，1998：132.
③ 柳靖. 论职业教育在社会分化中的作用：约翰逊"伟大社会"改革中职业教育的反贫困实践［J］. 职业技术教育，2010，31（25）：67-72.
④ 韦布. 美国教育史：一场伟大的美国实验［M］. 陈露茜，李朝阳，译. 合肥：安徽教育出版社，2010：362.

续表

学年	总额（千美元）	联邦出资（%）	州出资（%）	地方出资（%）
1959—1960	14746618	4.4	39.1	56.5
1969—1970	40266923	8.0	39.9	52.1

二是1965年高等教育法，在美国历史上第一次为学生提供联邦奖学金，名为"平等机会助学金"；并向符合要求的贫困大学生提供联邦担保的低息贷款，帮助了至少100万贫困大学生完成学业。此外，《经济机会法》中的"职业学习计划"用联邦资金为贫困大学生提供兼职工作，使大约14万大学生得以通过勤工俭学来完成学业。20世纪60年代，联邦政府高等教育经费支出从67亿美元增至227亿美元，相关补助款从10亿美元增至30亿美元。① 林登·约翰逊堪称美国建国以来最重视公共教育的总统，他本人也以"医疗总统"和"教育总统"自诩。其教育政策推动了美国教育事业在20世纪60年代的大发展，改善了贫困人口尤其是黑人的教育状况；对教育长期落后的南部意义尤为重大，如根据《中小学教育法》的联邦补助款大部分投向了美国的贫困地区，南部各州受益很大，以最贫困的密西西比州为例，1967财政年度得到联邦补助2350万美元，1968财政年度升至4480万美元。② 职业技术训练和公共教育的发展，对解决南部的"三农"问题具有重要意义。

（4）区域发展计划

1964年《经济机会法》的重要内容就是加速落后地区尤其是农村发展，法案"之目的是解决农村贫困中的某些特别问题，并且提高和维持低收入农村家庭、移民家庭、移民农村雇员及其家庭的收入和生活水准"。为此，法案授权经济机会局给予低收入的农村家庭户均不超过2500美元的贷款③，这对于极度缺乏金融支持的南部农民无疑是雪中送炭。

在区域发展方面另一个重要法案是1965年国会通过的《阿巴拉契亚地区发展法》，该法案由林登·约翰逊亲自提出，旨在改善阿巴拉契亚山区的落后状况，所涉及的地区北起纽约州南部，南到墨西哥湾，共计13个州的397个县，面积超过50万平方千米，其中涉及南部的北卡罗来纳、弗吉尼亚、肯塔

---

① 黄安年. 二十世纪美国史 [M]. 石家庄：河北人民出版社，1989：299.
② 韩亚辉. 美国的贫困问题与社会保障政策：从罗斯福"新政"到约翰逊"伟大社会" [D]. 济南：山东师范大学，2000：22.
③ 陈蒙蒙. 美国社会保障制度研究 [M]. 南京：江苏人民出版社，2008：44.

基、密西西比、南卡罗来纳、田纳西、亚拉巴马和佐治亚等8个州的245个县。① 法案规定拨款10.9亿美元，在阿巴拉契亚地区筑路、治水、兴建林场、复兴煤炭工业等，以促进当地的经济发展。② 同年，国会又通过《公共工程和经济开发法》，规定在商务部下设立经济发展局，拨款30亿美元用于改善贫困地区的交通和发展、振兴当地基础工业。这两部重要法律共同彰显了美国开发阿巴拉契亚地区的主导思想，即权益共享与机会均等，向落后地区的居民提供公平公正的经济社会发展机遇和市场竞争环境。这也是自罗斯福新政时期成立田纳西河流域管理局以来美国最大的区域发展项目，其中获益最多的就是南部。

林登·约翰逊政府"向贫困开战"的各项措施，总体上看大多具有积极财政政策的性质，在一定程度上促进了20世纪60年代美国经济的发展。黄安年指出，从1961年2月到1969年10月，美国经济持续增长104个月，这9年中有6年的GDP增长率高于4%（其中1962年、1965年和1966年接近6%），1961—1969年美国GDP从5233亿美元增至9355亿美元③，增幅接近80%。根据休斯和凯恩的数据，1960—1970年美国名义GDP从526.4亿美元增至1038.5亿美元，接近翻了一番；实际GDP（按2000年美元价格计算）从2501.8亿美元增至3771.9亿美元，增长50.8%；实际人均可支配收入（按2000年美元价格计算）从9735美元增至13563美元，增长39.3%。④ 美国的失业率从1963年林登·约翰逊继任总统时的5.5%降至1968年年底的3.4%，其中1966—1968的三年间都保持在4%以下，包括黑人在内的少数族裔的失业率也从1963年的10.8%降至1968年的6.7%。⑤ 在消除贫困方面，20世纪60年代是美国历史上空前绝后的贫困人口下降最多、最快的时期，参阅表6-8：

---

① 具体包括北卡罗来纳州29县、宾夕法尼亚州52县、俄亥俄州28县、弗吉尼亚州21县、肯塔基州49县、马里兰州3县、密西西比州20县、南卡罗来纳州6县、田纳西州50县、西弗吉尼亚州55县、亚拉巴马州35县、纽约州14县和佐治亚州35县。除了不属于本书所定义之南部的西弗吉尼亚州全州被纳入外，所涉及的其余各州都只有部分地区被包括在计划内。调查显示1960年阿巴拉契亚地区居民贫困率为33%，而同年全美国的贫困率为20%。参阅李彬. 约翰逊政府的反贫困政策研究 [D]. 合肥：安徽大学，2012：21-22.

② 杨生茂，张友伦. 美国历史百科辞典 [M]. 上海：上海辞书出版社，2003：210.

③ 黄安年. 二十世纪美国史 [M]. 石家庄：河北人民出版社，1989：222.

④ 休斯，凯恩. 美国经济史 [M]. 邸晓燕，邢露，等，译. 第7版. 北京：北京大学出版社，2011：649.

⑤ 黄安年. 当代美国的社会保障政策 [M]. 北京：中国社会科学出版社，1998：320-322.

<<< 第六章 二战后到20世纪60年代——美国南部"三农"问题的终结

表6-8　1961—1970年美国贫困人口的变化①

	1961	1962	1963	1964	1965	1966	1967	1968	1969	1970
全国贫困人口（万人）	3962.8	3862.5	3643.6	3605.5	3318.5	2851.0	2776.9	2538.9	2414.7	2542.0
全国贫困率（%）	21.9	21.0	19.5	19.0	17.3	14.7	14.2	12.8	12.1	12.6
白人贫困人口（千人）	2789.0	2667.2	2523.8	2495.7	2249.6	1929.0	1898.3	1739.5	1665.9	1748.4
白人贫困率（%）	17.4	16.4	15.3	14.9	13.3	11.3	11.0	10.0	9.5	9.9
黑人贫困人口（千人）	992.7*	N	N	N	N	886.7	848.6	761.6	709.5	754.8
黑人贫困率（%）	55.1	N	N	N	N	41.8	39.3	34.7	32.2	33.5

注：*1961至1965年间黑人数据缺，1961年的黑人贫困人口和贫困率数据均用Census1959年的数据代替。

美国的贫困人口从1961年的接近4000万降至1969年的2414.7万，降幅接近40%，贫困率从21.9%降至12.1%。值得指出的是，此后美国社会的总体贫困率虽有起伏，但如此大幅度的下降已成绝响。截至目前，美国总体贫困率的最低点是2019年的10.5%，2020年为11.4%，与1969年的水平并无太大差异。而美国黑人的贫困率也从1959年的55.1%降至1969年的32.2%，虽仍远远高于全国平均水平，但进步也是很明显的。

总之，"向贫困开战"在一定程度上取得了胜利，对解决南部的"三农"问题也发挥了重要作用。

（三）小结

总的来看，从杜鲁门到林登·约翰逊，二战后到20世纪60年代末期的4任美国总统都把社会保障作为联邦政府的重要职能并不断加以固化，都通过社会保障来缓和国内矛盾、维持经济与社会的稳定，都在不断扩大社会保障范围、提高社会保障水平。通过以1946年《充分就业法》、1949年《全国住

---

① 数据来自美国人口普查局网站。

房法》、1958年《国防教育法》、1964年《经济机会法》、1965年《中小学教育法》、1965年《社会保障法修正案》等为代表的一系列重要社会保障相关法律，美国的社会保障已覆盖就业、失业、养老、医疗、教育、住房等社会生活重要领域，形成了具有美国特色的资本主义社会保障制度，或者说是建成了美国式的"福利国家"。相应地，美国南部的农民贫困问题，也逐步从绝对贫困过渡到相对贫困。

四、沃伦法院的贡献

沃伦法院是以美国第14任首席大法官厄尔·沃伦（Earl Warren）命名的1953年至1969年间的美国联邦最高法院。沃伦法院是美国宪政史上最激进和富有创造性的联邦最高法院。它不仅使联邦最高法院的司法理念从保守主义转向自由主义，极大地提升了联邦最高法院在美国宪政体制中的地位，也引发了美国当代社会中的平等权利风暴，进一步扩大了联邦政府的权力。① 埃里克·方纳指出，沃伦法院"极大地扩展了所有美国公民享有的权利，并将这些权利置于立法机构和地方政治的多数派所不能侵犯到的地方"，从而使民权运动的成果得到了最终的法律承认和合法地位。② 沃伦法院的重要判决很多，对美国社会有多方面的重要影响，其对解决美国南部"三农"问题的贡献，主要在于通过1954年"布朗诉教育委员会"案（Brown v. Board of Education of Topeka，以下简称"布朗案"）推进了美国公立教育中的种族平等和南部种族隔离制度的瓦解。

（一）"布朗案"始末

如前所述，联邦最高法院在1896年"普莱西案"判决中提出的所谓"隔离但平等"原则一直是南部州政府实行种族隔离制度的法律依据。名为"隔离但平等"，实为"隔离且极不平等"，南部黑人在内战后所能享受的公共服务水平在各方面都大大落后于白人，是导致其长期贫困的重要原因之一。这种情况一直到1954年的"布朗案"后才得到根本改变。

20世纪50年代初，堪萨斯州托皮卡的奥利弗·布朗（Oliver Brown）夫妇要求当地学校允许其子女到专为白人子弟开办的学校上学（因白人学校离

---

① 白雪峰. 美国沃伦法院述评 [J]. 南京大学学报（哲学·人文科学·社会科学版），2005（4）：47-54.
② 方纳. 美国自由的故事 [M]. 王希，译. 北京：商务印书馆，2018：419.

家近而黑人学校离家很远），但被拒绝。布朗夫妇根据宪法第14条修正案中"平等的法律保护"条款向地区法院提起诉讼，地区法院根据"隔离但平等"原则，判决布朗夫妇败诉，1954年该案上诉到联邦最高法院。类似案件在其他州也时有发生，基本上都是黑人请求取消种族隔离以使其子女获得进入其所在或临近社区的白人公立学校学习的权利。此类案件涉及一个共同的法律问题：黑白分校是否仍能维持教育机会的平等，是否与第14条宪法修正案中"平等的法律保护"条款相违背。所以联邦最高法院将这些案件合并处理，在"布朗案"中一并做出裁决。

当年5月17日，沃伦宣读了这份具有历史性意义的判决。判决认定即使教育设施和其他设备平等，但是种族隔离的学校在无形条件方面是不平等的："仅仅根据种族原因就将（黑人儿童）与另一些相同年龄和资格的儿童隔离开来，这会使他们对自己的社会地位产生一种自卑感。这种自卑感对他们的心灵和思想造成难以解除的影响……我们断定，在公共教育领域，'隔离但平等'原则没有立足之地。隔离的教育设施实质上就是不平等的。"①

相应地，"隔离的教育设施"也就违反了宪法第14条修正案中"平等的法律保护"条款。

（二）"布朗案"的影响

以现代法律标准看，与其说"布朗案"判决是美国司法史上的一场"革命"，不如说它是对美国宪法第14条修正案立法初心的回归，是美国联邦最高法院在"普莱西"案半个多世纪后姗姗来迟的自我纠错（在美国的政治制度下，这也是几乎唯一可能的纠错方式）。从效果看，它在实质上推翻了所谓"隔离但平等"原则，使重建后南部的种族隔离制度失去了法律上的遮羞布，激活了第14条宪法修正案中"平等的法律保护"的条款，从而有力地推动了黑人民权运动，如贝尔指出的"民权革命的转折点很显然是1954年5月美国最高法院的判决（布朗案）"②。保罗·布莱斯特（Paul Brest）认为："不管从宪政角度来说他是否合法，布朗案最终导致了一场美国人生活中的社会与文化革命。"③埃里克·方纳也认为："最高法院成为种族关系革命的一个同

---

① 韦布. 美国教育史：一场伟大的美国实验［M］. 陈露茜，李朝阳，译. 合肥：安徽教育出版社，2010：333.
② 贝尔. 资本主义文化矛盾［M］. 严蓓雯，译. 北京：人民出版社，2010：198.
③ 布莱斯特，等. 宪法决策的过程：案例与材料：上册［M］. 张千帆，范亚峰，孙雯，译. 4版. 北京：中国政法大学出版社，2002：733.

盟军，将政治与社会内容融进受宪法保障的平等的法律保护原则之中，最终实现了重建时期提出的政治承诺。"①

在教育方面，美国的联邦制下，教育特别是基础教育和中等教育更多属于州和地方政府的权责范围，"布朗案"判决是联邦最高法院首次对州的教育事务进行重大、实质性的干预，影响广泛而深远。当时的《纽约时报》盛赞该判决："在最高法院历史上，从没有一项裁定直接牵涉到这么多人。在布朗案进行时，十七个州及哥伦比亚特区的法律都规定要种族隔离。在这些地区内，有八百多万白人学童和二百五十万黑人学童分别在大约三万五千所白人学校和一万五千所黑人学校里就读。"②

但从实际情况来看，"布朗案"后的 10 年内，南部大多数地方对取消中小学校里的种族隔离或者阳奉阴违，或者敷衍塞责，如斯泰格沃德指出的，到 1960 年南部只有 1%的黑人学童在无种族差别待遇的学校上学。③ 迈克尔·L. 莱文（Michael L. Levine）的数字稍高一些，"截至 1960 年，南部仅有 6.4%的黑人儿童进入了取消种族隔离的学校就读，在下南部，这一数字仅为 0.2%"。④ 南部黑人教育事业取得重大进步，要等到林登·约翰逊总统任内，尤其是 1965 年《中小学教育法》颁布之后。所以如李晓兵认为，"布朗案"判决造成的心理影响远远超过它的法律后果。"布朗案"对黑人和白人来说都具有象征意义，即种族平等性现在拥有了最高级别的机构支持者。正是在这一认识的影响和鼓舞下，美国的黑人民权运动在 20 世纪五六十年代进入高潮并取得一系列重大成果。⑤ 何顺果也认为，沃伦法院以宣判教育中的种族隔离违宪为突破口，在实现"《权利法案》的联邦化"，在重新诠释"民主"的概念并引入"积极民主"概念，在扩大第 14 条宪法修正案关于"平等法律保护"的范围、层次和深度等方面，都取得"显著而卓越的进展"，从而极大地帮助和推动了 20 世纪五六十年代美国的社会改革。⑥ 相应地，南部黑人教育

---

① 方纳. 美国自由的故事［M］. 王希，译. 北京：商务印书馆，2018：419.
② 赫钦格. 美国教育的演进［M］. 汤新楣，译. 香港：美国驻华大使馆文化处，1984：111.
③ 斯泰格沃德. 六十年代与现代美国的终结［M］. 周朗，新港，译. 北京：商务印书馆，2002：57.
④ 韩家炳. 二战后美国黑人教育的困顿及其教育民权运动的产生［J］. 西南民族大学学报（人文社会科学版），2014，35（4）：212-219.
⑤ 李晓兵. 从"普莱西案"到"布朗案"：论美国联邦最高法院与受教育权平等保护的实现［J］. 国家教育行政学院学报，2004（6）：88-93.
⑥ 何顺果. 美国历史十五讲［M］. 2 版. 北京：北京大学出版社，2015：223.

事业的发展和种族隔离制度的废除,都有助于解决南部的"三农"问题。

第三节 二战后到 20 世纪 60 年代的美国南部农业与南部社会

二战后到 20 世纪 60 年代,第三次科技革命带来的农业现代化、南部黑人持续不断的迁徙以及民权运动带来的南部社会变革,三者的共同作用终结了南部"三农"问题。

一、走向现代化的南部农业

二战后,美国农业在第三次科技革命的大潮中突飞猛进,尤其是生物工程技术的推广应用促使美国农业走向全面现代化,农业生产率迅速提高。这一波农业现代化的浪潮席卷了南部农业,南部农业在走向现代化的同时,也真正成为美国资本主义大农业的一部分。列宁在对资本主义农业发展规律及其表现形态的研究中得出五项结论——机器扩大生产、农业人数减少、地权集中、无产阶级增多和小农场没落[1],上述情况恰是二战后南部农业的写照。

1940—1970 年,南部农业人口从近 1400 万降至 290 万,降幅几近 80%,其中仅在 20 世纪 60 年代就减少接近一半;农场主占南部人口的比例,从 1940 年的 43.1% 降至 1970 年的 6.9%。而在农业人口迅速减少的同时,农场规模不断扩大。1940—1969 年,南部的农场数量减少了 63%,而农场平均面积扩大了两倍多,产品销售额增加了 10 倍以上。[2] 总的来看,二战后的南部农业迅速与美国其他地区趋同,走上了资本主义大农业的道路。

(一)农业生产进一步机械化、多样化

南部农业机械化过程中,最重要者一是作为动力的拖拉机,二是对南部农业支柱产业植棉业有关键影响的摘棉机。有学者估计拖拉机带来的社会节约相当于 1954 年美国 GDP 的 8%(加上间接效应还要高得多),所以"内燃机是改变美国农村的一个主要方式"。艾伦·L. 奥姆斯特德(Alan L. Olmstead)和保罗·W. 罗德(Paul W. Rhode)估计,仅拖拉机就解释了

---

[1] 陈翰笙. 美国农业及其危机 [J]. 经济研究, 1958 (8): 58-66.
[2] NEWBY I A. The South: A History [M]. New York: Holt, Rinehart and Winton, 1978: 475.

1910—1960 年间 95.6 万个农场的消失。① 而自 1793 年轧棉机被发明后，棉花生产中最艰苦、最依赖手工劳动的环节是摘棉花。1941 年，国际收割机公司发明了对棉花生产具有革命性意义的摘棉机，它使采摘棉花的劳动量在许多地方从每英亩约 150 人时减少到约 25 人时，在干燥的南部大平原上棉花收获的时间从 24 小时降到 6 小时。但受战争影响，摘棉机的生产和应用被推迟到二战以后。到 1948 年，全美国共有摘棉机 1500~2000 台，收摘了全国 5% 的棉花。到 1953 年，密西西比河三角洲地区大约 1/4 的棉花由机器收摘，而得克萨斯州的农场主们基本实现了棉花收摘机械化。② 在拖拉机和摘棉机的共同作用下，南部的主要农产品棉花 1945 年生产一包棉花需要 140 个工时，而 1969 年仅需 25 个工时。③ 1970 年棉田整地和棉花栽培管理的机械化程度达到 100%，1972 年棉花收摘的机械化面积也达到 100%，从 18 世纪末南部开始种植棉花算起，至此用了近两百年的时间终于实现了棉花生产的全过程机械化覆盖。

另一方面，南部的传统作物棉花在美国农业中的重要性不断下降。从表 6-3、表 5-9 可见，1969 年的美国棉花产量为 1000 万包，与 1950 年相当，低于 1940 至 1945 年间的平均水平（约 1147 万包）；1950 年棉花种植面积为 1780 万英亩，1969 年降至 1110 万英亩，下降了近 40%。棉花农场的数量，1929 年为 220 万个，到 1959 年只剩约 50 万个（其中重要原因是小农场遭兼并或破产）。④ 而棉花在美国农业总产值中占比则从 1950 年的 8.5% 降到 1983 年的 3.1%。⑤ 主要原因是二战后尤其是 20 世纪 50 至 70 年代，随着科技进步和人们消费习惯的改变，化学纤维制品被广为接受，传统的动植物纤维需求不断萎缩。1959—1972 年美国的棉花消费量减少了 14%、羊毛消费量减少了 49.6%，而人造纤维的消费量却增加了 5.2 倍。⑥ 到 1969 年，美国国内合成

---

① OLMSTEAD A L, RHODE P W. Reshaping the Landscape: The Impact and Diffusion of the Tractor in American Agriculture, 1910-1960 [J]. The Journal of Economic History, 2001, 61 (3): 663-698.

② 孟海泉. 内战后美国南部的农业机械化与农业体制变革 [J]. 美国研究, 2007 (4): 106-115, 5.

③ SHOVER J. First Majority-Last Minority: The Transformation of Rural Life in America [M]. DeKalb: Northern Illinois University Press, 1976: 149.

④ 刘鹏, 贺露. 20 世纪 50—70 年代美国植棉业快速萎缩的原因探析 [J]. 农村经济与科技, 2021, 32 (1): 181-183.

⑤ 丛中笑. 战后美国农业生产结构动态分析 [J]. 农业经济问题, 1989 (11): 65-67.

⑥ 田浩. 战后美国农业利润率短周期与农业危机短周期 [J]. 南开经济研究, 1988 (3): 45-49.

<<< 第六章 二战后到 20 世纪 60 年代——美国南部"三农"问题的终结

纤维占纤维市场的 60%，而棉花仅占 40%。克雷格·海尼克（Craig Heinicke）的研究证明了棉花需求下降对南部租佃制瓦解和黑人迁徙的作用，他指出美国棉花种植面积在 20 世纪 60 年代大约下降了一半。① 到 20 世纪 70 年代，棉花的收入已降到牛肉的 1/3，"现在棉花只相当于农产品产值的 7%，其经济与社会意义比 1800 年以来的任何时候都要小。"②

棉花不再为王的同时，二战后南部农业日益多样化，除了南部传统的烟草、稻米和甘蔗等作物外，小麦、大豆、红薯、畜牧、禽蛋、水果蔬菜等的生产都有较快发展。其中大豆取代棉花的趋势尤其明显——1940 年，南部的阿肯色、北卡罗来纳、密西西比、南卡罗来纳、路易斯安那、田纳西、亚拉巴马、佐治亚 8 个州和邻近南部的密苏里州共生产棉花 760 万包，占美国总产量的 9%，生产大豆 540 万蒲式耳，占全国总产量的 7%；到 1975 年，上述 9 各州的棉花产量降到略高于 300 万包的水平，占全国总产量的 37%，而大豆产量达到 5.23 亿蒲式耳，较 1940 年几乎增长了 100 倍，占到全国总产量的 1/3。③ 杨幸雨等人的研究也显示，1940 至 1970 年间，南部的大豆产量仅次于中西部，南部在 20 世纪的大多数时间里都是美国的第二大大豆产区。④ 在畜牧业方面，南部沿海平原和得克萨斯高原成为美国肉牛的主要产区，得克萨斯州的牛羊头数均为全国第一；密西西比州、亚拉巴马州、佐治亚州的肉鸡，北卡罗来纳州的生猪等，产量也都居于全国前列。20 世纪 50 年代，中南部成为美国家禽业的中心，鸡和鸡蛋的产值约占全国的一半。在水果蔬菜的专业化生产上，气候条件优越的佛罗里达州和西部的加利福尼亚州并为两大重镇。总的来看，在二战后形成的美国农业区域专业化格局中，南部除了保留传统的棉花产区外，还形成了东南部特种作物与综合农业经营区、南部常年放牧区、东南部水果、蔬菜与农牧混合经营区等专业化农业区域，⑤ 南部农

---

① HEINICKE C. African-American Migration and Mechanized Cotton Harvesting, 1950-1960 [J]. Explorations in Economic History, 1995, 31 (4): 501-520.

② NEWBY I A. The South: A History [M]. New York: Holt, Rinehart and Winton, 1978: 416-417.

③ 南部农民弃棉花种大豆的主要原因有：政府对棉花生产的限制，二战后棉花生产向更适合于大规模机械化生产的西部和西南部地区转移，大豆产量稳定、不像棉花那样易受病虫害侵袭、农药使用量少，大豆生产成本较棉花低等。参阅宋濂. 美国南方农业的巨大变化：从大量种棉花变为大量种大豆 [J]. 世界农业, 1980 (4): 39-41.

④ 杨幸雨，杨庆媛，王亚辉，等. 近百年美国大豆生产时空格局变化分析 [J]. 世界农业, 2022 (3): 25-35.

⑤ 夏华丽，杜红梅. 农业区域专业化发展的美国道路及对我国的启示 [J]. 北方经济, 2010 (7): 66-69.

业总体上已高度多样化。与此同时，美国的食物供应中心也从北部的谷物地带向南部转移。1969 年，南部（含加利福尼亚州）的农产品销售额达 165 亿美元，远远超过北部谷物地带的 125 亿美元。①

（二）小农经济的租佃制退出历史舞台

1. 棉花生产的机械化敲响了南部小农经济的丧钟

1953 年，福斯特在《美国历史中的黑人》一书中指出，南部黑人农民中仍有 57% 是"将收成的一半缴付种植园主的分成制农民"②，可见当时谷物分成制在南部尤其是黑人农民中仍较为普遍。又据美国官方统计，1959 年南部尚有分成制农民 121037 人，占当时南部全部农场经营者的 7%；到 1964 年只剩下 21037 人，占南部全部农场经营者的 1.5%。因此，黄绍湘认为："历史的实际是：南部农业机械化迅速发展和谷物分成制的急剧衰落，是 20 世纪 50 年代末 60 年代初的事。"③ 这一时期，棉花生产的机械化敲响了南部小农经济的丧钟。无力购置诸如拖拉机和棉花采摘机等农业机械的农民由于生产成本的巨大劣势而在市场竞争中陷于极端不利的地位，参阅表 6-9：

表 6-9 1962 年美国不同类型的棉花农场的成本和收益④

地区	（南部）密西西比河三角洲		（西部）加利福尼亚州圣瓦金盆地	
农场类型	小型农场	大型农场	中型灌溉农场⑤	大型灌溉农场
农场平均耕地面积（英亩）	39	640	325	1232
年均使用劳动（小时）	3160	27140	9860	29810

---

① 刘颂尧. 美国地区经济发展的不平衡和南部的新作用 [J]. 经济问题探索，1982（1）：70-75.
② 根据中文版序言，该书成书时间为 1953 年 12 月。参阅福斯特. 美国历史中的黑人 [M]. 余家煌，译. 北京：生活·读书·新知三联书店，1961：591.
③ 黄绍湘. 加强马克思主义学习，重视美国史学史研究 [J]. 世界历史，1983（4）：14-23.
④ 广东省哲学社会科学研究所《美国农业经济概况》编写组. 美国农业经济概况 [M]. 北京：人民出版社，1976：239.
⑤ 原文如此定义，从表中数据可见，此类农场较之于南部的小型农场，其实已属于现代化大生产的农场，但又比南部的"大型农场"和西部的"大型灌溉农场"小些。

续表

地区	（南部）密西西比河三角洲	（西部）加利福尼亚州圣瓦金盆地		
其中：经营者及其家庭的劳动（小时）	2330	3200	2600	2600
农场平均资本（美元）	14470	218410	298290	1028060
其中：土地和建筑物价值	10620	175000	272360	958590
机器与设备价值	3150	33300	25930	69470
农场年均毛收入（美元）	4708	75115	71992	229624
农场年均总成本（美元）	2696	44129	46390	149893
农场年均净收益（美元）	2012	30986	25602	79731
资本收益率（%）	13.9	14.2	8.6	7.8
每小时劳动毛收入（美元）	1.3	2.8	7.3	7.7
每小时劳动净收入（美元）	0.63	1.14	2.6	2.67
每英亩土地毛收入（美元）	120.7	117.4	221.5	186.4

可见，到20世纪60年代初期，在棉花王国的核心地带——南部密西西比河三角洲地区，大型农场和小型农场在平均资本、机器设备价值、年均收入、年均净收益等方面，差距都在10倍甚至15倍以上；南部的大型农场的耕地面积是西部中型灌溉农场的两倍，年均收入和净收益却相差无几；而较之于西部的大型灌溉农场，各方面指标都远远落后，这也解释了二战后美国棉花生产逐步西移的现象。到20世纪70年代后期，美国的主要产棉区已西移到美国西南部的亚利桑那、得克萨斯和加利福尼亚等州的草原和河谷地带，以大面积、机械化的灌溉植棉业为主，如得克萨斯州的灌溉面积从1939年的540多万亩增至1974年的3980多万亩，主要用于植棉。[①] 此外，墨西哥移民正逐步取代黑人成为美国棉田中的主要劳动力，传统意义上的棉花王国终于化作历史的记忆。

---

① 中国农业科学院科技情报研究所. 国外农业现代化概况（美、日、法、西德、荷、苏、匈七国）[M]. 北京：生活·读书·新知三联书店，1979：8, 22.

李·J. 阿尔斯通（Lee J. Alston）和约瑟夫·P. 费瑞（Joseph P. Ferrie）指出，棉花生产的机械化"减少了监督劳动力的成本以及劳动力转换的成本，置换出几百万的工人，到北部和西部寻找工作"①。哈林顿指出，1950 至 1966 年间进入城市的黑人农业工人就有 550 万②（其中大部分来自南部）。用曼彻斯特的话来说，"150 亿美元的农业机械投入终止了汗水和劳苦对农耕者的统治。"③ 斯泰格沃德甚至认为"棉花生产的机械化是从根本上消除种族隔离的缘由"，因为它使得"棉花地里不再需要密集的不熟练的劳动力，也许这是南方社会最重要的发展"④。1945—1949 年间，美国每亩棉花所需劳动时间为 13.67 工时，到 1973 至 1977 年间已降到 1.98 工时。农业生产不再建立在廉价但缺乏文化和技能的黑人劳动力的基础上，南部社会因而放松了对黑人劳动力的控制，被驱逐的租佃农大部分进入城市，小部分成为农业雇佣工人，农业人口随之迅速减少。如纳什和杰弗里所言："在美国南部务农的黑人无法与外国农业和机械化竞争，而随着白人农场主转而种植大豆和花生等不需要那么多劳动力的作物，他们终被放逐，离开家园。"⑤ 到 1969 年，南部租佃制黑人农场仅剩下 1.8 万个，占南部农场总数的比例已不足 2%，可以说黑人租佃农已不再是南部农业中的重要成分。

2. 农业现代化的过程就是小农经济被淘汰的过程

二战后的南部农业机械化、规模化、现代化的过程，也就是广大小农被排挤出农业领域的过程——首当其冲的是租佃农，种植园主可以简单地收回土地，租佃农中一小部分掌握了现代化农业生产技术尤其是农业机械操作能力者可能会成为农业雇佣工人，而大多数人只能去别处谋生；而一旦强制退佃的场景在南部农村中成为常态，城市就必然成为过去的租佃农们最终的落足之地。

自耕农因为有土地，处境会稍好一些，但他们很快会发现自己努力劳作的微薄产出在成本上完全无法与采用机械生产和先进技术的大农场的产品竞

---

① 休斯，凯恩. 美国经济史 [M]. 邱晓燕，邢露，等译. 第 7 版. 北京：北京大学出版社，2011：628.
② 迈克尔·哈林顿. 另一个美国 [M]. 郑飞北，译. 北京：中国青年出版社，2012：159.
③ 曼彻斯特. 光荣与梦想：1932—1972 年美国叙事史：第 4 册 [M]. 四川外国语大学翻译学院翻译组，译. 北京：中信出版社，2015：301.
④ 斯泰格沃德. 六十年代与现代美国的终结 [M]. 周朗，新港，译. 北京：商务印书馆，2002：53.
⑤ 纳什，杰弗里. 美国人民：创建一个国家和一种社会：第 7 版·下卷 [M]. 张茗，译. 北京：清华大学出版社，2015：246.

<<< 第六章 二战后到20世纪60年代——美国南部"三农"问题的终结

争。而二战后美国政府的各种农业政策，总体上都起着扶强抑弱的作用：比如"土壤银行"之类限制农作物种植面积的政策，在分配种植面积时，通常的主要依据是各个农场过去的经营状况尤其是原有产量和种植面积等。因此，南部小农或者因为耕地面积和产量太小，很难响应政府限制生产的要求，不但得不到政府补贴，甚至还会受到相应的限制或惩罚措施，即使他们响应政府号召减少生产，能得到的政府补贴数额往往也是微不足道。郑林庄指出："尤其严重的是，由于政府不断压缩播种面积的限额，多数小农场分配到的限额已小到无法经营的限度而不得不放弃生产。"① 又如在农产品价格支持制度中，中小农场往往难以满足政府规定的享受支持价格的条件，如相关农产品质量标准、专门的仓储设备等，因而联邦政府支出的巨额补贴也基本是落入专业的农业公司和大农场之手，甚至连作为公共产品的农业推广服务在实施中也是嫌贫爱富。根据王春法的数据，20世纪60年代中期，年销售额低于10000美元的农场经营者占美国农场主总数的2/3以上，但他们享受到的农业推广服务仅占总量的35%（按照农业推广人员的工作时间计算）。②

总之，南部的小自耕农或者因为无法与大农场竞争而主动或被动地放弃土地、退出农业，或者放弃参与市场竞争、依靠自己的小块土地过着贫苦的生活。1950年的农业普查将农产品年销售额在250美元以下的农场定义为"住宅农场"，当年全国共有1029392个住宅农场，占农场总数的19.1%③，其中南部就有675282个，占住宅农场总数的近2/3。此外，当年美国还有639230个农场年销售额在250~1199美元之间，占到农场总数的11.9%，它们被定义为"部分时间农场"。惠勒指出，在这两类农场工作的农民达182.4万人，占农场工作总人数的21%，而其生产的农产品却只占总量的2.1%，"这就是就业不充分和生产率低下的明显证明"。不难看出，所谓的住宅农场，往往就是小自耕农，惠勒称之为"自给农场"，他"曾研究过南方每一个州的人民的收入和生活情况"，发现（在20世纪50年代）这些南部自耕农仍然过着极其贫困的生活。④ 可以预料的是，许多小自耕农尤其是中老年人因为安土

---

① 郑林庄. 论战后美国农业危机的几个问题 [J]. 经济研究，1963（10）：44-62.
② 王春法. 美国农业教育—科研—推广体系的得失观 [J]. 美国研究，1993（4）：43-62，4.
③ 1950年美国的农场总数为538.2万个。参阅中国科学院经济研究所世界经济研究室. 主要资本主义国家经济统计集（1848—1960）[M]. 北京：世界知识出版社，1962：21.
④ 惠勒. 美国农业的发展和问题 [M]. 月异，李守身，贺载之，等译. 北京：世界知识出版社，1962：52-54.

重迁或者缺乏其他技能而坚守土地，忍受这样贫苦的生活；这样的生活方式在20世纪五六十年代已进入"丰裕社会"的美国也是难以世代传承的。

不考虑土地所有权的情况下，小型农场尚且难以与大型农场竞争，受到沉重剥削的租佃农场和分成制农场更是再无立足之地。二战后，南部农业中不利于大规模机械化生产的租佃制尤其是谷物分成制迅速没落。1945—1954年，南部的农场数量减少了19.6%，租佃农场和分成制农场分别减少了40.3%和39%，而黑人农场破产的比例通常还要比平均数高出一倍以上。休斯和凯恩指出："租佃方面最大的下降发生在20世纪50年代。"[1] 在佐治亚州，1950年还有43%的农场是租佃制（含谷物分成制）的，到1974年这一比例已降至8%；同期在密西西比州则从51%降至8%以下。[2] 1920年，南部分成农为56.1万户，1930年下降为36.5万户，到1959年则减为12.1万户。[3] 从1967年起，美国人口普查资料中不再列出分成制农民的数量，可见当时谷物分成制在美国已基本成为历史。总的来看，1940—1969年，南部的农场数减少了63%，而农场平均面积却扩大了两倍多，产品销售额增加了10.7倍，[4] 可见商品化生产的资本主义大农场已基本取代了小农经济的租佃制。赖特统计了1930—1969年南部农场经营者数量和结构的变化，参阅表6-10：

表6-10 1930—1969年南部农场经营者数量变化（单位：千人）[5]

年份	白人		黑人	
	自有土地	租佃农	自有土地	租佃农
1930	1250	1092	183	699
1940	1384	943	173	507

---

[1] 休斯，凯恩. 美国经济史：第7版 [M]. 邸晓燕，邢露，等译. 北京：北京大学出版社，2011：629.

[2] 王崇兴. 制度变迁与美国南部的崛起 [M]. 杭州：浙江人民出版社，2002：214.

[3] 广东省哲学社会科学研究所《美国农业经济概况》编写组. 美国农业经济概况 [M]. 北京：人民出版社，1976：36，223-224.

[4] NEWBY I A. The South: A History [M]. New York: Holt, Rinehart and Winton, 1978: 416-417.

[5] WRIGHT G. Old South, New South: Revolution in the Southern Economy since the Civil War [M]. Baton Rouge: Louisiana State University Press, 1996: 245.

续表

年份	白人		黑人	
	自有土地	租佃农	自有土地	租佃农
1945	1526	690	189	476
1950	1553	540	193	366
1954	1454	399	181	283
1959	1151	228	128	138
1964	1017	171	102	82
1969	953	118	72	18

可见，1945—1969 年，南部农场经营者从 288.1 万减少到 116.1 万，降幅接近 60%；其中租佃农从 116.6 万降至 13.6 万，降幅接近 90%，充分展现了二战后到 20 世纪 60 年代南部农业中资本主义雇佣工资制代替小农经济租佃制的过程，"在不到 20 年的时间里，这种过渡实际上已经完成了"①。

二、二战以来南部黑人持续迁徙

（一）二战爆发后，南部黑人大迁徙再次进入高潮

如前所述，20 世纪 30 年代，受大萧条的影响，美国城市中的失业率一直较高，南部黑人向外迁徙的速度随之降低甚至停顿。以工业重镇密尔沃基为例，传统意义上黑人所能找到的工作——"沉闷、辛苦、炎热、危险的非技术性工作"，1930 年有 1557 个岗位，到 20 世纪 30 年代末只剩下 459 个岗位。而且，"随着工作机会不断减少，排斥、倾轧黑人的现象又沉渣泛起。"②

埃里克·方纳认为，第二次世界大战期间，"工业生产对劳动力的永无止境的要求，使大量农村人口流向北部和西部的工业城市，这种人口流动永久性地改变了美国的社会地理。" 1940—1947 年，有 2500 多万美国人 "四处流

---

① 孟海泉. 内战后美国南部的农业机械化与农业体制变革 [J]. 美国研究, 2007（4）: 106-115, 5.
② 威尔克森. 他乡暖阳：美国大迁徙史 [M]. 周旭, 译. 北京：文化发展出版社, 2019: 249.

动,寻找新的经济机会"。战争为很多人创造了定居城市的机会,仅新兴的加利福尼亚州就接纳了200多万名外来移民。① 二战爆发后,随着美国经济进入战时繁荣,城市和工业中面临严重的劳动力短缺,南部黑人大规模迁徙再次进入高潮,迁徙方向是从南部到北部、西部,以及从南部农村到南部城市。海尼克认为,"二战后美国经济的显著变化是棉花佃农制的废除。这为大量的南部农村黑人选择迁徙到北方中心城市做出了贡献,这一迁徙在一战之前就已开始了"②。1940—1947年,农业人口占美国非白人人口的比例从52%降为40%,在南部从64%降至56%。徐和平指出,1940—1950年流入北部城市的黑人达1300万。③

战争初期,急剧扩张的国防工业中排斥黑人的现象仍很普遍,埃里克·方纳指出,1940年在10万个飞机制造业工人中只有不到300个黑人工人。1941年年初,黑人劳工领袖阿萨·菲利普·伦道夫(Asa Philip Randolph)发起声势浩大的"向华盛顿进军"的示威活动,最终在1941年6月促使罗斯福总统签署著名的第8802号行政命令,规定禁止在国防工业和联邦政府中的种族歧视行为,并建立公平就业实践委员会(Fair Employment Practices Committee,缩写FEPC)负责监督该行政命令的实施。第8802号行政命令被认为是美国黑人运动历史上自《解放黑奴宣言》以来最伟大的文件,而"向华盛顿进军"运动则开创了大规模群众斗争取得胜利的先例,为后来的民权运动提供了思想基础。由此建立的FEPC虽然基本上只是一个调查性的机构,"但是它的存在却标志着政府的一个重大转变",同时它也是"重建以来第一个为争取黑人平等就业机会而工作的联邦机构,它在为黑人谋取制造业工厂和舰船制造厂的工作方面扮演了重要的角色。这对于从南部农村来的黑人移民是一个极为重要的进步"④。FEPC建立了15个地区办事处,在1943至1946年间对大约8000起申诉进行了调查,举办了30次公共听证会,对促进黑人就业有一定的帮助。当然,可能更多的是受益于战争期间的劳动力短缺,1940年的100万名失业黑人几乎全部再就业;在制造业、运输业和公用事业中,黑人就业人数从1940年的70万人增至1944年的145万人;黑人熟练工

---

① 方纳. 美国自由的故事[M]. 王希,译. 北京:商务印书馆,2018:310.
② HEINICKE C. African-American Migration and Mechanized Cotton Harvesting,1950-1960[J]. Explorations in Economic History,1995,31(4):501-520.
③ 徐和平. 战后美国阳光地带崛起的启示:兼论我国西部地区发展策略[J]. 贵州大学学报(社会科学版),1998(4):18-21.
④ 方纳. 美国自由的故事[M]. 王希,译. 北京:商务印书馆,2018:341.

人和半熟练工人增加了一倍；黑人工会会员数也从1940年的50万人增加到1945年的125万人。① 1940年，南部11州的黑人人口占美国全部黑人人口的69%，1950年降为60%；相应地，同一时期内，北部和西部8个工业州的非白人人口（当时黑人占绝大多数）从280.8万增至436.4万。整个20世纪40年代，南部黑人只增加了3%，而东北部各州增加了50%，北部中央各州增加了57%，西部各州激增275%。相应地，南部黑人农业人口也由1940年的144.9万降到1950年的101.3万。②

（二）二战后到20世纪70年代，南部黑人持续迁徙

二战以来的南部黑人大迁徙，根本原因还是寻求经济机会。安德烈亚·约翰逊·福特（Andrea Johnson Ford）描述了其双亲及家人的迁徙经历："在（20世纪）四十年代里，我妈家族里几乎每个成员都从佐治亚州来到底特律"，移民的原因除了"我也想能让孩子受教育"，还有"我到了北方，挣得多十倍"。1940年，底特律的黑人人口为15万人，较1930年只多3万人，此后再次迅速增长，到1947年已近24万人。到20世纪50年代，黑人在底特律求职的难度加大了，但底特律的黑人人口比例仍从16%增加到29%；而同期芝加哥的黑人人口一度甚至以每周2200多人的速度增加。因为对很多黑人而言，虽然北部的城市也存在种族歧视，"但没有我们老家那么坏"，"想起他们在南方告别了的东西——低工资、很坏的住处和学校，种族恐怖，种族歧视，以及特别是那种无望的感觉——眼前的困苦还是可以忍受的。"③ 休斯和凯恩的数据印证了上述观点，直到20世纪70年代，南部的工资水平仍明显低于北部，白人低10%，而黑人要低30%。④ 1964年，按总统经济顾问委员会制定的标准——非农业的四口之家年收入低于3130美元、农业的四口之家低于2190美元，美国约有3400万穷人，约占总人口的18%。而全部贫困家庭中约

---

① 刘绪贻，李存训. 美国通史：第5卷：富兰克林·D. 罗斯福时代1929—1945 [M]. 北京：人民出版社，2002：383-384.
② 刘绪贻. 20世纪30年代以来美国史论丛 [M]. 北京：中国社会科学出版社，2001：329.
③ 作为对比，当安德烈亚·约翰逊·福特在1972年为父送葬而回到故乡佛罗里达州小镇沃林顿时，发现"这个市镇没有变……我祖母那时已60多岁，还在给人当仆人。我家其他的男子还在当地的休养地当球童"。于是"我第一次懂得了为什么我爸要离开沃林顿"。参阅《底特律自由新闻报》，编. 美国黑人生活 [M]. 李延宁，译. 北京：新华出版社，1987：73-75.
④ 休斯，凯恩. 美国经济史：第7版 [M]. 邱晓燕，邢露，等译. 北京：北京大学出版社，2011：588.

48%住在南部,"从北卡罗来纳和南卡罗来纳到阿肯色和路易斯安那延伸着一条宽阔的贫困地带。"①

二战后的南部黑人大迁徙,在一定程度上也是南部农业现代化过程或者说是解决南部"三农"问题的必然结果。如前所述,南部农业现代化的过程也是小农尤其是租佃农被排挤出农业的过程,自耕农还能坚持在自己的土地上过贫困但自给自足的生活,而黑人农民中大部分都是租佃农,只要种植园主收回土地他们便只能到处流浪。布莱克描述了20世纪60年代南部黑人农民的处境:"千百万黑人仍然试图在南方农业地区勉强谋生……很多黑人变成农业季节工,坐着东倒西歪的卡车和公共汽车从一个州到另一个州去收获水果蔬菜。黑人农民住的是棚屋,常常忍受着饥饿和营养不良的痛苦。地方的福利费和联邦政府的剩余物资分配计划使他们免于饿死——但是只是勉强不致饿死而已。"②

由于南部的社会福利水平太低、向上流动的机会太少,贫困的黑人大量向北部和西部城市迁徙。美国人口统计报告显示,20世纪40年代到60年代,每十年有150万黑人离开南部。索威尔指出,1940至1970年间共有400万多黑人迁离南方,"这个数字堪与历史上任何大规模的国际移民相比。"③ 埃里克·方纳也指出,"1940至1960年间有300万黑人从南部移民到北部,随后的十年内又有140万黑人来到北方"④,则1940至1970年间南部黑人移民北部者总计达440万。总的来看,1790年美国第一次人口普查中,90%的黑人生活在南部,这个比例一直保持到1910年;此后开始下降,1940年降至75%,1970年只有52%。⑤ 随着黑人在全美国各个地区的人口中都占有相当比例,种族问题也日益成为美国社会必须正视和解决的问题——过去南部白人社会长期声称种族问题是南部内部的"特殊问题",竭力排斥外界尤其是联邦政府的干预;而重建后相当长时间内,联邦政府和美国社会也乐得对此视而不见或者漠然置之,这种掩耳盗铃式的回避问题的态度越来越难以为继了。

---

① 布莱克. 美国社会生活与思想史:下册 [M]. 许季鸿,宋蜀碧,陈凤鸣,等译. 北京:商务印书馆,1997:417.
② 布莱克. 美国社会生活与思想史:下册 [M]. 许季鸿,宋蜀碧,陈凤鸣,等译. 北京:商务印书馆,1997:448.
③ 索威尔. 美国种族简史 [M]. 沈宗美,译. 北京:中信出版社,2015:221.
④ 方纳. 美国自由的故事 [M]. 王希,译. 北京:商务印书馆,2018:376.
⑤ 休斯,凯恩. 美国经济史:第7版 [M]. 邸晓燕,邢露,等译. 北京:北京大学出版社,2011:588.

（三）黑人城市化及其影响

从20世纪60年代中期开始，随着民权运动和政府的反贫困项目的深入，美国社会对社会福利的态度发生了变化，贫困人口越来越认为接受救助是自己应有的权利，申请福利救助的人也越来越多。1970年，仅纽约市的社会福利预算就高达14亿美元。当时在美国20个最大的都会区中，平均每10个居民就有一个接受社会救济。[1] 城市中更容易得到社会福利和救济，一方面吸引着贫困的南部黑人源源而来，另一方面又是社会福利支出节节攀升的重要原因。

1. 到20世纪六七十年代，美国黑人总体高度城市化

随着南部农村中的黑人持续向城市迁徙，美国黑人总体上实现了从农民到市民的转化，成为一个城市化的民族。1910年，大约3/4的美国黑人生活在农村地区，而到1960年，美国黑人的城市化率达到73%。贝尔指出，1960年是一个"分界年"，黑人的城市化率超过了白人，"美国有史以来第一次发生这样的情况：美国黑人生活在都市中的（比例）比白人更多"[2]。除了黑人城市化进程加速外，另一个主要原因是富裕的白人开始郊区化乃至逆城市化，其动机包括逃避城市中拥挤的交通和学校、高税率、高房价、高污染、高犯罪率以及不愿与少数族裔比邻而居等。斯泰格沃德指出，1950—1960年，75%的大城市发展是在郊区发生的，城市人口增长率仅为1.5%。事实上，东北部有41座城市人口下降，其中14座城市人口流失超过10%。"离开城市的主要是白人、中产阶级以及社会地位向上流动的人"，而"南部乡村的黑人大量涌入中心城市"。富人和中产郊区化，穷人尤其是黑人城市化，"预示着一个日益为种族和阶级所隔离的社会正在形成。"[3] 1950—1960年，纽约的白人人口下降了7%，而黑人人口增加46%；在芝加哥，这两个数字是13%和65%；在费城为13%和41%。20世纪50年代，在5万人口以上的城市中，黑人人口增加了一半，从1950年的645.6万增至1960年的970.5万。[4] 1940年，在南部之外，只有寥寥几座城市的黑人人口比例多于15%；而到1970

---

[1] 丘达柯夫，史密斯，鲍德温. 美国城市社会的演变：第7版[M]. 熊茜超，郭旻天，译. 上海：上海社会科学院出版社，2016：253.
[2] 贝尔. 资本主义文化矛盾[M]. 严蓓雯，译. 北京：人民出版社，2010：198.
[3] 斯泰格沃德. 六十年代与现代美国的终结[M]. 周朗，新港，译. 北京：商务印书馆，2002：279.
[4] 林良梅. 约翰逊政府缓解黑人贫困问题的政策[D]. 重庆：西南大学，2014：16.

年，黑人人口占到费城、克利夫兰和底特律人口的1/3，并在首都华盛顿和南部的亚特兰大、迈阿密等地占据了多数，根据丘达柯夫的数据，1940—1970年，美国主要城市人口数量有升有降，但城市中黑人人口数量均有明显增长；而且除了一个城市（南部田纳西州的纳什维尔）外，黑人人口占城市人口的比例也都明显提升，[1] 黑人城市化的趋势清晰可见。长期来看，美国黑人人口城市化速度明显快于白人。在重建后的1880年，美国黑人的总体城市化率为12.9%，不到白人的一半；1920年为30%，仍远远低于白人的53.4%；而到1970年已达81.3%，明显高于白人的72.4%。[2]

2. 黑人城市化的影响

（1）失业、贫困与犯罪

随着美国黑人总体上成为一个城市化的民族，南部农村中黑人农民的贫困问题在逐渐减少，而城市中的黑人贫困问题却日益凸显，至今仍是美国社会的一大痼疾。黑人民权运动领袖贝雅德·拉斯廷（Bayard Rustin）敏锐地发现了20世纪五六十年代黑人城市化面临的问题："在二战期间黑人进入北部和西部城市的移民高峰期，工厂里的工作很好找，而且工资也还不错。但随着先进技术的到来，许多半技术和无技术要求的工作被淘汰，随着工厂从中心城市向郊区的迁移……城市里的黑人失业率也日益上升，或者只能找到一些低报酬的服务性工作。"[3]

二战后，随着技术进步和经济转型升级，在美国传统的工业区——东北部和中西部，城市中的制造业工作在不断流失，或者转移到税收和土地方面有优势的郊区，甚至迁到西部和南部。在底特律，1947—1958年，制造业岗位减少了13.4万个；在芝加哥，1947—1972年制造业岗位减少了25万个。类似的情况，不仅在费城、匹兹堡、布法罗等工业重镇上演，像新泽西州的特伦顿这样的较小的制造业城市也难以独善其身。和过去的情况类似，黑人工人往往是首先被裁员的，大多栖身于城市贫民区的他们既难以跟随工厂到远离城市的郊区去安家落户，也难以承受长时间的通勤之苦。几乎每一座北部城市里，黑人面临的情况都差不多——拥挤而简陋的住房条件、马马虎虎的公立学校，以及低工资和高失业率。总的来看，1959年，美国白人的贫困

---

[1] 丘达柯夫，史密斯，鲍德温. 美国城市社会的演变：第7版[M]. 熊茜超，郭旻天，译. 上海：上海社会科学院出版社，2016：243.
[2] 陈奕平. 农业人口外迁与美国的城市化[J]. 美国研究，1990（3）：115-131，6.
[3] 斯泰格沃德. 六十年代与现代美国的终结[M]. 周朗，新港，译. 北京：商务印书馆，2002：293.

率为15.2%，而黑人高达48.1%。①

城市黑人的高失业率是犯罪率上升的重要原因之一。1965年，林登·约翰逊总统发起"向犯罪宣战"运动。然而，到1971年，纽约市每年的凶杀案数量从681起增至1513起，几近翻倍；20世纪60年代美国的暴力犯罪（如抢劫、凶杀等）率翻了一番，而当时"每三个因抢劫罪逮捕的人中，就有两个是黑人"②。城市犯罪尤其是劫案频发，加快了白人郊区化和黑白分区居住的进程。

（2）中心城市的公立教育衰败

二战后，随着黑人城市化、白人郊区化的加速，美国的许多中心城市走向衰败，首当其冲受到影响的就是当地的公立教育。许多中心城市的公立学校校舍陈旧，师资力量和教学设施不足，而导致中心城市公立学校衰败的首要原因是经费不足。1957年，美国36个主要城市，中心城市学区生均教育经费为312美元，还略高于郊区学区的303美元；到1962年，中心城市学区生均教育经费376美元，而郊区学区已升至438美元；1964—1965年，这两个数字分别是449美元、573美元，③差距不断扩大。不同学区的经济差异不仅影响经费投入，更直接影响到生源素质和教师待遇，高水平的教师不断流向郊区学校，而中心城市学校里高度集中了年轻的、缺乏教学经验的甚至没有教师资格证书的教师，其教学质量可想而知。总的来看，郊区学校师资力量最强、教学质量最好，中心城市的学校次之，城市中黑人聚居区的学校最差。如前所述，许多黑人离开南部的主要动机之一就是为了子女教育，而20世纪60年代以来，城市中的公立学校尤其是以黑人学生为主的公立学校的教学质量同样乏善可陈。城市公立学校教学质量江河日下，使贫困的城市黑人通过教育改变命运的希望越来越渺茫。

（三）小结

尽管城市中的黑人贫困化问题严重，但这并未逆转美国黑人城市化的趋势，因为相比之下城市黑人的处境还是要好于农村尤其是南部农村中的黑人。如斯泰格沃德认为20世纪五六十年代的城市中，"住房比以前任何时候都好，

---

① 端木义万. 美国社会文化透视 [M]. 南京：南京大学出版社，1999：19.
② 丘达柯夫, 史密斯, 鲍德温. 美国城市社会的演变：第7版 [M]. 熊茜超，郭旻天，译. 上海：上海社会科学院出版社，2016：259.
③ 韩家炳. 二战后美国黑人教育的困顿及其教育民权运动的产生 [J]. 西南民族大学学报（人文社会科学版），2014，35（4）：212-219.

也更容易得到；而与城市危机相关的种种问题——贫穷、文盲、饥饿等等——在美国乡村比城市要更为普遍"①。

源源不断的南部黑人大迁徙在改变黑人人口的地区分布的同时，也对美国的政治生态有潜移默化和水到渠成的影响。如前所述，较之南部农村中分散的黑人，经济上相对贫困、社会上受到歧视、生活中高度聚居的城市黑人对政治有更高的热情和参与度，更有条件和意愿组织起来表达自身追求经济和社会平等的合理诉求，而黑人大迁徙无疑在不断增强他们的力量。到1950年，超过27%的美国黑人生活在工业发达的新泽西、纽约、宾夕法尼亚、伊利诺伊、俄亥俄、密歇根、印第安纳和加利福尼亚8个州，而1910年这一比例仅为6%。上述诸州在美国政治尤其是总统选举中具有举足轻重的地位。以俄亥俄州为例，从1944年到2020年的20次美国总统大选中，在该州获胜的候选人有18次成功入主白宫。选举越是势均力敌，上述诸州的黑人选民对选举结果的影响越大。时人评价杜鲁门在1948年大选中"意外"的胜利："黑人政治力量是选举结果的一个关键性因素，1948年还是第一次。"1960年，民主党总统候选人肯尼迪以微弱优势战胜共和党总统候选人尼克松，黑人选民再次发挥了关键作用。② 相应地，北部政治家尤其是民主党政治家对黑人的选票重视程度也大幅上升，这也是黑人民权运动在20世纪五六十年代逐步取得进展的重要原因，"第二次世界大战以后的新的政治形势显然使支持黑人权利的事业对北部的政治家们具有更大得多的吸引力"③。

在南部内部，黑人城市化率也迅速提高。1940年南部非白人中只有36.3%住在城市，到1950年南部黑人中已有一半是城市人口。过去，南部农村中的黑人分散在各个种植园，不利于组织起来开展统一行动。而随着南部黑人城市化率不断提高，他们的政治参与度和影响力都不断提升，同时南部的黑人社团尤其是民权组织也迅速发展壮大。尽管受到白人社会的百般打压，南部参加选举的黑人仍从1940年的21.1万增至1947年的64.5万。④ 1936—1950年是全国有色人种协进会支部增长最快的时期，也是其在南部迅速发展

---

① 斯泰格沃德. 六十年代与现代美国的终结 [M]. 周朗，新港，译. 北京：商务印书馆，2002：293.

② 谢国荣. 1910年至1960年间美国黑人人口再分布及其影响 [J]. 历史教学问题，2007（4）：83-87.

③ 布莱克. 美国社会生活与思想史：下册 [M]. 许季鸿，宋蜀碧，陈凤鸣，等译. 北京：商务印书馆，1997：434-435.

④ 刘绪贻. 20世纪30年代以来美国史论丛 [M]. 北京：中国社会科学出版社，2001：329-334.

壮大的时期,这一时期其支部发展的70%以上都是在南部。①

三、二战后南部社会的进步

(一) 跨越式的工业化进程

南部的崛起是大萧条以来在内因和外因共同作用下南部经济社会制度变革的结果。如前所述,二战前的南部总体上仍是农业地区,工业发展较为落后。二战期间联邦政府在南部建设了不少国防工业,二战后联邦国防支出仍向南部倾斜,南部州政府也开始积极招商引资。大致在1940—1970年的30年时间内,未能充分参与、完成前两次工业革命的南部赶上了第三次工业革命的浪潮,形成了以高新技术产业为引领的多元化工业体系。姗姗来迟的南部工业化进程以跨越式的方式完成,南部的社会面貌也随之焕然一新。

1. 联邦投资与国防工业

二战后,联邦政府将许多军工企业和军用设施廉价处理给私人资本,这对于南部工业是一个发展良机,比如对南部植棉业影响巨大的国际收割机公司就将购入的军工厂改为其在密西西比河三角洲地区的生产基地。冷战期间,美国国防开支居高不下,从1950年的137亿多美元增至1970年的820亿美元,在联邦政府年度支出总额中的比例从未低于41.8%。这笔巨额支出的区域投向,总体上逐步向南部和西部倾斜。对此,王崟兴认为,"(二)战后南部能获得大批国防合同及与其相关的资金和技术,与其说是联邦政府的主动援助,不如说是国会中南部议员的积极争取更为接近事实。"1953—1979年,"来自南部的国会议员利用他们对国会两院的军事服务和拨款委员会的长期控制影响着有关军事款项的流向。南卡罗来纳的议员门德尔·瑞沃斯使他所在的选区挤满了各种军事设施。"到20世纪70年代,国防工业已成为南部许多地区的最大就业部门。② 1971年,南部"阳光地带"15个州③的军事工业就业人数达74万多,占全国军事工业就业人数的41%;东北部14个州的军事

---

① 谢国荣. 1910年至1960年间美国黑人人口再分布及其影响 [J]. 历史教学问题, 2007 (4): 83-87.
② 王崟兴. 制度变迁与美国南部的崛起 [M]. 杭州: 浙江人民出版社, 2002: 126.
③ 此处之"阳光地带"指美国大陆北纬37°以南的地区,包括本书中的南部诸州(不含弗吉尼亚州)、西南部的俄克拉何马州、新墨西哥州、亚利桑那州、内华达州以及加利福尼亚州的一部分。

工业就业人数为67万多，占全国的37%。① 早在1956年，被视为美国南方文化的代表的威廉·福克纳不无夸张地写道："我们的经济再也不是农业经济了，我们的经济就是联邦政府。"②

2. 积极招商引资的南部州政府

最早推出招商引资优惠政策的南部州长可能是两度出任密西西比州州长的休·劳森·怀特（Hugh Lawson White）。在他的第一个州长任期（1936—1940年）中，目睹大萧条以来极度凋敝的地方经济，他提出"工农业平衡计划"（The Balance Agriculture with Industry，缩写BAWI），旨在发展与该州农业基础相匹配的工业。为此，除了采用广告和激励措施吸引外来投资外，州政府还发行债券筹资建设厂房出租给企业。他在第二个州长任期内（1952—1956年）继续推行BAWI，到20世纪50年代末，接受BAWI资助的企业共吸纳3.6万人就业，在工业极不发达的密西西比州可谓成绩显著。到1962年，共有9个南部州和12个非南部州采取了类似的招商引资优惠政策。③

二战后，在联邦投资中获益匪浅的南部各州更加重视外来投资。北卡罗来纳州州长卢瑟·H.霍奇斯（Luther H. Hodges）是南部第一位成功引进外资的州长，他在1959年率领北卡罗来纳州寻求工业项目代表团访问西欧多国。他还是南部第一个建设科技产业园区的州长，他提出依托当地杜克大学、北卡罗来纳大学和北卡罗来纳州立大学，引入外部有实力的企业，创立以高科技产业为主的北卡罗来纳三角研究园区（The Research Triangle Park NC，缩写RTP）。RTP在1959年正式挂牌成立，他在1963年辞去联邦政府商务部长的职务而亲自担任RTP主席，利用个人人脉到处为RTP招揽资本、技术和人才。④ 南部其他各州也纷纷效法，竞相建设类似的工业园区，并在世界各大经济中心城市设立州发展局代表处之类的招商引资机构，如一向保守的佐治亚州就在布鲁塞尔、东京、多伦多乃至巴西的圣保罗等城市设立了类似机构。

---

① 郭尚鑫.二战后美国"阳光带"城市的崛起及其历史作用［J］.江西师范大学学报（哲学社会科学版），1995（2）：22-26.
② 丘达柯夫，史密斯，鲍德温.美国城市社会的演变：第7版［M］.熊茜超，郭旻天，译.上海：上海社会科学院出版社，2016：234.
③ 王良波.二战后美国南部地区工业化研究［D］.南昌：江西师范大学，2016：19.
④ 20世纪60年代是RTP的初创期。到70年代，RTP开始吸引美国大公司的进驻，5年内规模翻了一番。到80年代，RTP内有5个联邦实验室、1个州实验室，3个非营利研究所、4个大学的设施、两个全国性的贸易协会和20个工业实验室，已成为全美国仅次于硅谷的高科技产业园区。参阅杨仕文.美国非工业化研究［M］.南昌：江西人民出版社，2009：133.

<<< 第六章 二战后到20世纪60年代——美国南部"三农"问题的终结

南部各州还通过相对较低的企业税率来吸引外来投资,1950年,南部企业税率中位数为3.8%,几乎是非南部地区(2%)的两倍;到1960年,南部依旧为3.8%,而非南部为3.5%,已相差无几;到1970年,南部为5.5%,已低于非南部地区(5.6%)。① 王崇兴指出,20世纪六七十年代,南、北卡罗来纳州在吸引外资方面最为成功。南卡罗来纳州的斯帕坦堡位于贫瘠的皮德蒙特②地区,20世纪60年代初期仅有的工业是几家苟延残喘的纺织厂,随着几家外国企业尤其是1965年德国赫斯特纤维公司的到来,"使该地区很快开始了滚雪球般的工业多样化进程"。到20世纪70年代中期,这个人口不过三四万的小城有4000名工人就业于外资企业,地方收入大幅提高、失业率急剧下降。无独有偶,法国的米其林轮胎公司也把工厂设在南卡罗来纳州的皮德蒙特地区,到20世纪70年代末,该公司共雇用了5500名当地工人。③

3. 工业化带动南部经济起飞和社会进步

20世纪60年代,民权运动不仅在政治上终结了南部的种族隔离制度,也为南部的社会进步和经济起飞扫除了障碍、创造了条件。赖特研究了民权运动给南部带来的积极变化——南部的政治和商业领袖们认识到,要想成功地吸引外来投资,就必须改善南部的民权状况尤其是种族平等问题。他举了这样一个案例:1970年,美国最大的机械制造商之一艾利斯-查默斯公司的总裁访问密西西比州首府杰克逊,表达了对于在当地建厂的怀疑,理由是杰克逊州立大学黑人学生和当地警察之间暴力冲突不断。最终密西西比州政府不得不在已持续7年之久的种族融合教育问题上让步,艾利斯-查默斯公司随之宣布了在该州的建设计划,而纽约的债券评级机构也上调了杰克逊的市政债券的评级,④ 显然这是一个多赢的结果。到20世纪60年代后期,南部已成为美国的投资热土。1958—1970年,南部新兴工业就业人数增加了一倍半。1967

---

① 1978年南部为5.9%,已明显低于非南部地区(6.75%)。参阅 WRIGHT G. The Political Economy of the Cotton South: Households, Markets, and Wealth in the Nineteenth Century [M]. NewYork: W. W. Norton & Company, 1978: 260.

② Piedmont,又译皮埃蒙特,意为"山脚下",这一地区北起弗吉尼亚州西部向南延伸、经过北卡罗来纳州西部、直抵肯塔基和田纳西两州东部,总体呈新月形,是西面以白人为主的阿巴拉契亚山区与东面黑人较多的沿海平原之间的过渡和丘陵地带,美国学者称之为"连接地带"——"北部侵入南部的楔子"。当地土质易受侵蚀、土壤贫瘠,历来是美国的贫困地区。

③ 王崇兴. 制度变迁与美国南部的崛起 [M]. 杭州:浙江人民出版社,2002:181-183.

④ WRIGHT G. The Political Economy of the Cotton South: Households, Markets, and Wealth in the Nineteenth Century [M]. NewYork: W. W. Norton & Company, 1978: 266-267.

年，全美国制造业用于建设新工厂和购置新设备的投资的 31% 投向南部，比西部多一倍半。20 世纪 60 年代初，《财富》杂志评选美国 500 家大工业公司中，在南部设立总部的有 80 家左右，到 1976 年已增至 117 家。①

工业化带来了人均收入的较快增长，20 世纪 40 年代南部人均收入增长了 3 倍，是全国各地区中增长最快的②（当然重要原因是基数太低）。1945 年南部人均收入只有全国人均收入的一半，1960 年这一比例已上升到 2/3，③ 虽然仍属美国最贫困的地区，但差距已在现代国家的合理范围之内。

总的来看，从二战到 20 世纪六七十年代，南部主要是沿海各州凭借优越的地理条件和丰富的自然资源，吸引了大量的联邦投资和外部资本，逐步建立起以军工、航空航天、造船、电子、石化等为主的现代工业体系，实现了跨越式的工业发展，在南部形成了一个沿海大经济圈，带动了整个南部的经济起飞，为 20 世纪 70 年代后"阳光地带"的崛起奠定了基础。根据美国商务部的统计，1970 年南部吸纳劳动力最多的产业部门依次是狭义服务业、制造业、政府机关及军队、商业零售与批发、建筑、运输通信与公共设施、农业与采掘业、金融保险与不动产业。④ 经济结构的变化使得农业无论从产值还是就业人数来看，在南部经济中的重要性都大幅下降，如到 1970 年农业仅占南部地区总产值的 4.3%，⑤ 内战后长期困扰南部的"三农"问题已基本解决。

另一方面，南部仍是美国最贫困的地区。参阅表 6-11：

表 6-11　1966 年美国各地区人均年收入（单位：美元，1960 年美元价格）⑥

全国平均	新英格兰	中东部	大湖区	大平原	落基山区	远西部	东南部	西南部
5182	5127	5603	5740	4825	4666	5613	4161	4542

---

① 刘颂尧. 美国地区经济发展的不平衡和南部的新作用 [J]. 经济问题探索，1982（1）：70-75.
② 王良波. 二战后美国南部地区工业化研究 [D]. 南昌：江西师范大学，2016：15.
③ 王崟兴. 制度变迁与美国南部的崛起 [M]. 杭州：浙江人民出版社，2002：213.
④ U. S. Department of Commerce, Bureau of the Census. Regional Employment by Industry, 1940—1970 [M]. Washington, D. C.：Government Printing Office, 1975：77.
⑤ 王崟兴. 浅析战后美国共和党在南部的复兴 [J]. 求是学刊，2000（4）：104-112.
⑥ LABER G. Human Capital in Southern Migration [J]. The Journal of Human Resources, 1973, 8（2）：223-241.

可见，南部（包括东南部和西南部①）仍是美国最贫困的地区，最穷的东南部地区人均收入相当于全国平均水平的 80.3%。差距仍很明显，但已在现代社会所能接受的范围之内。又据商务部的数据，1959 年，东北部和西部有 16% 的家庭年收入不足 3000 美元，中北部为 21%，而南部为 34%。1969 年，尼克松总统向国会提议把社会福利待遇联邦化，总统特别指出当时密西西比州的贫困家庭平均每月仅得到 39.35 美元的资助，远低于全国平均水平，令自己深感不安。②

（二）城市化与人口结构的变化

1. 二战后南部城市化进程加速

如前所述，南部在内战前城市化进程就显著滞后于全国平均水平，内战后差距进一步扩大。早在 1920 年，美国的城市化率就超过 50%，总体上实现了城市化；而直到 1940 年，南部除佛罗里达州外，城市化率都还低于 50%。二战后，南部城市化进程加速。这在一定程度上也是得益于联邦投资和国防工业的发展，如亚拉巴马州的亨茨维尔二战前是一个以棉纺织业为主的小城，到 20 世纪 60 年代已发展为以马歇尔宇宙飞行中心为代表的航天城，吸引了包括国际商业机器公司和洛克维尔国际公司在内的许多大型企业在此设厂，宇航和国防工业吸纳了当地就业人口的 2/3，此后又依托航天事业大力发展旅游业。1961 年，美国国家航空航天局（NASA）航天中心落户得克萨斯州最大城市休斯敦，不仅为当地带来大量的联邦国防开支，而且吸引了上千家高科技公司随之而来。又如佛罗里达州的卡纳维拉尔角在二战时是一个海军基地，战后建起了肯尼迪航天中心和卡纳维拉尔空军基地，被称为美国的"航空海岸"（因航天飞机均在此发射升空），成为远近闻名的旅游胜地。二战后，东起佛罗里达州、西到加利福尼亚州南部，一个快速发展的城市带在美国大陆的最南边发展起来，包括坦帕、迈阿密、杰克逊维尔、亚特兰大、达拉斯-沃斯堡、休斯敦、菲尼克斯等。其中，休斯敦在 1950 年人口不足 60 万，1970 年已超过 120 万；亚利桑那州州府菲尼克斯则从 10.6 万增加到 58.2 万。到 1970 年，只有南卡罗来纳州（城市人口比例 47.6%）、北卡罗来纳州（45%）

---

① 表 6-11 中的地区划分方式来自美国商务部经济分析局，其中"东南部"包括弗吉尼亚、西弗吉尼亚、北卡罗来纳、南卡罗来纳、佐治亚、佛罗里达、肯塔基、田纳西、密西西比、亚拉巴马、阿肯色和路易斯安那共 12 州；"西南部"包括俄克拉何马、得克萨斯、亚利桑那和新墨西哥共 4 州。

② 哈林顿. 另一个美国 [M]. 郑飞北, 译. 北京：中国青年出版社, 2012：148, 159.

和密西西比州（44.5%）还未实现城市化;① 而南部城市人口比例 1950 年为 44.6%，1960 年上升到 52.7%，1970 年已达 64.6%，总体上实现了城市化。②

2. 人口结构的变化

总体而言，到 20 世纪 50 年代，南部人口净流出的速度已经放缓。而到 20 世纪 60 年代，发生了历史性的逆转——1965—1970 年，净流入南部的人口达 65.6 万。内战后经过整整一个世纪，南部终于成为人口净流入地区。究其原因，主要在于随着 20 世纪 60 年代民权运动的成果改善了南部的政治氛围和社会环境，南部相对优越的投资环境——廉价的土地和劳动力、较低的税收和薄弱的工会势力等对北部制造业的吸引力增强。此外，郭尚鑫认为，随着 20 世纪 60 年代以来美国社会福利制度渐趋完善，无后顾之忧的老年人追求更高的晚年生活质量，更多退休者到气候温暖而物价低廉的南部安度晚年，佛罗里达州、得克萨斯州的都市区中退休人员增长最快。佛罗里达州政府还大力完善老年人服务设施，建立不同级别多功能的老人居住区，使老年人服务业的收入成为州财政收入的重要来源之一。③ 马丁则认为，20 世纪 60 年代以来空调的普及也是一个重要的因素。1960 年，南部家庭中已有 18% 用上了窗式空调或中央空调，1970 年这一比例上升到 50%；而在公共场所，空调的普及率更高。"战胜暑热具有重大的意义"，"没有空调来调节空气，这种人口统计上的转移是难以想象的。"④

从人口结构看，迁出南部者多是低收入、低技术的黑人，而迁入南部者多是中产及以上的白人。1960—1970 年，南部 11 州除亚拉巴马州外都实现了白人人口的净流入。到 1970 年，南部 11 州除亚拉巴马和密西西比两州外，非本地出生人口都超过总人口的 10%，这一比例在弗吉尼亚州超过 1/4，在佛罗里达州更超过 40%。同时"由于新移入者多为白人，他们对南部白人的集体观念和见解所产生的影响要远比其在人口中所占的比例大得多"⑤。这种人口结构的变化，不仅对南部经济发展有积极影响，还潜移默化地影响着南部主流社会的意识形态，有利于逐步减少其中保守、落后的部分。

---

① 王崇兴. 制度变迁与美国南部的崛起 [M]. 杭州：浙江人民出版社，2002：214-215.
② 高嵩. 1950—1970 年美国联邦国防支出在南部经济发展中的作用 [J]. 东北师大学报，2002（6）：60-66.
③ 郭尚鑫. 二战后美国"阳光带"城市的崛起及其历史作用 [J]. 江西师范大学学报（哲学社会科学版），1995（2）：22-26.
④ 马丁，罗伯茨，明茨，等. 美国史：上册 [M]. 范道丰，柏克，曹大鹏，等译. 北京：商务印书馆，2012：1356-1357.
⑤ 王崇兴. 制度变迁与美国南部的崛起 [M]. 杭州：浙江人民出版社，2002：157.

(三) 南部教育事业的发展

习近平强调:"治贫先治愚。把下一代的教育办好,特别是要注重山区贫困地区下一代的成长。"把贫困地区的孩子培养出来,才是根本的扶贫之策。"[①] 历史上,南部在教育方面一直是美国最为落后的地区。滕大春指出,1934—1936 年,美国公立中小学校每生每年平均开支为 74.3 美元,最高的纽约州达到 146.9 美元,而最低的就是南部的阿肯色州,仅为 27.15 美元,不及前者的 1/5;而且,"密西西比、阿(亚)拉巴马、佐治亚、北卡罗来纳、南卡罗来纳及多数南方各州,每生每年教育经费开支都大大低于平均数"[②]。二战后南部经济社会的进步,重要原因之一是政府态度转变,教育事业迅速发展。而南部黑人教育事业的进步,对于解决占南部农民中相当比例且最贫困的黑人农民的贫困问题,更具有直接的促进作用。

1. 政府开始重视教育

二战后,当南部各州政府开始重视招商引资尤其是希望引进资本和技术密集型企业时,也随之痛感教育落后和人才匮乏之苦。1964 年,前北卡罗来纳州州长霍奇斯在一次演说中承认:"令人震惊的是,1950—1962 年,有 1/3 的南部青年未能通过兵役登记系统的文化测试。其中,北卡罗来纳州是 34.5%,亚拉巴马州超过 40%,密西西比州是 45%——4 倍于全国其他地区的 11.5%。"他认为这反映的不是南部青年的素质差,而是他们缺乏教育以及南部的教育质量差。1961 年,接替霍奇斯出任北卡罗来纳州州长(1961—1965 年)的特里·桑福德(Terry Sanford)指出:"教育必须成为南部进步的基础",[③] "如果必须花费更多的税收来为我们的孩子提供有质量的教育,我们必须面对事实并付钱。我们不能忽视的事实是,孩子才是我们最好的投资。"[④] 他提出以"质量教育计划"为中心的教育改革,为筹措教育经费不惜增加税收,大力发展从基础教育到高等教育,其任内北卡罗来纳州的教师平

---

① 习近平论扶贫工作:十八大以来重要论述摘编 [J]. 党建,2015 (12):5-7,13.
② 滕大春. 美国教育史 [M]. 北京:人民教育出版社,2001:654.
③ CLARK T D. The South since Reconstruction [M]. Indianapolis:Bobbs-Merrill Company,1973:571-572,586.
④ CHRISTENSEN R. The Paradox of Tar Heel Politics:The Personalities, Elections, and Events that Shaped Modern North Carolina [M]. Chapel Hill:The University of North Carolina Press,2010:186.

均薪资水平从全国各州第39名上升至32名，人均教育经费从第45名升至38名。① 1954至1965年间上述连续两任北卡罗来纳州州长对教育的态度，在一定程度上反映了南部政府和社会对教育的态度发生了重大变化。1940—1968年，南部生均教育经费占全国平均数的比例从50%上升到78%，到20世纪60年代末有5个州达到80%及以上。

2. 大力发展职业教育和培训

二战之初，南部的教育水平总体上仍十分落后。南部劳动力的教育水平太低，不仅影响资本的投资意愿，更使得新建工业中急需的技术工人和专业人员基本只能靠北部移民（这也是二战后南部人口结构变化的重要原因）。为了让南部人也能分享工业中相对高工资的工作机会，南部各州政府意识到有必要发展职业教育和培训。

为了既吸引外来投资又尽可能为本地创造就业机会，南卡罗来纳州政府率先推出了"起步培训项目"，允诺凡是新建工厂的企业，无论提出什么样的劳工需求，政府都将确保其在开工时能够拥有受过良好培训的、高效率的劳动力。有意投资的资本家只需向当地政府告知具体人力资源需求，"起步培训项目"就会在工厂附近选择一个培训中心（通常是当地的职业技术学校），请专家制定课程，招募受训人员。州政府通常会提供教员或者向企业选派的教员支付工资，而企业不必支付任何费用，对受训人员也没有任何义务或承诺。该项目一经推出便大受企业欢迎，成为南卡罗来纳州招商引资的王牌之一，南部各州随之纷纷仿效，亚拉巴马州甚至为新建工厂提供流动的人员培训教室。② 到20世纪60年代，南部各州除了广泛设立职业培训中心外，专科学院和职业技术学校内的高级职业班也迅速增加，大量掌握了简单技术的剩余劳动力的存在使得雇主无需以高工资来吸引和留住合格工人。在20世纪的大部分时间里，低工资一直是南部招商引资的主要筹码之一。

3. 黑人教育事业的发展

二战前，南部的教育水平还较为落后，而黑人的情况更加糟糕。1940年，南部80%的黑人男性劳动力只有小学学历，40%的黑人男性劳动力所受教育

---

① KORSTAD R R, LELOUDIS J L. To Right these Wrongs: the North Carolina Fund and the Battle to End Poverty and Inequality in 1960s America [M]. Chapel Hill: University of North Carolina Press, 2010: 47.

② 王崇兴. 制度变迁与美国南部的崛起 [M]. 杭州: 浙江人民出版社, 2002: 185-187.

<<< 第六章 二战后到20世纪60年代——美国南部"三农"问题的终结

不到5年。① 造成这种现象的首要原因就是南部教育中的种族隔离制度,黑人学校的生均教育经费、教学设施和师资水平都远低于白人学校。虽然最高法院在1954年"布朗案"中判决教育中的种族隔离制度违宪,但遭到了南部州政府和白人社会的强烈抵制,贝茨指出:"最强的抵抗来自奴隶制曾集中了绝大多数黑人的最保守的南方几个农业州。"② 1964年《民权法》通过后,联邦政府加大了对黑白合校政策的推动力度,如1965年《中小学教育法》中以巨额资金补助来促进黑白合校。但直到1968年,全国学校(种族)一体化的比例为23.4%,而南部11个州为18.4%,最顽固的南卡罗来纳、亚拉巴马等州仅为10.5%。③ 1968年也是转折之年,联邦最高法院在"格林诉新肯特县学校案"中判决南部各州在公立教育中的"自由选择计划"违宪,要求学校委员会立即承担起取消学校种族隔离的职责、在1969学年开始前拿出真正有效的学校一体化方案,并提出了有效的学校一体化计划的标准。甘永涛认为:"格林案的横空出世导致学校一体化运动在美国的大规模展开,也标志着学校教育的种族隔离在美国的终结。"④ 邓蜀生的数据支持上述判断——在公立学校系统,1957年南部各州就读于黑白混合的公立学校的黑人学生仅占其总数的4%,到1964年增至9.2%,1966年为25.8%,1968年为40%,1970年猛增至84.3%。⑤

作为林登·约翰逊政府"向贫困开战"的内容之一,1965年联邦政府开始实施"开端计划",这是迄今为止美国规模最大的政府性的早期儿童发展项目,被誉为美国学前教育的"国家实验室"。⑥ 计划的服务对象是3~5岁的学前儿童,目的是通过专业教育工作者、社区工作者、指导顾问和家长的共同努力,激发贫困家庭儿童的认知能力,作好入学准备,使之进入学校后能与富裕家庭的孩子站在同一起跑线上,以期打破贫穷世代相传的恶性循环。计

---

① 沃尔顿,罗考夫. 美国经济史:第10版[M]. 王钰,钟红英,何富彩,等译. 北京:中国人民大学出版社,2011:657.
② 贝茨. 1933—1973美国史:下卷[M]. 南京大学历史系英美对外关系研究室,译. 北京:人民出版社,1984:75-76.
③ 李浩,周磊. 二战后美国黑人教育进步的表现及原因探析:撇开战后黑人民权运动的讨论[J]. 巢湖学院学报,2014,16(2):86-91.
④ 甘永涛. 美国民族教育:从"自由选择计划"到"学校一体化"[J]. 外国中小学教育,2010(8):18-23.
⑤ 邓蜀生. 美国历史与美国人[M]. 北京:人民出版社,1983:278.
⑥ 姚艳杰,许明. 美国开端计划的发展、问题与走向[J]. 学前教育研究,2008(4):55-59.

划一经推出即大受欢迎，1966年，全国已建立了3000个儿童中心，受益儿童达60多万。到1968年，19%的黑人儿童参与此计划。①"开端计划"对黑人儿童早期教育的发展具有里程碑式的意义，一直延续至今。

二战以后，美国各大基金会对黑人教育事业的支持重点开始转向高等教育。以福特基金会为例，在1950年以后的近20年中，直接用于黑人高等教育的支出达2.5亿美元。黑人高等教育事业的发展首先表现在黑人高校和黑人大学生的数量上，1900年只有2132名黑人就读高等学校，到1950年增至116190人。福斯特引用的数据指出，1949年美国已有91所四年制黑人高等学校，以及17所专科学校和二年制师范学校。②1960年，25岁以上的美国白人中完成大学学习者的比例为15.7%，而黑人仅有3.9%；到1966年，分别上升到17.9%和7.4%。这一时期，黑人高等教育的进展还表现在黑人不再局限于进入黑人高校——1938年黑人在校大学生中97%就读于黑人高校；到1970年，全国47万名黑人在校大学生中只有16万人就读于黑人高校，同年美国顶尖大学新生中黑人已占到10%以上。③黑人高等教育事业的发展，还表现在黑人越来越多地参与高校教学与管理工作。富兰克林指出，1945年，许多黑人高校的校长都是白人，而"二十年之后，在黑人学院里就没有白人校长了"。与此同时，黑人在以白人为主的高校中任教和从事管理工作者日益增长。1899年，黑人中的顶尖学者杜波依斯在宾夕法尼亚大学中仅仅担任助理讲师；而到1973年，以白人为主的高校中的黑人教授已数以百计。④1969年，小克里夫顿·雷金纳德·沃顿（Clifton Reginald Wharton Jr.）被选为密歇根州立大学校长（任期1970—1978年），这是美国黑人第一次成为以白人为主的高校的校长。

总的来看，虽然进步明显，但直到1970年，黑人的受教育水平一直明显落后于白人。参阅表6-12：

---

① 胡玉萍，谷成杰.教育公平视野中的美国黑人教育政策研究［J］.新疆大学学报（哲学·人文社会科学版），2011，39（6）：70-74.
② 福斯特.美国历史中的黑人［M］.余家煌，译.北京：生活·读书·新知三联书店，1961：570.
③ 常永才.美国黑人院校的历史回顾与发展展望［J］.西北民族学院学报（哲学社会科学版·汉文），2000（3）：83-88.
④ 富兰克林.美国黑人史［M］.张冰姿，何田，段志诚，等译.北京：商务印书馆，1988：483.

表 6-12　1940—1970 年美国 25 岁及以上的白人和黑人中完成 12 年及以上教育的比例①

年份	白人（%）		黑人（%）	
	男性	女性	男性	女性
1940	24.2	28.1	6.9	8.4
1950	34.6	38.2	12.6	14.7
1960	41.6	44.7	20.0	23.1
1970	57.2	57.7	35.4	36.6

四、小结

20 世纪 60 年代，南部的社会经济发展明显有加速之势。在政治上，民权运动使美国宪法第 13 至 15 条修正案赋予黑人的平等权利终于得以落实、复位，南部的种族隔离、对黑人的私刑迫害等社会痼疾也基本成为历史，南部自此也不再是美国的另类和"蛮荒"之地。相应地，也就消除了南部社会发展的一大障碍，南部的种族矛盾在很大程度上得以缓和，南部社会得以将重心转移到经济发展上，北部乃至其他国家的资本和人才对这片"阳光地带"也有了更多的关注。在经济上，南部农业逐步走上了资本主义大农业的道路，工业化和城市化快速推进的同时，南部人均收入占全国平均水平的比例已从 1945 年的 1/2 上升到 1960 年的 2/3，② 南部社会整体正在迅速摆脱贫困状态。或许更具有指标或象征意义的是，20 世纪 60 年代，南部人口净流出的速度开始减缓；到 1969—1970 年度，南部自内战后第一次从人口净流出地区变为净流入地区，且此后一直未发生逆转，人口净流入南部之势有增无减，③ 南部已真正成为美国的"阳光地带"。虽然从绝对数量看，南部仍有相当数量的贫困农民尤其是黑人农民，但南部农业本身已不再落后，南部也不再是美国落后的农村地区，内战后困扰美国南部近百年之久的"三农"问题，终于逐渐消逝。

---

① 沃尔顿，罗考夫. 美国经济史（第 10 版）[M]. 王钰，钟红英，何富彩，等译. 北京：中国人民大学出版社，2011：658.
② 王崇兴. 制度变迁与美国南部的崛起 [M]. 杭州：浙江人民出版社，2002：213.
③ 袁秀英，许国林. 论二战后美国人口的地区移动与"阳光地带"的崛起 [J]. 许昌师专学报，1994（1）：38-41.

第七章

余波犹在——中美"三农"问题之比较与借鉴

20世纪70年代后,"阳光地带"的崛起成为国内外学界关注的重点。但与此同时,困扰美国南部近百年之久的"三农"问题仍有余波荡漾。

第一节 美国南部"三农"问题余波犹在

一、南部仍是美国相对落后的地区

(一)南部仍是美国人均收入最低的地区

内战后,南部沦为美国最贫困的地区,一般认为20世纪70年代南部经济开始崛起,成为真正的"阳光地带"。但直到现在,南部仍是美国人均收入最低的地区。

BEA网站上的2021年美国各州人均可支配收入地图将美国50个州按收入水平均分为五组,每组用一种颜色表示,从高到低分别为蓝色、绿色、浅蓝色、黄色和橙色。南部弗吉尼亚、得克萨斯两州处于美国第11~20名的水平,佛罗里达州处于第21~30名的水平,北卡罗来纳、路易斯安那、田纳西、佐治亚4州处于第31~40名的水平,而阿肯色、南卡罗来纳、密西西比和亚拉巴马4州处于第41~50名也就是倒数10名的水平。而且,南部收入水平最高的弗吉尼亚、得克萨斯和佛罗里达3州分别位于南部的东北、西南、东南角的位置;而作为南部主体和腹地的其余8个州在地理上连成一片,虽然较之过去已大有改观,但在地图上仍清晰地表现为大片的低收入地区。

根据BEA的数据,2021年美国人均可支配收入为55671美元,南部11州中除弗吉尼亚州外全部低于全国平均水平,具体为:弗吉尼亚州56638美元、得克萨斯州54280美元、佛罗里达州54099美元、田纳西州50292美元、佐治亚州 49192 美元，路易斯安那州 49715 美元，北卡罗来纳州 48792 美元，南卡罗来纳州 46715 美元，阿肯色州 46278 美元，亚拉巴马州 44003 美元，密西西比州 41916 美元。2021 年，美国人均可支配收入低于 48732 美元的共有 10 个州，南部占 4 个，其中密西西比州、亚拉巴马州、阿肯色州、南卡罗来纳州分别为全国倒数第 1、3、7、8 位；而南部最富裕的弗吉尼亚州和得克萨斯州分别居于全国第 17、20 位。此外值得一提的是，在地理和文化上接近南部的西弗吉尼亚、新墨西哥、肯塔基、俄克拉何马和亚利桑那 5 个州的人均可支配收入都低于 48732 美元，分别为全国倒数第 2、4、5、9、10 位。简言之，在 BEA 划分的"东南部"（Southeast）和"西南部"（Southwest）总共 16 州中，2021 年仍有 9 个州位于美国人均收入最低的 10 个州之列（区域外唯一入围此列的州是爱达荷州，属于"Rocky Mountain"地区即"落基山区"）。从 BEA 划分的地区人均收入看，包含了本书中 10 个南部州（除得克萨斯州）的"东南部"是美国人均收入最低的地区，2021 年人均可支配收入为 50129 美元，刚好为全国平均水平的 90%；而以得克萨斯州为主体的"西南部"[①]则是美国人均收入第二低的地区，2021 年人均可支配收入为 52358 美元，比全国平均水平低 6%。

根据 BEA 的数据，2021 年南部（也是全美国）人均收入（非人均可支配收入）最低的密西西比州为 45438 美元，这个数字高于同年英国、法国、日本这样的发达国家的人均国民总收入。[②] 仍以密西西比州为例，2021 年其人均可支配收入相当于全国平均水平的 75.3%，这样的差距在世界范围内也是比较小的。作为对比，根据国家统计局的数据，2021 年中国人均可支配收入 35128 元人民币；31 个省区市中排名最后的甘肃省为 22066 元，相当于全国平均水平的 62.8%；排名第 30 位的贵州省为 23996 元，相当于全国平均水平的 68.3%。由此可见，经过 20 世纪 70 年代以来半个世纪的发展，美国南部总体已达到了极高的经济发展水平和人均收入水平，与美国平均水平的差

---

① 西南部 4 个州中，得克萨斯州面积、人口、经济总量、人均收入都是第一，2021 年得克萨斯州名义 GDP 是 19853.2 亿美元，占西南部 GDP 的 73.2%，数据来自美国商务部经济分析局网站。

② 人均国民总收入（GNI）数据来自世界银行网站。严格说来，以密西西比州的人均收入（PI）与其他国家的人均国民总收入（GNI）相比并不合适，因为通常情况下人均收入总是低于人均国民总收入。以美国为例，世界银行网站显示 2021 年美国人均国民总收入为 70430 美元，而 BEA 网站显示 2021 年美国人均收入为 63444 美元。换言之，密西西比州的人均国民总收入还要大大高于 45438 美元。因无法找到权威可靠的其他国家 2021 年人均收入和人均可支配收入的数据，故权且以此比较，特此说明。

距也在现代世界的合理范围之内，再把南部称为美国的"贫困地区"显然已不太合适，只能说南部仍与全美国的平均水平存在一定的（准确来说是较小的）差距。

再从经济增长速度看，根据BEA数据制作表7-1：

表7-1　2012—2021年美国及南部各州实际GDP增长率（%）

	2012年	2013年	2014年	2015年	2016年	2017年	2018年	2019年	2020年	2021年
全国	2.3	1.8	2.3	2.7	1.7	2.3	2.9	2.3	-3.4	5.7
东南部	1.0	1.2	1.8	2.6	2.0	2.6	2.2	2.2	-3.2	5.8
西南部	4.4	3.4	3.1	4.3	0.9	2.6	3.6	3.2	-2.7	5.2
阿肯色	0.5	2.1	0.9	0.6	0.4	1.0	1.8	0.7	-1.6	5.0
北卡罗来纳	0.4	1.6	2.3	2.8	1.7	2.8	1.5	2.1	-2.9	6.7
得克萨斯	5.0	4.5	3.0	5.0	0.9	2.7	3.9	3.2	-2.9	5.6
弗吉尼亚	0.4	0.7	0.3	1.7	1.1	1.5	2.4	2.0	-2.8	4.0
佛罗里达	0.8	2.1	2.8	4.1	3.4	3.6	3.3	3.0	-2.8	6.9
路易斯安那	0.2	-2.9	3.0	1.0	-2.0	2.3	1.1	-0.1	-5.8	2.4
密西西比	2.0	-0.1	0.0	0.2	0.8	0.4	-0.5	0.4	-1.8	4.4
南卡罗来纳	0.9	1.8	2.8	3.2	1.7	2.3	2.6	2.3	-1.9	5.9
田纳西	3.4	1.2	1.5	3.5	1.9	2.7	1.3	2.0	-3.9	8.6
亚拉巴马	0.9	1.1	-0.8	0.8	1.5	1.7	1.6	1.3	-3.2	4.1
佐治亚	1.4	1.6	3.3	4.1	3.6	3.6	2.7	3.5	-3.9	5.8

如表可见，包含了本书中10个南部州的"东南部"地区在2012至2021年间，GDP增长率总体上明显低于全国平均水平，而属于"西南部"的得克萨斯州总体上明显高于全国平均水平。根据BEA数据计算，得出表7-2：

284

表 7-2 2012—2021 年美国及南部各州实际 GDP 变动情况

	2012 年实际 GDP（百万美元）	2021 年实际 GDP（百万美元）	年均增长率（%）
全国	16253970.0	19427287.0	2.00
东南部	3463374.9	4094466.5	1.88
西南部	1955419.7	2461192.8	2.59
阿肯色	108492.1	120710.5	1.19
北卡罗来纳	445095.3	533089.8	2.02
得克萨斯	1421180.1	1831362.4	2.86
弗吉尼亚	445973.6	492625.7	1.11
佛罗里达	778545.0	1008694.0	2.92
路易斯安那	235384.7	227734.6	-0.37
密西西比	100448.4	104009.8	0.39
南卡罗来纳	177618.1	220689.0	2.44
田纳西	286341.5	343448.4	2.04
亚拉巴马	189245.5	204884.6	0.89
佐治亚	447764.7	567939.5	2.68

2012 至 2021 年间，美国实际 GDP 年均增长率为 2%，"西南部"及得克萨斯州明显高于全国平均水平，"东南部"略低于全国平均水平。"东南部"各州中，佛罗里达州、佐治亚州、南卡罗来纳州经济增长率明显高于全国平均水平，田纳西州和北卡罗来纳州基本与全国平均水平持平，而阿肯色州、弗吉尼亚州、亚拉巴马州、密西西比州和路易斯安那州则明显低于全国平均水平，其中路易斯安那州这 10 年间甚至是负增长。

综上所述，目前南部经济增长的领头羊是属于"西南部"的得克萨斯州，其次是"东南部"的佛罗里达州，这两州目前人均收入水平已十分接近全国平均水平，且经济增长势头良好，有望在较短时间内赶上和超过全国平均水平，成为美国的富裕地区（南部目前人均收入最高的弗吉尼亚州排名全国第

17位，是最后一个人均收入高于全国平均水平的州）。但就作为南部主体的"东南部"（除得克萨斯州外的10个南部州都属于"东南部"）而言，目前它既是美国人均收入最低的地区，同时过去10年间的GDP增长率又低于全国平均水平。特别是在南部人均收入最低的几个州中，除了南卡罗来纳州过去10年间的GDP增长率高于全国平均水平外，阿肯色州、亚拉巴马州和密西西比州都明显低于全国平均水平；换言之，其与全国平均水平的差距在过去10年间是在扩大而非缩小。加以美国作为高度发达的巨型经济体，很难出现持续的较高增长率（如表7-1所示，美国自2012年以来实际GDP年增长率超过3%的只有2021年；而且，2021年美国经济的高增长中包含着2020年因新冠疫情出现严重衰退后触底反弹等因素，对美国经济来说绝非常态）。因此，虽然目前南部人均收入较之全国平均水平差距不大，但在短期内要赶上或者缩小这种差距的可能性甚微。尤其是位于昔日的"棉花地带"中心的路易斯安那、密西西比和亚拉巴马3州，本来人均收入水平偏低，过去10年的年均GDP增长率都低于1%，可以认为处于长期或慢性萧条状态，如果没有积极的应对措施和长远的发展规划，与全国平均水平的差距很可能还会进一步扩大。

（二）南部社会发展仍低于全国平均水平

目前南部仍是美国贫困率最高的地区，而在教育和医疗保障方面却低于全国平均水平。

1. 贫困率较高

根据Census的数据，2020年美国的贫困人口达3720万人，贫困率为11.4%，较之2019年均有所上升。而从地区看，2018至2020年间，除弗吉尼亚州外的南部各州的贫困率都明显高于全国平均水平，参阅表7-3：

表7-3 2018至2020年间美国及南部各州贫困率（%）

全国	阿肯色	北卡罗来纳	得克萨斯	弗吉尼亚	佛罗里达
11.2	14.7	13.2	12.9	8.8	12.8
路易斯安那	密西西比	南卡罗来纳	田纳西	亚拉巴马	佐治亚
17.4	18.8	13.7	12.8	14.6	13.4

密西西比州作为美国人均收入最低的州，贫困率自然也是全国最高，几近每5个常住居民中就有1人处于贫困状态。同样根据Census的数据，2018

至2020年间，美国贫困率最高的10个州中，南部就占了7个，依次是密西西比州（第1）、路易斯安那州（第2）、阿肯色州（第4）、亚拉巴马州（第5）、南卡罗来纳州（第8）、佐治亚州（第9）和北卡罗来纳州（第10）；而得克萨斯州、佛罗里达州和田纳西州的贫困率分别居于全国第12、13、14位；更有甚者，前14位中其余4州分别是属于"西南部"的新墨西哥州（第3）、属于"东南部"的西弗吉尼亚州（第6）和肯塔基州（第7）以及"西南部"的俄克拉何马州（第11）。简言之，不仅在地理意义上的美国东南部区域是一片连绵且巨大的高贫困率地区，而且"东南部"和"西南部"总共16个州中竟有14个州占据了美国各州贫困率的前14位。此外，在Census的"南部"范围内，2020年的贫困率为13.3%，不仅远远高于其他三大区域，且较之于2019年增加了1.3个百分点，增幅也是最高的。① 总的来看，即使不能说南部是美国的贫困地区，至少也是美国贫困率最高的地区。

2. 教育和医疗保障滞后

根据Census的数据，2020年美国25岁及以上人口的总体贫困率为9.5%，同时贫困率与受教育程度之间呈现明显的负相关关系，参阅表7-4：

表7-4　2020年美国不同受教育程度人群的贫困率（25岁及以上人口）

受教育程度	贫困率（%）
无高中文凭	24.7
有高中文凭但未受过大学教育	13.2
受过大学教育但未取得学士学位	8.4
学士以上学位	4

同年，无任何医疗保险的人口占美国总人口的8.6%，而人群中无医疗保险的比例与其收入之间呈现明显的负相关关系，参阅表7-5：

---

① 其余三大区域是"东北部"10.1%、"中西部"10.1%、"西部"10.6%，分别较2019年增加0.7、0.4和1个百分点，数据来自美国人口普查局网站。

表 7-5　2020 年美国不同收入程度人群医疗保险状况

收入水平	无医疗保险者占比（%）	有公共医疗保险者占比（%）	有商业医疗保险者占比（%）
低于贫困线	17.2	64.3	23.2
贫困线的 100%~199%	13.3	56.9	39.6
贫困线的 200%~299%	11.9	38.8	60.3
贫困线的 300%~399%	8.9	29.4	72.0
贫困线的 400% 及以上	3.4	19.1	88.2
全体总计	8.6	34.7	66.6

综合表 7-4 和表 7-5，可以得出结论：受教育程度越低，贫困率越高；而越是贫困的人群，缺乏医疗保障的比例就越高，同时会更多地依赖公共而非商业医疗保险。根据 Census 的数据，整理得表 7-6：

表 7-6　2020 年美国及南部各州教育、医疗保障、家庭收入和贫困状况

	本科及以上学历者占比（%）*	无医疗保险者占比（%）	家庭中位数收入（美元）	贫困率（%）**
全国	32.9	8.6	67521	11.0
阿肯色	23.8	8.3	49475	14.1
北卡罗来纳	32.0	10.7	56642	13.2
得克萨斯	30.7	17.3	63826	12.5
弗吉尼亚	39.5	8.2	76398	8.3
佛罗里达	30.5	12.7	57703	12.4
路易斯安那	24.9	8.7	50800	16.7
密西西比	22.8	12.0	46511	18.4
南卡罗来纳	29.0	10.4	54864	14.2
田纳西	28.2	9.7	54833	13.1

续表

	本科及以上学历者占比（%）*	无医疗保险者占比（%）	家庭中位数收入（美元）	贫困率（%）**
亚拉巴马	26.2	9.5	52035	13.9
佐治亚	32.2	13.0	61224	12.7

注：*针对25岁及以上人口　**贫困率为2019—2020年度的数据

由表7-6可见，2020年南部除弗吉尼亚州外，其余10州25岁以上人口中具有本科及以上学历者的比例都低于全国平均水平，且此项比例大体上与家庭收入中位数正相关而与贫困率负相关，如贫困率最高的密西西比州此项比例和家庭收入中位数都垫底，而南部贫困率最低的弗吉尼亚州此项比例和家庭收入中位数都大幅高于全国平均水平。而在医疗保障方面，南部除弗吉尼亚州和阿肯色州外，其余各州无医疗保险的人口占比都高于全国平均水平。但如表7-5所示，美国的贫困人口主要依赖公共医疗保险，由于美国的州政府在公共医疗保险实施上有很大的权力，因而南部各州无医疗保险的人口占比与反映贫富的家庭收入中位数和贫困率之间似无明显的相关性。

综上所述，目前南部除个别州如弗吉尼亚州外，在人均收入、家庭收入、教育和医疗保障等方面与美国的平均水平仍存在一定的差距，总体上仍是美国相对落后的地区。南部从内战以后在美国经济和社会发展中"掉队"，至今150多年后仍未完全赶上，且追赶之路仍道阻且长，在一定程度上说明昔日"三农"问题的余波犹在。

二、从农村到城市——贫困的转移

如前所述，在内战后美国南部的"三农"问题中，以租佃农为主的黑人农民不仅人数众多，而且受害尤为深重，长期处于南部社会的最底层。而南部"三农"问题尤其是农民贫困问题的解决，与自罗斯福新政开始南部农业生产日益集中，租佃农和自耕农不断被兼并、排挤、从农村进入城市的过程基本同步，也就是与南部黑人城市化的过程基本同步。随着贫困的南部小农不断被逐出农业、到城市谋生，南部农业也逐渐与美国其他地区的农业趋同，剩下来的农业劳动力以真正意义上的农场主（而非像内战后美国政府统计中那样把租佃农乃至分成农都叫作"租佃农场主"）和农业雇佣工人两个群体为主，农民尤其是小农的概念逐渐消失，农民贫困的问题随之逐渐淡化。总的来看，上述过程是在政府政策的诱导下，市场机制自发作用的结果，对南部农业的发展乃至南部经济社会的进步也具有积极意义。但是，对于在此过程中被逐出农业的南部小农尤其是以租佃农为主的黑人农民来说，这一过程既非情愿，也不美好，他们中相当部分人是被迫放弃土地、背井离乡，成为解决"三农"问题过程中的代价或牺牲品。相应地，当他们进入陌生的城市之后，通常都处于城市社会的最底层。有些人通过自己的努力能够改变命运，而从美国的历史来看，更多的还是在城市中艰难求生。简言之，内战后美国南部"三农"问题中农民贫困问题的解决，在相当大的程度上是靠"消灭"或者"驱逐"农民尤其是黑人租佃农来完成的。这样的解决方式无疑是较为消极的，在某种意义上甚至是以邻为壑的，它最严重的副作用和后遗症就是把农民贫困的问题转化成了市民贫困的问题，尤其是城市中黑人贫困的问题。与此同时，虽然种族平等早已成为美国的"政治正确"，但针对黑人的各种隐晦或无形的种族歧视仍无处不在；相应地，黑人的反抗和种族冲突此起彼伏。在这个意义上，昔日美国南部的"三农"问题解决得不彻底、解决的方式存在问题，是造成如今的美国城市贫困尤其是黑人贫困问题的原因之一（如前所述，到20世纪60年代美国黑人已成为城市化的民族，参阅本书第六章第三节）。当下，种族矛盾仍不断地给美国社会造成撕裂和内耗。其中也有南部"三农"问题的余波荡漾。

（一）黑人仍是美国最贫困的族裔

根据Census的数据，1969—1999年，美国及南部各州黑人贫困率的变化如表7-7所示：

表7-7 1969—1999年美国及南部各州黑人贫困率变化情况（%）

	1969年	1979年	1989年	1999年
全国	13.7	12.4	13.1	12.4
全体美国白人	10.9	9.4	9.8	9.1
全体美国黑人	35.0	29.9	29.5	24.9
南部*	44.0	32.5	31.6	25.5
阿肯色	60.0	42.7	43.0	33.6
北卡罗来纳	44.5	30.4	27.1	22.9

续表

	1969 年	1979 年	1989 年	1999 年
得克萨斯	38.1	27.6	31.0	23.4
弗吉尼亚	35.3	26.1	22.4	19.2
佛罗里达	41.6	34.7	31.5	25.9
路易斯安那	53.2	38.0	45.7	36.7
密西西比	64.9	44.4	46.4	34.9
南卡罗来纳	49.7	33.2	31.4	26.4
田纳西	43.3	34.2	32.4	25.3
亚拉巴马	52.9	38.5	37.7	31.3
佐治亚	44.7	34.1	30.3	23.1

注：*此处的"南部"为Census定义的南部，包括16个州和首都哥伦比亚特区，参阅本书第一章第一节。

如表7-7所示，1969至1999年间，美国的总体贫困率从13.7%下降到12.4%，降幅为9.5%；而美国黑人的总体贫困率从35%下降到24.9%，降幅为28.9%。对此，一方面不能否认美国在解决黑人贫困问题上有明显的进步；另一方面，黑人的贫困率长期在白人的3倍以上，到1999年也还在2.7倍以上，同时1999年大致每4个美国黑人就有1人处于贫困状态。对于美国这个世界最大经济体和最发达的资本主义国家，这样的数据本身就反映了美国的黑人贫困问题之严重、解决之困难。实际上，即使是美国白人的贫困率，在1979至1999年间也只有极其微小的下降；从全国看，不仅在1999年仍是大约每8个美国人中就有1人处于贫困状态，而且1979—1999年整整20年间贫困率没有任何下降，这样的表现岂能令人满意，贫困实为美国社会整体性的痼疾。

就南部的情况看，1969年（Census定义的）南部黑人的贫困率比全体美国黑人的贫困率高出1/4，到1979年这种差距已大幅下降，到1999年差距已经很小。南部11州中，1969年黑人贫困率全部高于全国平均水平，有些州如密西西比、阿肯色、路易斯安那和亚拉巴马等州的数据令人触目惊心。在20

世纪70年代各州都有大幅度的下降，80年代有所反弹，90年代再次明显下降，到1999年，弗吉尼亚、北卡罗来纳、佐治亚、得克萨斯4州的黑人贫困率已低于全国平均水平，田纳西、佛罗里达、南卡罗来纳3州略高于全国平均水平，而相对最贫困的亚拉巴马、阿肯色、密西西比和路易斯安那4州仍明显高于全国平均水平。总的来看，美国黑人的贫困问题仍很突出，但到20世纪末南部在此问题上与全国已并无太大区别。

根据Census的数据，2019—2020年，在美国的主要族裔中，黑人的贫困率最高，达19.5%，基本上每5个美国黑人中就有1人处于贫困状态；西班牙裔次之，贫困率为17.0%；非西班牙裔白人为8.2%；亚裔为8.1%；黑人的贫困率比美国社会主体族裔——非西班牙裔白人高近1.4倍。综上所述，1969年、1999年、2019年美国黑人的贫困率，可粗略地归纳为每3、4、5个黑人中就有1人处于贫困状态，一言以蔽之，问题严重、进步明显、任重道远。

（二）美国城市贫困尤其是黑人贫困问题日益突出

总的来看，20世纪五六十年代，美国经济总体保持增长，号称进入"丰裕社会"，尤其是在林登·约翰逊的"伟大社会"期间，美国社会福利水平明显提高，根据Census的数据，1959—1969年美国的总体贫困率从22.1%下降到13.7%（与表7-7中1969年以后的缓慢下降形成鲜明的对比）。更重要的是，随着南部农民尤其是黑人租佃农不断被排挤出农业、进入城市，昔日南部农村中密集、突出的农民贫困现象有所缓和。与此同时，城市贫困现象日益成为美国社会的突出问题。如格拉斯梅尔认为，随着农业机械化导致农业人口持续减少，"从1935年开始，贫困从一个过去普遍发生在农村地区的问题逐渐转化成了一个城市问题。"① 而二战后美国经济结构的变化，使城市贫民尤其是黑人更难以摆脱贫困。

1. 美国经济结构转型是城市黑人难以摆脱贫困的主要原因

如前所述，南北战争时的美国还基本上是个农业国，南北战争后随着工业化进程的加快，美国产业结构在19世纪后期完成了从以农业为主到以工业为主的历史性转变，美国从农业社会进入工业社会。二战后，美国产业结构变化的基本趋势是第一、第二产业所占比例下降而第三产业所占比例迅速上

---

① GLASMEIER A K, 邱少俊, 陈果. 一个走向区域分化的国家：美国持续性贫困的基础[J]. 国际城市规划, 2007（2）：3-12.

升，又开始了从以工业为主向以服务业为主的转化，贝尔认为这意味着美国正从工业社会进入"后工业社会"。根据 BEA 的数据得表 7-8：

表 7-8 1950—1990 年美国 GDP 构成的变化（%）

	1950 年	1955 年	1960 年	1965 年	1970 年	1975 年	1980 年	1985 年	1990 年
第一产业*	6.6	4.4	3.7	3.0	2.5	3.0	2.2	1.8	1.6
第二产业**	33.6	34.3	31.6	31.7	29.0	27.3	28.3	25.1	23.0
私人服务业	47.9	47.7	50.2	50.4	51.9	53.5	55.3	58.9	60.9
政府部门***	11.9	13.6	14.5	14.9	16.6	16.1	14.3	14.2	14.5

注：*第一产业包括农业、林业、渔业和狩猎；**第二产业包括矿业、建筑业和制造业；***在我国，政府机构属于第三产业，但在统计中不计入第三产业产值和国民生产总值；而在美国的 GDP 统计中要记入，故单独列出，美国的第三产业实际上包括了私人服务业和政府部门。

可见，1950 年，美国第一、第二产业合计还占到 GDP 的 40% 以上，到 1990 年已跌至 24.6%，其中第二产业所占比例下降了超过 10 个百分点；而第一二产业减少的份额，基本上转到了私人服务业。根据 BEA 的最新统计数据，2022 年第一季度，美国 GDP 的构成为：第一产业 1.2%，第二产业 17%，私人服务业 70%，政府部门 11.8%。到 1985 年以后，第一产业在美国 GDP 中的比例已经降到 2% 以下，虽然还在继续下降，但下降空间已经很小，而美国经济结构从制造业向服务业转化的趋势仍在持续。这种产业结构空心化的现象，对美国经济利弊如何，不在本书研究范围。但可以肯定的是，它对于总体文化程度较低的美国黑人是不利的，尤其对二战后主动或被动地从农村迁徙到城市的黑人是极为不利的。根据 Census 数据，得出表 7-9、表 7-10：

表 7-9 1950—2000 年美国 25 岁及以上人口中具有高中及以上文凭者的比例（%）

	1950 年	1960 年	1970 年	1980 年	1990 年	2000 年
全国人口	34.3	41.1	52.3	66.5	75.2	80.4
男性	32.6	39.5	51.9	67.3	75.7	80.1
女性	36.0	42.5	52.8	65.8	74.8	80.7

续表

	1950年	1960年	1970年	1980年	1990年	2000年
白人人口	36.4	43.2	54.5	68.8	77.9	83.6
男性	34.6	41.6	54.0	69.6	78.4	83.4
女性	38.2	44.7	55.0	68.1	77.4	83.7
黑人人口	13.7	21.7	31.4	51.2	63.1	72.3
男性	12.6	20.0	30.1	50.8	62.2	70.9
女性	14.7	23.1	32.5	51.5	63.8	73.4

表7-10　1950—2000年美国25岁及以上人口中具有学士及以上学位者的比例（单位:%）

	1950年	1960年	1970年	1980年	1990年	2000年
全国人口	6.2	7.7	10.7	16.2	20.3	24.4
男性	7.3	9.7	13.5	20.1	23.3	26.1
女性	5.2	5.8	8.1	12.8	17.6	22.9
白人人口	6.6	8.1	11.3	17.1	21.5	26.1
男性	7.9	10.3	14.4	21.3	25.0	28.2
女性	5.4	6.0	8.4	13.3	18.4	24.1
黑人人口	2.2	3.5	4.4	8.4	11.4	14.3
男性	2.1	3.5	4.2	8.4	11.0	13.1
女性	2.4	3.6	4.6	8.3	11.7	15.2

由表7-9、表7-10可见，直到2000年，美国黑人受教育程度仍与全国平均水平存在较大的差距，具有高中及以上文凭者的比例比全国平均水平低8.1个百分点，具有学士及以上学位者的比例比全国平均水平低10.1个百分点。而在南部黑人大规模迁徙的20世纪50年代至70年代差距更大，直到1970年25岁及以上的美国黑人中具有高中及以上文凭者仅占31.4%，而具有学士及以上学位者仅占4.4%。而且需要指出的是，上述数据都是全国范围内的统

计,而南部一直是美国教育最落后的地区,参阅表7-11:

表7-11 1950—2000年南部各州25岁及以上人口中具有高中及以上文凭者的比例 (单位:%)

	1950年	1960年	1970年	1980年	1990年	2000年
全国	34.3	41.1	52.3	66.5	75.2	80.4
阿肯色	21.5	28.9	39.9	55.5	66.3	75.3
北卡罗来纳	20.9	32.3	38.5	54.8	70.0	78.1
得克萨斯	30.7	39.5	47.4	62.6	72.1	75.7
弗吉尼亚	29.4	37.9	47.8	62.4	75.2	81.5
佛罗里达	35.8	42.6	52.6	66.7	74.4	79.9
路易斯安那	22.5	32.3	42.2	57.7	68.3	74.8
密西西比	22.0	29.8	41.0	54.8	64.3	72.9
南卡罗来纳	19.0	30.4	37.8	53.7	68.3	76.3
田纳西	24.6	30.4	41.8	56.2	67.1	75.9
亚拉巴马	21.9	30.3	41.3	56.5	66.9	75.3
佐治亚	20.8	32.0	40.6	56.4	70.9	78.6

可见,在1950年,南部只有佛罗里达州25岁及以上人口中具有高中及以上文凭者的比例高于全国平均水平,而除了佛罗里达、得克萨斯和弗吉尼亚州以外的8个南部州要比全国平均水平低10个百分点以上(从相对差距来看,要比全国平均水平低1/3甚至更多)。到1970年,相对差距有所缩小,但上述8个南部州仍要比全国平均水平低整整10个百分点以上。直到2000年,南部仍只有一个州(弗吉尼亚州)高于全国平均水平,其余各州都低于全国平均水平。所以,在南部黑人大规模迁徙的20世纪50年代至70年代,其文化水平应该远远低于全国乃至全国黑人的平均水平。那么,当他们进入城市之后,面对从以工业为主向以服务业为主转变的历史性的美国经济结构大转型,要寻找一份在薪资上有吸引力的工作,进而改变自己和家庭的命运,将要遇到的困难是可以想象的。

斯泰格沃德认为,20世纪五六十年代美国黑人的处境并不乐观:"尽管黑人的收入增加了，但他们在国民收入中的份额并未发生显著变化……黑人的失业率几乎一直是白人的两倍。在黑人中的某些年龄段，特别是15岁到24岁的年轻人，失业率高达25%……这种暗淡形势显然令许多年轻人十分沮丧……许多人就是放弃了，而那些继续奋斗的人绝大部分都是从事最低等的工作，如清洁工、佣人，这些工作根本就没有真正晋升的希望。"①

1969年，美国城市中每10个白人中就有1人生活在贫困线以下，而每4个黑人中就有1人生活在贫困线以下。林登·约翰逊总统也承认，虽然他在消除种族歧视方面取得一些成绩，但受益者仅限于黑人中产阶级，而"对于大多数贫穷、失业、流离失所和一无所有的黑人来说，则是严酷的，他们仍处于另一个国度之中……对他们来说，墙越来越高，沟越来越深"②。

导致这种情况的主要原因在于，美国经济结构调整尤其是去工业化导致对高学历的劳动力的需求增加，而受教育程度低的劳动力能找到的（相对）高收入高福利的制造业工作岗位急剧减少。以美国传统的贫困地区——阿巴拉契亚地区为例，如前所述，19世纪末20世纪初当地丰富的煤矿资源的开采曾为南部工业化的起步提供了重要支持，当矿工对贫困的当地居民尤其是黑人农民来说也是一条不错的脱贫之路。而在二战后，随着煤矿生产自动化的实现，当地矿工数量从70万骤降至14万，降幅高达80%。③ 大批缺乏技术的煤矿工人失业后很难找到其他制造业工作，纷纷返贫，类似现象在二战后的其他美国重工业地区比比皆是。而如前所述，黑人工人往往是首当其冲地被裁员者。在美国经济持续去工业化的过程中，无论是被淘汰的非技术工人，还是在南部农业现代化过程中被排挤出农业、到城市谋生的农民，基本只能转向低收入低福利的低端服务业，其中许多人即使有工作也不能摆脱贫困，沦为所谓"工作的穷人"。

Census将职业进行分组后，2018年美国不同职业组的雇员的月收入情况如表7-12所示：

---

① 斯泰格沃德. 六十年代与现代美国的终结［M］. 周朗，新港，译. 北京：商务印书馆，2002：292.

② 刘绪贻. 美国通史：第6卷：战后美国史 1945—2000［M］. 北京：人民出版社，2002：255.

③ 肖华锋. "另一个美国"：美国贫困现象透视［J］. 池州师专学报，1997（1）：61-65，72.

表 7-12 2018 年美国不同职业组的雇员月收入中位数（单位：美元，2017 年美元价格）

职业组	月收入中位数
个人护理和服务	1396
餐饮及相关服务	1590
保洁	1946
医疗保健支持	1990
农业、渔业和林业	2159
物料搬运	2210
销售及相关	2272
办公室和行政支持	2820
艺术、设计、娱乐、体育和媒体	2956
运输业	2999
制造业	3002
建筑业和采掘业	3301
社区和社会服务	3399
教育教学和图书馆	3407
安全保卫	3581
安装、维护和维修	3666
医疗保健从业者和技术人员	4861
商业和金融运营	5166
生命、自然和社会科学	5437
管理	5541
计算机和数学	6622
建筑设计与工程	6958
法律	6995

可见，2018年美国不同职业组之间收入差距极大，最高的"法律"组月收入中位数竟是最低的"个人护理和服务工作"组的5倍。如果细化到每一种职业，则不同职业之间的收入差距更大：如2018年美国收入最高的两种职业——放射科医生和外科医生的年收入中位数都超过25万美元；而如果从事2018年美国收入最低的10种职业，则年收入中位数都将低于同年美国单亲家庭的贫困线（12784美元）。这10种职业是快餐和柜台工作人员，洗碗工、餐厅和自助餐厅服务员和酒保助手，餐厅休息室和咖啡馆招待员，住宅顾问，其他娱乐业服务员及相关工作人员，引座员、大堂服务员和售票员，其他安保服务人员，家庭教师，裁判员、仲裁员和体育官员。可以看到，除了最后两种估计多为兼职工作外，其余8种都是低技术含量的服务业工种，是缺乏文化者的常见选择，而一旦选择了这样的工作，就注定会成为"工作的穷人"。

2. 居住隔离加剧和固化了黑人的贫困

二战后至今，经济郊区化和中心城区的衰败是美国经济社会的又一重大变化。随着美国的经济活动大规模转移到郊区，中心城市的经济地位迅速下降、就业机会大幅减少。无力离开中心城市的多是穷人，尤以黑人和其他少数族裔为主。根据Census的最新数据，2020年美国的贫困人口为3724.7万，总体贫困率为11.4%；贫困人口的84%即3129.7万人生活在大都市区内，大都市区内的贫困率为11%；贫困人口的16%即595万人生活在大都市区外，大都市区外的贫困率为14.1%。而在大都市区内部，主要城市内的贫困率为14.3%，主要城市外的贫困率为9.1%。参照美国管理和预算局的定义，可粗略地将"大都市区内"理解为通常意义上的"城市"，"大都市区外"理解为"农村"，"主要城市内"理解为"中心城区"，"主要城市外"理解为郊区，则目前美国的贫困率以中心城区内为最高，农村次之，郊区最低。迈克尔·怀斯曼（Michael Wiseman）将大都市区从内到外分为"核心地带""近郊区"和"远郊区"，失业和衰退主要发生在"核心地带"即市内老中心城区。[①]

早在1962年，哈林顿在其代表作《另一个美国》中就指出："今天，美国的城市已经有所改变。而穷人则仍然居住在市中心的破烂不堪的房屋里，越来越与外面隔绝，越来越不容易被人看见。"[②] 城市贫困人口在空间上日益

[①] 周文贵. 当前美国贫困的发展趋势和旧金山海湾地区的大都市发展：迈·怀斯曼教授讲学内容摘要［J］. 武汉大学学报（社会科学版），1986（2）：33-37.

[②] 哈林顿. 另一个美国［M］. 郑飞北，译. 北京：中国青年出版社，2012：5.

集中，尤其是向中心城市集中，成为美国当代城市的最显著特征之一，而黑人聚居区尤甚。根据美国学者的研究，从正常的居民区发展成黑人聚居区，再退化为贫民窟的全过程，仅仅需要10年左右的时间。[①] 戈弗雷·霍奇森（Godfrey Hodgson）在《美国例外主义的神话》中也认为美国贫富阶层在居住区位上的隔离是不利于实现经济和社会平等的最主要因素之一。[②] 加以家庭拖累、种族歧视、个人素质等方面的原因，贫困在美国城市中逐渐固化，产生了一个基本无望摆脱贫困的永久贫困阶层，肯尼斯·B. 奥莱塔（Kenneth B. Auletta）称之为"地下阶级"。威廉·G. 弗拉纳根分析了"地下阶级"产生的原因："地下阶级的出现是因为技术的变革永久地减少了对工人的需要。这种变革包括就业机会从中心城市向郊区转移和从较老的都市地区向阳光地带的转移，美国经济从一种雇用大量报酬优厚的工业工人类型转变成一种雇用越来越多的报酬微薄的服务业工人，以及美国的制造业在与海外对手的竞争中遭到了失败。由于这些原因，现在美国有这样一个穷人阶层，他们已经永久地被剥夺了在社会结构上地位向上流动的任何希望。"[③] 生活在城市中心的贫民窟内的低文化、低技能的居民尤其是黑人居民，除了从事"报酬微薄的服务业工人"和依靠社会福利救济外，看不到"在社会结构上地位向上流动的任何希望"，沦为美国社会的"地下阶级"。而较之于其他国家，美国的代际收入持续程度较高且多年来一直较为稳定，有研究显示：美国收入排名在后25%的家庭，其子女将来仍然排名收入后25%的比例约为47%，[④] 造成这一现象的重要原因还在于美国教育尤其是基础教育方面的问题。

随着穷人在居住区位上聚集，根据公立学校通常"就近入学"的原则，他们的子女也将在学校中聚集。而根据中美学者的研究，美国的私立学校在学生的学业成绩、辍学率、大学升学率等方面的表现都明显优于公立学校；而在学生的种族多样性上，私立学校中白人学生占绝大多数，少数族裔只占极少部分。而且，越是穷人子女聚集的学校，其教学质量往往越差，这在一

---

① 王旭. 美国城市史 [M]. 北京：中国社会科学出版社，2000：164.
② HODGSON G. The Myth of American Exceptionalism [M]. New Haven：Yale University Press，2009：xii.
③ 王金虎. 当代美国社会的贫困结构及其成因 [J]. 河南大学学报（社会科学版），2001（5）：21-26.
④ 甫玉龙，刘杰，鲁文静. 马克斯·韦伯社会分层理论视角下的美国贫困原因剖析 [J]. 中国行政管理，2015（4）：134-139.

定程度上是源自基础教育对地方性税收的依赖。① 1978 年，美国著名的《新共和》杂志报道：1963—1977 年，美国公立学校学生在"学术才能测试"中的成绩持续下降；更有甚者，1975 年全国 17 岁的中学生中有 12% 以上是半文盲。总之，难以接受高质量的教育，使得社会下层的青少年更难以摆脱贫困，不仅加剧美国的贫富分化，更是导致贫困固化的重要原因。

最大的贫困是精神贫困。随着 20 世纪 60 年代美国社会福利制度的完善，美国社会的绝对贫困现象在减少，饥寒交迫的情况更少；但对广大的"地下阶级"尤其是城市中的贫困黑人来说，看不到上升的希望才是最致命的问题。1978 年，美国《新闻周刊》报道，对大多数黑人青年来说，"失业、破烂的街坊、没有父亲的家庭、腐朽的学校以及依靠施舍或犯罪度日，这就是生活"②。长期生活在这样的环境和氛围中，人的精神状态发生问题是大概率事件。康奈尔·罗纳德·韦斯特（Cornel Ronald West）特别指出了美国贫困黑人中普遍存在的对生活的虚无主义态度，虚无主义"更多是对生活缺乏意义、绝望以及（最重要的是）爱的缺失的不良反应，它最坏的结果是麻木不仁、脱离社会以及以自我毁灭来面对世界的倾向"。更糟糕的是，韦斯特认为虚无主义无法根除，总有复发的可能。③

(三) 种族问题不断撕裂美国社会

长期以来，黑人一直是美国社会最贫困的群体，加以美国社会中难以根除的各种隐性的种族歧视，使得众多黑人持续地以积极或消极的方式进行反抗。随着黑人大量拥入城市，面对在住房、教育尤其是就业等方方面面的有形和无形的种族歧视和由此造成的严重的贫困与社会不公，美国黑人斗争的重心开始转向北部大城市，而城市黑人在区位上的高度聚集使反抗运动非常容易被激化。刘绪贻认为，"（20 世纪）60 年代中期，美国黑人运动从非暴力群众直接行动走向城市造反的高潮。"④ 根据布莱恩特·道勒斯（Bryant Dowlais）的统计，1963—1968 年，美国爆发种族骚乱的城市（人口在 2.5 万以上

---

① 李文. 美国人为什么生活在"两个不同的美国"：新自由主义如何加剧美国社会两极分化 [J]. 人民论坛，2019 (33)：123-125.
② 罗承熙. 第二次世界大战后美国无产阶级的绝对贫困化 [J]. 世界经济，1979 (5)：24-31.
③ WEST C R. Race Matters [M]. Boston：Beacon Press，2001：14-18.
④ 刘绪贻. 美国通史：第 6 卷：战后美国史 1945—2000 [M]. 北京：人民出版社，2002：312.

者）有265个，骚乱（程度较轻者不计）共计341次，总时长703天，累计造成53409人被捕、8459人受伤、221人死亡。① 面对尖锐的种族矛盾和严峻的社会形势，林登·约翰逊政府成立了全国公民骚乱咨询委员会，调查1967年动乱的原因。1968年，委员会发布报告，明确表示"暴乱者似乎是想追求参与分享美国大多数公民享有的社会秩序和物质利益。他们并不排斥美国的体制，而是迫切想让他们自己成为其中的一分子"。而报告中最著名的一段话是"我们的国家正走向两个社会，一个是黑人社会，一个是白人社会——两个彼此隔离而不平等的社会"②。令人遗憾的是，20世纪60年代中后期遍及全国的城市动乱虽然体现了美国黑人追求种族平等的诉求，增强了黑人在政治上的影响力并推动一批黑人领袖进入政界；但在经济上，它加速和固化了城市中黑人白人分区居住的趋势，推动了工厂郊区化的进程，对解决城市黑人贫困问题可能是弊大于利。

根据美国学者的研究，20世纪60年代民权运动高潮之后，美国城市里中种族隔离指数总体呈现下降趋势，但仍处于极高的水平：1970年黑人人口超过10万以上城市的隔离指数的平均值为87，1980年下降为81；③ 1990年对47个人口超过100万以上的都市区进行的调查显示隔离指数平均为75。④ 2013年，约翰·伊斯兰（John Iceland）等的研究成果显示，1970至2000年间，相比东北部和中西部，美国南部和西部在种族居住隔离方面的下降程度更为明显；而导致这种下降的主要原因首先是城市化的发展，其次是地区间的黑人人口迁徙。⑤ 总的来看，种族居住隔离至今仍是美国社会居住空间分配的潜在规则和基本形式，既是美国种族关系的"结构性关键"，也固化为美国社会的基本组织特征。美国学者的大量实证研究证明，居住隔离不仅对少数种族的社会经济地位和群体发展造成不利影响，还会对宏观的种族（族群）关系、社会凝聚力乃至国家认同形成威胁。美国政府自20世纪60年代以来

---

① 邓蜀生. 美国黑人的历史地位和现状 [J]. 史学集刊, 1990 (4)：48-56, 62.
② 斯泰格沃德. 六十年代与现代美国的终结 [M]. 周朗, 新港, 译. 北京：商务印书馆, 2002：317.
③ 胡锦山. 美国城市种族居住隔离与黑人贫困化 [J]. 史学月刊, 2004 (1)：101-108.
④ FARLEY R, STEEH C, JACKSON T, et al. Continued Racial Residential Segregation in Detroit："Chocolate City, Vanilla Suburbs" Revisited [J]. Journal of Housing Research, 1993, 4 (1)：1-38.
⑤ ICELAND J, SHARP G, TIMBERLAKE J M. Sun Belt Rising：Regional Population Change and the Decline in Black Residential Segregation, 1970—2009 [J]. Demography, 2013, 50 (1)：97-123.

一直试图解决至少是缓解这一问题,从长时间跨度来看有所成效但"并未取得令人印象深刻的进步"①。

"哪里有压迫,哪里就有反抗。"从20世纪60年代声势浩大的黑人民权运动到2013年以来的"黑命贵"(Black Lives Matter)运动,美国黑人反对种族歧视、争取平等权利的运动绵绵不绝高潮迭起,但与此同时也加剧了美国的政治分裂和极性对立。种族矛盾问题始终是美国社会的焦点和不断溃疡的"伤口",造成社会的反复撕裂和严重内耗。而且,随着美国经济结构和人口结构的改变(非西班牙裔白人生育率低而西班牙裔和黑人生育率高),美国社会中下层白人的焦虑情绪日益严重(2016年特朗普在美国总统大选中的胜利在很大程度上是抓住并利用了这种情绪),未来美国的种族矛盾完全存在进一步激化的可能。

第二节 美国南部"三农"问题与中国"三农"问题之比较

中美两国作为世界上最大的两个经济体,最大的发达国家和最大的发展中国家,在政治经济制度和发展道路上有本质的不同,但在经济发展过程中都存在较为突出的"三农"问题,无疑是值得进行比较研究的。内战后美国南部的"三农"问题,与中国目前的"三农"问题之间,在外在层面上存在一些相似之处,而在内在层面上有着本质的区别。

一、相似之处

(一)影响范围广,持续时间长

从影响的范围看,中国的"三农"问题无疑是全国性的宏观问题。考虑到中国经济的巨大体量尤其是多达数亿的中国农民,中国的"三农"问题也是人类有史以来类似问题中影响范围最广、涉及人数最多者(从影响范围尤其是涉及人数来看,将来唯一在这方面可能超过中国的是印度)。而内战后美国南部的"三农"问题虽非美国全国性的问题,但美国南部无论地域面积、人口还是经济体量,在世界上足以与一个大国相提并论(而且其在内战期间确实是以一个独立国家的身份存在)。如果单就影响范围和涉及人数来看,美

---

① 郝亚明. 美国的种族居住隔离:理论与现实[J]. 世界民族,2013(1):38-46.

国南部的"三农"问题,在西方世界里其影响范围之广、涉及人数之众,可能仅次于历史上的沙皇俄国;且在发达资本主义国家里更是独一无二。

从持续时间来看,内战后美国南部"三农"问题的发端时间是明确的,就是从美国内战结束的1865年开始;而如前所述,这一问题的解决是一个渐进的过程,或者说是以逐渐淡化的方式得到解决,因而难以找到一个准确的时间点或者重大事件作为标志。本研究认为,美国南部的"三农"问题在罗斯福新政后得以破局,第二次世界大战后初步解决,到20世纪六七十年代基本解决,则其历时长达百年之久。而中国的"三农"问题如果从改革开放以来算起,至今已有40多年,如果从1949年以来算起则已有70多年。个人倾向于后者——众所周知,中华人民共和国成立初期,为了快速推进工业化,通过建立农业集体化体制,农产品统购统销、工业品统一调配,利用计划经济体制下的工农业产品价格剪刀差来解决工业积累问题。中国农民为国家的工业化、现代化做出了巨大的牺牲,这也是改革开放以前农民生活水平提高较为缓慢的重要原因,同时微观生产效率低下是农业集体化体制难以避免的问题。改革开放以来是中国历史上农业发展最快的时期,中国共产党和政府领导全体人民在解决"三农"问题上取得一个又一个里程碑式的重大进展。1984年,中国基本解决了10亿人民的温饱问题。2021年2月25日,习近平在全国脱贫攻坚总结表彰大会上向全世界庄严宣布:"我国脱贫攻坚战取得了全面胜利,现行标准下9899万农村贫困人口全部脱贫,832个贫困县全部摘帽,12.8万个贫困村全部出列,区域性整体贫困得到解决,完成了消除绝对贫困的艰巨任务",这是人类历史上"又一个彪炳史册的人间奇迹",也是中国"三农"问题的又一重大转折点和里程碑。但正如习近平指出:"乡村振兴是实现中华民族伟大复兴的一项重大任务。要围绕立足新发展阶段、贯彻新发展理念、构建新发展格局带来的新形势、提出的新要求,坚持把解决好'"三农"'问题作为全党工作重中之重""全面实施乡村振兴战略的深度、广度、难度都不亚于脱贫攻坚。"① 可见,党中央对中国"三农"问题的全面性、艰巨性和持久性有着清醒的认识,中国"三农"问题的全面解决任重道远。如果从1949年算起,中国的"三农"问题在持续时间上可能不亚于内战后美国南部的"三农"问题。

---

① 习近平. 在全国脱贫攻坚总结表彰大会上的讲话[N]. 人民日报,2021-02-26(2).

（二）解决难度大，过程几经波折

如前所述，内战后美国南部的"三农"问题和中国目前的"三农"问题都是长期持续、旷日持久的问题。美国从1933年罗斯福新政开始，试图解决南部这个"全国最大的经济问题"，南部的"三农"问题开始逐步得到解决，到20世纪70年代基本解决。1933年的美国早已是世界上最发达的资本主义国家，解决局部地区的"三农"问题不仅耗时近40年之久，而且解决并不彻底，比如在一定程度上是将农民贫困的问题转化为城市贫民的问题，留下的许多后遗症至今仍在对美国经济和社会造成不良影响，解决美国南部"三农"问题的难度可见一斑。中国党和政府一直高度重视""三农""工作，如果说改革开放以前是需要农业支持工业、为工业化积累资金，改革开放至今40多年，如习近平指出，一方面在解决"三农"问题方面取得了"彪炳史册的人间奇迹"；另一方面"解决发展不平衡不充分问题、缩小城乡区域发展差距、实现人的全面发展和全体人民共同富裕仍然任重道远"①。中国是世界上最大的发展中国家，中国的"三农"问题涉及几亿农村人口，远远超过美国的人口总数，中国"三农"问题的解决难度只会在美国南部的"三农"问题之上。

"三农"问题是全局性、综合性、社会性的问题，影响和涉及的因素太多，往往牵一发而动全身；相应地，解决"三农"问题的过程往往难以一帆风顺，反复波折是常态。以内战后美国南部的"三农"问题为例，1865—1877年的战后重建时期是南部农业从严重的战争破坏中恢复、重构的阶段，也是南部"三农"问题的酝酿阶段。这一时期，南部"三农"问题的三个核心要素——小农经济的租佃制、借贷制度和单一的棉花经济都已形成，但其危害性尚未完全彰显，比如租佃制中对租佃农束缚最严、剥削最重的谷物分成制，如前所述是被解放的黑人与种植园主之间博弈和妥协的结果，在初期也有一些积极作用。重建后到19世纪末是美国南部"三农"问题的发展阶段，这一时期南部农业与美国其他地区的农业、南部经济与美国其他地区经济之间的差距越拉越大，在当时美国经济总体高速发展，工业化、城市化、现代化齐头并进的宏观背景下，南部农民的贫困、农业与农村的落后尤其突兀。从19世纪末到1920年是美国农业的"黄金时代"，这一时期，在棉花价格上涨、农业机械化起步、现代商业渗入南部农村、南部城市与黑人大迁徙

---

① 习近平. 在全国脱贫攻坚总结表彰大会上的讲话[N]. 人民日报，2021-02-26（2）.

等诸多因素的共同作用下，南部农业有所发展、农民生活有所改善、农村出现一些新气象，南部的"三农"问题有所缓和。而在1920年以后，美国农业陷入长期的慢性危机之中，单一、脆弱的南部农业所受冲击尤为严重，南部的"三农"问题再度恶化。而1929年大萧条的爆发更是使南部的"三农"问题严峻到无以复加的地步，贫困的南部农民尤其是黑人分成农沦为大萧条时期美国社会最悲惨的群体。剥极将复，随着包括南部"三农"问题在内或者说是以"三农"问题为基础的南部经济问题严峻到了极点，迫使罗斯福总统在1933年上台后立即着手处理。罗斯福新政成为内战后美国南部的"三农"问题最重要的拐点，自此南部的"三农"问题开始缓慢、逐步地得到解决。总之，内战后美国南部的"三农"问题，在一百多年的时间里，经历了一个从酝酿、发展、暂时缓和、再激化到逐步解决的过程，实为几经波折。

相比之下，1949年以来中国的"三农"问题更是跌宕起伏。中华人民共和国成立后，土地改革实现了中国农民千年以来"耕者有其田"的憧憬与向往，激发了广大农民无与伦比的生产积极性，从1953年开始的农业集体化运动在初期也推动了农业生产的发展，"三农"问题明显改善。但1958—1960年的"大跃进"使国民经济遭受严重损失，农业和农村成为重灾区。此后由于"文化大革命"的十年浩劫和农业集体化体制渐趋僵化，农业机械化、现代化发展缓慢，农民生活长期贫困，"三农"问题再次趋于严峻。改革开放初期，随着家庭联产承包责任制的推行和乡镇企业的兴起，出现了农业生产快速增长、农民收入快速提高的喜人局面，以1984年基本解决人民温饱问题为标志，这一时期中国的"三农"问题明显改善。而在20世纪90年代，由于农产品增产不增收、1994年分税制改革后农民负担沉重等原因，"三农"问题再度成为政府和社会关注的焦点，2000年湖北省监利县棋盘乡党委书记李昌平就"三农"问题上书朱镕基总理之事堪称这一时期中国"三农"问题再度尖锐的标志。① 2003年，党的十六届三中全会提出科学发展观的伟大论断，其中，统筹城乡发展位列科学发展观"五个统筹"之首。2004年在党的十六届四中全会上，胡锦涛同志明确提出："工业反哺农业、城市支持农村，实现

---

① 温铁军认为，1989年""三农""处境开始恶化，1994年中国的"三农"问题初露端倪，20世纪90年代末到21世纪初中国"三农"问题变得严重。参阅温铁军，邱建生，车海生. 改革开放40年""三农""问题的演进与乡村振兴战略的提出 [J]. 理论探讨，2018（5）：5-10.

工业与农业、城市与农村协调发展。"① 2006 年，中国历史上持续了两千多年的农业税被废止，彻底解决了农民负担问题。此后，中国政府又出台一系列的支农惠农政策，中国"三农"问题的解决再次进入快车道。党的十八大以来，以习近平同志为核心的党中央始终将""三农""工作视为全党工作的重中之重，强调"三个必须"和"三个坚定不移"；党的十九大报告中首次提出"乡村振兴战略"；2018 年中央农村工作会议上再次提出走中国特色社会主义乡村振兴道路；2021 年正式宣布脱贫攻坚工作伟大胜利，消除了绝对贫困……总之，1949 年以来，虽然中国党和政府领导全体人民在解决"三农"问题上取得了前所未有的成绩，但过程也是几经波折。

（三）经济发展是解决"三农"问题的必要而非充分条件

综观中美两国的经济发展历程和解决"三农"问题的过程，可以发现，经济发展会为解决"三农"问题提供有利的环境和必要的支持，但"三农"问题本身不会随着经济发展而自动得到改善，更不能寄希望于其自发得到解决。换言之，经济发展是解决"三农"问题的必要而非充分条件。

1. "三农"问题不会随着经济发展而自动得到改善

从美国的情况看，南北战争以后到第一次世界大战之前是美国经济迅速发展的时期，也是美国崛起的关键性阶段，这一时期的美国经济总体上实现了大国经济发展史上罕见的长期高速增长。1870 年美国人均 GDP 相当于英国的 3/4，1871—1913 年是美国赶超英国的关键时期——其间美国 GDP 年均增长率为 3.94%，英国仅为 1.9%，美国 GDP 总量增长了 5.26 倍，英国只增长了 2.24 倍。1860 年美国工业总产值尚不到英国的一半，到 1894 年已超过英国而居世界第一；到 1913 年，美国人均 GDP 也超过英国，已成为无可争议的世界第一经济强国。② 而在宏观经济形势一片大好之际，南部"三农"问题却在持续发展之中。又如在 1921 至 1929 年间美国经济形势总体良好，处于"柯立芝繁荣"之中，而农业却处于长期萧条或者慢性危机状态，南部农民的处境尤其困顿，南部"三农"问题再趋尖锐。从中国的情况来看，中国经济自改革开放以来一直保持高速增长，无论是增长速度还是持续时间都不

---

① 中共中央党史和文献研究院. 全面建成小康社会大事记 [N]. 人民日报，2021-07-29 (7).

② 张准，林敏，周密. 中美两国经济崛起之比较：镀金时代的美国与改革开放 30 年来的中国 [J]. 生产力研究，2009 (22)：5-8，26，263.

亚于1870至1913年间的美国，但如前所述"三农"问题同样出现波折，一度在局部地区甚至有"农民真苦，农村真穷，农业真危险"的现象。由此可见，"三农"问题不会随着经济发展而自动得到改善。

2. 经济发展为解决"三农"问题提供有利的环境和必要的支持

罗斯福新政后，美国得以逐步解决南部的"三农"问题，重要原因在于当时的美国作为世界第一大经济体和最发达的资本主义国家，已有足够的经济实力。如前所述，罗斯福政府的农业政策，核心是政府以提供农业补贴的方式诱导农民减少生产，以达到减少农产品供给、提升农产品价格进而提高农民收入的目的。在此过程中，不仅政府要直接支出大量农业补贴，全社会也要承担农产品价格上涨的代价。而在大萧条造成失业严重、下层民众生活普遍困顿的情况下，这又需要政府一面创造大量就业机会、降低失业率，一面大幅增加社会福利支出、构建社会保障的最后一道防线（就美国当时的情况看，在联邦政府层面上，罗斯福政府不是完善而是要构建社会福利体系）。然而，凭借内战后长期经济发展奠定的坚实基础和在第一次世界大战后跃居世界首位的综合国力，利用大萧条时期美国社会上下的求变心理，罗斯福政府得以美国历史上史无前例的深度和力度干预经济，在短时间内多措并举，同时推进上述之补贴农业、限产保价、增加就业、社保兜底等在过去的美国都难以完成甚至难以想象的任务，而其中每一件事离不开巨额的政府支出。仅以农业补贴为例，施莱贝克尔指出，1932至1936年间美国政府直接付给农场主约15亿美元，"对许多农场主来说，这种付款等于是救了他们的命"，而"这个数目从整个经济来看是很小的"。[①] 从罗斯福新政至今，美国政府的农业补贴总体上呈持续上升趋势，2010至2016年间美国农业收入中"政府直接支付总额"年均达111.4亿美元；而在农业危机时期的政府补贴力度更大，如1979至1985年间美国政府对农场主的直接补贴占到同期农业纯收入的1/3以上。[②] 事实上，现代西方发达国家的农民能够在人均收入上达到或超过本国平均水平，离不开政府的高额补贴，都是以国民经济的高度发达和强大的财政转移支付能力为前提的。2004年以来尤其是党的十八大以来，中国在"三农"问题上取得一系列积极进展，尤其是脱贫攻坚战的胜利、彻底消除农村

[①] 施莱贝克尔. 美国农业史（1607—1972年）：我们是怎样兴旺起来的 [M]. 高田，等译. 北京：农业出版社，1981：253-254.

[②] "美国政府直接支付"是净付款，即美国政府向农业部门的总支付减去农业部门返回给美国政府的款项。参阅刘景景. 美国农业补贴政策演进与农民收入变化研究 [J]. 亚太经济，2018（6）：70-77.

中绝对贫困现象，必不可少的条件就是国家财政持续向"三农"倾斜。发展中的问题还是要靠发展来解决，综观中美两国解决"三农"问题的努力，只有国民经济发展到相当高度、财政尤其是中央财政具有强大的资源吸取和转移支付能力、国家既有能力也有意愿去解决"三农"问题，"三农"问题才有望得到解决或者改善，因而经济发展是解决"三农"问题的必要而非充分条件。

二、不同之处

（一）宏观与中观问题之别

中国的"三农"问题始终是全局性的宏观经济问题，而内战后美国南部的"三农"问题是地区性的中观经济问题。

中国自古以农立国，鸦片战争以来的外敌入侵和连年战乱又导致工业化进程举步维艰，直到新中国成立之初的1950年，农民占总人口的88%，仍是典型的农业国。到1980年，虽然已建立起基本完整的工业体系，但农民仍占总人口的85%。[①] 改革开放以来，中国人口城镇化率不断提高。全国第七次人口普查结果显示，2020年中国城镇人口已超过9亿人，占63.89%，较2010年上升14.21个百分点；农村人口近5.1亿人，占36.11%；而同年中国户籍人口城镇化率为45.4%，[②] 农村户籍人口尚有6.4亿人，超过除中国和印度外的世界其他国家的总人口数。"历史和现实都告诉我们，农为邦本，本固邦宁。"中国党和政府对中国"三农"问题的宏观性、全局性、长期性和艰巨性有清晰的认识，正如2020年习近平在中央农村工作会议上的讲话中指出："我们党成立以后，充分认识到中国革命的基本问题是农民问题，把为广大农民谋幸福作为重要使命。""从中华民族伟大复兴战略全局看，民族要复兴，乡村必振兴。""必须看到，全面建设社会主义现代化国家，实现中华民族伟大复兴，最艰巨最繁重的任务依然在农村，最广泛最深厚的基础依然在农村。"[③]

---

① 温铁军，邱建生，车海生. 改革开放40年""三农""问题的演进与乡村振兴战略的提出［J］. 理论探讨，2018（5）：5-10.
② 国家统计局，国务院第七次全国人口普查领导小组办公室. 第七次全国人口普查公报（第七号）：城乡人口和流动人口情况［EB/OL］. 国家统计局网站，2021-05-11.
③ 新华社. 习近平出席中央农村工作会议并发表重要讲话［EB/OL］. 中央人民政府网站，2020-12-29.

<<< 第七章 余波犹在——中美"三农"问题之比较与借鉴

而内战后美国的南部"三农"问题则不然,它自始至终在地理上没有溢出内战时期的南部邦联的范畴。如前所述,内战后美国除南部外其他广大地区走上了农业资本主义发展的"美国式道路",并未出现类似南部的"三农"问题(尽管在19世纪后期总体上美国农民特别是中小农场主处境不佳,从19世纪70年代开始农民运动持续不断、高潮迭起;但这一时期除南部以外,美国其他地区农业高速发展、农村地区总体也在进步,可以说是有农民问题但无农业和农村问题)。如前所述,本书所定义的南部在地理上还要小于Census所划分的美国四大地区之一的南部,内战后南部的"三农"问题不能代表当时美国"三农"的总体情况。按内战前的1860年的数据,南部面积占美国领土面积的1/4,人口占美国总人口的29%(当时北部人口约2200万,南部包括黑人奴隶在内的总人口近900万)。[①] 因此,虽然"三农"问题在内战后的美国南部是具有普适性的问题,但它总体上仍是美国局部的、地区性的问题,应属于中观经济问题的范畴。另一方面,考虑到美国南部从面积到人口都不亚于同时期的一个欧洲大国,且南部在政治、经济、文化等社会生活的几乎每一个方面,长期以来与美国其他地区存在明显的差异(以致在内战期间一度从美国分裂出去)。更重要的是,在南部这样一个典型的农业地区,"三农"问题对社会的整体和长期发展影响至深——在外在层面上看,农民贫困基本就是南部人民贫困,农业落后基本就是南部经济落后,农村凋敝基本就是南部社会凋敝;从内在层面上看,"三农"问题堪称内战后南部经济发展和社会进步缓慢的最主要原因。因此,南部的"三农"问题似乎又高于一般意义上的中观经济问题而带有一些宏观经济色彩,或者说在南部这个区域内就是宏观经济问题。作为一种探讨,是否可以将内战后美国南部的"三农"问题定义为介乎中观经济与宏观经济之间的问题,恳请各位专家不吝批评指正。

(二)与种族问题和地区问题的关系不同

1. 与种族问题的关系

如前所述,内战后美国南部的"三农"问题,虽然是南部具有普适性的问题,但从产生、发展到消亡的全过程,都与黑人问题密切相关——内战后的美国未能对几百万被解放的黑人给予最基本的安置,特别是未能解决其最迫切、最渴望的土地问题,导致绝大部分南部黑人沦为小农经济的租佃农尤

[①] 丁则民. 美国通史:第3卷:美国内战与镀金时代 1861—19世纪末 [M]. 北京:人民出版社,2002:7.

其是分成农,使内战后的南部农业走上了缓慢痛苦的"普鲁士式"农业资本主义发展道路,这是南部"三农"问题的根本原因。而南部的"三农"问题长期延续,又与南部社会对黑人的制度性的种族歧视有关——黑人法典和劳役偿债制妨碍了黑人劳动力的自由流动,种植园主以多种形式对黑人租佃农尤其是分成农进行残酷剥削和人身控制而黑人难以反抗,黑人在南部的种族歧视下既得不到良好的教育又难以找到非农业的就业机会,这些因素都导致从19世纪七八十年代到罗斯福新政前,黑人租佃农始终被束缚于单一的棉花生产,即使其无利可图甚至亏损也不例外(实际上是整个南部农业都被束缚于单一的棉花生产,但黑人由于多是租佃农,处境尤其恶劣)。而南部"三农"问题的消亡或解决,同样与种族问题密切相关——一方面,从第一次世界大战后开始加速的南部黑人大迁徙有助于缓和南部的"三农"问题;另一方面,第二次世界大战后开始加速的南部农业机械化、现代化进程也是驱逐小农尤其是租佃农的过程,其中首当其冲的又是黑人。换言之,美国南部"三农"问题的解决方式在很大程度上是消极的、不彻底的,在一定程度上是将农民贫困的问题转化成了市民贫困的问题。相应地,当今美国城市黑人的高贫困发生率乃至当今美国尖锐的种族问题尤其是黑人问题,在一定程度上可以说是内战后美国南部"三农"问题的后遗症。反观中国的"三农"问题,与种族或者民族问题基本无关,不论是以汉族人口为主的地区还是少数民族聚居地区,只要是传统意义上的农业地区,"三农"问题都普遍存在,表现形式也大体相同。而在"三农"问题的解决上,中国党和政府对少数民族和少数民族地区,不仅从来没有任何歧视,实际上还有更多的优惠政策和更大的扶持力度。将中国少数民族与美国黑人的历史和现实处境进行对比,可以充分体现中国特色社会主义民族政策的先进性与优越性。

2. 与地区问题的关系

中国的"三农"问题是全国性的问题,而内战后美国的"三农"问题始终没有超出南部范畴,属于地区性的问题。中国的"三农"问题与地区问题的关系,主要是与地区的经济结构和经济发展水平相关。在当今世界主要经济体中,中国经济的地区差距无疑是比较大的,就目前的数据来看大于美国。总的来看,在中国,经济越发达、工业和第三产业占比越高的地区,"三农"问题相对缓和;反之,经济对农业的依赖性越高的地区,往往越是贫困地区,"三农"问题较为突出。而在内战后的美国南部,"三农"问题的地区差异主要取决于棉花经济在地区经济中的地位,比如在内战前即已形成的"棉花地带"的"三农"问题最为典型和严重;而在南部的边缘地区,比如分别位于南部的东北部的弗吉尼亚州、西南部的得克萨斯州和东南部的佛罗里达州，由于历史和地理的原因，棉花生产在经济中不占主导地位，内战后不仅经济社会发展快于"棉花地带"诸州，"三农"问题的严重性也相对较低。

(三) 本质和原因不同

1. 中国的"三农"问题是落后的农业国在经济发展中不可避免的问题

温铁军认为，中国"三农"问题的根源在于城乡二元结构体制矛盾，无论在过去的计划经济体制还是现在的市场经济体制下，农村的土地、劳动力和资金三要素都长期流入工业和城市，工业化和城市化的进程越快，"三农"的生产要素净流出就越多，因而"三农"问题基本上是"一个人口膨胀而资源短缺的农民国家追求工业化城市发展造成要素长期净流出而导致（"三农"）衰败的规律性问题"①。换言之，"三农"问题在中国是一个符合经济发展客观规律、随着1949年以来中国工业化与城市化进程而必然要出现的问题，虽然不能说它与政府的政策无关，但绝非政策失误所致，而是中国发展过程中必然要攻克的难关或者必须付出的代价。比如在中华人民共和国建立之初，之所以在土地改革刚刚完成就推行农业集体化，在于中国作为一个百废待兴的贫困的农业国，工业化发展所需要的大量资本只能取之于农业，如毛泽东同志指出："革命靠了农民的援助才取得了胜利，国家工业化又要靠农民的援助才能成功。""为了完成国家工业化和农业技术改造所需要的大量资金，其中有一个相当大的部分是要从农业方面积累起来的。"② 而国家向亿万小农直接吸取资源的交易成本过高、效率太低，比如国家从1953年开始推行农产品统购统销制度，但在实施过程中面临很大的困难，如陈云同志指出："困难不单来自我们对统购统销缺乏经验，主要的是对这样众多的农户，要估实产量，分清余缺及其数量，很不容易。"所以，他提出："应该积极而稳步地发展农业合作社，把一亿一千万户农户组织到生产合作社里来。到那个时候，我们的粮食产量就会大大增加起来，向农业生产合作社实行统购统销的工作，也要容易得多，合理得多。"③ 而在农业集体化体制下，国家得以最小的交易成本通过农业税和工农业产品价格剪刀差持续地从农业汲取资源，工业化发展所需的土地和劳力在改革开放之前的农村更是取之不竭。根据程漱

---

① 乔天碧.中国的问题根本上是农民问题：访农业问题专家温铁军 [J]. 今日中国, 2009 (10)：26-29.
② 毛泽东文集：第六卷 [M]. 北京：人民出版社, 1999：79-80, 432.
③ 陈云文选：第2卷 [M]. 北京：人民出版社, 1995：276-277.

兰的研究，1952—1980年国家仅通过工农业产品价格剪刀差就从农村获得"资本原始积累"5294亿元，与同期国家工业固定资产投资规模相当；① 杨江测算1953至1985年间，通过统购统销，农业累计为国家贡献了约8000亿元，相当于同期国家财政收入的30%。② 又如20世纪90年代到2008年金融危机前，中国大力承接西方发达国家产业转移、发展本国外向型经济，实现了经济长期高速增长。中国的外贸依存度在20世纪80年代平均为19.7%，90年代平均为34.3%，2006年达到历史峰值65.2%，③ 充分反映了中国外向型经济的发展。与此同时，温铁军认为，这一时期中国外向型经济的"竞争优势是以大量使用廉价农民工而不支付社保为代价的，优质劳动力长期流出使'"三农"'的处境进一步恶化"④。简言之，从农业集体化以来，为了国家的工业化和经济发展，中国农民付出了巨大的牺牲、做出了巨大的贡献，正如2004年胡锦涛在党的十六届四中全会上指出："综观一些工业化国家的发展历程，在工业化初始阶段，农业支持工业、为工业提供积累是带有普遍性的趋向。"⑤

2. 内战后美国南部的"三农"问题是政府政策失误或不作为的结果

反观美国，内战后农业发展两条道路并行的事实本身就说明南部农业走上了错误的发展道路。换言之，内战后美国南部的"三农"问题不是美国资本主义发展的必然结果或者必须付出的代价，而在很大程度上是美国政府政策失误或不作为的结果。如前所述，南部"三农"问题的根源在于美国政府在内战后对几百万被解放的南部黑人没有最基本的安置措施，尤其是没有解决其最迫切、最渴望的土地问题。而内战后的美国政府至少有两种办法可以解决此问题。

其一，共和党激进派参议员史蒂文斯强烈主张没收参与叛乱的南部种植园主的土地，"给每个成年（黑人）自由民40英亩的土地，其余的出售以作

---

① 程漱兰. 中国农村发展：理论和实践［M］. 北京：中国人民大学出版社，1999：280.
② 杨江. 建国以来十大经济热点［M］. 北京：中国经济出版社，1995：54.
③ 李昕，徐滇庆. 中国外贸依存度和失衡度的重新估算：全球生产链中的增加值贸易［J］. 中国社会科学，2013（1）：29-55，205.
④ 温铁军，邱建生，车海生. 改革开放40年""三农""问题的演进与乡村振兴战略的提出［J］. 理论探讨，2018（5）：5-10.
⑤ 中共中央党史和文献研究院. 全面建成小康社会大事记［N］. 人民日报，2021-07-29（7）.

为战争抚恤金，并偿还战争借款"①，可见如果照此办理，解决南部黑人土地问题之外还有富余。这在当时的美国绝非异想天开，不过是依法办事而已——根据1862年国会通过的《没收法》，南部邦联的支持者被视为"叛国者"，应处以刑罚并没收其全部土地和财产。而在内战甫一结束的1865年5月29日，安德鲁·约翰逊总统即发表《大赦宣言》，宣布除了不予赦免的14种人外（其中包括纳税财产在2万美元以上的叛乱分子），一切直接或间接参与叛乱者概予赦免，并恢复其除奴隶之外的一切财产权；对不予赦免者，又规定其可向总统申请特赦。丁则民指出："事实上，约翰逊几乎宽恕了绝大部分南部叛乱者。"向约翰逊申请特赦的约有1.5万人，如愿以偿者竟多达1.35万人，而获得特赦者中纳税财产在2万美元以上者又占了一半。② 简言之，安德鲁·约翰逊慷国家和法律之慨，将本应依法没收的参与叛乱的南部种植园主除奴隶之外的财产，都还给他们了，而这些财产尤其是土地原本足以安置被解放的南部黑人，在内战后的南部创造出一个人数近400万的自耕农阶层，使南部农业与美国其他地区一样走上农业资本主义发展的"美国式道路"。

其二，即使不采取没收南部叛乱分子财产这种在当时的美国人看来过于"激进"的政策，内战后的美国联邦政府也有足够的公共土地和财力可以用于安置被解放的黑人。相较于内战后美国联邦和各州政府对铁路公司的巨额财政补助和土地赠与，按每户甚至每个成年人40英亩土地的标准安置被解放的黑人，完全在美国政府可以的承受范围之内。天文数字的公共土地和巨额的财政补贴可以送给私人铁路公司，却不能用其中一小部分来安置数百万世代受尽剥削压迫、获得解放后一无所有的少数种族公民，由此导致的种族问题150多年后还在持续地困扰和撕裂美国社会，美国资本主义制度的虚伪性、不合理性和短视性暴露无遗。

此外，内战后美国南部的"三农"问题之所以长期持续，与美国联邦政府的不作为、美国联邦最高法院和南部民主党州政府的乱作为有直接关系，在此不再赘述。总而言之，内战后美国南部的"三农"问题，是美国政府和社会原本可以避免的问题。这一问题从产生到消亡，持续百年之久，充分暴露了美国政治经济制度和意识形态的诸多问题，是美国社会治理失能失范的

---

① 麦克弗森. 火的考验：美国南北战争及重建南部：下册 [M]. 刘世龙，李杏贵，任小波，等译. 北京：商务印书馆，1994：242.
② 丁则民. 美国通史：第3卷：美国内战与镀金时代1861—19世纪末 [M]. 北京：人民出版社，2002：40.

结果和典型。

(四) 解决的路径和方式不同

总的来看,美国政府和社会对内战后南部的"三农"问题长期漠然置之,对南部农民尤其是黑人农民的悲惨遭遇不闻不问,直到大萧条使农业和农民问题严峻到无以复加之时才被迫着手处理。而如前所述,罗斯福新政的农业政策总体上是扶强抑弱,通过牺牲小农来促进农业生产集中化、机械化和现代化,这种倾向性被后来的美国政府所继承。因此,美国在解决南部"三农"问题的过程中,小农尤其是黑人租佃农再次成为牺牲品,由此造成严重的后遗症,甚至可以说是用新问题取代老问题——用城市贫民尤其是黑人贫困的问题代替南部农民贫困的问题。简言之,美国政府在解决南部"三农"问题上的态度和方式都是消极的,因而其结果必然不尽如人意。

作为对比,中国党和政府一直高度重视"三农"问题,在解决"三农"问题的过程中既有顶层设计,又尊重农民的主体地位和首创精神,因而中国"三农"问题的解决过程总体上是一个帕累托改进,是"多赢"的过程。最典型的例子莫过于1978年安徽凤阳县小岗村18户村民按下红手印,签订了大包干的"生死契约";2016年,习近平考察小岗村,感慨道:"当年贴着身家性命干的事,变成中国改革的一声惊雷,成为中国改革的标志。"① 1982—1986年,中共中央连续5年发布以"三农"为主题的中央一号文件,统筹农村改革和农业发展工作,尤其是对农民自发创造的家庭联产承包责任制予以认可、完善和推广。到1986年年初,全国99.6%的农户实行家庭承包经营,②这是典型的自下而上的、充分尊重农民的主体地位和首创精神的中国式改革。它大大激发了农民的生产积极性,成效喜人:1978—1984年,农业总产值年均增长速度为9.4%,其中家庭联产承包责任制改革对农业增产的贡献为48.64%,而1952至1978年间农业总产值年均增长率仅为3.25%;同期粮食年均增产340亿斤,人均占有粮食从637斤增加到791斤,农民人均纯收入由134元增长到355元,③在短短数年内历史性地解决中国十多亿人民的温饱问题。又如在20世纪90年代到21世纪初期,中国的"三农"问题一度突出,党和政府审时度势,大力推进农村改革发展,主要包括废除农业税、对种粮

---

① 朱思雄,徐靖."总书记到了我们村"[N].人民日报,2019-07-24 (13).
② 韩俊.新中国70年农村发展与制度变迁[M].北京:人民出版社,2019:122.
③ 瞿商.新中国农地制度的变迁与绩效[J].中国经济史研究,2009 (4):76-82.

农民予以直接补贴，建立和完善以新型农村合作医疗和新型农村社会养老保险为核心的农村社会保障制度，大力推进城乡经济社会统筹发展、推进社会主义新农村建设等。自2003年以来每年召开中央农村工作会议，2004年以来中央一号文件连续19年以"三农"为主题，足见"三农"问题在党和政府工作中"重中之重"的地位。在一系列支农惠农政策和政府巨额财政投入的引导扶持下，20世纪90年代中期以来农民收入增长缓慢的局面得到扭转，2012年农村居民人均纯收入达到7917元，实际增长10.7%，连续3年增速达到两位数以上，比城镇居民人均可支配收入增速高1.1个百分点。① 党的十八大以来，以习近平总书记为核心的党中央高度重视""三农""工作，脱贫攻坚取得了历史性成就，实现农村贫困人口全部脱贫，为实现全面建成小康社会目标任务做出了关键性贡献，在解决中国"三农"问题的征程中取得了前所未有的成绩，迈出了里程碑式的一大步。

中美两国解决"三农"问题的路径与方式的鲜明对比，充分体现了两国执政党和政府执政理念和施政方式的天壤之别，根本原因在于两国社会制度的不同，充分体现了中国共产党"立党为公，执政为民"的执政理念和中国特色社会主义制度的优越性。

第三节 美国解决南部"三农"问题的过程中可资借鉴的经验教训

尽管中美两国国情的巨大差异决定了中国不能照搬美国解决南部"三农"问题的总体方式或顶层设计，但在实际操作和政策思路的层面，美国在解决"三农"问题过程中仍不乏一些可资借鉴的经验；同时美国在此过程中的某些失误和教训，也可以作为反面教材，引以为戒。

一、解决"三农"问题要有坚定的战略决心和战略定力

美国大致从1913年开始成为世界第一经济强国（以美国人均GDP超过英国为标志），而南部的"三农"问题此后仍持续了半个世纪以上；如果将美国政府解决"三农"问题的努力从罗斯福新政算起，也花了40年左右的时间

---

① 宋洪远，张益，江帆. 中国共产党一百年来的""三农""政策实践[J]. 中国农村经济，2021（7）：2-23.

才得以解决，而且还留下了严重的后遗症，"三农"问题的顽固性可见一斑。不仅如此，南部的"三农"问题对美国而言，毕竟是局部地区的问题；而中国的"三农"问题则是全局性的问题，从涉及的人口数量看更是美国南部的十倍以上。美国是在成为发达国家后才开始着手解决"三农"问题；而中国是要在发展中解决"三农"问题，要"让低收入人口和欠发达地区共享发展成果，在现代化进程中不掉队、赶上来"①。中国解决"三农"问题的难度远远大于美国解决南部的"三农"问题，必然是一个艰苦而漫长的过程，一定要有坚定的战略决心和战略定力。

从美国的历史来看，南部的"三农"问题产生发展的19世纪后半期正是美国经济高速增长的时期，也是美国崛起的关键阶段，在20世纪20年代美国总体经济处于"柯立芝繁荣"时期"三农"问题同样严峻；而其开始得到解决是在罗斯福新政期间，如前所述，罗斯福新政对大萧条有缓和的作用但并未终结大萧条，如阿塔克和帕赛尔指出："不管你对罗斯福的政策多么有好感，你都会发现复苏并没有随新政而到来……1939年美国经济远未完全复苏。直到1941年日本突袭珍珠港，从诸如失业率和真实GNP这样的经济指标看，经济才完全复苏。"②

换言之，美国政府开始着手解决南部的"三农"问题，恰恰是在经济比较困难的时期。从中国的情况来看，2020年中国经济遭遇国内外多重挑战尤其是新冠疫情的严重冲击，GDP增长率是改革开放以来最低的一年，但在党和政府的坚强领导下，经过全社会的共同努力，脱贫攻坚战取得全面胜利，为解决中国的"三农"问题迈出了坚实的一步。由此可见，即使宏观经济遭遇一些困难，只要政府和社会坚定决心、真抓实干，"三农"问题也有可能得到改善。因此，既不能有侥幸心理、寄希望于"三农"问题会随着经济发展而自动改善甚至消散，也不应该以暂时的宏观经济困难为理由，对"三农"问题采取搁置或者漠视的态度。

解决"三农"问题是国家的宏观战略目标，不可能毕其功于一役，要有"不破楼兰终不还"的决心和"咬定青山不放松"的毅力。尤其值得注意的是，虽然就历史来看，通常情况下"三农"问题的改善与经济发展之间是良性循环，但解决"三农"问题是战略目标而非政策工具，不能以实用主义的

---

① 习近平. 在全国脱贫攻坚总结表彰大会上的讲话[N]. 人民日报, 2021-02-26（2）.
② 阿塔克, 帕赛尔. 新美国经济史：从殖民地时期到1940年（下册）[M]. 罗涛, 等译. 北京：中国社会科学出版社, 2000：615.

态度来对待"三农"问题。比如像历史上的美国，工业中劳动力短缺时就千方百计去南部农村招募，大萧条来临后又动员人们"回农村去"，完全把农村当"蓄水池"，对农民尤其是黑人农民呼之即来挥之即去，这本身就是一种歧视的态度。"三农"问题是一个整体，解决"三农"问题必须注重顶层设计和统筹协调，既不能头痛医头脚痛医脚，更不能转移矛盾。比如美国在解决南部"三农"问题的过程中，很大程度上是以国家政策加速南部农业生产集中化，通过驱逐小农尤其是租佃农来实现农业生产机械化、规模化和现代化，虽然在较短时间内解决了南部农业落后的问题，但是在此过程中忽视了南部农民尤其是黑人租佃农的利益，实质上是把农民贫困的问题转化成了市民贫困的问题，由此造成了严重的后遗症。中国解决"三农"问题的最终目的是要实现全体地区和全体人民的共同富裕，而绝不是用新问题来替代老问题。

二、保障农民权利是解决"三农"问题的客观要求

如前所述，内战后美国南部的"三农"问题不是纯粹的种族问题，因为南部农民的贫困是不分种族的；但同时它又带有很强的种族色彩，因为南部黑人农民无论在政治上还是经济上都处于南部社会的最底层，受害程度最深。而"三农"问题在南部之所以长期持续，又与美国社会对黑人长期的、系统性的种族歧视尤其是种族隔离制度分不开的。反之，在 20 世纪 60 年代美国民权运动取得重大进展，制度性的、公开的种族歧视和种族隔离被确认为非法后，不仅南部的"三农"问题逐渐消散，也为南部的经济崛起、从美国的贫困落后地区向"阳光地带"的转变扫清了重大障碍。由此可见，保障农民权利、给农民以国民待遇、实现农民权利均等化是解决"三农"问题的客观要求。

中国的"三农"问题与种族问题完全无关，但不能说与农民权利问题无关。2018 年《中共中央国务院关于实施乡村振兴战略的意见》（以下简称《意见》）明确提出，"让农民成为有吸引力的职业"[①]，农民理当是一种职业而非一种身份。而在目前中国城乡二元体制下，尤其是在户籍制度下，城乡居民在经济和社会权利方面仍然存在着事实上的不平等。如王慧和贾密认为："户籍制度不仅在农村和城市居民之间造成排斥和壁垒，而且在不同地域的城市居民之间也同样形成区别对待，损害了不同户籍公民享有劳动权、受教育

---

① 中共中央国务院关于实施乡村振兴战略的意见 [N]. 人民日报，2018-02-05 (1).

权和社会保障权的平等原则。"① 2018 年，国家统计局组织的全国"乡村振兴之路"调研结果显示，农民家庭最大的负担是医疗、生产投入和教育费用。受访农民中认为"医疗是家庭最重负担"者最多，占 26.5%，其次是"农业生产投入"和"教育费用"，分别占 22.9% 和 20%。农村因留守人员中老人、儿童所占比重大，对医保、教育和生活生产扶持有较高的期待。② 可见，目前中国农民家庭的主要负担中，除了农业生产投入以外，医疗和教育的负担都与未享受到平等权利或国民待遇有关。从美国的经验来看，20 世纪 60 年代林登·约翰逊政府的"伟大社会"改革，完善美国社会福利制度尤其是教育、医疗和社会保障，此后美国社会的绝对贫困人口逐步减少，贫困更多属于相对贫困状态，对解决南部的"三农"问题贡献很大。所以，要坚决贯彻落实《意见》中"优先发展农村教育事业""推动农村基础设施提档升级""加强农村社会保障体系建设""推进健康乡村建设""持续改善农村人居环境"等提高农村民生保障水平的具体要求，使农民享受平等权利或国民待遇。

又如，周作翰和张英洪认为：从职业上看，农民权利问题的核心在于土地权利的贫困；从身份上看，农民权利问题的关键在于平等权利的缺失。③ 李昌平和于建嵘认为农民组织如果没有金融合作就很难发展壮大，其他合作也难以有效开展，所以"金融合作的权利，是传统'小农'成为有组织的'现代小农'的核心要素"，主张"要优先保障农民组织金融合作的权利"。④

再如，从美国的经验来看，20 世纪美国的黑人大迁徙，无论几百万黑人农民是主动还是被动离开南部，客观上都减少了南部农业内的小农经济成分，推动了土地集中化、农业生产机械化和农业经营规模化，是南部"三农"问题得以解决的重要原因之一，足见迁徙自由对解决"三农"问题的重要意义。目前中国农民自由流动早已不是问题，但还谈不上自由迁徙。2013 年，温家宝在政府工作报告中指出："要加快推进户籍改革、社会管理体制和相关制度改革，为人们自由迁徙、安居乐业创造公平的制度环境。"⑤ 这是"自由迁徙"首次写入政府工作报告。2014 年 7 月，《国务院关于进一步推进户籍制

---

① 王慧，贾密. 户籍制度对公民基本权利的损害及反思 [J]. 河北法学，2017，35（2）：113-125.

② 柏先红，刘思扬. "乡村振兴之路"调研报告 [J]. 调研世界，2019，34（6）：3-7.

③ 周作翰，张英洪. 保障农民权益：农村改革发展的重大原则 [J]. 湖南文理学院学报（社会科学版），2009，34（1）：29-33.

④ 李昌平，于建嵘. 要给农民金融合作的权利：关于《农民专业合作经济组织法》的一个具体建议 [J]. 中国改革，2006（8）：66-67.

⑤ 温家宝. 政府工作报告 [N]. 人民日报，2013-03-19（1）.

度改革的意见》提出："全面放开建制镇和小城市落户限制""有序放开中等城市落户限制""合理确定大城市落户条件""到2020年，基本建立……新型户籍制度，努力实现1亿左右农业转移人口和其他常住人口在城镇落户。"①2018年，《意见》指出，要"深化户籍制度改革，促进有条件、有意愿、在城镇有稳定就业和住所的农业转移人口在城镇有序落户，依法平等享受城镇公共服务。"② 可以预期，中国农民迁徙自由的逐步复归与中国"三农"问题的逐步解决，将是一个相互促进的良性循环。

三、坚持和完善农业补贴政策，防止农村返贫

（一）坚持和完善农业补贴政策

如前所述，美国从罗斯福新政起，农业补贴尤其是对农民的直接补贴是农业政策的重要内容。虽然美国的农业补贴政策（在全国而非局限于南部范围内）主要使大农场受益而使中小农场在竞争中处于更为不利的地位，尤其是在南部加速了农业兼并和小农尤其是租佃农被排挤出农业的进程，以扶强抑弱的方式推动了南部"三农"问题的解决。但从整体来看，农业补贴政策对增加农业收入、稳定农业经济、促进农业现代化卓有成效。直到2017年，美国农业普查显示当年美国2042220个农场中，有643145个农场总共得到了89.4亿多美元的政府补贴，场均13906美元；另有18185个大农场从政府设立的商品信贷公司得到了24.8亿多美元的贷款，场均136390美元。需要指出的是，这里统计的仅仅是政府对农民的直接补贴和信贷，根据美国《2018年农业提升法案》，2019至2023年间美国联邦政府在农业方面的支出将高达4265亿美元。③ 美国是世界上农业最发达的国家，美国农业是资本主义大农业的典型代表，尚且离不开政府的大力支持和高额补贴，这充分说明在现代市场经济中国家对农业的扶持和补贴是一种必然。如温铁军指出："世界范围内还没有依靠农业来提高农民收入的范例。欧盟大约50%的农民收入主要靠政府补贴，日韩国家的补贴达到60%。我们只从经济规律来讲，除殖民地的

---

① 中华人民共和国国务院. 国务院关于进一步推进户籍制度改革的意见[N]. 人民日报，2014-07-31（8）.
② 中共中央国务院关于实施乡村振兴战略的意见[N]. 人民日报，2018-02-05（1）.
③ 许荣，肖海峰. 美国新农业法案中农业补贴政策的改革及启示[J]. 华中农业大学学报（社会科学版），2020（2）：135-142，169.

大农场国家之外，任何小农经济国家没有依靠农业使农民增收致富的。"①

2004年，中国开始实行对农业实行良种补贴、粮食直补、农资综合补贴和农机具购置补贴"四项补贴"政策，当年补贴金额为145.2亿元人民币，此后补贴金额一路上升，到2015年已增至1651.45亿元（最高值为2014年的1792.9亿元）。2016年，良种补贴、粮食直补、农资综合补贴合并为农业支持保护补贴，2016至2020年间，包括农机具购置补贴和农业支持保护补贴在内的农业补贴总额分别为1642.3、1620、1390.9、1382.7、1374.3亿元，公茂刚和李汉瑾的定量研究表明农业补贴对中国农业发展具有显著的促进作用。② 从近年来的年均补贴金额来看，已远远超过同期美国对农民的直接补贴金额，但平均到中国两亿多农业经营户上则难以与美国等西方发达国家相比。同时，目前的农业补贴政策在实施中还存在一些问题，如孙博文认为农业补贴通过提高农业污染要素（化肥、农药）施用量的"规模效应"和提高粮食作物种植比例的"逆向结构效应"加剧了农业面源污染；③ 李鎏等人认为农业支持保护补贴存在土地出租者通过提高地租变相转移补贴、补贴发放不及时、荒地复垦的补贴金额不足以刺激农民复垦等问题；④ 朱青和卢成认为相比于其他类别的转移性收入，农业补贴在减贫方面不具优势，保收入的政策目标未能得到充分落实；⑤ 杨芷晴和孔东民认为"价补合一"的政策导致粮食市场供求关系失衡、中央财政负担沉重，带来多方面的不利后果；⑥ 李俊高认为当前农业补贴制度转型效应呈现缓慢回落之势；⑦ 林光彬和郑川认为农业补贴政策存在规模效率下降、市场干扰过重、增收效率偏低等问题；⑧ 等等。简

---

① 程杰. 破解""三农""问题的本质：访中国人民大学农业与农村发展学院院长温铁军[J]. 中国农村科技, 2009 (9)：24-26.

② 公茂刚, 李汉瑾. 中国农业补贴政策效果及优化[J]. 学术交流, 2022 (3)：92-104, 192.

③ 孙博文. 我国农业补贴政策的多维效应剖析与机制检验[J]. 改革, 2020 (8)：102-116.

④ 李鎏, 蔡键, 林晓珊. 农业补贴政策"三补合一"改革：演进轨迹、作用机理与发展策略[J]. 经济体制改革, 2021 (3)：80-85.

⑤ 朱青, 卢成. 财政支农政策与农民收入的实证研究：基于农业补贴的视角[J]. 暨南学报（哲学社会科学版）, 2020, 42 (3)：67-83.

⑥ 杨芷晴, 孔东民. 我国农业补贴政策变迁、效应评估与制度优化[J]. 改革, 2020 (10)：114-127.

⑦ 李俊高. 新时代我国农业补贴制度转型效应下降的归因分析及政策建议[J]. 西南金融, 2020 (2)：88-96.

⑧ 林光彬, 郑川. 我国农业补贴政策的绩效评价及改进思路[J]. 经济与管理评论, 2019, 35 (6)：102-111.

言之，现代市场经济下，农业在世界范围内已成弱势产业，农业补贴是国际惯例。中国的农业补贴政策从人均水平来看还有较大的上升空间，但要进一步完善制度、提高效率，正如《意见》所指出，"完善农业支持保护制度。以提升农业质量效益和竞争力为目标"，"落实和完善对农民直接补贴制度，提高补贴效能。"①

(二) 防止农村返贫

2020年，中国取得脱贫攻坚战的伟大胜利，历史性地消灭了绝对贫困现象，在解决"三农"问题的道路上迈出了关键性的一步。习近平在全国脱贫攻坚总结表彰大会上谆谆告诫："胜非其难也，持之者其难也。"党中央多次强调要"坚决守住不发生规模性返贫的底线。"②

从美国的经验来看，一方面，以南部为例，历史上由于长期单一的棉花经济，国际市场棉花价格波动对南部的"三农"问题乃至整体经济影响至深——19世纪70年代到19世纪末棉价低迷时，南部农民困苦、农业几乎没有进步、"三农"问题形势严峻；1895至1920年间棉价总体回升，南部农民处境好转、农业机械化开始起步、"三农"问题有所缓和；1920年以后美国农产品价格长期低迷，南部"三农"问题再度恶化；大萧条时期农产品价格跌到历史低谷，南部农业和农民陷入绝境……单一的棉花经济下的路径依赖是美国南部"三农"问题长期持续的主要原因之一——棉价低迷时农民往往被迫种植更多的棉花，造成恶性循环；棉价上涨时则更没有农业生产多样化的动机。最终还是罗斯福政府在大萧条期间农产品价格跌到谷底的背景下，利用法律手段和政府补贴，以极端的方式（铲除即将成熟的棉花）近乎强制性地要求南部减少棉花生产；后来又利用二战期间油料作物需求激增，以政府补贴引导南部增加大豆、花生等作物的生产，从而使南部摆脱了单一的棉花经济的长期束缚。

总的来看，中国还没有哪个地区的农业像内战后的美国南部那样被束缚于某一种经济作物的生产。但需要警惕的是，部分地区在脱贫攻坚战中因为时间紧任务重，尤其是产业扶贫资金需在规定时间内使用等原因，产业扶贫项目缺乏充分论证，诱发了许多短期性的、缺乏充分论证的、市场定位不准

---

① 中共中央国务院关于实施乡村振兴战略的意见[N].人民日报，2018-02-05（1）.
② 习近平.在全国脱贫攻坚总结表彰大会上的讲话[N].人民日报，2021-02-26（2）.

的产业扶贫项目。① 同时这些项目之间的同质性严重——为了在规定时间内实现脱贫，地方政府往往倾向于选择立竿见影的短、平、快项目，邻近地区之间相似项目过多，市场无序竞争加剧。而在产品销售方面，短期内还可通过政府行政力量乃至扶贫干部个人关系推动、对口帮扶单位认购等方式解决，但这些皆非长久之策，长期中要警惕局部地区可能出现的单一农产品生产模式造成的供过于求、销售困难乃至农民返贫的现象。

此外，后精准扶贫时期要将农村扶贫的重点逐步转向隐性贫困。由于土地这一生产资料具有兜底性的社会保障功能，农村贫困容易表现为隐性贫困。尤其是在脱贫攻坚战全面胜利、绝对贫困现象消除后，应加强对隐性贫困的识别和关注。以美国为例，哈瑞尔·罗杰斯指出，不充分就业、不断攀升的失业率、农业的萧条和现有福利项目的资格限制导致农村存在大批等待帮助的穷人。农村贫困在许多方面不同于城市贫困，如农村穷人大多有工作，有资产，家庭大多双亲俱在，等等。② 苏奎认为，精准扶贫后农村贫困问题演变出系列新特征：连片性向分散性演变、绝对性向相对性演变、整体性向结构性演变、显性向隐性演变。③ 贾海彦和王晶晶通过调查研究发现在后精准扶贫时期，贫困户的显性贫困维度得到改善的同时，住房、健康和教育等隐性维度仍存在较深的剥夺，尤其是体现在非建档立卡户群体上；因而提出要"快速修正贫困识别与瞄准机制，及时调整扶贫策略，以提高扶贫瞄准效果，并结合乡村振兴战略的实施，从提升乡村贫困治理能力的长远目标入手进行扶贫机制的设计和创新"④。习近平强调："我们要切实做好巩固拓展脱贫攻坚成果同乡村振兴有效衔接各项工作，让脱贫基础更加稳固、成效更可持续。对易返贫致贫人口要加强监测，做到早发现、早干预、早帮扶。对脱贫地区产业要长期培育和支持，促进内生可持续发展。"⑤ 消除农村隐性贫困现象、实现乡村振兴和共同富裕，离不开农村产业结构的升级重组，如何变"输血"为"造血"，因地制宜地培育符合市场需求的农村经济内生增长点、保持农村经济可持续发展，这是后精准扶贫时代政府在农村工作中面临的最大挑战。

---

① 邢成举. 政府贫困治理的多元逻辑与精准扶贫的逻辑弥合［J］. 农业经济问题，2020（2）：31-39.
② 甫玉龙，刘杰. 美国贫困问题研究专家哈瑞尔·罗杰斯访谈录［J］. 世界历史，2010（3）：141-148.
③ 苏奎. 后脱贫时代我国农村隐性贫困研究［J］. 安徽农学通报，2021（9）：1-3，32.
④ 贾海彦，王晶晶. 后精准扶贫时期农村隐性贫困的精准识别与治理：基于异质性视角的贫困农户微观数据分析［J］. 河北经贸大学学报，2019，40（4）：65-76.
⑤ 习近平. 在全国脱贫攻坚总结表彰大会上的讲话［N］. 人民日报，2021-02-26（2）.

四、治贫先治愚，大力发展农村教育和农技推广

（一）大力发展农村教育是解决"三农"问题的客观要求

从内战后美国南部"三农"问题的产生来看，诸多原因中最能体现南部特殊性的一点就是几百万被解放的黑人几乎全是文盲，这可能是种植园奴隶制的遗毒中影响最恶劣、最深远的——这几百万黑人文盲中大多数人世代以来除了种植棉花外基本没有其他技能（而且需要指出的是，由于内战前棉花生产的低技术性以及黑人奴隶习惯在种植园主或监工的指导安排下工作的特点，他们中多数人的农业生产技能贫乏且极度单一，完全不能与像古代中国这样的农业社会中娴熟掌握农业生产技能、习惯于精耕细作的农民相比），客观上除了继续种植棉花以外无以为生，这既是他们不得不继续留在种植园里当佃农（以谷物分成农为主）、小农经济的租佃制尤其是谷物分成制成为内战后南部农业的主要生产方式的重要原因，也是南部单一的棉花经济在内战后变本加厉的重要原因，还是内战后南部农业生产愈加落后的重要原因。而南部的"三农"问题之所以长期持续，南部农民尤其是黑人农民缺乏文化（南部黑人是起点太低，而南部的下层白人受历史文化因素影响，长期不重视教育）也是重要原因之一——他们既难以开展多种经营，又很难找到合适的非农业工作。在此过程中，重建后的南部民主党州政府长期不重视甚至敌视公共教育、在教育中实行种族隔离制度（本来就严重低于全国平均水平的教育经费要维持白人和黑人两套公共教育设施，同时对黑人的生均拨款大大低于白人），客观上对南部的"三农"问题有推波助澜的作用。反之，联邦政府和北部社会对南部教育尤其是黑人教育的扶持帮助、19世纪末20世纪初南方教育运动的兴起，都对缓解南部的"三农"问题具有积极意义，更是南部黑人从第一次世界大战开始持续大迁徙的重要原因。此外，在南部"三农"问题的最后解决阶段即第二次世界大战后，由于大批低文化的租佃农尤其是黑人租佃农被逐出农业，他们拥入城市后面临就业困难、很难像过去那样找到较高收入的制造业工作，导致美国城市贫困尤其是黑人贫困问题日益严重，是南部"三农"问题的后遗症。总而言之，内战后美国南部"三农"问题产生、发展和终结的全过程都与南部教育问题密切相关，教育尤其是农村教育的发展程度与"三农"问题的严重性呈明显的负相关关系。

中国党和政府一直高度重视农村教育工作。习近平指出："越穷的地方越需要办教育，越不办教育就越穷。这种马太效应，实际上也是一个'穷'和

'愚'互为因果的恶性循环。"① 党的十八大以来，习近平多次在不同场合强调，治贫先治愚，扶贫先扶智。把贫困地区孩子培养出来，这才是根本的扶贫之策。《意见》明确提出，实施乡村振兴战略要"优先发展农村教育事业"。"使绝大多数农村新增劳动力接受高中阶段教育、更多接受高等教育。""统筹配置城乡师资，并向乡村倾斜，建好建强乡村教师队伍。"② 严格落实上述措施，是解决"三农"问题的客观要求。

（二）农业教育和农技推广要注意普惠性

从1862年《莫里尔法》到1914年《史密斯-利弗法》，美国在半个世纪内以一系列法律的形式建立了以赠地学院、农业试验站和农业推广为一体的、在当时世界上具有首创性和先进性的美国式的科教兴农体制，对于促进和保持内战后美国农业的长期发展有重要意义。在此过程中，美国的成功之处一是依法推进，较之于政府政策，法律更具稳定性，避免了美国两党制政治制度下政府政策可能发生的朝令夕改、推倒重来；二是善于利用经济手段，引导州政府贯彻落实联邦立法的政策意图，比如两个《莫里尔法》对南部黑人高等教育的促进作用。然而，内战后美国的农业教育和农技推广，在促进美国农业整体发展的同时，对解决南部"三农"问题作用有限。主要原因在于采用先进生产技术往往需要相应的资本投资（典型如农业机械化），而贫困的南部小农对此无能为力。总的来看，从内战后到罗斯福新政前，美国农业科技的进步是加大而不是缩小了南部农业和南部农民与全国平均水平之间的差距。罗斯福新政后，美国政府对农业的补贴绝大部分落入大农场主之手，南部的种植园主得以更多地采用先进农业生产技术和机械，而南部小农却因之在市场竞争中处于更不利的地位，被加速排挤出农业。在资本主义制度下，技术进步往往具有扶强抑弱的作用，会扩大而不是缩小地区差距、贫富差距。

反观中国，"真金白银的投入，为打赢脱贫攻坚战提供了强大资金保障"，"我们发挥政府投入的主体和主导作用，宁肯少上几个大项目，也优先保障脱贫攻坚资金投入。"③ 在后精准扶贫时代，应该探索如何构建可持续的机制，使农业教育和农技推广持续地惠及全体农民，防止农村中的偏远地区和弱势群体成为技术进步中"被遗忘的角落"。

---

① 习近平. 摆脱贫困[M]. 福州：福建人民出版社，2014：172.
② 中共中央国务院关于实施乡村振兴战略的意见[N]. 人民日报，2018-02-05（1）.
③ 习近平. 在全国脱贫攻坚总结表彰大会上的讲话[N]. 人民日报，2021-02-26（2）.

五、防止经济"脱实向虚",减少"工作的穷人"

从美国的经验来看,随着经济"去工业化"的过程,相对高工资、高福利的制造业工作岗位大量减少,而新增的工作岗位较多地集中在低工资、低福利的低端服务业,导致社会上存在一个数量庞大的"工作的穷人"阶层,这是美国城市贫困尤其是黑人贫困问题的主要原因。哈瑞尔·罗杰斯指出,经过克林顿时期的社会福利制度改革,以1996年通过的《个人责任和工作机会协调法案》为标志,美国政府解决贫困问题的方法实现了由联邦救助贫困者到把受助者推向劳动力市场的转变。此后,以市场为导向、强调就业是美国政府解决贫困问题的根本出发点。[①] 美国社会福利改革的本意是要强迫穷人通过就业来解决经济问题,这种战略在一定程度上是成功的,有效地遏制或减少了所谓"福利养懒汉"的现象。但目前的主要问题在于,美国的低收入人群往往缺乏文化和专业技能,基本只能从事低工资、低福利的低端服务业工作,微薄的收入使之难以摆脱贫困或者处于贫困的边缘,沦为"工作的穷人"。显然,造成这种状况的主要原因是某些工作的工资太低,或者说是工资水平的提升跟不上经济发展和物价上涨。在这方面,美国国会负有相当的责任。因为在美国最低工资保障制度发展史上具有里程碑意义的1938年《公平劳动标准法》将最低工资标准分为联邦最低工资和各州最低工资,各地执行时应就高不就低。而其中联邦最低工资标准需由国会以《公平劳动标准法》修正案的方式进行调整,由于立法程序复杂和两大党的分歧,联邦最低工资标准的调整幅度一直较为缓慢,截至目前最后一次调整是在2009年上调至每小时7.25美元。时至今日,美国东西海岸的许多州的最低工资标准已升至每小时15美元,而在国会中虽然民主党多次要求提高小时最低工资标准至15美元,但均因为共和党的反对而未果。

2022年3月,CNN报道:根据美国乐施会的报告,近5200万工人(占全国劳动力的近1/3)每小时收入不到15美元。这些年收入低于31200美元的工人主要是女性和有色人种:他们包括大约47%的黑人工人、46%的西班牙裔工人和26%的白人工人,大约40%的女性工人和25%的男性工人,以及半数的有色人种女性工人和近58%的单身父母。报告的作者凯特琳·亨德森(Kaitlyn Henderson)批评道:"可耻的是,在许多美国公司都在吹嘘创纪录的

[①] 甫玉龙,刘杰. 美国贫困问题研究专家哈瑞尔·罗杰斯访谈录 [J]. 世界历史,2010(3):141-148.

利润之际，这个国家一些最努力工作的人——尤其是那些保持我们的经济和社会运转的人——却在苦苦挣扎并落后。"另据《洛杉矶时报》报道：虽然法律上目前美国时薪的最低标准是7.25美元，但实际上时薪低于这一标准的工人在美国为数众多，主要包括农场工人和家政工人，其中有色人种占比很高。更有甚者，美国现行法律还允许雇主向所谓"小费工人"支付最低每小时2.13美元的工资，这种"小费工人"目前大约有430万人，主要在服务行业，他们需靠顾客的小费来弥补与7.25美元的通常最低工资标准之间的差额，而小费收入在现实中往往很不稳定，乐施会的报告批评这是一种对工资进行"盗窃"的行为。

从美国的经验来看，值得借鉴的是通过促进就业来解决贫困问题，这不仅与中国作为发展中国家、社会福利水平不宜过高的国情相符，如习近平强调："促进共同富裕，不能搞'福利主义'那一套""搞超出能力的'福利主义'是不可持续的，必然会带来严重的经济和政治问题！"① 也符合中国传统文化和社会主义核心价值观，比如中国把"稳岗就业"作为脱贫攻坚战的重要内容。而需要引以为戒的，首先是防止经济"脱实向虚"，减少，至少是延缓制造业岗位流失。从美国的情况来看，经济"脱实向虚"主要表现为资本不断从实体经济流向金融领域，国民经济以金融为中心，经济高度甚至过度金融化，财富分配极度向金融领域倾斜。由此造成的后果一方面是制造业岗位不断流失，制造业衰退导致美国传统的工业地带成为"锈带"，部分蓝领工人从中产阶层沦为"愤怒的白人"。特朗普准确地把握住了他们的心理，喊出了"让制造业回到美国"的口号，这可能是他在2016年美国总统大选中胜出的关键。② 另一方面，经济金融化导致中产阶级萎缩、贫富差距扩大，美国社会结构日益从"橄榄型"向"金字塔型"转变，社会矛盾随之尖锐，2011年的"占领华尔街"运动、2016年特朗普的胜选都反映了美国社会的严重撕裂与对立。2016年以来，特朗普和拜登两任总统都努力推动"让制造业回到美国"，但总体而言效果有限。中国党和政府对经济"脱实向虚"的后果有清醒的认识，"十三五"以来习近平多次就此作出重要指示："实体经济是一国经济的立身之本，是财富创造的根本源泉，是国家强盛的重要支柱。""一个国家一定要有正确的战略选择，我国是个大国，必须发展实体经济，不断推进

---

① 习近平. 正确认识和把握我国发展重大理论和实践问题[J]. 求是，2022（10）：1-6.
② 张准. "锈带""愤怒的白人"与特朗普胜选之关系简析[J]. 成都大学学报（社会科学版），2017（6）：5-13.

工业现代化、提高制造业水平,不能脱实向虚。"① 除了坚定不移地发展实体经济尤其是先进制造业外,还要注意,根据王俊和苏立君的研究,在西方国家制造业智能化的过程中,创新性劳动只是少部分劳动者的"特权"。相应地,这些国家研究人员与技术人员占总人口的比重没有明显增加,这意味着西方国家高科技制造业的发展对于增加普通劳动者的就业机会作用有限。② 智能化是制造业的发展方向,在此过程中如何做到"万众创新",使先进制造业的发展成果尽可能具有普惠性尤其是首先要惠及技术工人,使技术工人成为受到社会尊敬和认可、值得青少年青睐和追求的职业,是中国社会需要认真面对和解决的问题。

其次是要注意加强对中下层劳动者的保护,减少"工作的穷人"。从美国的经验来看,如果完全由"看不见的手"来决定工资,结果只会是穷者愈穷、富者愈富。当"工作的穷人"越来越多,终日奔忙却看不到改变命运的希望时,结果要么是以"躺平"的方式消极抵抗,要么是以"占领华尔街"之类的形式积极反抗,结果都不利于经济发展和社会稳定。党的十九大报告明确提出,要"扩大中等收入群体,增加低收入者收入""坚持在经济增长的同时实现居民收入同步增长、在劳动生产率提高的同时实现劳动报酬同步提高。"③ 从美国的经验来看,根据经济发展水平适时提高最低工资标准对中下层劳动者意义重大,但共和党关于最低工资水平过快增长可能妨碍就业和经济增长的忧虑并非全无道理。尤其在当前国际形势复杂严峻、世界经济不确定因素增多,国内经济恢复面临诸多挑战特别是就业压力总量较大的宏观形势下,"扩大中等收入群体,增加低收入者收入"不能简单化为提高工资。中国作为社会主义国家,理应在调节收入分配方面进行积极探索,既要提高劳动报酬在初次分配中的比重,也要发挥好再分配、第三次分配的调节作用。

---

① 陆娅楠,王政,冉永平,等. 这五年,实体经济更壮实("十三五",总书记关心的这些事)[N]. 人民日报,2020-11-02(1).
② 王俊,苏立君. 互联网资本主义下西方国家去工业化的强化趋势及就业问题[J]. 政治经济学评论,2017,8(2):90-109.
③ 习近平. 决胜全面建成小康社会 夺取新时代中国特色社会主义伟大胜利:在中国共产党第十九次全国代表大会上的报告(2017年10月18日)[N]. 人民日报,2017-10-28(1).

参考文献

中文专著

[1] 丁则民. 美国通史：第3卷：美国内战与镀金时代1861—19世纪末[M]. 北京：人民出版社，2002.

[2] 高春常. 文化的断裂：美国黑人问题与南方重建[M]. 北京：中国社会科学出版社，2000.

[3] 广东省哲学社会科学研究所《美国农业经济概况》编写组. 美国农业经济概况[M]. 北京：人民出版社，1976.

[4] 黄虚峰. 美国南方转型时期社会生活研究（1877—1920）[M]. 上海：上海人民出版社，2007.

[5] 刘绪贻. 美国通史：第6卷：战后美国史1945—2000[M]. 北京：人民出版社，2002.

[6] 刘绪贻，李存训. 美国通史：第5卷：富兰克林·D.罗斯福时代1929—1945[M]. 北京：人民出版社，2002.

[7] 王崇兴. 制度变迁与美国南部的崛起[M]. 杭州：浙江人民出版社，2002.

[8] 吴浩. 乡村借贷：内战后美国南部农业现代化启动的制度"瓶颈"[M]. 北京：人民出版社，2016.

[9] 余志森. 美国通史：第4卷：崛起和扩张的年代1898—1929[M]. 北京：人民出版社，2002.

[10]《战后美国经济》编写组. 战后美国经济[M]. 上海：上海人民出版社，1974.

[11] 资中筠. 20世纪的美国[M]. 修订版. 北京：商务印书馆，2019.

译著

[1] 林克，卡顿. 一九〇〇年以来的美国史[M]. 刘绪贻，等，译. 北京：中国社会科学出版社，1983.

[2] 方纳. 给我自由！一部美国的历史 [M]. 王希, 译. 北京：商务印书馆, 2010.

[3] 方纳. 美国自由的故事 [M]. 王希, 译. 北京：商务印书馆, 2018.

[4] 巴普蒂斯特. 被掩盖的原罪：奴隶制与美国资本主义的崛起 [M]. 陈志杰, 译, 杭州：浙江人民出版社, 2019.

[5] 布林克利. 美国史 [M]. 陈志杰, 等, 译. 13版. 北京：北京大学出版社, 2019.

[6] 格林斯潘, 伍尔德里奇. 繁荣与衰退 [M]. 束宇, 译. 北京：中信出版集团, 2019.

[7] 斯泰格沃德. 六十年代与现代美国的终结 [M]. 周朗, 新港, 译. 北京：商务印书馆, 2002.

[8] 韦克特. 大萧条时代 [M]. 秦传安, 译. 南京：江苏人民出版社, 2015.

[9] 福克纳. 美国经济史 [M]. 王锟, 译. 北京：商务印书馆, 1989.

[10] 施莱贝克尔. 美国农业史（1607—1972年）：我们是怎样兴旺起来的 [M]. 高田, 等译. 北京：农业出版社, 1981.

[11] 沃尔顿, 罗考夫. 美国经济史 [M]. 王钰, 等译. 10版. 北京：中国人民大学出版社, 2011.

[12] 纳什, 杰弗里. 美国人民：创建一个国家和一种社会 [M]. 张茗, 译. 7版. 北京：清华大学出版社, 2015.

[13] 阿塔克, 帕赛尔. 新美国经济史：从殖民地时期到1940年 [M]. 罗涛, 等译. 北京：中国社会科学出版社, 2000.

[14] 贝茨. 1933—1973美国史 [M]. 南京大学历史系英美对外关系研究室, 译. 北京：人民出版社, 1984.

[15] 休斯, 凯恩. 美国经济史 [M]. 邱晓燕, 邢露, 等译. 7版. 北京：北京大学出版社, 2011.

[16] 恩格尔曼, 高尔曼. 剑桥美国经济史（第二卷）：漫长的19世纪 [M]. 王钰, 李淑清, 译. 北京：中国人民大学出版社, 2008.

[17] 恩格尔曼, 高尔曼. 剑桥美国经济史：第三卷：20世纪 [M]. 蔡挺, 张林, 李雅菁, 译. 北京：中国人民大学出版社, 2018.

[18] 贝克特. 棉花帝国：一部资本主义全球史 [M]. 徐轶节, 杨燕, 译. 北京：民主与建设出版社, 2019.

[19] 科恩. 无所畏惧：罗斯福重塑美国的百日新政 [M]. 卢晓兰, 译.

天津：天津教育出版社，2009．

[20] 富兰克林．美国黑人史［M］．张冰姿，等，译．北京：商务印书馆，1988．

[21] 曼彻斯特．光荣与梦想：1932~1972年美国叙事史［M］．四川外国语大学翻译学院翻译组，译．北京：中信出版社，2015．

[22] 威尔科克斯，科克伦，赫特．美国农业经济学［M］．刘汉才，译．北京：商务印书馆，1987．

[23] 艾伦．美国黑人问题与南部农业经济［M］．张友松，译．北京：中华书局，1954．

[24] 马丁，等．美国史［M］．范道丰，等译．北京：商务印书馆，2012．

[25] 麦克弗森．火的考验：美国南北战争及重建南部：上册［M］．陈文娟，等译．北京：商务印书馆，1993．

[26] 麦克弗森．火的考验：美国南北战争及重建南部：下册［M］．刘世龙，等译．北京：商务印书馆，1994．

中文期刊文献

[1] 谢夫林，蒋家俊．第二次世界大战后美国农业的变化［J］．世界经济文汇，1957（6）．

[2] 陈奕平．第一次世界大战期间及二十年代美国黑人大迁徙运动［J］．美国研究，1999（4）．

[3] 高国荣．从生产控制到土壤保护：罗斯福"新政"时期美国农业调整政策的演变及其影响［J］．北京师范大学学报（社会科学版），2022（6）．

[4] 郭尚鑫．二战后美国"阳光带"城市的崛起及其历史作用［J］．江西师范大学学报（哲学社会科学版），1995（2）．

[5] 胡锦山．美国黑人的第一次大迁徙［J］．东北师大学报，1996（2）．

[6] 胡锦山．20世纪美国南部农业经济与黑人大迁徙［J］．厦门大学学报（哲学社会科学版），1996（4）．

[7] 黄虚峰．通向新南方的教育之路：浅析内战后美国南方的教育现代化［J］．赣南师范学院学报，2004（2）．

[8] 黄虚峰．从乡村商店到百货商店：1877年至20世纪20年代美国南方乡村的经济生活［J］．史学月刊，2006（6）．

[9] 霍震，杨慧萍．美国内战后至二十世纪初期的南部种植园制度［J］．

世界历史，1982（4）.

[10] 李胜军. 美国农业劳动力转移［J］. 美国研究，1989（3）.

[11] 厉以宁. 1933年以前美国政府反农业危机措施的演变［J］. 北京大学学报（人文科学），1962（3）.

[12] 厉以宁. 从二十年代美国农业史看资本主义农业危机的相对独立性［J］. 北京大学学报（哲学社会科学版），1986（2）.

[13] 刘景景. 美国农业补贴政策演进与农民收入变化研究［J］. 亚太经济，2018（6）.

[14] 刘鹏. 战后"黄金时代"期间美国农业经济危机研究［J］. 洛阳师范学院学报，2012（7）.

[15] 刘鹏. 第二次世界大战期间美国农业经济"战争景气"现象研究［J］. 世界农业，2015（11）.

[16] 刘颂尧. 美国地区经济发展的不平衡和南部的新作用［J］. 经济问题探索，1982（1）.

[17] 刘绪贻. 罗斯福"新政"的历史地位［J］. 世界历史，1983（2）.

[18] 孟海泉. 内战后美国南部植棉业中的借贷制度［J］. 世界历史，1999（1）.

[19] 孟海泉. 内战后美国南部的"农业阶梯"问题［J］. 世界历史，2003（1）.

[20] 孟海泉. 内战后美国南部的农业机械化与农业体制变革［J］. 美国研究，2007（4）.

[21] 王紫兴. 二战前美国南部工业化落后原因探析［J］. 北方论丛，2003（6）.

[22] 王紫兴. 战后美国南部崛起过程中的农村贫困问题探析［J］. 农业经济，2007（2）.

[23] 王旭. "阳光带"城市与美国西部及南部的崛起［J］. 东北师大学报（哲学社会科学版），1990（4）.

[24] 吴浩. 试析1865—1900年美国南部棉花生产的"反常供给"［J］. 史学理论研究，2009（2）.

[25] 吴浩. "美国式"道路还是"普鲁士道路"：内战后美国南部农业发展道路的历史考察［J］. 史学理论研究，2010（4）.

[26] 吴浩. 试论内战后美国南部棉花生产扩张问题［J］. 古今农业，2013（3）.

[27] 吴浩. 内战后美国南部种植园经济的变化与性质问题 [J]. 古今农业, 2014 (1).

[28] 吴浩. 失去的机会: 1866 年美国"南部宅地法"与黑人获取土地的失败 [J]. 史学月刊, 2015 (2).

[29] 谢国荣. 1910 年至 1960 年间美国黑人人口再分布及其影响 [J]. 历史教学问题, 2007 (4).

[30] 张立新. 论重建后工业化对美国黑人社会的影响 [J]. 史学月刊, 2003 (3).

[31] 张禹九. 南北战争后的美国南方文化 [J]. 美国研究, 1992 (2).

[32] 郑林庄. 论战后美国农业危机的几个问题 [J]. 经济研究, 1963 (10).

[33] 郑林庄. 战后美国农业的生产集中及其趋势 [J]. 中国社会科学, 1982 (4).

英文专著

[1] BARTELEY N V. The New South, 1945—1980: The Story of the South's Modernization [M]. Baton Rouge: Louisiana State University Press, 1995.

[2] BILES R. The South and the New Deal [M]. Lexington: The University Press of Kentucky, 2006.

[3] CLARK T D. The South since Reconstruction [M]. Indianapolis: Bobbs-Merrill Company, 1973.

[4] COBB J C. Industrialization and Southern Society, 1877—1984 [M]. Lexington: The University Press of Kentucky, 2004.

[5] COOPER W J Jr. , TERRILL T E. The American South: A History [M]. New York: Alfred A. Knopf, 1990.

[6] EATON C. The Growth of Southern Civilization 1790—1860 [M]. New York: Harper Torch Books, 1961.

[7] EZELL J S. The South since 1865 [M]. New York: Macmillan Co. , 1963.

[8] FITE G C. Cotton Fields No More: Southern Agriculture 1865—1980 [M]. Lexington: Kentucky University Press, 1984.

[9] HAMMOND M B. The Cotton Industry. An Essay in American Economic History: Part I. The Cotton Culture and the Cotton Trade [M]. New York: Macmil-

lan Co. , 1897.

［10］ LARSEN L H. The Rise of Urban South ［M］. Lexington: The University Press of Kentucky, 1965.

［11］ MARKHAM J W. A Financial History of the United States ［M］. Armonk: M. E. Sharpe, Inc. , 2002.

［12］ NEWBY I A. The South: A History ［M］. New York: Holt, Rinehart and Winton, 1978.

［13］ RANSOM R L, SUTCH R. One Kind of Freedom: the Economic Consequence of Emancipation ［M］. New York: Cambridge University Press, 2001.

［14］ SCHULMAN B J. From Cotton Belt to Sunbelt: Federal Policy, Economic Development, and the Transformation of the South, 1938—1980 ［M］. New York: Oxford University Press, 1991.

［15］ TINDALL G B. The Emergence of the New South: 1913—1945 ［M］. Baton Rouge: Louisiana State University Press, 1967.

［16］ WOODWARD C V. The Burden of Southern History ［M］. Baton Rouge: Louisiana State University Press, 1960.

［17］ WOODWARD C V. The Origins of the New South, 1877—1913 ［M］. Baton Rouge: Louisiana State University Press, 1971.

［18］ WRIGHT G. The Political Economy of the Cotton South: Households, Markets, and Wealth in the Nineteenth Century ［M］. New York: W. W. Norton & Company, 1978.

［19］ WRIGHT G. Old South, New South: Revolution in the Southern Economy since the Civil War ［M］. Baton Rouge: Louisiana State University Press, 1996.

英文期刊文献

［1］ ALVAREZ-CUADRADO F. Poschke M. Structural Change out of Agriculture: Labor Push versus Labor Pull ［J］. American Economic Jornal: Macroeconomics, 2011, 3 (3).

［2］ COBB J C. Does Mind No Longer Matter? The South, the Nation, and the Mind of the South: 1941~1991 ［J］. The Journal of Southern History, 1991, 57 (4).

［3］ FARLEY R, STEEH C, JACKSON T, et al. Continued Racial Residential Segregation in Detroit: "Chocolate City, Vanilla Suburbs" Revisited ［J］. Journal of

Housing Research, 1993, 4 (1).

[4] FITE G C. Southern Agriculture since the Civil War: An Overview [J]. Agricultural History, 1979, 53 (1).

[5] FRANKLIN J H. The Great Confrontation: The South and the Problem of Change [J]. The Journal of Southern History, 1972, 38 (1).

[6] KENDRICK B B. The Colonial Status of the South [J]. The Journal of Southern History, 1942, 8 (1).

[7] MELMAN S. An Industrial Revolution in the Cotton South [J]. The Economic History Review, New Series, 1949, 2 (1).

[8] RANSOM R L, SUTCH R. Debt Peonage in the Cotton South after the Civil War [J]. Journal of Economic History, 1972, 32 (3).

[9] RANSOM R L, SUTCH R. The Impact of the Civil War and of Emancipation on Southern Agriculture [J]. Explorations in Economic History, 1975, 12 (1).

[10] RANSOM R L, SUTCH R. Growth and Welfare in the American South of the Nineteenth Century [J]. Explorations in Economic History, 1979, 16 (2).

[11] SPILLMAN W J. The Agricultural Ladder [J]. The American Economic Review, 1919, 9 (1).

[12] WIENER J M. Planter–Merchant Conflict in Reconstruction Alabama [J]. Past & Present, 1975, 68 (1).

[13] WIENER J M. Class Stucture and Economic Development in the American South, 1865—1955 [J]. The American Historical Review, 1979, 84 (4).

[14] WRIGHT G. The New Deal and the Modernization of the South [J]. Federal History, 2010 (2).

[15] WOODMAN H D. Sequel to Slavery: The New History Views the Postbellum South [J]. The Journal of Southern History, 1977, 43 (4).

[16] WOODMAN H D. Class Stucture and Economic Development in the American South, 1865—1955: Comments [J]. The American Historical Review, 1979, 84 (4).

[17] WOODMAN H D. Postbellum Social Change and Its Effects on Marketing the South's Cotton Crop [J]. Agricultural History, 1982, 56 (1).